中国飞速的经济增长

原著　〔英〕约翰·奈特　〔英〕丁　赛

译者　高　剑　苏明妮　杨　青

　　　张　荣　刘艳兰　张　茜

审订　苏立昌

南开大学出版社

天　津

中国飞速的经济增长

CHINA'S REMARKABLE ECONOMIC GROWTH by John Knight and Sai Ding

© John Knight and Sai Ding 2012.

"CHINA'S REMARKABLE ECONOMIC GROWTH，FIRST EDITION"
was originally published in English in 2012. This translation is published by arrangement with Oxford University Press.

本书中文简体字版由牛津大学出版社授权南开大学出版社独家出版，未经出版社书面许可，不得以任何方式复制或抄袭本书的任何内容。

天津市版权局著作权合同登记号：图字 02-2014-54 号

图书在版编目（CIP）数据

中国飞速的经济增长 /（英）奈特（Knigh，J.），（英）丁赛（Ding，S.）著；高剑等译. —天津：南开大学出版社，2014.10

书名原文：China's remarkable economic growth

ISBN 978-7-310-04678-2

Ⅰ.①中… Ⅱ.①奈… ②丁… ③高… Ⅲ.①中国经济－经济增长－研究 Ⅳ.①F124

中国版本图书馆 CIP 数据核字（2014）第 235205 号

版权所有　侵权必究

南开大学出版社出版发行

出版人：孙克强

地址：天津市南开区卫津路 94 号　　邮政编码：300071

营销部电话：(022)23508339　23500755

营销部传真：(022)23508542　　邮购部电话：(022)23502200

*

天津泰宇印务有限公司印刷

全国各地新华书店经销

*

2014 年 10 月第 1 版　　2014 年 10 月第 1 次印刷

240×170 毫米　16 开本　22 印张　2 插页　338 千字

定价：49.00 元

如遇图书印装质量问题，请与本社营销部联系调换，电话：(022)23507125

序　言

　　本书由一位学术生涯行将谢幕的和另一位学术生涯则刚刚开启的经济学家共同完成。约翰·奈特的研究生涯始于20世纪60年代，时值许多非洲殖民国家宣告独立，并抱以新的决心以加快自己的经济发展步伐。对一位追求发展的经济学者来说，此时将其研究转向非洲经济也是很自然的。到了20世纪90年代，伴随早期对非洲国家的那种极高的预期的消失，起初的那种乐观主义顿而转为悲观主义，部分是由于当时非洲国家的潜在问题难以应对——它们更多是政治的而不是经济的。反之，此时的中国则开始向国外研究者敞开大门，将传统的经济分析方法施用于其经济分析的可能性更大，况且，中国兴起的经济改革已经预示出其经济增长会非常迅速，而且中国会在短短几十年内成为主要的经济体。所以，研究中国经济的机会一出现，他便抓住了。此后的二十年间，他的研究兴趣一直在中国经济和中国经济向市场化经济转型方面。

　　这期间，他一直在试图解答以下相关经济问题，如：劳动市场、城乡差异、农村向城市移民、收入分配、教育、主观幸福指数以及贫困。但除此以外，他最关注的问题是中国在这一改革时期取得的惊人的经济增长速度：为什么以及如何能发展如此之迅猛，所带来的后果又是什么？这对于一个当代经济学家来说是一个既令人十分兴奋又极具挑战的研究课题。他毅然决定迎难而上。

　　约翰·奈特开始研究中国时，西方学者对中国的研究成果和了解非常有限。但此后，有关中国经济的文献数量激增，其速度之快甚至超过中国经济发展自身。可获取的可靠数据在增多，训练有素的中国经济学家数量也在不断增多，开始关注中国经济的外国经济学家也越来越多。尽管如此，不管人们的判断标准是所要回答问题的重要性，还是有助于改善经济福利的潜力，相对于发达的经济体，我们对中国经济问题的研究仍颇为匮乏。有关这一研究权重失衡的解释可能要归因于经济学职业的社会性以及研究激励的不足等因素。

丁赛现为格拉斯哥大学讲师，研究训练始于（位于中国天津的）南开大学及伯明翰大学博士研究期间，后以牛津大学博士后研究负责人身份加入了该课题项目的研究。她虽然初涉中国经济研究，但在随后共同开设课程的三年时间中，与约翰·奈特合作撰写了有关中国用跨经济体数据和省份数据研究中国经济增长以及在中国投资等专题的三篇论文。这些内容经适当改写后放入本书第二部分的 5 个章节，也可以说是本书的核心部分（第 4 章～第 8 章）。作者在本书第一至第四部分中分别注明了是属于两人的合作以还是某个人的独立研究成果。

梅纳德·凯恩斯曾讲过，经济学家应该就某些专题写出论文，而不是书；然而他本人也未能一贯遵循这一建议。期刊发表具有很大的优势，作者的研究可以通过匿名通讯作者盲审方式得到严格的审查，同时也从中获益。其目的是以这种方式将书中最原始的研究发表出来，然后再将其改写成书，这样可以面向广大读者，也符合本书的出版宗旨。作者的设想是，整本书能包含除以上部分之外的更多内容。这样的编写体例可见于约翰·奈特之前与宋丽娜共同撰写的两部关于中国的研究专著：《农村与城市的差异：中国的经济差异与相互影响》（1999）和《中国向劳务市场转变》（2005）。

尽管作者试图为本书设定一个主题，但书中所撰写的每一章节内容又相对独立。唯涉及研究方法的第 5 章为读懂后续第 6、7 章核心内容的必读章节。这样的写作形式可以使读者根据兴趣选择想读的章节，尽管先读一下书的最后部分以及结尾的第 13 章会对背景的了解很有帮助。

在这里作者要感谢很多人。本书研究基于的项目主要得到了 Leverhulme Trust 的项目基金（所获基金项目名称与书名相同）支持，同时得到了 Nuffield 基金会小基金项目的两个项目基金的支持。作者在此就这些团体对我们的资金支持和在项目研究中予以的鼓励表示感谢。

作者同时感谢作为版权拥有者的诸期刊允许将其发表在期刊上的论文以适当修改的形式再次付梓。这些论著包括：丁赛、约翰·奈特，《改善的索洛模型能否解释中国强劲的经济增长？跨国数据分析》（原载于《比较经济学学刊（The Journal of Comparative Economics）》，2009 年第 37 期，第 4 章）；丁赛、约翰·奈特，《中国为何发展如此之快？人力资本构成的作用》（原载于

《牛津经济学与统计学通报（Oxford Bulletin of Economics and Statistics）》，
2011 年第 73 期第 2 卷，第 5、6 章）；约翰·奈特、丁赛，《中国为何投资如
此之多？》（原载于《亚洲经济文献（Asian Economic Papers）》，2010 年第 9
期第 3 卷，第 8 章）；约翰·奈特、邓曲衡和李实，《中国外来劳动力短缺和
农村劳动力过剩之谜》（原载于《中国经济评论（China Economic Review）》，
2011 年第 22 期第 3 卷，第 9 章）；约翰·奈特，《中国改革、增长和不平等》
（原载于《亚洲经济政策评论（Asian Economic Policy Review）》，2008 年第 3
期第 1 卷，第 10 章）；约翰·奈特、Ramani Gunatilaka，《中国经济增长能否
提高幸福指数？》（原载于《牛津发展研究（Oxford Development Studies）》，
2011 年第 39 期第 1 卷，第 11 章）；约翰·奈特、王巍，《中国宏观经济的
不平衡：原因及后果》（原载于《世界经济（World Economy）》2011 年，第
12 章）。

　　第 9 章的内容是源于与邓曲衡以及李实合写的一篇论文。第 11 章源于与
Ramani Gunatilaka 合写的一篇论文。而第 12 章的部分内容则是源于与王巍
合写的一篇论文。约翰·奈特感谢其合作者允许在本书发表他们的共同研究
成果。

　　不同章节的理论模型均在许多大学的研讨会上发表过。这些大学包括：
埃塞克斯大学、复旦大学、堪萨斯大学、澳门大学、诺丁汉大学、牛津大学、
北京大学、斯泰伦布什大学、西安大略大学、北京师范大学和中国香港大学。
同时也发表于一些大学的学术研讨会和研习班。研讨会和研习班的举办地包
括：北京、布莱顿、杜伦、法兰克福、吉尔福德、赫尔辛基、诺丁汉、奥斯
陆、牛津、旧金山、上海、斯德哥尔摩、东京和华威。我们感谢以上机构和
参与者为我们提供了从专家那里得到有益研究反馈的机会。

　　作者要感谢同行与朋友，感谢他们对其研究所给予的有益的关注与建议。
他们分别是：Magnus Blomstrom, Dick Easterlin, Markus Eberhardt, Belton
Fleisher, Ramani Gunatilaka, Hal Hill, Anke Hoeffler, Geeta Kingdon, Fung
Kwan, Cyril Lin, Meng Xin, Riaxin Minami, Jim Mirrlees, Albert Park, Qiao
Tongfeng, Gus Ranis, Francis Teal, Jon Temple, John Toye, Wing ThyeWoo,
Adrian Wood, Linda Yueh, 邓曲衡（Deng Quheng）, 傅晓岚（Fu Xiaolan）,
黄益平（Huang Yiping）, 李实（Li Shi）, 刘芍佳（Guy Liu）, 宋丽娜（Lina Song）,
王巍（Wang Wei）, 王小鲁（Wang Xiaolu）, 姚洋（Yao Yang）, 余永定（Yu

Yongding ），以及张晓波（Zhang Xiaobo ）。

同时要感谢牛津大学经济学系，感谢他们即使在约翰·奈特于 2008 年 9 月从他的原岗位退休以后仍将本项目的研究基地设在牛津大学经济学系。同时要感谢大卫·亨德利、安娜·吉普森、克莱尔·布朗特以及吉莲·戈茨威为研究的顺利进行所提供的支持与帮助。

丁赛尤为感谢格拉斯哥大学经济系对她的支持。

最后还要感谢牛津大学圣埃德蒙德学院研究员协会多年来一如既往所给予的有力支持。约翰·奈特作为圣埃德蒙德学院的中国发展中心的会员，从中得到了很多有益的帮助。

目　录

第一部分　引言 1

约翰·奈特

  1. 背景介绍与回顾 3

    1.1　研究问题 3

    1.2　中国经济史 5

    1.3　数据 6

    1.4　研究方法 8

    1.5　本书内容概述 9

  2. 理解经济增长的方法 12

    2.1　经济增长模型 12

    2.2　经济增长的实证方法 15

    2.3　经济增长和经济发展 16

    2.4　经济增长和（收入）不平等 19

    2.5　未来展望 20

  3. 制度与政策的演变 25

    3.1　引言 25

    3.2　中央计划经济 26

    3.3　农村改革 29

    3.4　城市改革 35

    3.5　经济范围的改革 39

    3.6　经济改革的政治经济 43

    3.7　结论 49

第二部分　中国经济增长的决定因素 55

丁赛和约翰·奈特

4. 从跨经济体增长角度看中国 57

　4.1　引言 57

　4.2　中国增长的背景 58

　4.3　扩大索洛模型 62

　4.4　数据和样本 64

　4.5　实证方法论 67

　4.6　实证结果 69

　4.7　解释中国的相对业绩 75

　4.8　结论 80

　附录 4.1　中国的就业数据 81

　附录 4.2　模型推导 82

5. 基础的跨省增长方程 93

　5.1　引言 93

　5.2　方法论 95

　5.3　数据 99

　5.4　模型选择结果 100

　5.5　基准模型 103

　5.6　结论 106

　附录 5.1　变量的详细定义 107

6. 物质资本和人力资本形成的作用 114

　6.1　引言 114

　6.2　物质资本积累 115

　6.3　人力资本积累 121

　6.4　反事实预测的例证 124

　6.5　快速的资本积累是如何实现的？ ...127

　6.6　结论 129

　附录 6.1　详细的变量定义 130

7. 结构调整的作用：贸易、所有权和工业 ...136

　7.1　引言 136

7.2　不断扩大的开放度 137

7.3　制度变革 143

7.4　行业变革和工业化 147

7.5　结论 153

附录 7.1　详细的变量定义 154

8. 中国为何投资如此之多? 163

8.1　引言 163

8.2　投资需求 164

8.3　投资供给:资源 168

8.4　投资供给:资金 174

8.5　投资效率:静态角度 181

8.6　投资效率:动态角度 182

8.7　结论 187

第三部分　中国经济增长的影响 195

约翰·奈特

9. 经济增长和劳动力市场 197

9.1　引言 197

9.2　刘易斯模型 198

9.3　中国劳动力市场的发展趋势 199

9.4　文献综述 201

9.5　数据 202

9.6　农民工工资行为 204

9.7　潜在农民工的储备量 214

9.8　对未来的推测 220

9.9　结论 225

10. 经济增长与不平等 230

10.1　引言 230

10.2　不平等的加剧 231

10.3　财富分布的不均衡 235

10.4　不平等的加剧与贫困的关系 236

10.5　促使不平等加剧的因素：城市收入 237

10.6　促使不平等加剧的因素：农村收入 241

10.7　促使不平等加剧的因素：空间收入 243

10.8　日益加剧的不平等：政策问题 246

10.9　总结 247

11. 经济增长与幸福感 252

11.1　引言 252

11.2　主观幸福感的研究背景 253

11.3　调查、数据和方法 255

11.4　农村幸福感 256

11.5　城市幸福感 260

11.6　城乡比较 263

11.7　农民工幸福感 264

11.8　期望收入和幸福感 270

11.9　结论 274

第四部分　结语 281

约翰·奈特

12. 中国经济发展的前景 283

12.1　引言 283

12.2　日趋成熟的经济 284

12.3　宏观经济不平衡 287

12.4　政治冲击 315

12.5　结论 320

13. 中国经济发展的回顾 326

13.1　引言 326

13.2　中国经济增长的原因 326

13.3　中国经济增长的影响 332

13.4　增长研究过程中应该吸取的经验教训 335

13.5　中国应该吸取的经验教训 337

13.6　其他发展中经济体应该吸取的经验教训 338

第一部分

引言

约翰·奈特

1

背景介绍与回顾

> 1960～1980 年间我们发现，印度年增长 1.4%······韩国 7.0%······一个印度人的平均财富是其祖父辈的 2 倍，一个韩国人的平均财富是其祖父辈的 50 倍······这些问题所涉及的人类福利带来的影响令人感到震惊：一旦人们开始思考这些问题，就很难从这些问题中解脱出来。
>
> （Lucas 2002：20～21）

1.1　研究问题

中国的经济增长异常迅猛。经过 1978 至 2008 三十多年的经济改革，人均生产总值年增长率达到 8.7%。这是复利式增长的力量。这意味着在此期间，人均生产总值增长了 11 倍。这对贫困的影响是巨大的：2.5 亿人口脱离了每天 1 美元生活水准的贫困状态。（Ravalion 和 Chen 2007）

表 1.1 比较了 1980 年以来中国及其地区与所选择国家或地区年均实际 GDP 的增长幅度。表中显示，中国在过去的 30 年间，每年取得了超过 10% 的连续的产值增长，然而整个世界的经济增长却保持在每年约 3%。成熟的经济体——例如美国、日本和英国——的经济增长相对缓慢，平均年生产总值不超过 4%。我们看到，俄罗斯经济在经历短期的经济转型后衰落，但 2000 年之后逐步复苏。印度经济在截至 2000 年的 20 年间，年均增长近 6%，2000 年之后，其经济增长随着经济改革和市场化的速度加快，其经济增幅达到近 8%：在未来的十年里印度可能赶得上中国的经济发展速度。韩国（每年 9%）和中国台湾（每年 8%）在 20 世纪 80 年代经济增长很快，但是随着经济的成熟，经济的增长迟缓下来。中国香港和新加坡在统计表中前十年的年均经

济增长也超过了 6%，但其后增长速度同样减缓了。比中国改革起步晚的越南在 1990 年后年均经济增长保持在 8%。另一个小的资源丰富的经济体博茨瓦纳在 20 世纪 80 年代年均经济增长超过了 10%，但这样的高速经济增长很难保持。

表 1.1　1980 年以来不同经济体年均实际 GDP 的增长幅度对照表

经济体	1980～1990	1990～2000	2000～2007
世界	3.1	2.9	3.2
中国	10.2	10.6	10.3
美国	3.0	3.5	2.6
日本	4.0	1.1	1.7
英国	3.2	2.7	2.6
俄罗斯	1.9	-4.7	6.6
印度	5.8	5.9	7.8
韩国	9.4	5.8	4.7
中国台湾	7.9	6.4	3.8
新加坡	6.4	7.6	5.8
中国香港	6.9	3.6	5.2
越南	.	7.9	9.8
博茨瓦纳	10.3	6.0	5.3

数据来源：世界银行，世界经济指标；中国台湾，台湾地区统计年鉴。

早先，日本在一段时间内取得了飞快的经济增长，1952～1980 年间年均经济增长为 8%，20 世纪 80 年代出现回落，而自 20 世纪 80 年代末经济危机之后，日本经济增长开始停滞。同样，韩国在其最为成功的以出口为导向的工业化时期，也就是 1965～1990 年，一度取得了快速的经济增长（年均 9%）。类似的范例还有 1960～1990 年的台湾（年均 9%）[1]。但是中国似乎是 1980 年以后世界唯一一个保持高速经济增长的经济体。这一高速增长态势异乎寻常，因为除印度之外，中国是世界唯一一个较之竞争对手而言，人口密度高、资源匮乏的国家。

中国在改革期间的经济增长速度的确是个奇迹，值得研究和了解（反思）。为什么会如此？是怎么做到的？这一过程是否可以评估？这一过程能否持续？这是当代经济学家们能够提出的最为重要的问题。这些问题即是本书要探讨的内容。

1.2 中国经济史

根据旅游者的报道，亚当·斯密曾在其《国富论》一书里写道：

"中国一直以来是世界上最富有，土地最为富饶、最适于耕作，人口最多且最勤劳的国家之一，但是却在很长一段时间内停滞了发展。"（亚当·斯密 1776：73）

表 1.2 中国与欧洲各国长期人均实际收入和增长对照表

	中国	欧洲	欧洲/中国比
人均实际收入（1990 US $）			
1280	600	500	0.83
1700	600	870	1.45
1820	600	1129	1.88
1952	537	4374	8.15
1978	979	10 860	11.09
1995	2 653	13 951	5.26
人均实际收入增长（% 每年）			
1280～1700	0.0	0.1	
1700～1820	0.0	0.2	
1820～1952	-0.8	1.0	
1952～1978	2.3	3.6	
1978～1995	6.0	1.5	

数据来源：麦迪逊（1998：表 1.3, 2.1, 2.2c）

麦迪逊（1998）证实，在过去的几百年内中国一度技术先进，达到了很高的人均收入水平。中国富饶地区（如长江三角洲）的农业生产水平很高，足以养育密集的人口。不管麦迪逊对中国 20 世纪以前几百年的评估是如何粗糙，其结果都显示，中国和欧洲国家在 19 世纪以前的几百年里，人均收入处在同一水平，即处在一个经济增长忽略不计的时期（表 1.2）。而之后的一个半世纪，随着帝制的衰落及社会经济的不稳定，中国的人均收入有些下降。而欧洲在此时期由于工业革命和由此产生的经济增长的积累过程，生活水准得到提高。欧洲得到了全面的发展，资本主义和技术革命兴盛，而中国却未能如此。

表 1.2 显示，中国经济在人均收入方面直至 20 世纪后半叶才取得持续的增长。最初是在计划经济时期（至 1978 年；以 1990 年的美元计算，人均增长 2.3%），而在之后的经济改革阶段（至 1995 年）这种增长更为迅速（人均增长 6%）。

中国发明了印刷术、指南针和火药。李约瑟在其里程碑式的《中国科学技术史》一书中提出了这样一个令人困惑的问题——为什么工业革命没有首先出现在中国？的确，所有的先决条件早在 14 世纪已经具备。

关于中国经济没有能够在 20 世纪中叶以前得到快速发展是由于封建帝制的管理体制（麦迪逊，1998；Acemoglu, 2009：807）这一说法存在争议。中国的封建帝制体制已有两千年历史，中国处于一个受过教育的政权治理之下，社会等级分化，受教育的特权阶层（官僚士绅阶层）与民众之间严重分化。中国专制的政治体制通常施行极为严格的经济管理，包括对内对外贸易。官僚实际上是寻租者：他们在破坏创造性生产力过程中，榨取企业的利润，限制有可能接受和利用新技术的新企业的进入。广义上的产权和合约制度没有得到发展。自主的中产阶级不被允许作为一股经济与政治变革的力量出现。受教育的形式和盛行的思维模式也通常不鼓励科学探索。Lin（1995）认为，封建帝制的科举制度使得最具能力的人接受最终走向统治管理的传统的"孔夫子教育"，而没有时间或动力去探索科学。

经济的发展速度主要取决于统治者的素质与施政目标。本书所探索的问题之一即：什么是中国当前飞速经济发展下的根本政治经济？

1.3 数据

中国官方报道的经济增长率是否可信？是否好得令人难以置信？这些问题近年来引起了激烈的学术争论，有时甚至达到论辩的地步。原因是国家数据统计局（NBS）不愿对数据的来源、统计方法，以及 GDP 和 GDP 增长的预测依据进行必要和详细的解释。（Angus Maddison 和 Thomas Rawski）两位学者认为 GDP 及其增长在某些时候被过高估计，另外一位学者（Carsten Holz）则认为官方的估计是正确的。

国家数据统计局在估算中国的总产值时要面对两个主要问题。它们与中国的经济快速增长以及计划经济到市场经济转型紧密联系。一个问题是，当许多新的经济活动出现时，要记录下这些活动是很困难的。此外，还存在以行政方式搜集到的数据因激励机制而被蓄意篡改的危险。前者会过低估计产值和产值增长，而后者则可导致对产值和产值增长的过高估计。

中央计划经济体制管理时期，数据报告存在的问题尤为严重，其部分原因是由行政方式采集到的数据与 GDP 预估数据不符，而另一部分原因是当时的国家数据统计局被解散，"文化大革命"期间的几年间根本没有数据统计（Maddison，2006）。但是，我们这里的研究集中在 1978 年以来的经济改革阶段。Maddison（1998）认为官方对 1978 至 1995 年（年均 9.9%）的 GDP 实际增长估计过高，据估算，真实的年均增幅应为 7.5%。年均 2.4% 的差异主要是由于采用了过低的紧缩价格而过度夸大工业和服务业的实际增长。Holz（2006a）质疑了支持 Maddison 观点的事实依据。Maddison（2006）对此质疑做出辩解，而后 Holz 也给予了回应（Holz，2006b）。

20 世纪 90 年代中期，有更多的人意识到地方政府提供的数据是不够准确的，并由此导致了地方经济增长率的夸大。许多数据仍旧依赖于传统的以行政手段采集的方式。政府关于"发展型国家"的理念强调达到预期增长目标，这无形中促使地方官员为避免招致批评，或为获得晋升提拔而夸大地方经济增长。与此观点相吻合的例子是 2004 年国家数据统计局（NBS）所获得的省级政府的 GDP 汇总增幅数据超过了当年同样是国家数据统计局中央办公室颁布的国家 GDP 增幅，省级 GDP 增幅超出国家 GDP 增幅 19%。

这些问题致使 1997 年国家高层领导采取措施：对数据的统计展开调查，并警告将对误报进行处罚。1997 年之后此问题按常理应该得到改善，一部分原因是国家采取的措施，另外一部分原因是 1996 年以后国家数据统计局改变了数据收集方式，由原来的行政手段数据采集方式转变为通过样本观测和阶段调查统计标准模式。然而，Rawski（2001）认为，1997 至 2001 年的 GDP 增长被严重高估，其理由是误报数据背后存在激励机制和国家统计局面对的压力。根据国家统计局的统计，1997 至 2001 年实际 GDP 增幅为 35%；而根据 Rawski 的统计，其增幅不超过 11%。他对数据的检测和修正是根据 GDP 增长和与 GDP 增长具有密切关系的某些变量增长之间的必然联系，如工业能源使用、航空运输和消费者价格。但 Holz（2003）对此看法持有异议，指出用以上变量考察所存在的问题。Lin（2004）从经济变化的角度出发，承认了这一事实。

2006 年，在 2004 年经济普查的基础上，国家统计局采用一修正标准对 1993 年以后的 GDP 进行统计，这一模式覆盖了工业与服务业。结果显示，2004 年 GDP 增幅为 17%，主要是依据对某些服务业附加值的调整。由此，与预期的相反，修正后的数据证实了省级 GDP 估算的合理性，引起了对先前所报告的国家统计数据的质疑。修改后的数据将 1993 至 2004 实际年 GDP 增长从原来的 9.4% 提高到 9.9%。但是，Holz（2008）对伴随而来的价格紧缩的上调提出质疑，进而估算出修正后的增长率可能实际上被低估 0.8%（年均），而这一阶段的真正增长率为每年 10.7%。

概括而言，在对中国 GDP 及其增长的估值中完全有理由出现错误。这一时期中国经济发展与变化迅猛，而数据统计机构也须快速地发展与变化从而与之相适应。目前的国家统计局较之经济改革初期已经成为一个很庞大的机构。这很可能是因为随着时间推移在覆盖范围与定义上出现不一致。也很有可能，至少在最初阶段，对某些年度的 GDP 增长估算得过高。虽然其机构操作过程存在着不透明，但能否对可能出现的数据错误做出合理与精确的调整，完全取决于该机构领导层的专业技能与水平。

我们所掌握的资料显示，中国的 GDP 及其增长，至少在最近修正之后，可能没有被故意拉高，如有也幅度很小。中国的确实现了经济的迅猛增长。其原因有待进一步做出解释。

1.4 研究方法

经济增长对经济学家来说是最难理解的现象之一。在理论层面，有很多经济增长模式可作为实际分析的理论框架。然而这些模式通常包含的变量数量有限，而这些变量则又通常是经济增长的近似决定因素。它们可能不是潜在的决定因素。如果我们要理解为什么中国经济增长如此之快，那就可能有必要去参照这些最为接近的决定因素。对于一个转型经济体来说这似乎尤为重要。在从中央计划经济向市场经济的转型过程中，很多体制变量在快速变化，这种情况不同于发达经济体。增长的模式通常用来解释生产领域的外向转型。但是，经济转型很有可能既涉及面向生产边界的转型，也可能涉及生产边界的向外转型。

没有哪种研究方法可以解释诸如经济增长这样复杂的现象。为此，我们采纳和借鉴了几种研究方法：经济理论、经济史、体制演变，以及计量经济学分析。我们将这一研究模式视为我们研究的一大特色。这一研究模式很类似于 Rodrik 称之为"案例分析"的研究方法，即在增长理论和增长计量经济学清晰信息与框架下的对一个国家的研究。但是，Rodrik 的主要目的是以国家案例分析为背景帮助我们去理解经济增长，次要目的是解析所研究国家的经济增长，而我们的研究重点则恰恰相反。

1.5   本书内容概述

我们将先介绍解释经济增长的不同方法——理论模型、实证估算以及非经济因素——这些将构成我们对中国经济增长的解释（第 2 章）。接下来，我们描述和解释了中国经济转型的过程，制度与政策的演变过程，以及它们与改革所带来的经济增长之间的相互影响（第 3 章）。

基于这两种完全不同的视角提出的理论框架有助于我们理解构成本书核心部分（第二部分，第 4 章至第 7 章）的计量经济学的分析。第 4 章通过对国家经济增长的影响因素的判断，将中国置于国际背景之下。第 5 章通过跨省份经济增长回归，解释了用以检验中国经济增长决定因素的计量经济学模式。第 6 章探讨了物质资本和人力资本投资的作用。第 7 章探讨了伴随中国改革发展而出现的三种结构形式变化：从农业到工业的行业转变，从国有到私有的所有制转变，以及随着中国与外界的接触而出现的经济开放程度的改变。中国经济增长的近似决定因素之一便是极高的投资率，其现象本身值得探讨，由此构成本书的第 8 章。

经济增长自身在未作影响评估之前不应作为经济政策的核心目标。第三部分探讨中国经济增长的影响。中国在经济改革之初是一个最为典型的劳动力过剩的经济体，一个牵涉到收入不平等和贫穷的重要问题"中国非熟练劳动力是否已用竭"将在第 9 章得到阐述。经济改革过程中收入不平等（差异）迅速加剧：从多大程度上这一差异加大是由于经济增长和引起经济增长的政策所致（第 10 章）？第 11 章我们根据自己的调查研究，探讨了有关中国的一个新课题：中国的经济增长是否提高了中国人的幸福指数？第 12 章探讨了经济快速增长所带来的其他重要影响。

在总结性的第四部分，第 12 章讨论了中国经济持续快速增长的前景。其中探讨了可能导致经济增长率减缓的各种因素，包括当前中国的宏观经济严重不平衡是否会持续，以及社会成本和负面影响（不利后果）是否将终结经济的快速增长。第 13 章总结了本书的论点，并将所有论据汇总以求论据的完整全面；贯穿以中国潜在的政治经济为研究重心的主题，回顾评估了中国迅猛的经济增长。

注释:

1. 早期的数据源于国际货币基金组织：*国际金融统计年鉴*和中国台湾：*台湾地区统计年鉴*。

参考文献

Acemoglu, Daron (2009), *Introduction to Modern Economic Growth*, Princeton: Princeton University Press.

Holz, Carsten (2003), 'Fast, clear and accurate: how reliable are China's output and economic growth statistics?', *The China Quarterly*, 173: 122~163.

——(2006a), 'China's reform period economic growth: how reliable are Angus Maddison's estimates?', *Review of Income and Wealth*, 52(1): 85~119.

——(2006b), 'China's reform period economic growth: how reliable are Angus Maddison's estimates? Response to Angus Maddison's reply', *Review of Income and Wealth*, 52(3): 471~475.

——(2008), 'China's 2004 economic census and 2006 benchmark revision of GDP statistics: more questions than answers?' *The China Quarterly*, 193: 150~162.

Lin, Justin Yifu (1995), 'The Needham puzzle: why the industrial revolution did not originate in China', *Economic Development and Cultural Change*, 43(2): 269~292.

——(2004), 'Is China's growth rate real and sustainable?', *Asian Perspective*, 28(3): 5~29.

Lucas, Robert E. (2002), *Lectures on Economic Growth*, Cambridge, Mass.: Harvard University Press.

Maddison, Angus (1998), *Chinese Economic Performance in the Long Run*, Paris: Development Centre of the Organization for Economic Co-operation and Development.

——(2006), 'Do official statistics exaggerate China's GDP growth? A reply to Carsten Holz', *Review of Income and Wealth*, 52(1): 121~126.

Ravallion, Martin, and Shaohua Chen (2007), 'China's (uneven) progress against poverty', *Journal of Development Economics*, 82(1): 1~42.

Rawski, Thomas (2001), 'What is happening to China's GDP statistics?', *China Economic Review*, 12: 347~354.

Rodrik, Dani (2003), 'Introduction: what do we learn from country narratives?', in Dani Rodrik (ed.), *In Search of Prosperity: Analytic Narratives on Economic Growth*, Princeton: Princeton University Press.

Smith, Adam (1776), *Inquiry into the Nature and Causes of the Wealth of Nations*, London: Dove (4th edn., 1826).

2

理解经济增长的方法

本章的目的是为后续章的理解提供一个理论框架。读者可能对其中大部分内容比较熟悉，但由于研究的方法宽泛且多样，可能不能理解全部。本章介绍经济增长的不同模型，经济增长的实证研究方法，有关经济增长的文献和有关经济发展文献之间的关系，以及经济增长和经济不均衡（不平等）的关系。

2.1 经济增长模型

第二次世界大战以后的一段时间，经济增长成为经济学家关注的焦点。从 Harrod（1939），索洛（1946），以及 Kaldor（1957）开始，初始的研究重心放在了增长理论的发展上。这包括采用少量精确定义的经济变量（以解释经济增长过程的不同方面）的形式模型的构建。解释经济增长过程，不仅采用模型实证检验的方法，还参考一套有关增长的"程式化的事实"。

此处没有必要阐述不同经济增长模型的细节：这些可以在许多有关经济增长、经济发展和宏观经济学的教科书中找到（如 Acemoglu 2009; Aghion 和 Howitt 2009; Jones 1998; Ray 1998; Ros 2000）。但是，作为理解后续章的导读章，在此有必要向读者介绍一下不同形式的模型所提出的问题、假设、预测等。

早期模型中最具影响的模型当数被称作新古典主义或索洛的经济增长模型（Solow 1956）。该模型根据常规生产函数及每一生产因素的收益递减假设，得出了很多有说服力的结论。从每个工人较低的产出水平开始，出现储蓄与投资，资本—劳力比率连同产出—劳力比率由此上升。经济发展经历资本收益递减：资本边际产值以及由市场决定的资本收益率下降。经济最终达到人均产出长期保持均衡的水准。而这种水准的提升只有通过科技进步的外源性方式得以实现。因此，就均衡性而言，人均产出的增长是由经济模型的外部因素决定的。

索洛模型的一个预测便是，每一经济体都趋于达到人均产出长期保持均衡的水准，那些距离"稳定状态"较远的经济体的经济增长速度也较快。这一预测的结果便是"条件收敛"，即将储蓄率差异、贬值率差异、劳动力增长差异和技术进步率标准化后，经济会出现收敛。

收敛的速度对如何看待和评价一个模型很重要。Sato（1966）基于参数的"可信度"价值，并将"模拟操作方法"应用于新古典主义模型中后发现，参数的变化可能会使一个经济体需要经过几代人的努力才能达到它的稳定均衡。因此，对于向稳定状态过渡的时期的分析要比对稳定状态本身的分析更有意义。

有两个证据说明索洛模型的不足。一个证据为近年来一些经济体不仅无法达到绝对收敛，而且也无法达到相对收敛（总结见 Ray 1998：74~84）：不同国家的经济增长率差异很大。另一个证据为随着时间的推移，许多国家产出—资本比率趋于相对恒定：除非出现抵消性的技术进步，资本收益率递减会降低产出—资本比率。认为技术进步率属于增长模型外生力的假说同样被视为具有局限性。这样的考虑导致了一批更具现实意义的新增长模型的出现。这些新模型认为人均产出增长率是由模型内部因素决定的，它们通常被称为内生性增长模型。内生性增长模型主要有三种（尽管存在重复）：人力资本模型、技术进步模型和外生因素模型。

我们先看一下由 Lucas（1988）等人提出的第一个模型：投资可以采取物质资本和人力资本两种形式。两种生产要素的互补有助于经济增长过程中产出与物质资本之比保持不变，但在存在更多的生产因素（诸如非熟练劳动力或土地）时，除非供应量无限充足，否则仍会出现资本收益递减。

提早实施技术改进即是认识到多数技术知识包含在资本产品之内：投资由此可成为技术改进的手段，这将导致资本最典型模型的发展，其中，技术知识包含在每一个新的工厂和机器中，资本的每一次连续的运作带来技术进步（Solow 1959; Kaldor 和 Mirrlees 1962）。Romer（1990）强调了研究和发展作为技术进步的决定因素。人力资本既可以用于商品生产，也可以用于知识生产。因此，技术进步的速度取决于人力资本的水平以及研究发展活动中所投入的人力资本比重。知识生产和知识扩散需要加以区别。整个经济生产过程中的新知识的传播产生技术进步，但是，除非技术发明能够得到知识产权的保护，否则技术扩散会挫伤知识生产投资的积极性。

一些增长模型（如 Mankiv 等，1992）包含很有说服力的假设，例如由于知识扩散，技术进步在所有国家以同样的速度出现。相反，Grossman 和 Helpman（1991）认为，由于不同国家在吸收现有技术过程中的能力不同，所有国家的技术进步也是不一样的。根据 Romer（1993）的观点，创意的产出可能很昂贵，但使用却很低廉（易于模仿和传播）：规模经济的重要性使得大国的发展速度更快。

经济的正"外部效应"（有益于整个社会，但不为个体决策者所考虑）在经济增长中起一定作用的观念由来已久，可追溯到亚当·斯密（1776）。Young（1928）认为，宏观经济层面存在规模经济，可以促进经济增长。Arrow（1962）从理论角度提出了技术知识与技术原理产生于生产过程本身的观点，提出"做中学"理念。Lall（1992）通过对公司技术能力决定因素的观察，对此理论加以检验。此观点后由 Romer（1986）予以形式化，将技术进步视为一种由经济总股本生成的正外部效应。这一假设认为，对于个体生产者，存在规模的收益恒定和递减，但对整个经济来说，为收益递增。通过对技术进步产生影响，资本积累可以抵消资本收益递减的影响并提高人均产出。即使人力资本在研究和发展活动中没有被正式地利用，教育可以帮助人们产生新的创意，由此使得通过经济中的人力资本存量产生可以加快技术进步的外部效应成为可能。

外部效应可以以互补形式出现。如果一个人的活动方式特别，就更容易激励其他人去效仿。比如，假设整个经济中的高投资提高了每一家公司的预期利润，那么，预期投资也会加大。此外，如果个体投资与整体经济预期投资比率呈非线性关系——无论预期投资比高低都不会对个体投资产生明显影响——那么即可能出现不止一种结果。比如，可能会出现一种稳定均衡，其投资通常很低，以及另一种稳定均衡，其投资通常很高（描述见 Ray1998：114～116）。这些力量会导致投资与增长的恶性或良性循环。

2.2　经济增长的实证方法

　　国家内部的与经济增长相关的数据数量与质量的提高，可供参考的多国家数据的增加，加之计量经济学方法的进步使得并促使对经济体内部与经济体之间的经济增长的决定因素的定量研究成为可能。许多研究开始涌现，采用不同的方法，并常常得到截然不同的结果。关于增长原因结论的多样性说明，对实验型的增长研究虽不抱有偏见，但应该谨慎开展这类研究。

　　采用的主要研究方法有三种：增长核算、基于形式增长模型的估算和开放式的增长恒等式。没有哪一种方法优于另一种方法，每一种方法都有其优点与缺点。每一种方法都可能在解答某些方面的增长问题时优于其他方法。同时采用三种方法可能要比采用某一种单一方法获取的信息要多。我们会逐一讨论每一种方法。

　　增长核算方法源于 Denison（1966），虽然存在不同程度的复杂性，但如今被广泛采用。如果研究目标设定在估算出每一种生产因素对增长的贡献，以及常等同于技术进步的被称之为"全要素生产率"（TFP）增长的残余贡献时，这一种方法会更有帮助。但是增长核算面临三大主要问题。它需要计算出股本和资本耗用，同时要假设出相当于收入份额的制约每一种因素贡献的参数。残余不仅仅或根本不必代表技术进步：它可以被视为"衡量我们愚昧的一种手段"（Abramovitz 1956：11），包括来自规模经济的贡献、结构变化、资源再植和计算错误。有争议认为，技术进步与投资本质上不能被分隔：技术进步大多需要包含在资本商品内，同时新的投资一般涉及技术进步（Scott 1989）。

　　结构增长模型提供增长理论模型的实验检测，所以可表明它们简化的假设是否合理，阐释增长过程。但是实证的规范要求仅包括理论模型内的变量，一般排除许多可能对经济增长构成影响的变量。通常考虑的变量很有可能是最为接近的决定因素，但就潜在的增长决定因素而言，它们自身需要得到解释。由此，即便是 Mankiw 等人（1992）的开创性论著以及由此而生的其他文献也只能被视为对增长过程的部分解释。

　　由 Barro（1991）首创的非正式增长回归（模型）相对于增长核算和结构增长模型，在某些方面更具优势。该模型允许引入解释变量，这些变量代表增长的潜在决定因素以及近似决定因素。这同时也是该模型的弱势：回归恒等式里可包含任何可能的变量。这就出现"模型不确定性"问题。研究者易于引入他们想要调查的各种变量,排除了其他实质上很可能非常重要的变量。这些变量如果被排除，就会得到带有偏倚的结果。解决这一问题的方法即采用最近发展起来的模型筛选方法，诸如极值边界分析（EBA）、贝叶斯模型平均分析，以及一般到具体分析。

所有这些用以解释经济增长决定因素的实验方法的根本是要确定并预测增长率方程里的解释变量对增长确实具有影响，而不仅仅是数据的关联。这对于理解所研究的真实的过程以及对政策干预提出建议都是非常重要的。问题是，一些解释变量可能是"内生性的"，即由体系内部决定。对一个内生性变量的定义即是，它与恒等式中的误差项相关联。这种关联有可能出现，因为诱因从问题所涉及的因变量过渡到解释变量，或是因为一个或者更多的没有观察到的变量对因变量和解释变量都产生影响。

有多种方法可用以探讨经济增长背景下的内生性。一种方法是通过"自然实验"方式，比如朝鲜半岛南北外生性的分割。此种情况下，很可能会将管理和制度与经济增长的因果关系构建起来。另一种方法是分析固定样本数据，排除"固定性效应"，即通过观察经济增长率和被观测的解释变量在一段时间内如何变化，排除这些国家与地区未被观测到的特征的影响。还有另一种方法是寻找解释潜在内生性解释变量的"方法（工具）"，即寻找那些与解释变量密切相关但又没有归入经济增长决定因素内的变量。通过使用方法（工具）预测内生性变量，可以在内生性变量中将外生性变量加以分隔，从而辨别外生性变量对经济增长的因果效应。我们的数据集和增长恒等式为我们提供了通过"系统广义矩方法（GMM系统）"评估技术（Arellano 和 Bover 1995；Blundell 和 Bond 1998）分析研究潜在的内生性自变量。

2.3 经济增长和经济发展

以上所描述的理解经济增长的各种方法是否可以同时应用于发达与欠发达经济体？这是一个重要问题。大多数增长模型是根据发达经济体和分析的可控性而制定的。Hicks（1965：3～4）对当时的增长理论适用于欠发达经济体的经济问题提出了质疑。正如 Temple 所指出的，经济发展涉及从一种经济体形式向另一种非常不同的经济体的过渡，而且程式化的增长模型通常不涉及此类过渡问题。

发达与落后经济体之间的本质区别在于资源分配效能。前者资源通常得到充分的利用，市场力量确保不同行业部门间的生产因素的回报趋向一致。而后者则常出现劳动力失业或不充分就业，在生产因素回报上，行业部门之间形成较大差异。这使得阿瑟·刘易斯（1954）提出了劳动力过剩情况下的经济增长理论。经济增长采取从不充分就业以及撤销不会导致产出下降的农村、农业、生存部门，向工资保持在基本生活水准的城市、工业、资本主义部门的劳动力转移模式。后一种行业的资本积累由剩余利润控制，如果更多劳动力可以受雇而无机会成本，则不必受报酬递减的制约。农村劳动力的撤出最终会提高农业的边际劳动生产率和家庭收入，此过程因工农业贸易条件的改善而得以推进，同时城市工资作为对市场稀缺的回应出现上涨。经济从经济发展的古典阶段向新古典主义阶段过渡。经济的持续性开始减弱，经济发展的成果得到广泛传播。

刘易斯（1955）出版其《经济增长理论》一书时，他的书不涉及理论（传统意义上的经济变量的形式模型），也不涉及经济增长（针对经济增长的广义解释）。当然，大多数增长模型中重点分析的因素出现了，但它们不是唯一的因素。对一般增长理论通常视之为理所当然的问题同样给予了重点的讨论。这些包括：反映在经济目标和态度上削减的意愿、涉及形成经济动力的权利与自由的经济体制以及管理和体制问题。

像古典经济学家如斯密（1776）一样，刘易斯打算跨越传统学科界限，以探索经济增长为什么会发生以及如何发生。相反，大多数研究经济增长的理论家可能是出于追求严谨和对稳定的发达经济体的考虑，更趋向于微观和"经济主义"。但一些经济学家，借助对发展过程中制度和政治经济所起作用日趋浓厚的兴趣，近来开始采用一种更为古典的研究方法去解释经济增长。两个次级学科——经济增长和发展经济学——紧密地结合在了一起。

经济增长的研究越发关注政治经济、制度结构，以及管理形式的问题（比如 Adam 和 Dercon 2009 年所做的调查）。经济活动者的利润构成对其是否会进行技术、固定资本和人力资本的投资有着一定的影响。利润构成反过来由诸如合同效力、法律及秩序、公共结构、腐败和经济变革的政治阻力等经济与政治制度来决定。当反映这些内容的变量包含在非正式的经济增长回落中时，我们会发现"制度至关重要"，而且要比地理与文化更为重要（比如 Rodrick 等，2004）。这些可被视为经济发展的潜在决定因素；一直以来被视为"复杂的社会网络……形式经济学家智力发展的残留物"（Toye 2007）。但是，"关于增长的政治经济研究仍处于起始阶段"依然是事实（Acemoglu 2009：874）。

经济增长与国内制度之间是否存在一种平衡？国内的竞争可能减少腐败并提高经济政策的质量，但也可能催生压力集团、政策僵局以及短期竞选拉票。但同样，独裁政权也不得不现身于不同的选区以求得连任。实验的证据不能建立一种有充分说服力的关系（Alesina 和 Perotti 1994; Aghion 和 Howitt 2009: ch.17）。不同的政权在经济特点方面存在非常大的差异——从盗贼统治到"发展型国家"。后者并不仅满足于进行经济调整，而是参与介入"管理市场"，比如它们强调教育和促进工业化。它们以增长为导向的政策源自对政权的外部威胁——例如韩国的情况就是如此（Amsden 1989；Wale 1990）。而其他形式的政权也许会产生不那么极端的结果。

理论上来讲，政治上的不稳定性可产生经济上的不安全感，由此降低投资和增长。缓慢的增长反过来会导致政治的不稳定，由此形成恶性循环。因为贫穷会带来政治不稳定，这样，国家很可能越来越穷。相反，Huntington（1968）认为迅速的经济增长会导致社会不稳定：人们的期望值会提高，而且会产生新的需求。如果国家缺乏相应的制度体制以应对结构和社会的转型以及通常伴随经济增长而出现的社会动荡，那么将引发一些问题。有跨国的证据表明，政治不稳定（正如国家风险指标所测定，诸如侵占私人财产和缺乏合同效力风险，而不是实质上的或试图的暴力变革）对投资和增长都会产生负面影响（Knack 和 Keefer）。

Acemoglu 等人（2005）提出的一个理论和经验案例说明，经济制度的差异是导致经济发展差异的主要原因，因为它们决定了经济活动者的激励机制和制约条件。但是，经济制度是内生性的。通常在形成制度的社会选择上存在冲突，最终让步于更大的政治势力集团。当政治制度将权力分配给在广泛的产权执行有利益关系的集团时，当对这些持有权力的集团施以有效的掌控，且由它们掌握的经济借贷数量较少时，经济制度会促进经济增长。

同样，Lin（2009）强调了在一个发展中国家里，政体是最为重要的制度：它的政策改变其他制度的质量和经济的激励结构。但在考虑政治压力的相对重要性和思想意识作为管理政策的决定因素时，他的观点与 Acemoglu 等人（2005）的观点有所不同。跟凯恩斯（1935）一样，相对于既得利益集团，他更强调思想的重要性。他从意识形态上得出为什么第二次世界大战后的前些年，不成功的"违背相对优势"政策常被推行，以及为什么在"流行的社会思潮"转向"华盛顿共识"时会出现急剧的政策改变的解释——同样由于未充分重视之前产生的问题，这些政策改变常常也是不成功的。

有关经济发展的文献中，学者们充分认识到了国家的潜在重要性。第二次世界大战刚结束的几年在形容日本时由约翰逊（1982）创造的"发展型国家"一词一直被用来指那些积极、果断并成功推行经济增长的国家。其他一些东亚国家被置于同一类型之列，包括韩国。发展型国家之间可能在某一时段的政治体制、国家对经济干预的性质与程度，以及工业政策的力量上，存在差别。但是，它们共同分享一个通过积极的国家政策以取得迅速经济增长的最重要的目标，并成功实现这一目标。

政治经济不可忽视。国家治理者的动机是经济发展速度的重要决定因素。一个国家是一个由违背发展思维所掌控的衰落的国家，还是一个发展型国家，这点非常重要。有观点认为，中国在 20 世纪的不同时期，经历了以上所有过程。本书反复探讨的议题即为，在经济改革过程中，中国已经成为一个发展型国家。

2.4 经济增长和（收入）不平等

有相当多的文献——理论以及实验的——涉及经济增长对收入不平等的影响，以及该差异对经济增长的影响。有原因解释为什么收入不平等会随经济增长而加剧。劳动力从大规模、低收入、农村产业向小规模、高收入、城市产业的转型加大了人均家庭收入总体的不平等。如果城区出现更不平等的收入分配，这种不平等还会加剧（Kuznets 1955）。劳动力的构成向更高教育型的转变对收入不平等同样产生影响（Knight 和 Sabot 1983）。在城市产业扩展中生产功能和技术进步的性质可以提高对物质和人力资本的回报。此外，信贷约束会导致家庭之间这些要素所有权的不平等。在一个不发达的经济体中，市场的不成熟会导致相对于同一要素的各种全然不同的回报（Banerjee 和 Duflo 2005）。

收入不平等可能会在较高收入层面开始缩小，在人均收入和收入不平等之间形成"倒 U"形关系曲线。当城市产业成为主导，库兹涅茨效应便呈相反方向，同时，随经济增长出现的更大的市场化会均衡整个经济对每一要素的回报。伴随经济发展出现的社会与政治变革——包括更为民主的管理——可以通过管理政策的干预，帮助缩小不平等。

收入水平对于收入不平等因果效应的实验表明，"倒 U"形关系曲线在国家之间趋于变弱或不存在（Ray 1998：201～209 对此做了总结）。从增长到不平等的关系可能会通过一段时间的国家研究方式得到更好的检验。

有一些原因解释为何收入不平等可以促进经济增长，另一些原因说明为何它具有减缓效应。在对经济增长的古典解释中，只有资本家和靠股息生活的人才会有积累（Eltis 2000：ch.10）。因此，如果劳动力仅得到国民收入的极少部分，这意味着高积累率，同时出现高投资率。现代的方法是监测不同收入水平线上的家庭储蓄倾向：它可随收入水平的提高而提高。因此，国民收入和投资随着经济增长的出现而提高是可能的。

收入和资源的分配不平均可能意味着许多家庭缺少抵押品，而依赖信贷约束，由此不能抓住在商业或者是在教育领域投资的机会（如 Banerjee 和 Newman 1993）。社会的高度不平等可能减缓经济增长，产生收入和财富再分配的要求，特别是当它导致社会政治不稳定，造成商业信誉受损，以致阻碍投资，或遇到边际收益下的高税收时（如 Alesina 和 Rodrik 1994）。

不平等对增长的影响须由实证研究检验。跨经济体研究表明，最初的收入和财富不平等会对增长率产生负面影响（Ray 1998：220～223 对此做了总结）。Alesina 和 Perotti（1996）认为，社会不满和社会政治不稳定是负面影响产生作用的一种渠道。但是，很可能每一个国家自身的历史、自然资源、制度、管理和文化的差异是构成这些关系的重要因素，所以还须进行国家研究。

2.5 未来展望

经济学家在试图解释诸如贫穷经济体经济增长这类复杂现象时应该谦逊一些。Acemoglu（2009：873）在全面评估之后不得不做出这样的判断："我们还远不能理解经济增长的过程及其所涉及的结构转型。"但是，本章所提供的理论框架对接下来分析的理解会很有帮助。

涉及制度分析的第 3 章探索了经济改革期间涉及的管理和政策的衍生过程。涉及跨经济体分析的第 4 章是基于引入人力资本和行业转型概念后的索洛模型。有关跨省分析的第 5 章至 7 章使用非正式增长回归的方法预测了包含最初收入水准（用于衡量有条件收敛）、物质资本、人力资本（既包括具有外部性的资本量，也包括资本流）、从低到高生产率产业的劳动力转移以及制度变化的替代。第 8 章探讨了为什么资本的收益递减没有能够减慢中国资本积累的速度。第 10 章在刘易斯理论模式下探讨了中国的经济增长，同时探讨了中国过剩劳动力是否枯竭的问题。第 11 章则探讨了对经济增长和经济不平衡之间存在的可能关系的理解，提出为什么不平衡在中国会增长如此迅速。

研究中国的经济增长的方法很多。每一种方法都有帮助，但无一种方法可以说明所有问题。出于这一原因，我们试图结合经济理论、定量分析、经济史、制度分析和政治经济等理论。期望整体大于部分之和。我们的研究涉及面宽，是本书的主要特征。

参考文献

Abramovitz, Moses (1956), 'Resource and output rends in the United States since 1870', *American Economic Review*, 46, 2 (May): 5~23.

Acemoglu, Daron (2009), *Introduction to Modern Economic Growth*, Princeton: Princeton University Press.

——S. Johnson, and J. A. Robinson (2005), 'Institutions as the fundamental cause of long-run growth', in P. Aghion and S. N. Durlauf (eds.), *Handbook of Economic Growth, Vol. 1, Part A,* Amsterdam: Elsevier Science: 385~472.

Adam, Christopher, and Stefan Dercon (2009), 'The political economy of development', *Oxford Review of Economic Policy*, 25(2): 173~189.

Aghion, Philippe, and Peter Howitt (2009), *The Economics of Growth, Cambridge*, Mass: The MIT Press.

Alesina, Alberto, and Roberto Perotti (1994), 'The political economy of growth: a critical survey of the recent literature', *World Bank Economic Review*, 8(3): 351~371.

————(1996), 'Income distribution, political instability and investment', *European Economic Review*, 40: 1203~1228.

——and Dani Rodrik (1994), 'Distributive politics and economic growth', *Quarterly Journal of Economics*, 109, 2 (May): 465~490.

Amsden, Alice (1989), *Asia's Next Giant: South Korea and Late Industrialization*, New York and Oxford: Oxford University Press.

Arellano, M., and O. Bover (1995), 'Another look at the instrumental variable estimation of error-components models', *Journal of Econometrics*, 68, 1 (July): 29~51.

Arrow, Kenneth J. (1962), 'The economic implications of learning by doing', *Review of Economic Studies*, 29, 3 (June): 155~173.

Banerjee, Abhijit, and Esther Duflo (2005), 'Growth through the lens of development economics', in P. Aghion and S. N. Durlauf (eds.), *Handbook of Economic Growth, Vol. 1, Part A,* Amsterdam: Elsevier Science: 473~544.

——and A. Newman (1993), 'Poverty, incentives and development', *American Economic Review*, 84, 2 (May): 211~215.

Barro, Robert (1991), 'Economic growth in a cross-section of countries', *Quarterly Journal of Economics*, 106(2): 407~443.

Blundell, R., and S. Bond (1998), 'Initial conditions and moment restrictions in dynamic panel data models', *Journal of Econometrics*, 87, 1 (August): 115~143.

Denison, Edward F. (1966), *Why Growth Rates Differ*, Washington, D.C.: The Brookings Institution.

Domar, Evsey D. (1946), 'Capital expansion, rate of growth, and employment', *Econometrica*, 14, 2 (April): 137~147.

Eltis, Walter (2000), *The Classical Theory of Economic Growth*, 2nd edn., Basingstoke: Palgrave.

Grossman, G., and Helpman, E. (1991), *Innovation and Growth in the Global Economy*, Cambridge, Mass.: The MIT Press.

Harrod, R. F. (1939), 'An essay in dynamic theory', *Economic Journal*, 49, 193 (March): 14~33.

Hicks, J. R. (1965), *Capital and Growth*, Oxford: Clarendon Press.

Huntington, Samuel (1968), *Political Order in Changing Societies*, New Haven,

Conn.: Yale University Press.

Johnson, Chalmers (1982), *MITI and the Japanese Miracle: The Growth of Industrial Policy 1925–1975*, Stanford, Calif.: Stanford University Press.

Jones, Charles I. (1998), *Introduction to Economic Growth*, New York: Norton and Company.

Kaldor, Nicholas (1957), 'A model of economic growth', *Economic Journal*, 67, 268 (December): 591~624.

——and James Mirrlees (1962), 'A new model of economic growth', *Review of Economic Studies*, 29, 3 (June): 174~192.

Keynes, J. M. (1935), *The General Theory of Employment, Interest and Money*, London: Macmillan.

Knack, Stephen, and Philip Keefer (1995), 'Institutions and economic performance: crosscountry tests using alternative institutional measures', *Economics and Politics*, 7(3): 207~227.

Knight, J. B., and R. H. Sabot (1983), 'Educational expansion and the Kuznets effect', *American Economic Review*, 73(5): 1132~1136.

Kuznets, Simon (1955), 'Economic growth and income inequality', *American Economic Review*, 45, 1 (March): 1~28.

Lall, Sanjaya (1992), 'Technological capabilities and industrialization', *World Development*, 30(2): 165~196.

Lewis, W. Arthur (1954), 'Economic development with unlimited supplies of labour', *The Manchester School*, 22: 139~191.

——(1955), *The Theory of Economic Growth*, London: George Allen and Unwin.

Lin, Justin (2009), *Economic Development and Transition: Thought, Strategy and Viability*, Cambridge: Cambridge University Press.

Lucas, Robert E. (1988), 'On the mechanics of economic development', *Journal of Monetary Economics*, 22, 1 (July): 3~42.

Mankiw, N. Gregory, David Romer, and David N. Weil (1992), 'A contribution to the empirics of economic growth', *Quarterly Journal of Economics*, 107(3): 407~437.

Ray, Debraj (1998), *Development Economics*, Princeton: Princeton University

Press.

Rodrik, Dani, Arvind Subramanian, and Francesco Trebbi (2004), 'Institutions rule: the primacy of institutions over geography and integration in economic development', *Journal of Economic Growth*, 9(2): 131~166.

Romer, David (1996), *Advanced Macroeconomics*, New York: McGraw-Hill.

Romer, Paul (1986), 'Increasing returns and long run growth', *Journal of Political Economy*, 94, 5 (October): 1002~1037.

——(1990), 'Endogenous technological change', *Journal of Political Economy*, 98, part 1: S71~101.

——(1993), 'Idea gaps and object gaps in economic development', *Journal of Monetary Economics*, 32, 3 (December): 543~573.

Ros, Jaime (2000), *Development Theory and the Economics of Growth*, Ann Arbor: University of Michigan Press.

Sato, K. (1966), 'On the adjustment time in neoclassical growth models', *Review of Economic Studies*, 33, 3 (July): 263~268.

Scott, Maurice (1989), *A New View of Economic Growth*, Oxford: Clarendon Press.

Smith, Adam (1776), *An Inquiry into the Nature and Causes of the Wealth of Nations*, London, Dove (4th edn., 1826).

Solow, Robert M. (1956), 'A contribution to the theory of economic growth', *Quarterly Journal of Economics*, 70 (1): 65~94.

——(1959), 'Investment and technical progress', in K. Arrow, S. Karlin, and P. Suppes (eds.), *Mathematical Methods in the Social Sciences*, Stanford, Calif.: Stanford University Press: 89~104.

Temple, Jon (2005), 'Dual economy models: A primer for growth economists', *The Manchester School*, 73 (4): 435~478.

Toye, John (2007), 'Solow in the tropics', University of Oxford, mimeo.

Wade, Robert (1990), *Governing the Market: Economic Theory and the Role of Government in East Asian Industrialization*, Princeton, NJ: Princeton University Press.

Young, Allyn (1928), 'Increasing returns and economic progress', *Economic Journal*, 38, 152 (December): 527~542.

3

制度与政策的演变

3.1 引言

三十年来，中国经历了显著的制度与政策的转变。经历了由中央计划和控制经济向市场经济的转型——虽然从几个方面上看转型仍不彻底。相对于突然的经济变革或伴随苏联的政治解体出现的"骤变"，这是一个演变与渐变的过程。这一过程常被视为探索性的——被形象地描述为"摸着石头过河"，而不是对一个精心设计的庞大计划的实施过程。

在经济改革开始之初的 1978 年，中国受制于一系列糟糕的"先期条件"：国家贫穷，人口过密，人力资本和自然资源匮乏。盛行的思想意识对市场经济抱有敌意，反对剧烈的变革。体制与政策已全然不相匹配，导致激励结构非常低效。

对我们来说，将目光集中在遥远的"河对岸"，即从一系列最佳的并能够提供法律、产权保护、合同效力及具有竞争力市场的制度角度来评介这一改革过程，会是很幼稚的。这的确也不可能是最初的改革者心中的预期。"骤变"式的改革会给当时的经济生活带来混乱，政治上也是不可接受的。除此之外，我们更需要研究中国是如何渡过改革这条大河的。

渡河的过程是渐进式的，探索性的，实用性的，而且是依赖一定的路线和在特殊的环境下进行的。转型机制得以建立并允许随着经济变革和发展而演变。这一过程受到以下三个标准的制约：起步时须顾及先期条件；须有效率的保障；中国共产党和相关利益群体的利益需要保持一致，否则相关利益群体很有可能构成改革的阻力（Qian 2003）。我们下面探讨这些标准是如何达到的。

本章将简要介绍中国向市场经济转型的历史过程。这样做的主要目的有三个，且它们彼此相互联系。第一个目的是在事件描述的基础上，探索中国经济发展的因果关系：一个改革和其经济回应是如何诱发出另一个改革的，等等。第二个目的是探索转型过程如何与经济增长过程彼此互动：转型如何促进增长，而增长又如何反过来促进转型。潜在的假设是，制度与政策变革和经济回应一起将中国置于一条累积因果关系之路上，在这条道路之上，中国的经济快速增长。第三个目的是理解改革政策背后的政治经济。

我们在3.2节简要介绍中央计划经济阶段。3.3节探讨农村改革的演变过程。3.4节探讨城市改革的演变过程。3.5节探讨与整个经济相关的政策与制度。3.6节探讨经济改革过程的潜在政治经济。3.7节总结政策和机构体制与经济增长之间的关系，同时解释本章的研究结论如何影响到后面章的分析。

3.2　中央计划经济

我们必须充分理解中国从指令型经济转变到其改革经济后所留下的遗产。先期条件影响到改革过程的方方面面。从中国踏上"摸着石头过河"的改革征程之日起，留在其身后的堤岸就对跨越这条河流本身产生深远的影响。

农村产业

农村和城市产业，除通过国家从中协调的部分外，两者是独立的、相互区别的（Knight和Song，1999），因此须分别讨论。我们先从农村产业开始。中国共产党在1949年执掌政权以后，将富农和地主的土地公有化，并将其分配给了贫农和佃户。1950至1953年的土地改革如火如荼：它赋予国家合法权利，形成了对新政府的无限支持。随后逐渐出现的农业集体所有制因此没有受到广大农民的强烈抵制。集体所有制的明显成功以及提取农业更多剩余以助工业化的需求，使得领导层大胆进行了更深入的改革，建立了人民公社。生产要素全部归集体所有，私有土地被废止，家庭报酬更多地根据需求，而较少地根据所从事的工作而获得。

此后，领导层发起了"大跃进"运动。公社的管理水平低下，领导层鼓励"后院"炼钢铁，缺乏土地耕作的个人动力，加之持续三年的恶劣气候，最终导致农业危机。饥荒肆虐了三年,公众却没有意识到它正在发生。甚至是领导层,被浮夸的公社生产报告所蒙蔽,起初对灾难的发生一无所知。Dreze 和 Sen(1989:210~215)比较了印度和中国的饥荒,认为这些损失部分归咎于当时的政治环境和舆论环境。农民受到饥荒的打击最大:国家粮食征收没有减免。饥荒在多大程度上是由于有意识保护城市居民所致,而又在多大程度上是由于思想狂热时代下的农业收成的浮夸报告所致,无人得知。

毛泽东时代最后的几年里以 1966~1976 年的"文化在革命"中的社会动荡以及对公社"自力更生"的强调为主要标志。强制性的粮食高产目标和强调地方的粮食自力更生,意味着高质量农作物生产和地方农业活动特殊性的利益丧失。但是,农业的各种技术改进得以实现:土地灌溉面积从 1952 年耕作土地的 30% 上升到 1978 年的 45%,电和化肥的使用增多,高产种子得以迅速推广(Lin 1994:36~38)。

尽管取得了这些进步,但公社时期的农业发展状况仍不乐观。国家未能解决激励、监控和指导问题(Lin 1990)。根据 Wen(1989)的研究,1977 年农业的全要素生产率要低于 1952 年。农业产量增幅仅略高于人口增长速度。例如,1952 年至 1978 年,全国人均可供给粮食每年增长仅为 0.4%(Knight 和 Song 1999:32)。

我们可以对中央计划经济时期农村政策的推行做出经济学上的解释。领导层将重心放在了快速的城市工业化上,将农业视为进行工业化所需的市场和可投资剩余的资金来源。如果粮食价格提高了,农民就有动力多生产、在市场上多销售他们的产品。但是,国家以强制而不是激励的手段获取农业丰收。国家采取强制性的手段,以低价收购农民粮食,并施行集体所有制以获取对剩余产品的更大掌控。相对于工业价格,这种"价格剪刀"政策压低了农业价格,为实现国有工业产业低工资、高盈余的情况创造了条件(Knight 1995; Knight 和 Song 1999: ch. 7)。

然而,这种经济解释是狭隘的,也是不完整的。在决策方面起着主导作用的是政治,而不是经济。当时存在经济决策的极端政治化现象,政府过多使用简单化的行政命令和口号,以思想意识标准取代经济标准。公社的构成形式提供了政治和社会控制,使得领导层能够推行其平等和集体的政治目标,而不是个体行为与个人生活方式。集体所有制虽然最初是自愿的,但后来变为强制性的。这或许是由于 1958 年成立公社,但可以肯定地说,由于"大跃进"，国家与农民之间的合作关系不复存在。"文化大革命"期间，农民的不满情绪加剧，但对国家未造成严重的后果。国家异乎寻常地强大，农村社会却异常虚弱：宗族、私人企业和宗教组织等并不存在。

城市产业

新政府接管了许多工厂，但起初允许私人企业继续存在。但是，1955～1956 年政策的极端转变使企业突然转向公有制，城市私人企业消失。当时的中国实行"指令型经济"。

中央计划时期，经济政策的基本目标为迅速实现城市工业化。中国领导人追寻的是苏联模式。规划者忽略了适于中国充足劳动力资源的劳动力密集型工业企业，反而把重心放在了诸如金属、材料和化学品等重工业上，发展生产以满足国内需求，即发展内需型工业化。与同一时期成功的东亚经济体相比，中国没有意图寻求轻工业和出口产品的生产。

中央计划经济体系建立起来。规划者向企业发布指定的生产目标，直接向其分配生产要素和生产的投入。价格不是用于指导资源分配，而是作为渠道向政府和重工业输送资源。国有企业具有的自主权很少：它们不可以调整自己的劳动力，也不可以保留任何利润。市场运作表现不能驱动投资决策：银行仅为负责资金分配的规划者和企业之间的协调机构。中国共产党借用对管理者职业生涯行使的权力，强化对国有企业的控制。

政府采用了官僚主义的劳动力分配和工资调节体系（Knight 和 Song 1999: ch. 2）。新中国成立之前的巨大工资差别大大缩小。1956 年工资改革后，全国工资等级只允许有很小的差别。但以平均主义为主导原则，工人的生产特点得不到奖励。特别是在"文化大革命"期间，"脑力劳动者"与"体力劳动者"的工资没有差别。当时，物质刺激的需求被淡化，基于工作表现的奖金、津贴被废止，工资与劳动力分配无关。

1957 年以后，国家劳动局实质上垄断了城市的劳动力分配。最初分配的工作尤为重要：第一份工作常常也是最后一份工作。工作权利被充分地强化。受雇所带来的安全和尊严被视为个人的最终价值所在。几乎所有的国有企业以及许多大型机构雇员享受"铁饭碗"——一份在一家可提供最基本福利的企业工作并享受较高工资的终身工作职位。单位通常负责雇员的住房、养老和医疗费用，同时提供其他社会服务。

国家关心城市失业所带来的社会与政治后果。国家给农村移民和城市出生工人的待遇截然不同。农村向城市移民受到严格控制和限制：只有特殊种类的农村工人，如大学毕业生或复员军人被准许在城市落户。在几乎整个中央计划阶段，即使临时性的农村到城市的人口迁移（"流动"）通常也不被允许存在。国家通过以"工分制"酬劳农村工人（使农村工人留在公社），以及食品和其他生活必需品仅发放给有户籍城市居民的国家垄断的分配方式，有效地阻止了农村移民涌向城市（由此将农村人口排除在城市之外）。

行政手段的劳动力安置致使人员配置过多。国家劳动局迫于降低城市失业率的压力，期望工作单位接收超出它们经济要求以外的劳动力。提供就业的需要削弱了更加有效利用就业从而提高劳动生产力的积极性。

3.3　农村改革

我们将农村经济改革的讨论分为两部分：1978 至 1985 年间是早期的、剧烈的和重大的改革时期，而 1985 年以后则是相对缓慢的却更为深入的改革时期。

早期的改革，1978～1985

长期存在的农业产业是最迫切需要改革的产业。农业已经成为瓶颈：经济的迅速增长如果没有农业增长的助推就不会实现。但是，国家并没有继续对农民实行严格管控。这种做法被认为是不成功的，也是危险的。我们研究了 1978～1985 年间农村改革的三个方面：恢复家庭生产，建立以价格刺激生产的市场营销改革，以及企业和市场的发展。

1978 年宣布的早期改革涉及以提供"刺激性商品"为目的的重工业到轻工业的转移，以提高生产积极性为目的而提高农产品价格，以及同样是以提供激励措施为目的而降低公社会计核算单位的门槛这几个方面。农村的改革很快超出了这些范围。农民将此视作可能出现改革的一个信号，改革的主动性从国家转到了农民身上。农民将当初设计的改革推得更远，而且由于新的经济增长目标有效地提高了农民的实力，因此他们也被国家允许这样做。

这并非一种有组织的力量；农民不是一个压力集团。他们是通过个体、自主的行为获得主动权。因为国家政策是统一下达的，他们绝大多数人以同一种方式，但是以非组织形式下的个体形式接受政策。贫困农民（处于饥饿中）和富裕农民（消费受到限制）都想利用这一新的政治气候。他们一致行动起来。农村改革是罕见的经济行为、一种"帕累托改进"、惠及全体农民的大事。国家领导层看起来似乎对改革的性质与速度失去了控制。

在中国很多地区，农民在国家允许之前率先成立了家庭农场。自发的改革试验被允许在最先改革的省份（安徽和四川）开展；在其他省份（如湖北），改革试验涉及个人隐私和冲突。中国大多数地区的农民被家庭耕作方式所吸引，因为这样可以提高收入、安全感和自主性。村干部看到了农民有了新的信心，而且他们也曾经有过如果他们没能坚持主张农民的利益，农民会对他们不满的经历：因此他们常与农民站在一起。

向家庭生产的转移迅速得以实施，因为农民发现这在经济上是成功的。从集体所有制到"家庭联产承包责任制"的体制改革提高了农业全要素生产率增长（Lin 1992）。同样，农民对投资的新的兴趣也意味着机械化的明显提高（Naughton 2007: 263）。改革集体所有制对农业生产和收入产生了虽非一劳永逸但非常巨大的影响。家庭联产承包责任制先是被官方禁止，而后又得到容忍，20 世纪 80 年代则变成了官方的政策，随后在中国全国范围内统一推行。

一方面，改革领导者不敢去冒使农民怀有敌意且不合作的风险；另一方面，政府需要在政治上保持谨慎。这样做部分是出于要正确评估试验的经济成功的目的，部分是由于改革联盟——宗派和官僚对立双方之间存在裂痕。改革者不能充分调动国家机器的各个部门以推行大胆的农村政策改革（Kelliher 1992：71～75）。

国家进行了两项主要的价格改革：1979 至 1981 年的高抬粮食征收价格，和 1985 年的放松强制性粮食征收价格。农民以增加产量和由粮食生产转向收益更大的农作物生产作为对价格激励措施的回应。买卖超产粮食的自由价格市场开始出现，除丰收年，粮食价格一般高于国家粮食征收价格。1985 年实行了"差价征购"，借此，国家可以在每一播种季节以前议价征购。这样就建立了一个部分销售由市场调控和另一部分由国家调控的双轨制。

中国农村从私有制到集体所有制的变革是一个政府很难掌控的矛盾积累过程。当经济生活的一方面进行了改革，除非经济生活的其他方面能跟得上，否则效率的提升就会受到阻碍。需要考虑的有四个方面：土地租用权、信贷、劳动力和企业管理。

　　土地通常根据家庭人口的数量，以契约租赁方式分配给每一个村庄内的家庭。早期的短期契约 1984 年被置换，变成 15 年或租期更长的合同契约。这是一个以激励手段保障长期的农业投入所产生的必然结果。农民开始逐渐将土地视为私有财产：获得农业贷款的需求以及农闲就业的机会促使他们出租、租用、雇用劳力耕作，以及用其作为贷款抵押。地方社区允许制定自己的政策，根据需要在家庭之间转让土地。很多情况下，此类土地转让需要支付租金。但是，特别是土地市场的演变是一个长期和持久的过程。它受到土地所有权无保障的抑制与制约。

　　一旦家庭成为生产单位，资本和劳动力市场就必然会出现。官方向农民提供贷款的金融体系的不完备催生了私人贷款市场。国家"默许"了这一发展，尽管非担保贷款的利率很高。同样，雇佣劳动力市场开始出现，以满足私人企业招募劳动力和贫困、失业农民家庭的就业需求。

　　当对非农业生产活动的限制被解除，一个新的企业家阶层开始形成。许多新的企业家是过去的干部。他们很容易接管那些过去属于集体所有的企业，并通过关系接触信贷、信息和电话。其他新的企业家为一些年轻和受过相对良好教育的人。国家和新的企业家阶层保持一致，一方面是为了农村的发展，而另一方面是保有政府的权力。在当时的环境下，一个新的社会基础还是需要的。国家将这些对改革政策起关键作用的经济领袖——企业家和成功的农民作为目标，欢迎他们担任官方职位，这样，经济领袖同时也可以成为政治领袖。他们对村民的影响通过"庇护关系"得以强化（Oi 1989: ch.9）。

　　这一时期的背景为高失业率（虽然这一事实被掩盖），以及人口和劳动力的迅速增长。在几乎没有任何闲置的可耕作土地的情况下，人口增长给生活水平带来了极大威胁。但是，制度的变革使多数农村居民的生活得到显著改善。农业生产每年的增幅高于 6%，乡镇和村镇企业的雇佣率也得到显著增长：7 年中雇佣人数由 2800 万升至 7900 万（每年增幅为 1%）（Knight 和 Song 1999:40）。乡、村镇企业产业的发展活力反映出先前被压抑的企业家智慧的一种释放和因设计者忽视轻工业制造业所导致的早期的市场不平衡。

渐进主义者的改革，1986～

　　我们从农村开始回顾政策的演变是由于它影响到农业物价和生产、土地市场、农村工业以及农村到城市移民等方面。20 世纪 80 年代，城市规定的粮食价格要明显低于粮食的征收价格。由于平均生产价格提高，提供给城市工人的食物补贴也随之提高。1985 年，城市食物补贴数额急剧攀升，超过了政府财政预算收入的 10%（Knight 和 Song 1999: 37）。而逐步取消所需要的强制性粮食征收要么会造成物价提高，要么会导致城市消费食品补贴的上涨。政府的大部分财政收入要靠城市国有和集体所有制企业，因此，政府要让这些工人高兴（Lin 1994: 62）。由此，1985 年国家决定不再继续提高农业收购价格（Ash 1993: 32），这一政策一直持续到 1991 年前后。1985 年以后的几年里，农业生产增长缓慢。

1992 年，政府取消了粮食补贴。双轨制继续实行，但粮食征收锐减，政府粮食收购价格接近了市场价格。20 世纪 90 年代城市实质工资的快速增长助推了政府从食品市场逐渐撤出。截至 2000 年，向竞争性食品生产市场的过渡基本完成。中国 2001 年加入世界贸易组织（WTO）所需的农业市场贸易自由，对农业发展具有重要的影响。它使得中国在农业上可以根据自己的竞争优势实行产品专有经营，如进口更大量的土地密集型谷物产品，同时出口更多劳动力密集型的园艺产品。

由于没有正式的土地登记且产权权属不清，土地市场发展缓慢。20 世纪 90 年代末，当政府的政策变得更为有利于移民和全面的市场化时，政策制定者将注意力转向对土地租赁市场效率和规模的提高。2003 年土地市场通过立法，使产权变得更为清晰。土地登记政策即将推行，村民要求签订三十年租期的新的土地租用合同。租赁市场发展起来，特别是在商贸发达的沿海省份。

20 世纪 90 年代中期，中国的农村人口达到了顶峰。1995 至 2008 年间，农村人口减少了 2800 万（16%）（NBS 2009: 89）。部分是受经济改革之初实行的独生子女政策的影响，此外是由于城市化的影响。此时，由于农村人口减少，政策措施得以确立，以帮助强化土地自留地政策。新的政策确实降低了移民的机会成本，由此加快了农村人口的外流——特别是年轻人，他们中的很多人不再务农。因此也更加便于优化土地所有，以追求规模经济和农作物生产的专业化。

尽管确定正式的土地所有权具有潜在的经济利益，例如它有利于强化对土地长期投资的激励措施，以及有助于加快农业发展，但中国的领导层仍然不愿推行土地私有化。有保障地得到土地为农村家庭带来了安全感，也使得剩余劳力在受到最小经济和政治不稳定压力情况下得以吸纳和消化。

1978 年年至 20 世纪 90 年代中期,乡镇企业是经济最为活跃的部分。在这方面,中国或许是发展中国家唯一的范例。然而,乡镇企业中的雇员在 1978 年达到 2800 万,1996 年短期的高峰年雇员达到 1.4 亿(NBS 2009: 113)。除乡镇企业对经济增长做出的直接贡献外,它们对中国经济改革也起到了推动作用。乡镇企业的加入为国有企业和城市集体企业带来了竞争。它们使价格和成本一致起来。它们在挑战和竞争中战胜和减弱了国有企业的工业垄断,使国有企业只有提高效率才能生存。由此,乡镇企业推进了经济整体市场化的进程。

农村工业化的成功由几个方面的因素构成。早期的机遇来自施加于经济之上的人为条件。然而整个 20 世纪 80 年代,城市地区仍旧受到严格的限制,而处在计划经济体系外的农村企业却相对没有受到限制。最为重要的是,乡镇企业面对的是能够反映出中国生产要素禀赋的要素价格。其工资成本约是国有企业的一半,但资本却很昂贵,只能获得等同于市场利率或高成本的内部资金。但是,随着伴随于农村家庭储蓄增加的农村信用社的迅速扩展,信贷限制得到缓解,它们从这些地方机构得到它们的大部分贷款。乡镇企业的劳动—资本比率为国有企业的 8 倍,反映出它们对产品和生产方式的选择,农村工业集中在沿海和郊区地带。这些地区向它们提供了较好的基础设施和通向市场的路径,包括多数来自国有企业的转(分)包工程。乡镇企业最初非常赢利:它们能够填补市场空白——主要是轻工业消费品的生产——这些被计划者所忽略,同时——有时通过香港和中国侨民企业、技术和资金——将非技术性劳动密集型产品向国外输出,在这方面,中国的生产要素禀赋要占有相对的优势。由此,它们在一些生产活动中与国有企业分享垄断地租,在那些不能满足消费者的生产市场获取高额利润。

制度政策结构在当时也非常有利。经济权利下放给地方政府,给地方政府带来通过拥有、鼓励和向地方经济活动征税的方式提高岁入的积极性。利润机会来自工业而不是农业。1985 年,陈云提出"没有工业就没有钱",这个说法压倒了"没粮食就没有稳定"的口号(Hua 等 1993:180)。地方政府不是乡镇企业的唯一支持者,最基本的支持来自事实上的业主。因为国家对乡镇企业的征税低、利润高,地方政府可以提高"额外的财政岁入"。地方政府愿意成为乡镇企业的担保人,向它们提供一定程度上的银行贷款,但这只反映了来自社区的一种担保形式，而不是软预算约束的建立。和国家企业不同，为适应当地的条件，各地的乡镇企业的构成形式多种多样——私人个体家庭（如温州）、政府所有企业（落后地区）、真正意义上的工人合作社（苏南）、以及外资企业（珠江三角洲）。

最早，这一产业被称作乡镇企业产业，因为城市和村落的参与较多。地方政府所有和私有的区别不清楚，因为地方政府拥有企业可能很正常，或者地方政府可能拥有私企的股份。20 世纪 90 年代，全国的思想意识禁锢被解除，对私人企业的禁锢也逐渐消除。然而，公有制最早保护和促进了农村工业的发展，经济环境的改变减少了其利润并增加了成本。私有制发展过程是渐进的，20 世纪 90 年代中期以后达到高潮。

到 20 世纪 90 年代中期，20 世纪 80 年代那种超常利润在竞争中失去，这一产业的迅速增长宣告结束。由于中国的城市经济改革，乡镇企业遇到了来自城市企业——改革中的国有企业和新的私有企业的更为激烈的竞争。这时需要给予乡镇企业更为有力的激励机制。随着市场的发展，地方政府的支持和保护作用已变得不那么重要。对于经营者来说更为强大的市场促使他们全部或部分拥有自己的企业。所有权的转变常常意味着"内部私有化"。

2000 年以后，农业工业结构出现变化——变得在技术上更加先进，达到了一定的经济规模，形成了工业产业链，扩大了内地市场。这些变化，加之私有化所带来的激励和效率的提高，使得农村工业企业发展起来，2008 年，本产业的雇佣人数达 1.82 亿（NBS 2009：113）。

人民公社期间，国家在城市和农村间筑起一道"无形的长城"，这道长城一直存在，但改革时期变得可以渗透。农村到城市的移民随着经济改革变得更为重要。这一现象既可以从农村，也可以从城市角度去看：在此，我们从农村的角度探讨一下这种现象。

中国有两种移民形式，需加以明确划分。一种为户口移民，是永久性的，而另一种非户口移民——被称为"流动人口"——一般是临时性的。永久性移民从过去到现在一直是通过居民登记（户口）体制加以限制。任何居民登记变更都须得到官方批准。一个农村居民取得城市户口的主要渠道是接受大学教育、从部队复员，或其土地由于城市用途被征用。由于持有户口有权享有地方资源，地方政府有意识地将非城市人口排除在地方资源之外。这在实行粮食和副食品供应的经济改革初期，较之以后一些年来说，尤为重要。农村地区内永久性移民相对于农村到城市的移民，特别是到大城市的移民，要更容易得到允许。出于户口的移民限制仍在继续。如果说农村居民可以选择，要么选择继续留在村里，要么进行临时性移居。

农村家庭可能更希望临时性移民，而不是永久性移民，因为它可以使一个家庭保留经济安全（得到土地和自留地）和村落提供的紧密的社会关系。但是，临时移民也要符合国家政策。永久定居城市给社会稳定带来的威胁要比临时移居城市要大得多：经济的下滑将意味着有更多失业者回归到农村经济，被农村经济所吸收。此外，一个临时移民的农村供应价格可能要比一个永久移民家庭的农村供应价格要低：大量的廉价临时移民工促成了迅速的城市经济增长。

3.4 城市改革

20 世纪 80 年代中期，当主要农村改革实行以后，政府才认真考虑城市改革。最初的目标是解决国有企业普遍存在的效率低的问题。我们下面考察一下城市改革的两个相关的方面：国有企业和城市劳动力市场。

企业改革

经济改革仅 30 年，中国便成为世界工业加工厂。1978 到 2008 年间，中国的年均工业生产增长 11%。在广泛的产品市场竞争的驱动下，工业在中央计划指令经济的核心产业完成了从国有企业向更为公司化的股份和私有化企业的转型。我们在此考察一下这场改革背后的各种制度与政策的变化，寻找出使改革成为可能的动机。

在中央计划经济下，国有企业是旧有体制下的多功能单位。管理者基本没有自主权，且报酬很低。他们的任务是完成计划指标，管理他们的工作单位，因此他们提高生产效率的积极性很差。工业改革可分为两个阶段，以 20 世纪 90 年代中期出现的危机来划分。

第一阶段仅涉及现有体制内较小的和渐进的改革。早期的国有企业改革包括提高快速发展起来的乡镇企业和来自行业内部企业的产品市场竞争能力，以及提高管理自主性和加强激励机制。更大自主权的一种形式即引进双重价格体制，允许企业以市场价格出售它们的少量产品。双重价格体制具有其政治优势，即生产者可以在允许范围内面对有效的激励，而不受计划型经济体制的抵制。中国可以通过这种方式"从计划中生长出来"（Naughton 1995）。一种有更强的激励作用的形式是提高可供自主使用的企业利润的比例，这个比例从 1980 年的约 10% 提高到 1990 年的 50% 以上。但是工业仍需要保持国有并主要由国家控制。

　　在此之后的更为激进的国有企业行业制度改革，背后出现了两种发展趋势。一种是可预见的，需要使管理者在他们获得更多自主权以后负更多责任。1994 年通过的《公司法》尤为关键。它为公司型国有企业提供了法律准则。一旦一个国有企业成为一家公司，它可使其产权多样化，甚至可以成为私有。公司法同时为不同产权形式创立了一个共同的法律框架准则，帮助它们建立一个平等竞争的平台。中国工业的产权结构发生了巨大变化。1985 年，国有企业产量占工业产量的 65%，包括乡镇企业和城市集体企业在内的集体企业的产量占 32%，其他企业仅占 3%（NBS 1999：36）。2008 年（当时产权之间的区别变得模糊），国有企业和国家独资公司的产量占工业产量的 13%，合资公司（通常国家参与并控制）占 18%，国内私企占 27%，外企占 30%，集体企业占 2%，其他企业占 10%（NBS 2009: 487）。2008 年的贡献数据由于仅仅包括了收益 5 万元人民币以上的企业，实际上低估了私人企业和乡镇企业的重要性。

　　在中央计划经济下，国有企业的利润非常高。这是由于计划者的"价格剪刀"政策——压低食品价格而由此降低工资和抬高工业价格——同时由于缺乏产品市场竞争所致（Knight 1995; Kight 和 Song1999）。实施更为激进的经济改革的第二个主要原因是，面对越发激烈的产品市场竞争，国有企业行业的利润下降。在价格双轨制下，国有企业之间，以及国有与私有企业之间可能出现竞争。比如，20 世纪 90 年代中期世界银行进行的一份调查显示，90% 以上的国有企业报告说它们在销售、生产和购买上拥有绝对自主权；75% 以上的国有企业在它们的产品定价上有绝对自主权（OECD 2002:165）。国有企业行业的利润效益丧失。1985 年，国有工业企业产业的利润为固定资产净值的 19%；亏损企业（LMEs）的损失占盈利企业（PMEs）利润的 4%；1995 年（最差的一年），以上相应的数字分别为 4% 和 49%（Knight 和 Song 2005: 24）。十年以前，国有企业的利润占 GDP 的 8%，而当时国有企业的利润仅占 1% 多一点（Naughton 2007:305）。

　　国家被迫采取措施，一方面抑制逐渐减少的岁入，而另一方面提供保持高投入和迅速经济增长所需要的资金。许多国有企业被关闭或实行了私有化。这个过程中还曾一度出现"人员过剩"。保留下来的国有企业此时被要求大幅削减其雇员人数。1995 至 2000 年间，联合国有企业和城市集体企业的"职员和工人"（相当于固定雇员）人数减少了 34%，产业型"城市企业"减少40%（NBS 2009:14, 26～27）。其中部分减员可能是由于产权重新界定所致，所以考虑工人削减的人数也是很有帮助的。截止到 2000 年，累计失业工人的粗略统计人数突破了 6000 万，占当时存在失业风险的职员和工人人数的 40%（Knight 和 Xue 2006: table 6）。地方政府拥有大多数关闭和私有化的企业。中央政府依旧拥有和掌管受保护和创效益领域的大型国有企业，诸如能源、交通、军工和自然资源企业等。

　　20 世纪 90 年代，中国做出了加入世贸组织的具有重要战略意义的决策。正式加入是在 2001 年，但是之前需要准备和谈判多年。贸易国的经济需要变得更加自由，并欢迎直接的外国投资。有证据显示，中国政府做出此决定是为了强力推进城市经济改革的步伐，以使中国和世贸组织成员国的条件要求保持一致，同时成功抵御国外的竞争（Branstetter 和 Lardy 2008:650）。

　　随着利润和政府税收的减少，国有企业和国家直接管理公司越来越多地转向国有银行寻求资金。尽管产品市场施以新的原则，人们仍期望在国家控制之下，银行将会支持亏损的国有企业和公司。软预算的预期和经历，以及政府因坏账数量加大而打算一笔勾销国有企业和国有银行所有坏账的意愿，使得提高管理效率的积极性受挫。在 2000 年以后，预算才开始硬约束。

　　经济改革措施经常是相互关联和互相补充的。20 世纪 90 年代后期新的一波企业改革浪潮带来其他改革，包括银行改革、劳动力市场改革、社会保障改革以及房屋私有化的助推。后三种改革在当时对传统的中国企业摆脱其为自己工人社区提供小福利社会的非核心功能来说，是必要的。

　　尽管为提高效益的管理激励机制得到改善，继续在国家控制下的部分工业产业的公司管理依旧效率很低（Naughton 2007：319～323）。因证券市场的作用有限，以市场为基础的监管很弱。由于银行监管不严以及监管机构与中国政府的目标之间存在潜在矛盾，以控制为出发点的监管也无效果。产品市场竞争继续成为管理行为的主要制约。企业改革仍不彻底，在进一步改善中国工业生产效益方面仍留有很大的空间。

劳动力市场改革

在计划经济体制下，中国没有"劳动力市场"。相反，有一个进行劳动力分配和工资测定的官僚体制。早期的劳动力市场改革涉及在雇佣方面授以更大的管理自主权，比如，取消劳动力分配体制，允许实际工资的增长，引进与工作表现挂钩的工资激励机制，以及因城市本土劳动力资源已无法满足现有劳动力需求，允许根据城市劳动力的特别需要雇用更多临时民工。

城市劳动力市场不是通过类似农村改革所呈现出的矛盾积累过程一蹴而就的。城市改革受到体制性质问题的阻碍：一个方面的改革须牵动其他方面相应的改革。为使劳动力市场改革能够成功，就须同时进行其他相应的改革，如：企业管理、住房、社会服务、养老金和失业保险制度的改革等。失业不仅仅是简单的失去一份工作：工人所失去的是国家通过单位所提供的最低福利。这使得工人不愿放弃工作，雇主也不愿意辞退工人。建立一个更为灵活的劳动力市场的愿望会受到来自城市工人的阻挠，除非相关联的问题一起得到解决。城市改革需要有一个"摸着石头过河"（过渡过程）的战略性计划，过河时能够触到脚下的许多石头。

20 世纪 90 年代中期，改革国有企业和迫使其进行大规模裁员的重要决策得以制定。这实际上要求建立劳动力市场。1994 年的《劳动法》是一个里程碑，它试图提供一个构架，在这个构架下劳动力市场可以运行。前面界定的"永久性（固定）"和"合同式"城市工人的区别此时变得尤为重要：只有前者才能够合法享受下岗冗员补偿。城市劳动力——新加入者和裁下来的工人——感受到了劳动力市场的影响，然而保住了工作的永久性工人不进入劳动力市场。绝大多数新加入的劳动力在非国有企业产业找到工作，那里市场劳动力运作更为灵活(Knight 和 Song 2005:24)。市场劳动力不会影响到工资，除非劳动力是流动的或是潜在流动的。劳动力在雇主间的流动增多，但很缓慢。1999 年的一份城市工人的调查发现，78%的反馈者只有一份工作，另外16%的反馈者有两份工作（Knight 和 Song 2005:136)。但是，开始出现的劳动力市场压力提高了城市户口工人工资不平等的基尼系数，由 1988 年的 0.24（为了可比性而调整）到 1995 年的 0.33，又到 2002 年的 0.37。同样，工人生产特征，如教育的利润回报，在这一时期有所提高，市场化高的沿海省份提高得更多。但是，由产权形式、企业效益，以及省份差异导致的越来越大的工资分配差异表明，劳动市场改革仍不彻底（Knight 和 Song 2008）。

直至 20 世纪 90 年代中期，单位承担着城市社会福利的管理和财务负担，这样的布局将工人和雇主绑在了一起。当时提出的新的原则为：雇主、被雇用者和国家应该分担社会保障的财政负担，资金应该在省、地区和城市层面共同使用和管理；同时，这一体制应扩大到国企以外的产业。向这一新的原则的转变过程始于 20 世纪 90 年代中期，随即出现了不同地区、不同方面的发展速度不同的改革。这些改革包括失业保险、医疗、养老金和住房改革等。比如，出售公有住房于 1994 年得到了正式批准，这一受欢迎的改革迅速得以推广，以至 8 年以后，80% 的城市家庭拥有了个人住房。

各级政府允许农村到城市的移民有秩序地流入城市，以从事他们在城市地区可得到的越来越多的剩余工作。但是，居住登记（户口）体制仍保留。因此，移民要成为永久性城市居民是十分困难的，尤其是在大城市。这一政策帮助中国避免了许多发展中国家出现的城市贫困和贫民窟扩大的特有现象。政府有可能对此早有预料，并将此视为防止出现社会不稳定的一种手段。但是，继续使持农村户口者在接受工作、社会保障、子女教育和住房上处于劣势，是造成他们不满情绪的根源。

3.5　经济范围的改革

我们探讨施用于整体经济的五项改革：法律体系、教育政策、金融政策、财政政策和贸易体制改革。

法律体系改革

一个有效的市场体系要求经济主体确信其投资的合理回报性和业务合同的可靠性。在很多经济体中，它是通过管理产权和契约的法律法规得以实现的。中国在其市场经济转型过程中没有相应的法规，然而却迅速地发展。如何解释这个谜题？

在中央计划体制下，政府的指导、监管和矛盾的解决方法都是非常重要的：国家为经济主体提供它们有限自主权所需的信心和安全感。但是，当经济"发展超出了计划"，变得更为市场化，就需要建立市场经济中常见的法律制度或功能替代制度。Clarke 等人（2008）认为，替代制度比法律更为重要。

信赖来自社会关系（这种社会关系对于建立信任来说是极为重要的），来自国家对经济增长目标的强调。在源自面向地方官员的激励体制的产权和契权上，存在着一种默许的政治担保。

一个法律体系随之逐渐从行政指令体系中发展起来。早些时候存在着一种规范政府管理运作的需求，该管理运作常受到某些利益集团，比如国有企业和它们上级组织机构之间讨价还价的影响。随着市场经济和私人企业产业的发展，对法规的要求也变得更为强烈。比如，迫于这种需求，先后出台了《合同法》（1981 和 1999），《公司法》（1994），一个根据法律法规而制定的政策声明（1999）以及征收和补偿法（2004）。有观点认为，法律跟在市场后面，而不是引领市场（Clarke 等 2008: 399）。

国家依旧认为，法律体系是管控的工具。法庭不能独立于各级政府（Clarke 等 2008: 395～396）。尽管法律体系是伴随经济的发展和转型才出现并演变的，仍旧很不完备，而且对于其他的保证经济信心与投资的方式来说也只是补充性的，但是中国成功地取得了快速的经济增长。

教育政策改革

即使在一个功能完备的市场经济体中，仍有理由说明为什么教育不能随便地丢给市场而不顾。教育支出的长期投资性质以及不能利用培养出的人力资源作为一种贷款的抵押担保会导致投资不足（特别是在贫困国家），种种特点导致教育需要政府的支出和补贴。

在中央计划经济下，政府主要负责教育的投入和经费。尽管指令经济下小学的教育投入有显著的增加，截至 1982 年的统计显示，15 及 15 岁以上的人群中只有 1%的人接受了高等教育，10%的人接受了高中或初中教育，31%的人接受了小学教育，而 34%的人没有接受任何的正规教育（Naughton 2007：196）。2008 年的比较数字统计分别为 7%，14%，41%，31%和 7%（NBS 2009：100～101）。受教育的成年人群的变化相对于整体变化要慢一些：2000 年以后，普及基础教育的政策目标（九年等同于小学加初中）已在全国大部分地区得以实现，甚至包括一些贫困地区（Knight 等，2009）。

从 1999 年起，高等教育的规模开始迅速扩大。1998 年大学入学人数为340 万。2008 年升至 2020 万（NBS 2009：75）。尽管学生补贴下降，但为满足相应要求而建设了更多的大学校园场所的事实说明，在中国，民众对教育的价值高度认可。教育的扩展一方面是文化的原因，另一方面也是经济的原因。虽然在中央计划经济体制下"脑力劳动者"的收入与"体力劳动者"相当，但随着市场影响力对城市劳动力市场的影响逐渐增大，对一年教育的个人回报从 1988 年的 3.6%上升至 2002 年的 7.2%（Appleton 等，2005）。

许多教育问题依然存在，特别是在中国农村，（直至 2000 年后的前十年中期）财政放权导致了教育数量和质量的教育贫困陷阱（Knight 等，2009，2010）。尽管如此，改革期间国家和中国民众对教育投入的重视创造了可持续经济发展的人力资本基础。

金融政策改革

在中央计划经济下，中国的财政体系只不过是国家的银行部门。这一体制反过来只能提供贸易贷款：计划者确定投资，国家提供预算资金，银行只作为贷款的渠道。在转型过程中，财政体制落后于其他经济部门。它依旧由银行部门控制。同样是受到严格的保护和调控，主要在国家的拥有和掌控之下。国有银行优先考虑国有企业，所以要求其他企业单位的投资主要依赖于其所得利润和非正式资金来源。股票市场虽存在，但由于管理和透明度问题运转不畅。

有几个原因说明为什么财政部门发展滞后。原因之一是银行体系的作用是疏通转换过程，帮助其运转正常。银行金融支撑国有亏损企业以保护它们的雇员。银行的持续低效率的另一原因是它们缺乏银行技能和商业方向。再有就是它们的政治附属关系：一些项目得到资助是出于政治原因。坏账由此产生。20 世纪 90 年代末期，坏账达总贷款的 40%。银行已经呈技术破产状态，而且其"完全不适于一个复杂市场经济的需要"（Naughton 2007：460）。

1998 年国家开始重新组建国有银行，建立国有资产经营公司，以面值收购银行坏账，以低价格拍卖。2000 年以后，坏账的数量下降，但主要是政府吸收了它们的大多数坏账。这一紧急财政援助削弱了银行改革的积极性。银行效率开始改善的主要原因是新银行的介入和由此带来的更激烈的竞争，以及借贷政治干预的减弱。

财政的持续低效率向我们提出了一个难题：中国经济怎么可能在没有现代金融体制的情况下投资如此之大，发展如此之快呢？Allen 等人（2008）给予的回答是这样的，金融系统设法不让非国有企业产业的增长下降，主要是由于非金融渠道填补了这一空缺，特别是（发展最快的）私人和合资企业通过所得的利润得到了它们的投资资金。

财政政策改革

在中央计划经济下，国有企业创造了几乎所有的利润。它们将利润上缴国家，用以进行规划和大多数的投资。这表明了国有企业内部的资金运作，而税收体系对它来说是不适合的。1978 年国家预算（收入和支出）占 GDP 的 34%。但这一比例持续下滑，1994～1996 年经济最低谷时下滑至 11%。

财政危机带来了几个问题。1980 年，在国有企业中实行了旨在强化其激励体制效率的利润留存政策，而在随后的几年间留存率有所增加。这时开始出现大多数非国有企业行业逃避税收现象，因此它们的发展降低了 GDP 收益总量。来自乡镇企业和国有企业内部更为激烈的竞争降低了国有企业的利润，降低了纳税能力，迫使政府补贴亏损的国有企业。在地方政府征税之后再向中央政府上缴大多数收益的体制下，地方政府缺乏收取利润的动力，除非它们受益。由于中央政府控制变弱，这成了一个问题。

为应对财政危机，1994 年税收体制进行了全面改革。一个更为正规的体制取代了指令经济下的收益留存体制。中央和地方政府有权征收不同的税，严格意义上分享税收，同时开始新的税收——如企业增收的增值税。政府之间财政关系的重组大大提高了中央政府的参与力度，由此强化了其经济和政治权力。新的税收体制逐渐提高了 GDP 的公共收益比率部分，2005 年此部分所占比例达到 18%。

然而，地方政府通过提高地方经济增长来保持增加收益的财政积极性：它们有权获得部分税收的收益，并与他人分享收益。同时它们也能留有"预算外资金"，比如征得的税收和地方公共服务费。遍布中国农村的这类税收，有些明显不合理，是造成农民不满的根源。2000 年以来，中央政府降低了农村岁入增长幅度，它通过诸如废止农业税及实行免费农村基础教育，加大了从高级到低级政府间的资金转移。这些举措可视为营造"和谐社会"新政策的一部分。

贸易体制改革

中国的指令经济是世界上最为封闭的经济形式之一。贸易（出口加进口）

占 GDP 比率不到 10%。外贸实行中央控制和垄断，货币不可兑换。国内贸易与世界经济分离，任何贸易商品都需要重新标价。中国当时从贸易上获得的潜在收益微乎其微。然而到 2000 年以后，中国取得了对这样一个如此大的国家和经济体来说少有的开放程度。贸易占 GDP 的比例超过 58%。在劳动力资源丰富、土地稀少，以及资源匮乏的情况下，中国通过贸易开发自身的竞争优势的能力使其赢得了巨大的经济实惠。

这一转变如何得以实现？转变是一个渐变的过程。第一步是在保持对国内市场保护的前提下放开出口加工。经济改革初期建立了四个"特殊企业区"。1984 年全国贸易体系放开，被高估了的人民币贬值。实行了双重汇率体制，计划外生产实行贬值和由市场驱动的汇率。贸易垄断被打破：1978 年中国的贸易公司有 12 家，1985 年达到 800 家（Branstetter 和 Lardy 2008：635）。但是，关税和非关税壁垒体制仍保护国内生产，抵制进口：1992 年平均名义关税为 43%。

20 世纪 90 年代中期，领导层为使中国加入世贸组织，做出了具有历史意义的决策。中国开始放开贸易以满足世贸组织成员国的严格条件。关税和非关税壁垒得以大大降低，货币兑换率与国际接轨。1999 年名义关税率下降至 17%，2005 年——加入世贸组织四年以后——降至 9%（Naughton 2007：391）。截至 2001 年，35 000 家公司被允许从事对外贸易（Branstetter 和 Lardy 2008：635）。

3.6 经济改革的政治经济

改革的起源

中央计划经济的一个成功之处在于它所取得过的高投资率：固定投资总额在改革的前十年平均占 GDP 的 27%。工业发展很快，但是重点放在了重工业——这通常是资本密集和技术要求高的行业——这就意味着大多投资使用效率低。另一个成功之处是城市与乡村的社会消费供应——基础教育和基础卫生医疗——相对于其他发展中国家要先进得多（Knight 和 Song 1999：chs. 4, 5）。

相对于以上成功，这种体制也有失败之处。中央计划经济体制暴露了许多明显的微观经济低效能的一面。这体现在经济的所有领域，包括生产结构和劳动力的使用。在宏观经济层面，在加速发展方面所做出的各种努力造成发展过头，在每一种情况下，经济陷入泥淖。实质性个人消费一度出现停滞。1977 年城市工人的实际工资为 1952 年的 103%（Knight 和 Song 1999：45）。同一时期，农民的利益也受到了损害。工业就业的增长很快，但未能够缓解大量的失业，失业率继续增加，这是当时中国农村和城市最为显著的特征。

"文化大革命"结束后政策改革之路开启。中国政府重新确立了从政治到经济的发展目标。在邓小平的领导下，中国的新一代领导尝试进行经济改革。其中有三个可能的原因。

首先，经济停滞，"大跃进"及"文化大革命"时期的政治失信要求改善生活水平以恢复和强化对中国共产党的政治支持。为取得对领导集团一种新的政治信任，有必要促进经济发展。不改革意味着经济停滞，社会不稳定，以及政治垮台。

第二个考虑是对西方繁荣以及韩国等东亚经济体的新的认识。如果它们能够通过驾驭市场和推行向外的和开放的经济政策取得迅速的经济增长，那么中国如果采用相同的政策，也很有可能会更为成功。

第三个原因是，"文化大革命"的重创致使中央计划的能力削弱，所以1976 年以后中国政府试图通过一个雄心勃勃的十年计划恢复增长的尝试很快破产。此举促使政府做出一项决策（1978 年 12 月四中全会上），采取一项新的、未曾尝试过的经济政策。

这一体制强调高层领导具有酌情决策权至少为渐进的改革提供了空间。领导层开始推行两项重要的改革计划：不仅是经济而且是政治的改革，即：国家和党的改革。早在 1980 年，邓小平号召通过学历、干部培训、对完成国家目标的给予奖励和职业晋升表现评估等激励机制，进行面向职业化的领导体制改革。

以后一些年，党和国家的机关干部和国有企业经理接受培养以达到中国共产党的目标。其中取得经济增长是核心（Naughton 1995）。通过这些措施，管理改革和经济改革同步。管理层没有去阻碍经济改革，反而常常愿意并且能够指导经济改革。

改革的过程

与苏联不同，中国仅在很小的政治变革中进行了经济改革。同样区别于苏联——急剧的经济变革之后迅速出现剧烈的政治变革——中国实行了逐步的经济改革。改革伴随了一系列积极的反馈循环，以使得改革的领导者能够巩固他们的权力，同时推动改革向前发展。这些是怎样取得的？

由于领导层此时重点强调要获得经济增长，那它就需要确保经济从计划到市场的转型在政治上的可行性。为此有必要成功进行经济改革所涉及的主要权力与资金的再分配（Shirk 1993）。要让"站着享受改革成果"的那部分人的积极性得以调动，同时让"站着失利"的那一部分人感到不在意。需要有各种制度改革，以调动官僚管理层的积极性，从而赞成和接受，甚至推行经济改革。

改革的引领者需要建立一个改革联盟。他们发展了自己的任命权，这种任命权主要来自对经济各方面的层级控制，同时来自指定式的官方任命体制。官员的报酬与晋升更大程度上取决于他们能否完成改革目标。由于市场机会是靠争取得来的，新的收入资源的获取可以通过任命方式获得。有证据表明，激励体制的确促进了经济增长。Li 和 Zhou（2005）发现，1975～1995 年间，省级主要领导的晋升主要是看他们任职期间所在省份的增长业绩。同样，地方自留收益的财政权力加大以后（最初通过"预算外收益"的增加），为地方各级政府促进经济发展带来了积极性。同样有实验证据支持这一观点。Jin 等人（2005）发现，1982～1992 的十年间，省级政府的"合同收益留存比例"因非国有企业的快速发展以及国有企业的更多改革而加大。

最初，改革借助于决策放权和权力向地方官员和管理人员的转移，由此产生行政体制内通过"特殊的合同"形成的低一层级的任命关系。任命的网络使官员获得下一级官员的忠诚与支持，以换取有利合同。早期施行价格双轨制本质上就是为避免出现计划者和管理者的对立，掌控改进了的资源配置市场。

改革进程的另一个助推器便是渐进的政治体制化，即，政治体制向制度管理、明确管理权限和集体决策的过渡（Shirk 1993）。在改革期间，中国共产党制定了一个非常复杂的决策、继任和干部提拔体系。对经济增长来说，这一体制起到了作用（Yao 2010）。

　　渐进主义的一个益处是政策制定者可以向实验和经验学习。另一个益处是改革的实施者有时间适应市场和转变观念。比如，国有企业的经理学会了如何应对新的竞争市场和寻找从市场机遇中获利的方法。非国有企业的发展吸引了国有企业的资源。非国有企业经理不仅自身有了更强的获取利润的积极性，而且他们的竞争带动了国有企业经理，使他们也产生了一定的积极性。

　　Naughton（2008）区分了两个不同的政治阶段。在第一个阶段（1978～1993），最高层的权力解体。能够行使"否决权"的人很多，他们可以保护其所代表的地区，由此使得改革非常困难。这是一个"不存在失败者的改革"阶段：政策需要沿着一条更加狭窄但却无阻力的路径前进。

　　在第一阶段的最后，国有企业和工人依旧得到保护，仍旧未被经济改革所触及。到了第二阶段（1993年以后），革命前辈中的许多人先后故去。此时的权力变得不那么分散，决策可以变得更为果断。此外，20世纪90年代中期出现的危机既影响国有企业和政府岁入，又威胁经济的迅速增长，迫使领导层采取果断的行动。

　　更大规模的全面改革由此开始。此时有必要同时解决多个问题，比如国有企业、城市工人、社会保障、移民、国家岁入、外汇兑换率以及贸易改革等。缺少以上任何一项改革都意味着其他改革的失败。改革由一个反馈环所助推：它们所创造的产出和政府岁入的更为迅速的增长，使国家补偿失败者更为容易。改革及其成果为中国共产党建立了新的和更为庞大的任命体制基础，拓展了其改革联盟。

为什么改革会成功？

　　He和Yao（2009）提出了一个我们对经济改革过程和制度变革所做解释背后的关键问题。为什么中国的领导人不仅能够采纳，而且能够坚持以增长为导向的政策，而其他发展中国家却没有能够做到？作者以为，一个社会地位不平等的社会常常有着掌控着绝对的经济和政治优势的特权阶层，政府极可能与特权阶层形成联盟。他们会将一些社会的欠发展归咎于不平等的社会结构。相反，在一个社会地位平等的社会，没有人拥有凌驾于他人的绝对优势，这样，如果政府偏袒一方，任何劣势群体的反抗或革命都会对政府产生真正的威胁。这更可能造就一个"公正无私的政府"——一个不代表特别社会群体利益，不被任何一个社会群体掌控的政府。

作者将中国经济的成功归因于拥有这样一个公正无私的政府。在经济改革的第二阶段，中国共产党顶住了当经济改革触犯到某些特殊群体利益时出现的压力。之所以能够这样归功于从中央计划时期继承延续下来的社会平等，尽管经济在那个年代里遭致失败。改革领导者所继承的平等的社会结构以及无社会阶级的社会减弱了中国共产党依靠少数人支持保持权力的积极性。中国共产党将自己的利益及政权权力与经济增长联系在一起。

He 和 Yao（2009）提供了实例，表明了中国共产党抵制住了来自社会群体的压力。这些利益群体的出现可能是由于改革所致，之后也可能会拖延进一步的改革。作为例证，他们援引了价格双轨制的一个例子：允许在计划指标之外出现的产品的自由市场价格，在不破坏计划体制的情况下，在一定的范围内提供了市场刺激。但是，两个价格的存在无意之中给那些能够以较低配额价格拿到商品的人造就了寻租的机会。这时开始出现一个对保持部分改革体制感兴趣的有权力的官僚阶层。尽管如此，领导层继续坚持其市场改革进程，最终成功取代了产生于价格双轨体制下的租金。

列举的第二个例子是国有企业的改革和私有化。两者都涉及一开始就存在的劳动力严重超编问题，但是企业中不存在隐性失业。国有企业改革和私有化以及随之而来的裁员行动，很有可能要承担失去城市工人阶级支持的风险。作者认为政府对这一问题的处理显示了其坚持经济改革的决心，同时出台政策以帮助下岗工人，依托经济增长为下岗工人提供长期就业的选择。

作者们在探讨农村城市差距时，自身也非常矛盾，中国农村与城市之间的差距如此之大，以至使中国与国际分离。他们觉得，作为对城乡差异的解释，有差别的生产力——比如，较强的集聚效应有利于城市发展——比有差别的政治权力更为重要。他们承认，缺乏民主使政府忽略占绝大多数的农村人口，只是在很晚时候才出台"和谐社会"政策以促进农村的发展。对公正无私政府假设的批评认为，这一失宠的绝大多数人群体无疑太弱小，根本不足以构成一种"信任威胁"（作者的语言）。但是，可以认为，农村绝大多数相对缺乏政治权力对中国快速的经济增长是起到作用的。

根据公正无私政府观点所做的解释说明了相对于民主的专制体制的作用。中国的专政制度对改革期间保增长政策的实施是起到了作用的。党和国家的政治力量避免了许多其他国家的再分配中常出现的压力的潜在的增长阻碍效应。政府能够具备更为长远的眼光。不过专政制度并不是快速的经济增长的保障，正如早期中国共产党的执政历史所显示的；同时民主也不是造成缓慢的经济增长的原因，正如印度近期的历史所显示。但是，专政制度加之压倒一切的增长目标无疑帮助中国经济在 1978 年以后快速增长。

过渡是否已停滞？

潜在的政治经济具有不利影响，同时也有有利影响。有人认为，在过分单一强调经济增长的过程中，政府在许多方面扭曲了经济，加剧了结构的不平衡，这种观点是有一定道理的（Huang 2009; Yao 2010）。我们会在第 12 章探讨中国未来经济增长的前景时再讨论这一问题。这里我们探讨一下由这一问题所带来的直接争论，主要由 Huang（2009）提出，即以政治促增长已经阻碍了向市场经济的过渡。实际上，这是在说，中国的产品和要素市场改革已经出现不平衡，而且要素市场改革涉及增长和其他经济目标之间的权衡。

除了以下几方面的价格调整——比如油、气和电——产品市场目前比较自由，不受国家干预。可贸易产业对国际价格来说是相当重要的——和兑换率一起——在决定许多商品的价格方面起主导作用。除某些寡头垄断工业产业仍主要由政府所有和控制——诸如能源、交通和银行——产品市场目前是比较有竞争性的。相反，要素市场仍不成熟，仍需调整和改变。Huang（2009）将此归因于国家压倒一切的增长目标。下面让我们逐一探讨要素市场。

虽然城市户口工人中的熟练工人一般能够得到高出市场供求平衡水平的工资。比如，Knight 和 Li（2005）、Knight 和 Song（2008）发现，企业与城市户口工人非正式地分享利润。虽然基于单位的社会保障金被取消，但它被雇主以涉及面更广的——有时是城市范围的——福利计划注资所取代，以保证城市正式行业的受雇者通常可以享受社会福利保障。一般来说，这样的福利计划至少使工资增加三分之一（Huang 2009:11）。从农村进入城市的农民工的情况却截然不同。他们由于国家的户口登记体制的阻碍而不能与城市工人进行有效竞争：一个分割的城市劳动力市场形成了。农民工的工资基本上由市场所决定。由于通常是一年期的短期雇用，他们通常不享受社会保障金：否则雇主支付给他们的工资会提高很多。近年城市的经济增长主要依赖于农民工数量增多和总量增加。户口登记体系有助于维持临时移民，或"流动人口"的制度。只要有从农村进入城市的移民大量涌向那些仅需极少培训、相对非技术型的工作岗位，这样的体制——不管多么不平等——便是高效和促增长的。

资本市场依旧是扭曲的。中国拥有一个"受压制的金融体系"，利率受到管制，信贷实行配给，政府对信贷配给施加影响。金融中介机构更多是依赖于银行，特别是大型国有和国家控股银行。这些银行仍然拥有许多不良贷款。正式部门，尤其是国有企业，具有获得贷款的优先权，小型私有企业被忽略。当城市经济由国有企业所主导，受压制的金融体系在促进投资和增长方面是起作用的。但是它现在已经无法起到促进快速和有效增长的作用——现在，不管金融体系是否是受压制的，增长都是迅速的（Allen 等 2008）。需要保护脆弱的国有企业可能是目前采取谨慎改革措施的原因。

在城市里，土地归国家所有。而在乡村，土地则归地方集体所有，农业和非利用土地如果改变性质用于工业，需要得到政府审批。如果土地因工业用途而出售，那么它不涉及市场价格：价格通常由政府部门决定。为吸引投资，地方政府通常低价出售和使用土地。这是在吸引地方工业发展的竞争过程中所提供的几种补贴形式的其中一种。

虽然不是一种主要的生产要素，环境在生产过程中被使用，由此被视为生产过程的投入。中国出台了一系列的环境法规，但因为政府将经济增长放在首位，所以它们的效力很弱。污染的空气、水以及土地是中国经济增长的显性后果。由于生产者通常不对给环境造成的破坏进行补偿，其生产消耗由此降低。短期的增长得以实现，但是长期的增长受到威胁。

为了更好地说明这个问题，Huang（2009：15~16）通过将它们折合成生产补贴等值，对扭曲的要素市场做了一个粗略的估算。这些要素包括向农民工提供的社会保障的未支付费用，低于市场价格的工业用途农业用地出售，金融市场放开导致的利率上调，相对于国际油价较低的国内价格，以及官方对治理环境的预计费用。基于这样的估算，生产补贴等值达到 GDP 的 7%。这一等值可以被视为将压倒性重心放在经济增长目标政策的后果。用于促进经济增长的补贴政策以恶化工资分配（特别是对农村家庭而言）和破坏环境的形式付出了社会代价。

3.7 结论

在中国经济为中央计划的时期，制度与政策无论从静态还是从动态而言都是低效的。经济增长只是通过主要来自重工业的快速的、强制执行的资本积累得以实现。激励体制结构非常之弱，不适于向市场经济过渡。过渡是缓慢的，试验性的，逐渐背离了最初的设想。它由两个条件控制：改革必须提高效率，必须利益一致。潜在的政治经济由此对这一进程非常重要。事实上，政府将发展重心置于经济增长是关键。

机构体制改革和政策改革的方式有两种。一种是通过先期的政策刺激，产生经济效果，然后反过来产生政策回应，由此产生一个积累的因果过程。这充分揭示了 1978 至 1985 年间的农村改革，以及在保持体制不变的情况下提高国有企业效益的早期的城市改革。另外一种方式是为克服体制均衡问题而设计同步的和互补的战略改革措施。这一方式揭示了 1993 年以后的十年里在新的经济和政治环境下出现的城市改革。

改革的三个阶段可以通过一个简单的图表加以说明（图 3.1）。横坐标代表经济改革指数（m）（表示由计划经济到市场经济的过渡，差异从 0 至 100%）。纵坐标表示的是产出（y）。虽然政策的目标为产出的增长，而不是产出的水平，用水平和统一标准分析增长的内在决定因素会更清楚一些。在鼓励进一步改革中，成功改革的效果用曲线 $m=m(y)$ 来描述，这里我们假设为一种线性关系。产出改革的效果用 $y=y(m)$ 加以描述。需要注意的是，我们假设它是非线性的，原因有待解释。

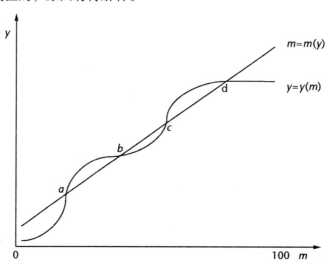

图3.1　经济改革（m）与经济增长（y）的关系

    这里有四个平衡点：a, b, c 和 d。a 点和 c 点为不稳定的平衡点，b 点和 d 点为稳定的平衡点。我们从政治上实行中央计划的经济的 a 点开始。一场边际改革，将经济推到 a 点的右边，从而产生更大的产出，并反过来诱发更多的改革，如此循环往复：经济的发展是一个累积的和琐碎的过程，直到它达到一个新的平衡 b 点。这一分析描绘了 1978～1985 年间的农村改革，以及 1985～1993 年间的早期城市改革。

    超过 b 点的边际改革为不成功改革：其诱发的产出增量不足以促生更多改革，反而还会返回到 b 点。这个问题与福利经济学里的"次优理论"类似，根据这一理论，一个市场扭曲的清除在其他市场扭曲出现时不见得带来福利改善。回到我们的案例中，由于改革问题的系统性，一个改革除非伴随有其他相关改革，否则就是不成功的。这一阶段的成功改革需要一个非边际的向 c 点或以外方向的过渡。这一分析类似于 1993 年以后十年的大范围和战略性的城市改革。

    超过 c 点之后，改革进程会持续下去，直至达到 d 点。曲线 $y=y(m)$ 在 d 点之后被假设为应该是水平的。产出此时达到最大值：向全面市场化的经济过渡需要通过引入除产出之外的其他目标，对社会福利功能进行重新考虑。这一分析说明，存在着向全面市场化的经济过渡目前被拖延的可能性。

    考虑一下接下来的章节如何继续深入本章节所做的讨论和结论。讨论中国跨省范围内增长回归研究的第 6 和第 7 章将介绍前面讨论的一些变量。这些包括人力资本、产权变化、贸易自由化以及劳动力市场变化。在解释投资比率决定因素的第 8 章，我们探讨制度改革是如何取代法律权力的，以及对政府增长目标和政策的信任又如何导致中国的高投资率。在探讨中国的高增长率是否可以持续的第 12 章，我们通过这一章节对制度和政策的分析来探讨中国作为"发展型国家"是否会终止。潜藏在中国背后的政治经济是贯穿全书分析的主线。

参考文献

Allen, Franklin, Jun Qian, and Meijun Qian (2008), 'China's financial system: past, present, and future', in Loren Brandt and Thomas Rawski (eds.), *China's Great Economic Transformation*, Cambridge and New York: Cambridge University Press.

Appleton, Simon, Lina Song, and Qingjie Xia (2005), 'Has China crossed the river? The evolution of wage structure in China', *Journal of Comparative Economics*, 33(4): 644~663.

Ash, Robert F. (1993), 'Agricultural policy under the impact of reform', in Y. Y. Kueh and Robert F. Ash (eds.), *Economic Trends in Chinese Agriculture*, Oxford: Clarendon Press.

Aubert, Claude (1990), 'The agricultural crisis in China at the end of the 1980s', in Jørgen Delman, Clemens Østergaard, and Flemming Christiansen (eds.), *Remaking Peasant China*, Aarhus: Aarhus University Press.

Branstetter, Lee, and Nicholas Lardy (2008), 'China's embrace of globalization', in Loren Brandt and Thomas Rawski (eds.), *China's Great Economic Transformation*, Cambridge and New York: Cambridge University Press.

Clarke, Donald, Peter Murrell, and Susan Whiting (2008), 'The role of law in China's economic development', in Loren Brandt and Thomas Rawski (eds.), *China's Great Economic Transformation*, Cambridge and New York: Cambridge University Press.

Dikötter, Frank (2010), *Mao's Great Famine: The History of China's Most Devastating Catastrophe, 1958~1962*, London: Bloomsbury.

Dreze, Jean, and Amartya Sen (1989), *Hunger and Public Action*, Oxford: Clarendon Press.

He Daxing and Yang Yao (2009), 'Equality, the disinterested government, and economic growth: the case of China', China Center for Economic Research, Peking University, Working Paper Series No. E2009004, June.

Hua Sheng, Zhang Xuejun, and Luo Xiaopeng (1993), *China: From Revolution to Reform*, London: Macmillan.

Huang, Yiping (2009), 'China's great ascendancy and structural risks: consequences of asymmetric market liberalization', Peking University, China Center for Economic Research, Working Paper No. E2009003, June.

Jin Hehui, Yingyi Qian, and Barry Weingast (2005), 'Regional decentralization and fiscal incentives: federalism, Chinese style', *Journal of Public Economics*, 89, 9–10: 1719~1742.

Kelliher, Daniel (1992), *Peasant Power in China: The Era of Rural Reform*, 1979–1989, New Haven: Yale University Press.

Knight, John (1995), 'Price scissors and intersectoral resource transfers: who paid for industrialization in China?', *Oxford Economic Papers*, 47(1): 117~135.

——and Li Shi (2005), 'Wages, firm profitability and labor market segmentation in China', *China Economic Review*, 16(3): 205~228.

————and Deng Quheng (2009), 'Education and the poverty trap in rural China: setting the trap', *Oxford Development Studies*, 37, 4 (December): 311~332.

—————(2010), 'Education and the poverty trap in rural China: closing the trap', *Oxford Development Studies*, 38, 1 (March): 1~24.

——and Lina Song (1999), *The Rural-Urban Divide: Economic Disparities and Interactions in China*, Oxford: Oxford University Press.

————(2005), *Towards a Labour Market in China*, Oxford: Oxford University Press.

————(2008), 'China's emerging urban wage structure, 1995–2002', in Björn Gustafsson, Li Shi, and Terry Sicular (eds.), *Inequality and Public Policy in China*, Cambridge: Cambridge University Press: 221~242.

——and Xue Xinjun (2006), 'How high is urban unemployment in China?', *Journal of Chinese Economic and Business Studies*, 4, 2 (July): 91~107.

Li Hongbin and Zhou Li-an (2005), 'Political turnover and economic performance: the incentive role of personnel control in China', *Journal of Public Economics*, 89, 9–10: 1743~1762.

Lin, Justin Yifu (1990), 'Collectivization and China's agricultural crisis in 1959–1961', *Journal of Political Economy*, 98 (December): 1228~1252.

——(1992), 'Rural reforms and agricultural growth in China', *American Economic Review*, 82(1): 34~51.

——(1994), 'Chinese agriculture: institutional changes and performance', in T. N. Srinivasan (ed.), *Agriculture and Trade in China and India*, San Francisco: International Center for Economic Growth.

National Bureau Of Statistics [NBS] (1999), *Comprehensive Statistical Data and*

Materials on Fifty Years of New China, Beijing: China Statistics Press.

——(2009), *China Statistical Yearbook*, Beijing: China Statistics Press.

Naughton, Barry (1995), *Growing Out of the Plan: Chinese Economic Reform, 1978–1993*, Cambridge: Cambridge University Press.

——(2007), *The Chinese Economy. Transitions and Growth*, Cambridge, Mass.: The MIT Press.

——(2008), 'A political economy of China's economic transition', in Loren Brandt and Thomas Rawski (eds.), *China's Great Economic Transformation*, New York: Cambridge University Press.

Oi, Jean C. (1989), *State and Peasant in Contemporary China*, Berkeley and Los Angeles: University of California Press.

Organization For Economic Cooperation And Development [OECD] (2002), *China in the World Economy: The Domestic Challenges*, Paris: OECD.

Qian, Yingyi (2003), 'How reform worked in China', in Dani Rodrik (ed.), *In Search of Prosperity: Analytic Narratives on Economic Growth*, Princeton: Princeton University Press.

Shirk, Susan L. (1993), *The Political Logic of Economic Reform*, Berkeley and Los Angeles: University of California Press.

Takahara, Akio (1992), *The Politics of Wage Policy in Post-Revolutionary China*, London: Macmillan.

Wen, Guangzhong James (1989), 'The current land tenure and its impact on long term performance of the farming sector: the case of modern China', Ph.D. diss., University of Chicago.

Yao Yang (2010), 'A Chinese way to democratization?', *China: An International Journal*, 8, 2 (September): 330~334.

第二部分

中国经济增长的决定因素

丁赛和约翰·奈特

4

从跨经济体增长角度看中国

4.1 引言

根据中国官方数据，在 1979～2009 这三十年间，中国 GDP 年均增长率是 9.7%。尽管对实际产出增长的官方数据的可靠性存在分歧（这一点在第 1 章已讨论），但中国的增长是极快的这一事实不容争辩。极少有经济体能赶上中国经济持续增长的步伐。即使有，也不是和中国同等重要的经济体。通过对比中国和其他经济体，我们能从中国走向成功的原因中学到什么呢？

在经济学相关的文献中，虽然中国在改革时期的增长受到许多关注，但是研究倾向于集中在相对具体的问题上，如省份间增长收敛和发散，跨省份间的增长差异和某些变量的作用。这些问题的研究都只是基于中国的数据。虽然这些研究和理解中国内部增长模型相关，但它他们只是暗示了中国作为一个整体为什么能够增长如此迅速，同时提示了导致中国经济和其他经济体之间持久的增长差异的关键因素。

这一章试图通过把中国放入跨国增长研究来填补文献中的空白。它的创新性和贡献体现在以下三个方面。

第一，我们采用的实证增长模型建立在新古典增长模型即索洛增长模型的基础之上，但是它增加了人力资本，且允许存在由结构变化衡量生产力增长的差异。不同于增长核算方法，实证增长模型是一个不使用资本存量数据而估量总效率增长的有效方法。这样就避免了做出关于生产函数的未知参数的强假设。本章中采用的结构模型也减少了非正式增长回归面临的模型不确定性问题。

第二，我们的计量经济学方法论包括把先前 Temple 和 Wößmann (2006) 的截面研究扩展到动态面板数据背景下。在此背景下未被观察的特定的影响、回归量的潜在内生性和测量误差得到了控制。通过将相似发展水平的国家分到同一个样本，我们部分地控制了科技和制度的差异，因而减轻了参数不均匀的问题。我们用稳健回归技术找出潜在异常值的影响，以便能够集中精力于数据集中最一致的部分。我们共同应对缺省变量、参数不均匀性、测量误差、内生回归量和具有影响力的异常值等问题的努力能够为经验关系提供新的更可靠的见解，以解释经济体之间增长率的差异。

第三，为了解释中国成功的相对增长，我们用估计方程来分解中国和其他经济体增长率差异的源头。据我们所知，这是用跨经济体增长回归解释中国特殊增长绩效的第一次尝试。

本章的结构如下。4.2 节从对比研究的角度提供了中国增长绩效的一些背景。4.3 节简要概括了在跨经济体增长背景下新古典增长理论和它的经验公式。4.4 节描述了数据和样本分类。4.5 节讨论了我们的计量经济学的方法论。在第 4.6 节，我们陈述并解释了估计结果。在 4.7 节我们在模型预测的基础上解释了中国的绝对和相对增长率。4.8 节得出了结论。附录为对方法论问题感兴趣的读者提供了技术细节。[1]

4.2　中国增长的背景

图 4.1 反映了 1978～2009 年中国人均 GDP 的快速增长，每年平均为 8.8%。图 4.1 还显示了增长的周期性模式。在改革第一和第二阶段的增长比第三阶段更显著。1984～1985 年、1992～1993 年和 2007～2008 年出现了三个明显的峰值，分别反映了农业改革的成果，打开新的局面和最近的经济繁荣。1989～1990 年增长率处于波谷是因为通胀的加剧。由全球经济衰退造成的 1997～1999 年亚洲金融危机的负面影响和外需下降也是明显的。

我们在这一章中先笼统地假设：改革为提高静态配置效率和动态因素积累创造了制度和激励机制。把丰富的资源和劳动力吸收进正在扩大的更富有成效的活动也促进了增长。同时也存在着向经济的生产边界的剧烈运动和生产边界的引人注目的运动。将这些情况共同作为导致中国改革时期极高的经济增长率的原因是合理的。

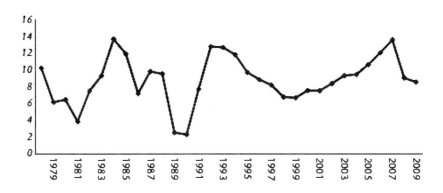

图 4.1   中国人均 GDP 年增长率（百分比表示），1978～2009

数据来源: 世界银行，*世界发展指标*，2010 数据库。

在表 4.1 中，我们比较了中国和世界经济中的主要区域。我们用表明检验特定假设的变量进行比较。该表提供了 1980～2009 年间以十年为间隔的信息，以及这段时期的平均值和变化值。出于国际比较的目的，我们对于中国和其他经济体的 GDP 都是以世界银行的换算为美元的不变价格为基础测算的，而不是根据中国的官方数据。

中国在这三十年的年人均 GDP 增长（8.85%）是高收入经济体（1.76%）的五倍，比撒哈拉以南非洲和拉丁美洲和加勒比地区（分别是 0.23% 和 0.95%）要高出更多。中国的持续增长率确实惊人。

1980 年中国的人均 GDP 水平低于表中所有区域，虽然到 2000 年超越了南亚和撒哈拉以南非洲。对这种情况，直觉认为是处于中央计划经济体制之下的中国从最初开始就远低于长期均衡的人均 GDP，以及收敛的力量使得中国的人均 GDP 增长比较快。这一假设需要检验。

中国的增长表现和极高的投资率联系在一起。资本形成总额占 GDP 的比例（38.76%）对于这么一个并不算富裕的国家而言是惊人的，反映了企业和家庭的高储蓄率和大量的资本流入。我们看到其他四个地区的投资也只是占了它们 GDP 的大约 20%。"为什么中国增长如此迅速"这个问题的答案一大部分可能是"因为中国投资如此之多"。这一定是我们这项探究的核心假设。

随着工业化的发展，中国经济的快速增长与快速的经济结构变化不可避免地联系在一起。城乡收入差距刺激农村劳动力转移出农业（Knight 和 Song 1999）。我们计算出即使在 2000 年中国非农业和农业劳动人口人均 GDP 的比率是 4.9，比除撒哈拉以南非洲（5.7）之外的其他区域都高。2009 年，农业在 GDP 中所占的份额从 1980 年的 30.09%（高于其他地区）降到了 10.35%。这个降幅（19.74 个百分点）比其他地区都大；确实，除了南亚，在世界增长较慢的区域这个降幅都少于 6 个百分点。中国产出的部门构成变化包括从低平均劳动生产率（和可能为零的边际劳动生产率）的农业到高生产率的工业的劳动力再配置。

表 4.1　关键变量的国际比较

	1980 年	1990 年	2000 年	2009 年	1980~2009 年期间平均值	1980~2009 年之间的变化
年人均增长率（%）						
中国	6.46	2.29	7.64	8.54	8.85	2.08
南亚	3.87	3.42	2.36	6.55	3.87	2.68
撒哈拉以南非洲	1.07	−1.76	0.79	−0.78	0.23	−1.85
拉丁美洲和加勒比地区	3.87	−1.39	2.41	−3.03	0.95	−6.90
高收入经济体	0.46	2.26	2.38	−3.95	1.76	−4.41
年人均 GDP(不变 2000$)						
中国	186.44	391.65	949.18	2206.26	795.76	2019.82
南亚	235.32	327.86	449.60	712.62	400.95	477.30
撒哈拉以南非洲	589.60	530.75	515.38	620.01	539.84	30.41
拉丁美洲和加勒比地区	3565.73	3258.70	3852.41	4823.19	3950.02	1257.46
高收入经济体	17304.14	21916.68	26368.33	26888.71	22119.68	9584.57
资本形成总额在 GDP 中的份额（%）						
中国	35.19	34.74	32.76	47.66	38.76	12.47
南亚	18.73	22.83	23.53	33.19	24.35	14.46
撒哈拉以南非洲	24.76	17.75	17.28	20.79	19.12	−3.97
拉丁美洲和加勒比地区	24.54	19.39	21.07	19.99	20.44	−4.55
高收入经济体	24.62	22.94	22.03	17.23	21.62	−7.39

续表

	1980 年	1990 年	2000 年	2009 年	1980～2009 年期间平均值	1980～2009 年之间的变化
农业在 GDP 中的份额（%）						
中国	30.09	27.05	14.83	10.35	20.78	-19.74
南亚	37.15	30.67	24.16	18.33	26.47	-18.82
撒哈拉以南非洲	18.72	19.61	18.49	13.07	17.62	-5.65
拉丁美洲和加勒比地区	10.16	8.97	6.67	6.07	7.81	-4.09
高收入经济体	3.97	2.81	1.79	1.47	2.53	-2.50
年人口增长率（%）						
中国	1.25	1.47	0.71	0.51	1.06	-0.74
南亚	2.46	2.14	1.83	1.47	1.92	-0.99
撒哈拉以南非洲	3.11	2.88	2.49	2.47	2.72	-0.64
拉丁美洲和加勒比地区	2.31	1.84	1.51	1.10	1.67	-1.21
高收入经济体	0.84	0.84	0.82	0.63	0.70	-0.21
15 岁以上平均学校教育年数（年）						
中国	4.77	5.85	6.36	8.17	6.89	3.40
南亚	2.48	3.24	3.76	5.63	4.38	3.15
撒哈拉以南非洲	2.24	2.93	3.40	5.41	4.15	3.17
拉丁美洲和加勒比地区	4.86	5.54	6.18	8.42	6.98	3.56
高收入经济体	7.82	8.64	9.30	10.62	9.60	2.80
平均学校教育年数的年平均增长率（%）						
中国	1.66	3.36	0.78	0.28	0.88	-1.38
南亚	6.31	3.73	1.96	0.50	1.87	-5.81
撒哈拉以南非洲	3.48	2.97	1.27	0.59	1.53	-2.89
拉丁美洲和加勒比地区	2.65	1.41	0.93	0.36	0.96	-2.29
高收入经济体	2.01	1.36	0.71	0.14	0.66	-1.87

数据来源: 人力资本变量来自 Barro 和 Lee (2010)；其他变量来自世界银行，*世界发展指标* 2010 数据库。Barro 和 Lee 提供的数据以五年为间隔，所以对于 2009 年，我们使用报告的 2010 年的人力资本数据。

　　自 20 世纪 70 年代后期中国实施了严格的人口政策以来，有效地减少了生育，使人口增长率慢了下来。这减轻了对土地和其他稀缺资源的压力。相反，第三世界其他区域经历了较高的人口增长率。我们假设中国的人均 GDP 增长得益于限制性的人口政策。

人力资本能够提高工人的个体生产能力，增强经济体的适应性、配置效率和技术水平。引用 Barro 和 Lee (2010) 的数据，我们发现 1980~2009 年间，中国人口中 15 岁以上的平均学校学习年数（6.89 年）远远低于高收入经济体（9.60 年），但是高于南亚（4.38 年）和撒哈拉以南非洲（4.15 年），与拉丁美洲和加勒比地区（6.98 年）持平。平均学校学习年数的年增长率模式显示相反的结果：中国的平均年增长率（0.88%）只高于高收入经济体（0.66%），低于其他发展中国家群体。所以我们预期中国相对于其他发展中国家的快速经济增长的一部分原因是教育水平，相对于高收入经济体的快速经济增长的一部分原因是改革时期的人力资本增长率。

4.3　扩大索洛模型

跨经济体增长研究方面的文献量极大。有一种跨经济体增长回归是以结构性增长模型为基础的。在 Mankiw，Romer 和 Weil (1992) （下文中简称为 MRW）具有影响力的著作中，他们发现以外生性技术和资本收益递减为特征的新古典模型很好地解释了国际收入差异。也就是说，经济体之间人均收入变化的 80%可以通过人力资本和物质资本的积累来解释。他们的截面分析已经被运用各种估计方法处理缺省变量、内生回归量和测量误差等问题的研究者们扩展为一个面板数据框架。[2] 相反，有人发现了反对新古典增长模型、支持内生增长模型的证据。在内生增长模型中资本是一项对生产技术创新的投入，生产力的长期差别是内生性的。[3] 对结构性增长模型的主要批评是它漏掉了会影响增长的变量。

其他的方法论也是可能的。一种是用包含了大范围的变量的临时的非正式增长回归（Barro 1991）。这种方法存在第 2 章中提到的估计挑战。跨经济体增长核算方法倾向于侧重技术进步在决定经济增长方面的作用。Klenow 和 Rodriguez-Clare (1997) 声称全要素生产力（TFP）解释了国际产出增长变化的 90%。特别是 Hall 和 Jones (1999) 和 Easterly、Levine (2001)坚决否认资本积累的重要性。但是，增长核算的方法和结果面临第 2 章中列举的批评。

在本章我们选择在索洛增长模型基础上估计结构性增长回归。我们给索洛模型增加了人力资本，并且包含了结构变化项。

从 MRW 的框架开始，一个国家趋向稳定状态的动态增长率可以表示为 [4]

$$\ln\left(\frac{Y(t)}{L(t)}\right) - \ln\left(\frac{Y(0)}{L(0)}\right) = -\theta \ln\left(\frac{Y(0)}{L(0)}\right) + \theta\frac{\alpha}{1-\alpha}\ln(s)$$
$$-\theta\frac{\alpha}{1-\alpha}\ln(n+g+\delta) + \theta\ln A(0) + gt, \tag{4.1}$$

其中 Y 是产出，L 是劳动力（以比率 n 外生增长），$Y(t)/L(t)$ 和 $Y(0)/L(0)$ 分别是在时间 t 和在某个初始日期的人均产出；$A(0)$ 是效率的初始水平，A 由于劳动力增加型技术进步以比率 g 指数增长；s 是产出中用于储蓄和投资的恒定部分；δ 是物质资本的折旧率；α 是关于物质资本产出的弹性；在 $\theta=1-e^{-\lambda t}$ 里，λ 是收敛率，由 $\lambda=(n+g+\delta)(1-\alpha)$ 给出。因此，工人人均收入增长是一个初始收入水平和最终稳定状态的决定因素的函数。

为了找出人力资本的明确作用，MRW 通过包含人力资本和物质资本的积累扩展了索洛模型。他们提供了两种可能的方法考察人力资本对经济增长的影响。第一种方法是估计包含了人力资本积累的该模型的简化形式。接近稳定状态，MRW 证明该模式中人均产出增长是

$$\ln\left(\frac{Y(t)}{L(t)}\right) - \ln\left(\frac{Y(0)}{L(0)}\right) = -\theta \ln\left(\frac{Y(0)}{L(0)}\right) + \theta\frac{\alpha}{1-\alpha-\beta}\ln(s_k) + \theta\frac{\beta}{1-\alpha-\beta}\ln(s_h)$$
$$-\theta\frac{\alpha+\beta}{1-\alpha-\beta}\ln(n+g+\delta) + \theta\ln A(0) + gt, \tag{4.2}$$

其中 s_k 和 s_h 分别是收入中投资到物质资本和人力资本中的部分。收敛率由 $\lambda=(n+g+\delta)(1-\alpha-\beta)$ 给出，其中 β 是关于人力资本产出的弹性。$\alpha+\beta<1$ 的假设意味着整体上资本报酬递减。

MRW 表达人力资本水平对决定经济增长的作用的第二种方式是

$$\ln\left(\frac{Y(t)}{L(t)}\right) - \ln\left(\frac{Y(0)}{L(0)}\right) = -\theta \ln\left(\frac{Y(0)}{L(0)}\right) + \theta\frac{\alpha}{1-\alpha}\ln(s_k) - \theta\frac{\alpha}{1-\alpha}\ln(n+g+\delta)$$
$$+\theta\frac{\beta}{1-\alpha}\ln(h^*) + \theta\ln A(0) + gt, \tag{4.3}$$

其中 h^* 是长期均衡的人力资本水平。注意这些不同的回归方法预测了扩大的索洛模型中储蓄变量和人口增长变量不同的系数。

对于 MRW 的模型的一个主要批评是他们假设科技进步以一个共同的外

生率增长。[5] MRW 的理由是科技作为一个公共产品是免费为个人所用的，能够立即跨经济体转移。但是，这一假设与新技术的传播可能很昂贵或费时（尤其对于发展中国家而言）这一事实相矛盾。所以，工人人均 GDP 增长模型应该允许生产力增长跨经济体变化是有道理的。

Temple 和 Wößmann (2006) 开发了一个实证模型考察劳动力再分配对总体生产率增长的影响。他们在 MRW 框架的基础上扩大了传统增长回归来允许结构变化。他们的基本观点是当劳动边际产量跨行业变化时，就业结构的变化会提高总体生产效率。如果在农业中劳动边际产量较低，那么农业从业者向非农业部门的转移会提高总产出。因为这个额外的产出不是由资金和劳动力的总投入变化产生的，劳动力再分配提高了总体生产效率。他们也预测了增长和结构变化之间的非线性关系。他们给出的解释是特定程度的结构变化对经济增长的影响在正在经历更迅速的结构变化的经济体会最大，因为这些经济体部门间工资差额也最大。

Temple 和 Wößmann (2006) 通过加入结构变化项作为在截面框架下经济体之间不同的生产率增长的指标，如下

$$\ln\left(\frac{Y(t)}{L(t)}\right) - \ln\left(\frac{Y(0)}{L(0)}\right) = w + \frac{t(k-1)}{1-\alpha-\beta}MGROWTH + \frac{tk\phi}{(1-\alpha-\beta)\psi}DISEQ + \theta\gamma'X - \theta\ln\left(\frac{Y(0)}{L(0)}\right)$$

(4.4)

其中 X 是包括储蓄率、物资资本和人力资本积累的解释性变量的矢量。MGROWTH 和 DISEQ 是第一套结构变化变量，来自产出的劳动分配比例在各个对象之间是相同的这一假设。第二个构想是用 MGROWTH2 和 DISEQ2 代替方程（4.4）中的 MGROWTH 和 DISEQ。MGROWTH2 和 DISEQ2 是第二套结构变化变量，建立在所有对象在农业上有相同的柯布—道格拉斯技术这一假设的基础上。MGROWTH 和 MGROWTH2 是反映非农业部门中就业变化的线性项；DISEQ 和 DISEQ2 是控制凸效应的二次项。[6] 因此，方程（4.4）是带有总生产函数的索洛模式和带有部门产品差异的两部门框架的混合。

4.4 数据和样本

我们的实证分析建立在几个世界范围的总量数列数据集基础上，包括佩恩表（PWT）、世界银行世界发展指标（WDI）、联合国粮食和农业组织统计

数据库(FAO)。鉴于图 4.1 中出现的周期效应，我们选择不重叠的五年间隔，这样的间隔不易受与商业周期有关的临时因素的影响。我们选择的采样时间是 1980～2004 年，大致相当于中国的经济改革时期。

我们使用来自 PWT 6.2 的工人人均实际 GDP 链（RGDPWOK），工人人均实际 GDP 链根据购买力平价（PPPs）和不变价格做了调整。当比较经济体之间实际收入和增长率时，购买力平价被认为优于汇率，因为汇率的使用往往夸大收入差距的幅度（Temple 1999a；Bosworth 和 Collins 2003）。但是，人们对中国的购买力平价估计心存忧虑[7]，人们也没有对来源渠道广泛的中国的 GDP 数值的可靠性达成共识。[8]为了解决潜在测量误差问题我们对我们的调查结果的稳健性进行了大量敏感性测试。

因变量是以五年为间隔的工人人均实际 GDP 的对数的变化。右手边初始收入水平由实际工人人均 GDP 数据测算，始于 1980 年、1985 年……止于 2000 年。相对于人均变量，我们更倾向于使用工人人均变量，因为索洛模型建立在柯布—道格拉斯生产函数上，这个函数只包含了经济上活跃的人口。

沿袭 MRW 和其他人的方法，[9]我们用实际 GDP 中的投资份额替代储蓄份额，实际 GDP 中的投资份额可以从 PWT 6.2 中获得。时间序列每五年一平均。Heston 和 Sicular (2008)论证转成共同价格基础可能降低中国的资本构成比例。所以我们用中国官方数据中实际 GDP 中的投资份额进行了一项敏感性测试来检查我们的结果是否是稳健的。

关于总人口和年龄在 15 到 64 岁的人口的部分的 WDI（2006 年 9 月版）数据允许我们计算每个经济体的工作年龄人口。劳动人口的平均增长率被计算为每一时段终点和起点工作年龄人口的自然对数的差除以年数。

我们依靠 Barro 和 Lee（2001）提供的人力资本平均水平数据，而不是沿袭 MRW, Caselli 等人（1996）的方法和 Bond 等人（2001）用中等学校入学率作为学校教育投资率的指标。Gemmell (1996) 和 Temple (1999a) 都认为学校入学率可能合并人力资本存量和积累效应，可能对两者而言都是不好的指标。我们使用的人力资本尺度是 15 岁以上人口中受学校教育的平均年数。这个尺度为计算以五年为间隔的人力资本存量提供了一个直接的尺度。对于敏感性测试我们采用了 Wang 和 Yao（2003）的对中国学校教育平均年数的估计。他们认为教育系统的毕业生数量是比 Barro 和 Lee(2001)使用的入学率更准确的流量尺度，因此他们用每年的毕业生数获得人力资本存量的增加。

　　FAO 分别提供了每年总劳动力和农业劳动力的数据，使得计算大多数经济体的就业中农业的份额成为可能。比较来自 FAO 的中国就业数据和来自中国国家统计局（NBS）编写的中国劳动统计年鉴的中国就业数据，我们发现这两个数据来源有大的差异（参见本章附录中表 A4.1）。FAO 数据大多数年份总农村从业人员与 NBS 数据十分相符（包括了农村非农业从业人员，在 2000 年总计为 1.7 亿）。FAO 认为错误的源头可能是把所有农村人口（包括农村非农业从业者，如乡镇企业的工人）都划分为中央计划下的农业人口。因此，我们在分析中使用 NBS 数据提供的农业劳动力。Brandt 等人（2008）指出 NBS 的就业数据数列在 1990 年有一个较大的中断，NBS 的就业数据数列也可能低估第一产业劳动力的下降率。考虑到结构变化变量在这个模型中起的重要作用，我们采用 Brandt 等人的数据做进一步的敏感性测试。WDI 提供了每年附加值中农业份额的数据。每个国家就业份额和附加值份额的每五年的初期数据被用来构建结构变化项。

　　在这一章中我们考虑了三个样本。[10] 样本 I 包括 PWT6.2 提供的除了那些在数据质量方面是 D 级以外的所有国家。正如 MRW 指出的，这些数据质量方面是 D 级的国家测量误差可能极其严重，变量可能被不正确地测量。通过从我们的样本中移除这些最不可靠的数据，我们留下了一个包含 146 个发达和发展中经济体的样本。

　　样本 II 包括非 D 级样本 I 中所有的发展中经济体和"亚洲四小龙"[11]。Temple（1999 a）提到把发达经济体和发展中经济体融合在一个单一的实证框架下不是没有它的问题的，因为发展中经济体的体制和增长进程同已经接近科技前沿的发达经济体可能是不同的。我们在这个样本中加入亚洲四小龙是因为中国内地和这些经济体因为文化相似性、地理位置和相似的经济发展策略有一些共同的经济增长模式。这个样本在去除了样本 I 中的经济合作与发展组织和非经济合作与发展组织高收入经济体后，包括了 111 个经济体。

　　样本 III 包括除了 D 级数据的 61 个大的发展中经济体(人口超过 500 万）和亚洲四小龙。这些经济体可能和中国内地有许多共同点。通过把具有相似特征的经济体分为一个样本，我们期望至少部分地控制住科技和制度差异，缓解参数不均匀性问题。

4.5 实证方法论

判断一个经济体是否处于稳定状态是困难的。使用增长方程而非收入方程允许我们通过包含初始收入考虑转型动态。因此我们的实证分析将集中于增长方程。增长回归方法遇到了与难以察觉的初始科技水平相关的缺省变量问题。在一个单一的跨行业增长回归中，这个缺省的 A(0) 项留在了残余项里。因为经济体之间科技效率的差异可能与其他解释性变量相互关联，在条件收敛回归中回归量估计偏倚，前后不一致。面板数据方法使得控制未被察觉的特定经济体的影响成为可能。通过把初始效率看作非时变固定效应和通过时间维度的转换去除它的影响来控制未被察觉的特定经济体的影响。面板相对于横截面回归法的另一个优势是通过包含回归量滞后作为工具缓解了内生性问题。因此我们依靠面板数据方法估计跨经济体增长回归。

沿袭 Bond 等人 (2001) 的思路，我们的方程（4.1）、（4.2）、（4.3）和（4.4）可以概括为下面的面板数据模型

$$\Delta y_{i,t} = (\alpha - 1)y_{i,t-1} + x'_{i,t}\beta + \eta_i + \gamma_t + v_{i,t}, \tag{4.5}$$

对于 $i=1$，……N 个经济体和 $t=2$，……T 周期，$\Delta y_{i,t}$ 是以五年为周期的工人人均实际 GDP 的对数差，$y_{i,t-1}$ 是每一周期始工人人均实际 GDP 的对数，$x_{i,t}$ 是其他特征的一个矢量。这些特征数是在每个周期的开始测量的或者是每五年的平均值，包括物质和人力资本积累、人口增长和结构变化变量。在这一章，我们主张 MRW 的观点，有一个代表知识进步的共同世界科技趋势，但是我们允许与结构变化相联系的生产率增长变化。另外，未被察觉的效率初始水平的异质性被特定经济体的效应 η_i 识别出。时间模型 γ_t 被期望指出对所有经济体都相同的生产率变化。经济体效应和时间效应也都可以反映特定经济体和特定时期测量误差的分量（Bond 等 2001）。

估计方程（4.5）等同于估计一个在等式右边带有一个滞后的因变量的动态面板数据模型如

$$y_{i,t} = \alpha y_{i,t-1} + x'_{i,t}\beta + \eta_i + \gamma_t + v_{i,t}, \tag{4.6}$$

对于 $i=1$，……N 个经济体和 $t=2$，……T 周期。在跨经济体增长回归的背景

下，我们的数据以有大量的经济体 N 和少量的平均周期 T 为特征数。

特定经济体的效应 η_i 的存在暗示了几个与动态面板数据的估计有关的计量经济学问题。滞后因变量和非时变特定经济体效应的相关性使得 OLS 估计量偏倚和前后不一致。在跨经济体增长回归中，由于 $y_{i,t-1}$ 和 η_i 的正相关对于初始收入项的系数 α 的 OLS 估计可能向上偏倚（Hsiao 1986）。对于固定效应估计量，组内转换去除了非时变 η_i，但是即使 $v_{i,t}$ 不是序列相关，$(y_{i,t-1}-\bar{y}_{i-1})$，在$(y_{i,t-1}-\bar{y}_{i-1})$中 $\bar{y}_{i-1}=\sum_{t=2}^{T}(y_{i,t-1}/(T-1))$，仍然可能与$(v_{i,t}-\bar{v}_{i,})$相关。Nickell (1981) 证明在一个动态面板中组内估计量的不偏倚性和一致性将依赖于大的 T。但是，在有小的 T 的典型增长回归中，对初始收入项的系数 $\hat{\alpha}$ 的估计可能会严重向下偏倚（Nickell 1981）。这是由于转化滞后因变量和转换误差项的负相关。

使用一次差分广义矩量法（GMM）的增长回归首先被差分是为了去除初始效率效应。其次，在一阶差分方程中右手边变量的滞后水平被用作工具。但是 Bond 等人 (2001) 证明一次差分 GMM 估计量受到一个大的向下有限样本偏倚，尤其是当时序观察数量小的时候。因为变量的滞后水平只是随后一次差分弱的工具。相反，他们推荐使用 Arellano 和 Bover (1995)、Blundell 和 Bond (1998) 开发的具有优越的有限样本性能的系统 GMM 估计量。通过分层次将原始方程增加到这个系统，研究者们通过运用这些附加力矩条件发现了效率的极大提高和有限样本偏倚的显著减少。Bond 等人 (2001) 也声称即使存在测量误差和内生等式右边的变量也能获得一致的参数估计的可能性是在实证增长研究背景下 GMM 方法一个相当大的优势。因此，面板数据系统 GMM 估计量会是我们更喜欢的估计方法。

在跨经济体增长回归中，当大量的异质的经济体被包含在一个样本中时，检测异常值是重要的 (Temple 1999b)。在动态面板数据框架下一个滞后因变量的使用确保了那个因变量中的异常值也会显示为自变量中的糟糕的杠杆点。Temple (1999a) 暗示单一情况诊断[12] 可能错过异常值群或错误地把有代表性的观测值看成异常。因此，我们依靠稳健回归技巧、迭代重加权最小二乘（RWLS）找出可能的异常值然后将这些异常值从我们的估计中删除。PWLS 给每一个观测值指派一个不同的权数，给有大残差的观测值低于或等于零的权数。通过从我们的样本中去除 13 个不具代表性的观测值（权数少于 0.5），我们限制了异常值的影响并集中于数据集最一致的部分。

4.6 实证结果

我们从估计表（4.2）中方程（4.1）描述的教科书的索洛模型开始。注意所有估计标准误差都被纠正了异方差性，每一个回归都包含了时间模型。在系统 GMM 估计中收入初始水平被当作先决变量，投资率和人口增长率都被当作潜在内生变量。因为当力矩条件的数量大时过度识别检验的 p 值可能会上涨 (Bowsher 2002)，我们通过给每一个先决和内生变量加入一个工具子集的方式，限制了每一个一阶差分方程用到的工具的数量。将一个修正运用到 Windmeijer (2005) 推导的两步协方差矩阵后，我们发现从一步和两步 GMM 估计量中获得的结果是相似的。所以我们只报告异方差稳健一步系统 GMM 的结果。

初始收入系数有预期的负号，对三个使用不同估计方法的样本都是十分显著的，显示为条件收敛的有力证据。因此，一旦稳定状态的决定因素被控制，一个较低的工人人均实际收入起始值倾向于产生一个较高的工人人均 GDP 增长。与 Bond 等人 (2001) 和 Hoeffler (2002) 的预测一致，我们发现我们的系统 GMM 估计量产生一个对 $\hat{a}$ 的一致的估计，这个估计位于 OLS 估计量提供的上限和组内估计量给出的下限之间。

在所有回归中，即使控制未被观察的特定经济体的效应和允许投资的可能内生性之后，投资率对工人人均 GDP 增长仍有显著正效应。[13] 但是，我们没能找出人口增长和工人人均收入增长之间的显著负关联。投资系数和人口增长变量系数大小相等符号相反的限制在样本 I 和 II 中被拒绝使用。再者，从方程（4.1）的一个受限制的版本获得的资本（α）所对应的产出了估计弹性被发现对三个样本来说都高于 0.5，高于收入的资本份额的模型建议值 0.33。因此，因为同 MRW 类似的原因，基于普遍的结果和系统 GMM 的特别结果，我们不再使用教科书式的索洛模型。

我们继续介绍用人力资本扩大了的索洛模型。在跨经济体增长实证中，教育在决定经济增长上扮演的角色是存在争论的问题。MRW 发现人力资本对增长有着一个显著的正效应，虽然其他研究 (Benhabib 和 Spiegel 1994；Pritchett 1999) 声称尤其在发展中经济体内，测得的教育成绩的提高与产出增长没有因果关系。

表 4.2 教科书的索洛模型

	样本 I：146 个经济体			样本 II：111 个经济体			样本 III：61 个经济体		
	OLS	Within-Group	系统 GMM	OLS	Within-Group	系统 GMM	OLS	Within-Group	系统 GMM
常量	0.181**	2.962***	0.826**	0.292***	2.988***	0.813*	0.256	1.883***	0.727
	(0.081)	(0.438)	(0.380)	(0.114)	(0.477)	(0.462)	(0.215)	(0.595)	(0.475)
$\ln(Y_{i,t-1})$	-0.051***	-0.307***	-0.145**	-0.046***	-0.318***	-0.110**	-0.074***	-0.284***	-0.176***
	(0.008)	(0.042)	(0.029)	(0.009)	(0.047)	(0.051)	(0.011)	(0.057)	(0.057)
$\ln(s_{it})$	0.124***	0.114***	0.256***	0.118***	0.106***	0.237***	0.154***	0.171***	0.198***
	(0.015)	(0.034)	(0.048)	(0.016)	(0.039)	(0.048)	(0.020)	(0.050)	(0.047)
$\ln(n_{it}+g+\delta)$	-0.029	0.117***	0.025	0.025	0.131***	0.129	-0.045	-0.096	-0.159
	(0.036)	(0.047)	(0.116)	(0.038)	(0.045)	(0.144)	(0.085)	(0.109)	(0.141)
R^2	0.239	0.359		0.218	0.358		0.339	0.381	
m_1			-3.73[0.000]			-3.28[0.001]			-2.64[0.008]
m_2			-0.53[0.598]			-0.73[0.468]			-1.20[0.231]
汉森检验 p 值			0.213			0.290			0.364
差分 p 值 Sargan			0.637			0.675			0.261
蕴涵 λ	0.009	0.073	0.031	0.009	0.077	0.023	0.015	0.067	0.039
加和限制 p 值	0.018	0.000	0.037	0.001	0.001	0.011	0.245	0.543	0.798
观察数量	511	511	511	368	368	368	230	230	230

注释：异方差性一致性的标准差在圆括号内；一次和二次相关的检验统计分别由 m_1 和 m_2 给出。p 值在方括号内。在系统 GMM 估计中，$\ln(Y_{i,t-1})$ 被看作前决变量；$\ln(s_{it})$ 和 $\ln(n_{it}+g+\delta)$ 被看作内生变量；$g+\delta$ 被认为等于 0.05；λ 是收敛率；加和限制指方程(4.1)所预测的投资和人口增长率的系数大小相等数量相反的假设；** 和 * 分别表明此系数在 5% 和 10% 的显著性水平显著区别于 0。

表 4.3 用人力资本扩大的索洛模型的系统 GMM 估计

	样本 I：146 个经济体			样本 II：111 个经济体			样本 III：61 个经济体		
	(1)	(2)	(3)	(1)	(2)	(3)	(1)	(2)	(3)
常量	-0.442	-0.699**	-0.351	-0.213	-0.402	-0.163	-0.177	-0.359	-0.144
	(0.330)	(0.340)	(0.301)	(0.324)	(0.298)	(0.342)	(0.328)	(0.243)	(0.315)
$\ln(Y_{i,t-1})$	-0.092**	-0.087**	-0.101**	-0.085**	-0.061**	-0.075**	-0.075**	-0.059**	-0.093**
	(0.029)	(0.022)	(0.025)	(0.033)	(0.029)	(0.029)	(0.038)	(0.027)	(0.028)
$\ln(s_{it})$	0.173**	0.139**	0.121**	0.157**	0.146**	0.132**	0.137**	0.122**	0.116**
	(0.042)	(0.039)	(0.032)	(0.038)	(0.033)	(0.029)	(0.038)	(0.037)	(0.032)
$\ln(n_{i,t}+g+\delta)$	-0.348**	-0.461**	-0.346**	-0.239**	-0.253**	-0.181	-0.218**	-0.269**	-0.263**
	(0.131)	(0.156)	(0.127)	(0.119)	(0.107)	(0.133)	(0.117)	(0.089)	(0.087)
$\ln(h_{it})$	0.014		0.084**	0.053		0.086**	0.028		0.073**
	(0.044)		(0.041)	(0.045)		(0.041)	(0.051)		(0.036)
$\triangle\ln(h_{it})$		0.241	0.258		0.219	0.189		0.011	0.077
		(0.159)	(0.141)		(0.146)	(0.127)		(0.159)	(0.102)
对 $\ln(h_{i,t})$&$\triangle\ln(h_{i,t})$ 的联合显著性检验			5.51[0.064]			5.49[0.064]			5.66[0.059]
m_1	-3.70[0.000]	-4.05[0.000]	-4.18[0.000]	-3.63[0.000]	-3.72[0.000]	-4.00[0.000]	-2.68[0.007]	-2.64[0.008]	-2.80[0.005]
m_2	-1.03[0.301]	-1.12[0.262]	-1.11[0.265]	-1.11[0.269]	-1.02[0.308]	-1.03[0.303]	-0.82[0.414]	-0.90[0.371]	-0.94[0.348]
汉森检验 p 值	0.365	0.610	0.963	0.998	0.992	0.998	0.999	0.999	0.999
差分 Sargan p 值	0.430	0.492	0.476	0.870	0.833	0.701	0.707	0.933	0.999
计算出的 λ	0.019	0.018	0.021	0.018	0.013	0.016	0.016	0.012	0.020
加和限制 p 值	0.198	0.734		0.517	0.529		0.497	0.458	
样本数量	378	375	375	266	263	263	184	184	184

注释：异方差一致性一致的标准差在圆括号内；一次和二次相关的检验统计计分别由 m_1 和 m_2 给出。p 值在方括号内。p 值是二次相关变量；$\ln(Y_{i,t-1})$、$\ln(h_{i,t})$ 和 $\ln(n_{i,t})$ 被看作前决变量；$\ln(s_{i,t})$、$\ln(n_{i,t}+g+\delta)$ 和 $\triangle\ln(h_{i,t})$ 被看作内生变量；当人力资本增长率被包括时，加和限制指非前决出的三个系数共计为 0 的假设；** 和 * 分别表明此系数在 5%和 10%的显著性水平显著性区别于 0。当人力资本水平被包括时，限制是投资率和人口增长率系数符号相反绝对值相等；** 和 * 分别表示出的系数在 5%和 10%的显著性水平显著性区别于 0。

　　在表 4.3 中，我们分别估计把学校教育平均年数的对数差加入作为人力资本指标的方程（4.2）和把学校教育平均年数的对数加入作为人力资本水平的量度的方程（4.3）。另外，遵循 Gemmell (1996) 关于更大的人力资本存量和更快的人力资本增长都能够提高产出增长的论证，我们检验了用人力资本存量和积累共同扩大的索洛模型的第三个设定。

　　从现在开始，我们只报告系统 GMM 估计的结果。我们把人力资本的初始水平看作先决变量，把人力资本增长率看作潜在内生变量，因为快速增长的经济可能把更高比例的资源用于教育投资。我们发现当两个人力资本变量各自代入索洛模型时，两个都不是显著的。这同很多没能发现教育成绩和产出增长之间稳健关联的研究是一致的。但是，当我们将人力资本的存量和积累同时加入回归中时，人力资本水平变得对所有样本都十分显著和积极；再者，即使在只包含发展中经济体的样本 II 和 III 中，渥得检验（Wald Tests）也提供两个人力资本变量是联合显著的有力证据。所以，我们的结果支持即使在欠发达经济体内，人力资本的初始存量和随后的增长在鼓励产出增长方面也起着作用。

　　与教科书索洛模型相比，在回归中加入人力资本导致了几个主要变化。第一，之前被错误标记的人口增长项，对于几乎所有回归和样本变得消极和十分显著。第二，这些不受限制的回归不导致对方程（4.2）和（4.3）预测的加和假说的摈弃。再者，在受限制的模型里，计算的收入中物质资本的份额（α）和人力资本的份额（β）表明 $\alpha+\beta<1$，所以，暗示一套可再生的生产要素收益递减，这是索洛模型的一个关键假设。简而言之，所有结果表明带有人力资本的扩大的索洛模型比教科书索洛模型有更好的性能。

　　我们进一步用结构变化项补充扩大的索洛模型来检验劳动力再配置是否对经济增长做出了显著贡献。表 4.4 呈现了第一套结构变化项，即 *MGROWTH* 和 *DISEQ* 的系统 GMM 结果。因为经济增长更快的时期也是农村劳动力有更多机会和结构快速转变的时期，我们把线性和非线性结构变化项都看作潜在内生变量。[14] Temple 和 Wößmann (2006)发现 *MGROWTH* 和 *DISEQ* 不单独地显著，与他们的发现一致，我们发现根据渥得检验，对于所有的样本来说 *MGROWTH* 和 *DISEQ* 都是联合显著的。

表 4.4　用人力资本和第一套结构化变化项扩大的索洛模型的系统 GMM 估计

	样本 I：146 个经济体			样本 II：111 个经济体			样本 III：61 个经济体		
	(1)	(2)	(3)	(1)	(2)	(3)	(1)	(2)	(3)
常量	-0.408*	-0.661**	-0.406	-0.016	-0.184	-0.147	-0.212	-0.166	-0.057
	(0.246)	(0.259)	(0.294)	(0.389)	(0.345)	(0.306)	(0.271)	(0.272)	(0.276)
$\ln(Y_{t,-1})$	-0.113**	-0.095**	-0.085**	-0.118**	-0.095**	-0.085**	-0.101**	-0.101**	-0.096**
	(0.018)	(0.017)	(0.023)	(0.024)	(0.018)	(0.024)	(0.021)	(0.018)	(0.023)
$\ln(s_{it})$	0.206**	0.206**	0.113**	0.176**	0.192**	0.116**	0.148**	0.153**	0.109**
	(0.035)	(0.032)	(0.026)	(0.030)	(0.028)	(0.026)	(0.031)	(0.028)	(0.027)
$\ln(n_{it}+g+\delta)$	-0.345**	-0.404**	-0.312**	-0.237**	-0.242**	-0.216**	-0.296**	-0.285**	-0.245**
	(0.090)	(0.096)	(0.114)	(0.114)	(0.103)	(0.095)	(0.080)	(0.078)	(0.079)
$\ln(h_{it})$	0.045		0.067**	0.071*		0.071**	0.022		0.053*
	(0.032)		(0.033)	(0.038)		(0.035)	(0.041)		(0.033)
$\triangle\ln(h_{it})$		0.057	0.166		0.026	0.092		0.057	0.062
		(0.076)	(0.108)		(0.078)	(0.083)		(0.102)	(0.088)
MGROWTH	0.561	0.475	1.225	0.413	0.369	1.225	1.135	0.701	0.397
	(1.130)	(1.194)	(1.109)	(1.145)	(1.173)	(0.928)	(0.902)	(1.046)	(0.879)
DISEQ	2.484	2.916	2.057	2.971	3.457	2.074	2.484	3.841	3.732
	(3.184)	(3.177)	(3.055)	(2.974)	(3.099)	(2.568)	(2.624)	(3.062)	(2.473)
对 $\ln(h_{it})$ 和 $\triangle\ln(h_{it})$ 的联合显著性检验			4.98 [0.083]			4.57 [0.101]			2.74 [0.255]
对 MGROWTH 和 DISEQ 的联合显著性检验	7.18[0.028]	8.54[0.014]	20.67[0.000]	9.56[0.008]	9.72[0.008]	23.11[0.000]	17.00[0.000]	15.91[0.000]	18.51[0.000]
m_1	-3.69[0.000]	-3.81[0.000]	-4.29[0.000]	-3.45[0.000]	-3.56[0.000]	-3.76[0.000]	-2.90[0.004]	-2.91[0.004]	-2.89[0.004]
m_2	-0.83[0.408]	-1.07[0.284]	-1.17[0.240]	-0.96[0.337]	-1.11[0.266]	-1.12[0.264]	-0.75[0.456]	-0.85[0.393]	-0.90[0.366]
汉森检验 p 值	0.595	0.532	0.999	0.982	0.990	0.999	0.999	0.999	0.999
差分 Sargan p 值	0.200	0.336	0.707	0.359	0.326	0.999	0.985	0.991	0.999
计算出的 λ	0.024	0.020	0.018	0.025	0.020	0.018	0.021	0.021	0.020
样本数量	373	370	370	261	258	258	179	179	179

注释：MGROWTH 和 DISEQ 被看作内生变量；其他定义与之前的表中相同。

表 4.5 用人力资本和第二套结构变化项扩大的索洛模型的系统 GMM 估计

变量	样本 I：146 个经济体			样本 II：111 个经济体			样本III：61 个经济体		
	(1)	(2)	(3)	(1)	(2)	(3)	(1)	(2)	(3)
常量	-0.235*	-0.659**	-0.156	-0.036	-0.386	0.166	0.169	-0.155	0.395
	(0.274)	(0.276)	(0.251)	(0.380)	(0.310)	(0.341)	(0.306)	(0.286)	(0.262)
$\ln(Y_{i,t-1})$	-0.106**	-0.107**	-0.106**	-0.093**	-0.071**	-0.081**	-0.107**	-0.094**	-0.118**
	(0.029)	(0.021)	(0.029)	(0.029)	(0.016)	(0.028)	(0.027)	(0.022)	(0.021)
$\ln(s_{it})$	0.153**	0.135**	0.120**	0.139**	0.138**	0.114**	0.096**	0.096**	0.105**
	(0.032)	(0.037)	(0.028)	(0.029)	(0.029)	(0.028)	(0.031)	(0.035)	(0.027)
$\ln(n_{it}+g+\delta)$	-0.297**	-0.513**	-0.276**	-0.170	-0.241*	-0.087	-0.197**	-0.314**	-0.133*
	(0.159)	(0.119)	(0.133)	(-0.149)	(0.125)	(0.134)	(0.101)	(0.125)	(0.082)
$\ln(h_{it})$	0.066**		0.089**	0.066*		0.078**	0.068**		0.064**
	(0.033)		(0.034)	(0.036)		(0.037)	(0.037)		(0.026)
$\triangle\ln(h_{it})$		0.110	0.159		0.088	0.120		-0.035	0.045
		(0.111)	(0.124)		(0.101)	(0.118)		(0.132)	(0.075)
MGROWTH2	1.333	1.029	1.262	1.533	1.699*	1.467	2.732**	3.092**	2.941**
	(1.167)	(0.936)	(1.086)	(1.228)	(0.985)	(1.129)	(1.071)	(1.152)	(0.696)
DISEQ2	0.143**	0.223**	0.188**	0.118**	0.111**	0.131**	0.196**	0.214**	0.226**
	(0.062)	(0.061)	(0.069)	(0.059)	(0.057)	(0.056)	(0.058)	(0.061)	(0.054)
对 $\ln(h_{it})$和$\triangle\ln(h_{it})$的 联合显著性检验			6.72 [0.035]			4.74 [0.093]			6.61 [0.037]
对 MGROWTH 和 DISEQ 的联合显著性检验	9.09[0.011]	17.85[0.000]	12.80[0.002]	8.34[0.015]	10.40[0.006]	9.53[0.009]	13.83[0.001]	14.73[0.001]	36.77[0.000]
m_1	-3.74[0.000]	-3.82[0.000]	-3.99[0.000]	-3.54[0.000]	-3.41[0.001]	-3.69[0.000]	-2.66[0.008]	-2.48[0.013]	-2.56[0.010]
m_2	-0.92[0.360]	-1.06[0.288]	-1.01[0.314]	-0.96[0.337]	-1.06[0.287]	-0.96[0.338]	-0.77[0.442]	-0.82[0.414]	-0.78[0.433]
汉森检验 p 值	0.538	0.986	0.873	0.968	0.999	0.999	0.999	0.999	0.999
差分 Sargan p 值	0.246	0.393	0.395	0.437	0.969	0.899	0.979	0.997	0.999
据算出的 λ	0.022	0.023	0.022	0.020	0.015	0.017	0.023	0.020	0.025
样本数量	355	352	352	250	247	247	170	170	170

注释：MGROWTH2 和 DISEQ2 被看作内生变量；其他定义与之前的表中相同。

然而，当我们把第二套结构变化项，*MGROWTH2* 和 *DISEQ2*，加入跨经济体增长回归中时，结果变得更好了。第二套结构变化变量既抓住了就业中的结构变化，也抓住了总附加值中的结构变化。[15] 表 4.5 中，在每一个回归中，不仅这两个结构变化项联合显著，而且非线性项 *DISEQ2* 本身也保持高度显著和积极。每一个结构变化项在两个发展中经济体样本中都非常显著。我们的结果，反映了发展中经济体和发达经济体不同的部门结构和结构变化模式，表明结构变化在决定经济增长中的角色在发展中经济体更重要。另外，持续显著的 *DISEQ2* 项进一步证明了结构变化的增长效应是非线性的这一假设的合理性。

第二套结构变化项的加入进一步提高了人力资本变量的性能。现在，即使当人力资本存量单独加入回归时，初始教育捐赠基金水平和后续的产出增长的跨经济体差别之间也有着显著积极的关联。此外，在每一个回归中所有其他参数都被正确地标记且高度相关。也没有在一次差分残差中二阶系列相关的证据。汉森检验和差分 Sargan 检验都不排斥工具的有效性。所有这些表明我们的系统 GMM 估计量是相容的。估计的收敛率 λ 对于每一个样本都保持稳定，每年在 2%左右，这同跨经济体增长文献中通常发现的证据是一致的（例如 Bond 等 2001；Barro 和 Sala-i-Martin 2004)。

简而言之，我们的系统 GMM 结果强烈支持带有人力资本和结构变化的扩大的索洛模型的扩展版。劳动力跨行业的转移对于经济增长和发展的进程来说是必不可少的，这需要在跨经济体增长回归中被抓住。

4.7 解释中国的相对业绩

用结构变化扩大的索洛模型的良好的性能允许我们预测中国的增长率和考察中国比其他经济体增长快的原因。预测是通过把中国的解释性变量的值引入到估计方程中做出的。我们预测采用的模型是表 4.4 中用人力资本水平和增长率及结构变化项扩大的模型。当我们比较中国和撒哈拉以南非洲时我们选择样本Ⅲ的估计，随后当我们解释中国和世界上其他经济体预测的增长差异时，我们选择样本Ⅰ。当进行 4.4 节中的敏感性测验时我们的结果保持稳健。[16]

使用 PWT6.2 的表 4.6 显示 1980～2004 年期间中国工人人均产出实际平

均年增长率是 7.2%。我们的模型预测中国工人人均产出以 6.3% 的平均年增长率增长，这就意味着每年有 0.9% 的无法解释的残差。考虑到平均预测标准误差 0.7%，中国的年增长率落在预测的 95% 的置信区间范围内。[17] 无法解释的残差（这种残差不是由于测量误差产生的）部分可能代表了模型无法解释的剩下的分配和技术效率的提高——例如，来自经济改革和市场化。所以中国的增长是由于将生产边界推出去和向边界移动的结合。我们的扩大的索洛模型——抓住了初始收入、投资、人口增长、人力资本水平和增长以及结构变化——在预测中国的经济增长率方面是成功的。

由于负收敛项（比较初始产出和零产出）和一些解释性变量的对数形式，对中国的绝对增长率做有意义的分解是不可能的。但是对中国的相对增长的分解能够提供有用信息。表 4.6 显示了对中国和撒哈拉以南非洲的增长预测的差异的详细分解。我们选择撒哈拉以南非洲，即 1980 年最不发达国家（中国是其中之一）且随后经历增长失败的国家群体的代表，作为研究焦点。实际的和预测的中国和撒哈拉以南非洲的年增长差分别是 6.8% 和 5.6%，就是说，无法解释的残差是每年 1.2%。当预测的增长差被分解时，我们发现资本投资是最重要的成分（占总量的 54%）。

传统上资本积累被看作增长的低级来源，因为资本深化容易遭受递减收益而最终将停下来。中国的高投资率并非如此，主要有两点原因。第一，投资是结构变化的一个主要载体：结构转变要求在新的通常生产率高的活动上投资。在中国，生产率高的工业和服务业中的就业增长由在这些行业中的投资率所决定。新的工作机会主要由来自生产率低的农业的农民工填充。第二，我们模型预测的慢收敛率，大约每年 2%，说明一个经济体从初始位置到它的稳定状态所需要的时间大约是 35 年。所以，考虑到投资的收益递减，资本积累在推动经济增长中的作用在经济向长期平衡过渡期间能够持续数十年。

几个具有影响力的研究着重强调了资本积累在推动东亚经济增长中的作用。例如，Krugman (1994) 论证"东亚神话的增长奇迹"在于资源的调动和投入的剧增而不是效率的提高。Young (1995) 采用增长核算方法，发现要素积累在解释"四小龙"的经济增长中起到根本作用。我们所得的结果与这些发现一致，但是通过在跨经济体增长回归背景下突出资本积累对于中国的作用，我们的研究扩充了这方面的相关文献。

表 4.6　对中国的增长预测和对中国与撒哈拉以南非洲（SSA）之间增长差异的预测

变量	(1) 参数估计	(2) 中国的平均值(每年)	(3) SSA 的平均值(每年)	(4) 平均差(中国对 SSA) (4)=(2)-(3)	(5) 预测增长差(6)(中国对 SSA) (5)=(1)*(4)	(6) 总预测增长差的百分比(中国对 SSA)
$\ln(Y_{i,t-1})$	-0.096	1.554	1.655	-0.101	0.010	17.2
$\ln(s_{it})$	0.109	0.662	0.386	0.276	0.030	53.7
$\ln(n_{it}+g+\delta)$	-0.245	-0.760	-0.704	-0.056	0.014	24.3
$\ln(h_{it})$	0.052	0.345	0.232	0.113	0.006	10.6
$\triangle\ln(h_{it})$	0.062	0.015	0.016	-0.001	0.000	-0.2
$MGROWTH$	0.397	0.011	0.004	0.007	0.003	4.9
$DISEQ$	3.733	0.001	0.000	0.001	0.004	7.3
实际年增长率/增长率率差		0.072	0.004	0.068		
预测年增长率/增长率率差		0.063	0.007	0.056		
残差		0.009		0.012		

注释：预测建立在样本Ⅲ估计的基础上。对中国预测的增长等于包含常量和时间模型的回归变量的所有预测值的和。X 地区和 Y 地区之间对经济增长的贡献的所有预测值的和。X 地区和 Y 地区之间那个变量的样本的样本平均数的差等于 Y 地区的平均值的差；由某个变量所引起的 X 地区和 Y 地区之间预测的增长总差等于预测的增长差；X 地区和 Y 地区之间预测的增长差等于预测的增长差乘以回归中那个变量的估计系数，包括常量和时间变量，引起的预测的增长差的和。

　　就其他变量而言，1980～2004年间中国人力资本的平均增长率略低于撒哈拉以南非洲的事实致使我们预测它们的增长差异会缩小0.2%。这一差异来自于中国较低的人口增长（24%）、较高的人力资本水平（11%）、条件收敛增益（17%）和它更剧烈的结构变化（12%）。

　　用这种方法论，以样本I的估计为基础，我们能够解释表4.7中显示的中国和其他主要国家群体之间预测的增长差。对中国的增长预测和对中国与撒哈拉以南非洲之间的增长差预测也被报告为一个稳健性检验：我们发现当使用不同的样本估计时我们的预测结果保持稳定。我们对所有其他国家群体的主要发现如下。

　　第一，条件收敛，即索洛模型的基本性质，对经济体之间的增长差有相当的解释力。这一差异的范围从中国和南亚之间的21%到中国和高收入经济体之间的93%。

　　第二，中国比其他经济体投资多，这解释了中国与东亚其他地区和太平洋地区还有与南亚的超过40%的预测的增长差异，解释了中国和拉丁美洲和加勒比地区的28%的预测的增长差异。通过刺激结构变化，高投资率不仅是经济增长的原因而且是生产率提高的征兆。

　　第三，劳动力从低生产率的产业到高增产率的产业的再配置是中国经济增长的另一个原因。线性和非线性结构变化项对预测的增长差的共同作用范围从中国和拉丁美洲和加勒比地区之间的12%到中国和高收入经济体之间的22%。结构变化项的作用与普遍的观点（例如，World Bank 1993；Young 1995）一致。普遍观点是低收入经济中生产率增长的一个重要部分可归因于通过从农业到工业劳动力跨行业再配置而达到的配置效率的提高。

　　第四，中国较慢的人口增长率对它和其他发展中经济体的增长差有一些贡献（解释了中国和拉丁美洲和加勒比地区之间的预测的差异的7%；中国和南亚之间的3%；中国和东亚其他地区及太平洋地区的1%）。

　　第五，人力资本水平解释了中国和南亚之间的预测的增长差异的16%。同表4.7中大多数经济体相比较，中国的人力资本水平仍然相当低。

　　最后，人力资本增长率对中国和高收入经济体之间的预测的增长差异起到积极的作用，但是这个作用是微小的（1%）。

表 4.7 对中国的增长预测和对中国与其他经济体群体之间增长差异的预测

变量	参数估计	中国的平均值	预测的增长率差的百分比成分						
			中国对所有其他经济体	中国对高收入经济体	中国对所有其他发展中经济体	中国对撒哈拉以南非洲	中国对拉丁美洲和加勒比地区	中国对东亚和太平洋地区	中国对南亚
$\ln(Y_{i,t-1})$	-0.085	1.554	64.8	93.4	46.9	24.8	52.6	46.8	21.2
$\ln(s_{it})$	0.113	0.662	25.8	10.9	31.3	42.9	27.5	40.7	40.8
$\ln(n_{it}+g+\delta)$	-0.313	-0.760	-13.1	-47.1	-3.6	24.2	7.2	1.0	3.4
$\ln(h_{it})$	0.067	0.345	-1.8	-11.0	2.8	10.8	-0.2	-2.9	16.2
$\triangle\ln(h_{it})$	0.165	0.015	-0.7	1.0	-1.4	-1.7	0.0	-0.4	-6.1
MGROWTH	1.225	0.011	13.3	19.8	11.0	10.9	10.3	13.7	13.8
DISEQ	2.057	0.001	2.3	2.6	2.1	2.9	1.8	3.7	3.5
实际年增长率增长率差		0.072	0.061	0.058	0.059	0.066	0.067	0.051	0.044
预测年增长率增长率差		0.067	0.056	0.052	0.056	0.064	0.061	0.044	0.049
残差		0.005	0.005	0.006	0.003	0.002	0.006	0.007	-0.005

注释：这建立在样本 I 估计的基础上。样本 I 中除中国外，其他国家和地区有 145 个，也包括没有在这个表中出现的欧洲和中亚；高收入经济体包括 39 个高收入 OECD 和非 OECD 成员；除中国外的发展中经济体有 106 个；撒哈拉以南非洲包括 26 个经济体；拉丁美洲和加勒比地区包括 26 个经济体；东亚和太平洋地区包括去中国的 14 个经济体；南亚包括 7 个经济体。

4.8 结论

我们用扩大的索洛模型研究了其在中国绝对的和相对于世界上其他经济体的非凡经济增长率中起的作用。继 Temple 和 Wößmann (2006) 将两个行业引入这个模型之后，我们允许生产率增长在经济体之间变化。用一个稳健的一致的系统 GMM 估计量我们将他们的截面分析扩展为一个动态的面板数据分析。在解释中国非凡的经济增长的尝试中我们证明了跨经济体比较分析的价值。

首先，我们发现扩展版的扩大索洛模型为中国的经济增长提供了一个好的解释，即，中国的工人人均 GDP 年增长率（7.2%）落在它的预测值（6.3%）的 95% 的置信区间内。无法解释的残差可能代表了没有被结构变化项抓住的效率提升（这种提升来自中国经济的改革和市场化的进展）。

第二，我们的模型是一个理解中国和其他经济体之间巨大且持续的增长率差异的重要方法。中国相对较好的绩效主要是由于物质资本的积累、条件收敛、通过结构变化达到的要素生产率的提高和较慢的人口增长。人力资本水平，而非人力资本增长，对中国和其他发展中经济体的增长差异起着重要作用。中国扩大人力资本投资尚有空间。我们这一套变量的确定为促进增长的政策的发展提供了一个框架。

中国的经验表明即使以不完善的制度开始，经济快速增长也确实是可能的，只要政府在对增长的制度障碍变得明显时设法解决它们。1978 年以来的城乡制度改革放松了各种对增长的约束性限制，帮助解放了之前未开发的市场力量。我们更为推荐的模型抓住了要素积累和结构变化的效应。

我们的分析未提及几个潜在的与政策相关的变量如制度、研究、发展、金融深度和经济的开放性的作用。每一个变量在增长过程中都可能是重要的（例如，Quah 2000）。但是数据要求倾向于对这些变量进行一个跨省的而非跨国的分析。我们在第 5、6 和 7 章中转向这一分析。再者，如果我们要发现增长的根本推动力，我们的增长方程中的一些变量，例如物质资本积累率，可能本身需要被解释，因此调查在中国这些变量的决定因素是合理的。这是第 8 章的主题。

附录 4.1 中国的就业数据

表 A4.1 中国的就业数据

	FAO 数据			NBS 数据			Brandt, Hsieh 和 Zhu (2008) 的数据		
	劳动力总量 (10 000 人)	农业劳动力 (10 000 人)	农业劳动力份额 (%)	就业总人数 (10 000 人)	农业就业人数 (10 000 人)	农业就业人数份额 (%)	就业总人数 (10 000 人)	第一产业就业人数 (10 000 人)	第一产业就业人数份额 (%)
1978	52 946	39 565	74.73	40 152	28 318	70.53	46 843	32 445	69.26
1979	54 017	40 140	74.31	41 024	28 634	69.80	47 967	31 416	65.50
1980	55 104	40 718	73.89	42 361	29 122	68.75	49 397	30 593	61.93
1981	56 258	41 459	73.70	43 725	29 777	68.10	51 039	29 890	58.56
1982	57 429	42 209	73.50	45 295	30 859	68.13	52 618	29 138	55.38
1983	58 636	42 980	73.30	46 436	31 151	67.08	54 117	28 338	52.36
1984	59 897	43 787	73.10	48 179	30 868	64.07	55 810	27 634	49.51
1985	61 224	44 636	72.91	49 873	31 130	62.42	57 551	26 946	46.82
1986	62 630	45 538	72.71	51 282	31 254	60.95	59 151	27 704	46.84
1987	64 106	46 485	72.51	52 783	31 663	59.99	60 744	27 726	45.64
1988	65 618	47 452	72.30	54 334	32 249	59.35	62 240	28 232	45.36
1989	67 116	48 404	72.12	55 329	33 225	60.05	63 561	29 913	47.06
1990	68 563	49 312	71.92	64 749	34 117	52.69	64 749	30 107	46.50
1991	69 524	49 652	71.42	65 491	34 956	53.38	65 491	30 044	45.88
1992	70 413	49 928	70.91	66 152	34 795	52.60	66 152	29 943	45.26
1993	71 248	50 151	70.39	66 808	33 966	50.84	66 808	29 219	43.74
1994	72 056	50 343	69.87	67 455	33 386	49.49	67 455	28 155	41.74
1995	72 858	50 518	69.34	68 065	33 018	48.51	68 065	27 759	40.70
1996	73 567	50 678	68.80	68 950	32 909	47.73	68 950	26 827	38.91
1997	74 446	50 820	68.26	69 820	33 095	47.40	69 820	26 734	38.29
1998	75 223	50 939	67.72	70 637	33 232	47.05	70 637	26 625	37.69
1999	75 979	51 034	67.17	71 394	33 493	46.91	71 394	25 991	36.41
2000	76 711	51 100	66.61	72 085	33 355	46.27	72 085	25 446	35.30

注释：NBS 数据来自由中国经济体统计局和劳动和社会保障部编写的《中国劳动统计年鉴》(2003)；NBS 对农业就业人数的定义是从事农业、林业、畜牧业和渔业的人数。FAO 数据来自国粮食及农业组织的统计数据库。FAO 对农业劳动力的定义是从事农业、狩猎、捕鱼或林业或在这些行业找工作的部分经济活动人口（经济活动人口）的定义是所有就业和失业人口的数量（包含第一次找工作的人）。FAO 对劳动力总量（经济活动人口）的定义是所有就业和失业人口的数量（包含第一次找工作的人）。

附录 4.2 模型推导

教科书式的索洛模型

通过假设资本收益递减和外生的储蓄率、人口增长率和科技进步率，索洛（或新古典，或外生的）增长模型预测长期的经济增长率由科技进步率外生地决定，对稳固的稳定状态增长的适应是通过要素积累外生的变化达到的。规模收益不变的柯布—道格拉斯生产函数可以被写成

$$Y = K^{\alpha}(AL)^{1-\alpha} \qquad 0 < \alpha < 1, \qquad (A4.1)$$

其中 Y 是产出，K 是资本，L 是劳动力，A 是劳动力扩大科技进步，α 是总产出中资本的份额。假设 L 和 A 分别以速率 n 和 g 外生地增长，所以 $L(t)=L(0)e^{nt}$ 和 $A(t)=A(0)e^{gt}$。假设 s 是产出中用于储蓄和投资的恒定部分，定义产出和单位有效劳动力的资本存量分别为 $y = Y/AL$ 和 $k= K/AL$，k 的开方是

$$k = sy - (n+g+\delta)k = sk^{\alpha} - (n+g+\delta)k, \qquad (A4.2)$$

其中 δ 是折旧率。明显 k 向它的稳态值收敛

$$k^{*} = \left(\frac{s}{n+g+\delta}\right)^{\frac{1}{1-\alpha}} \qquad (A4.3)$$

稳态资本—劳动力比率与储蓄率正相关，与人口增长率负相关。通过将(A4.3)代入生产函数并求对数求解稳态方程，得出稳态工人人均收入是

$$\ln\left(\frac{Y^{*}}{L}\right) = \ln A(0) + gt + \frac{\alpha}{1-\alpha}\ln(s) - \frac{\alpha}{1-\alpha}\ln(n+g+\delta) \qquad (A4.4)$$

所以在"索洛版"的新古典模型中，一个经济体的稳态收入水平由这个经济体的储蓄增长率、劳动力增长率和科技参数决定。

MRW 认为效率增长（g）和资本折旧率（δ）在各经济体之间是一样的，但是允许效率的初始水平 $A(0)$ 由于资源、科技、体制、气候等的差异跨经济体随机变化。为了抓住各经济体之间不同的效率初始水平，MRW 假设

$$\ln A(0) = a + \epsilon, \tag{A4.5}$$

其中 a 是一个常量，ϵ 是一个特定经济体的震动。那么稳态工人人均收入的实证规范是

$$\ln\left(\frac{Y^*}{L}\right) = a + \frac{\alpha}{1-\alpha}\ln(s) - \frac{\alpha}{1-\alpha}\ln(n+g+\delta) + \epsilon \tag{A4.6}$$

所以经济体之间稳态收入水平的差异通过在回归中加入储蓄和人口增长率变量被控制。方程（A4.6）假设所有经济体目前都处在稳定状态或者不同经济体偏离稳态是随机的。但是，考虑描述非稳定状态增长方式的方程更有吸引力。

让 y^* 是方程（A4.6）给出的每一有效劳动稳态收入水平，让 $y(t)$ 是在时间 t 的实际水平。接近稳态，收敛速度由 $d\ln y(t)/dt = \lambda[\ln(y^*) - \ln y(t)]$ 给出，其中 λ 是收敛率，由 $\lambda = (n+g+\delta)(1-\alpha)$ 给出。那么这表明

$$\ln y(t) = (1 - e^{-\lambda t})\ln(y^*) + e^{-\lambda t}\ln y(0), \tag{A4.7}$$

其中 $y(0)$ 是某一初始日期的每一有效劳动收入水平。两边都减去 $\ln y(0)$ 并代入 y^* 得到下面的近似值

$$\ln y(t) - \ln y(0) = -(1 - e^{-\lambda t})\ln y(0) + (1 - e^{-\lambda t})\frac{\alpha}{1-\alpha}\ln(s) - (1 - e^{-\lambda t})\frac{\alpha}{1-\alpha}\ln(n+g+\delta) \tag{A4.8}$$

方程（A4.8）是依据每一有效劳动收入水平形成的，但是在实施中它必须依据工人人均收入重新形成。在（A4.8）中用下面的表达式代替每一有效劳动收入

$$\ln y(t) = \ln\left(\frac{Y(t)}{L(t)}\right) - \ln A(0) - gt \tag{A4.9}$$

得到

$$\ln\left(\frac{Y(t)}{L(t)}\right) - \ln\left(\frac{Y(0)}{L(0)}\right) = -\theta\ln\left(\frac{Y(0)}{L(0)}\right) + \theta\frac{\alpha}{1-\alpha}\ln(s) - \theta\frac{\alpha}{1-\alpha}\ln(n+g+\delta) + \theta\ln A(0) + gt,$$

$$\tag{A4.10}$$

其中 $\theta = 1 - e^{-\lambda t}$，$\lambda$ 是收敛率。因此，在索洛模型中工人人均收入增长是收入初始水平和最终稳态的决定因素的函数。

用人力资本扩大的索洛模型

为了抓住人力资本在决定经济增长中明确的作用，MRW 通过加入人力资本和物质资本积累扩大了索洛模型。柯布—道格拉斯生产函数具体如下

$$Y = K^{\alpha}H^{\beta}(AL)^{1-\alpha-\beta} \qquad 0 < \alpha+\beta < 1, \tag{A4.11}$$

其中 H 是人力资本存量，β 是总产出中人力资本份额，所有其他变量定义如前。$\alpha+\beta < 1$ 的假设表明整体上资本收益递减。MRW 认为投资到物质资本和人力资本中的收入部分是恒定的，分别是比率 s_K 和 s_h，并且两种类型的资本都以共同的折旧率 δ 折旧。经济的发展决定于

$$k = s_k y - (n+g+\delta)k = s_k k^{\alpha} h^{\beta} - (n+g+\delta)k \tag{A4.12a}$$

$$h = s_h y - (n+g+\delta)h = s_h k^{\alpha} h^{\beta} - (n+g+\delta)h, \tag{A4.12b}$$

其中 $y = Y/AL$ $k = K/AL$, $h = H/AL$ 是每一有效劳动单位的数量。求解这些方程的稳态得到

$$k^{*} = \left(\frac{s_k^{1-\beta}s_h^{\beta}}{n+g+\delta} \right)^{\frac{1}{1-\alpha-\beta}} \text{ and } h^{*} = \left(\frac{s_k^{\alpha}s_h^{1-\alpha}}{n+g+\delta} \right)^{\frac{1}{1-\alpha-\beta}}. \tag{A4.13}$$

将 (A4.13) 代入生产函数并求对数得到稳态工人人均收入

$$\ln\left(\frac{Y^{*}}{L}\right) = \ln A(0) + gt + \frac{\alpha}{1-\alpha-\beta}\ln(s_k) + \frac{\beta}{1-\alpha-\beta}\ln(s_h) - \frac{\alpha+\beta}{1-\alpha-\beta}\ln(n+g+\delta). \tag{A4.14}$$

接近稳态，MRW 证明在这个模型中工人人均产出增长是

$$\ln\left(\frac{Y(t)}{L(t)}\right) - \ln\left(\frac{Y(0)}{L(0)}\right) = -\theta\ln\left(\frac{Y(0)}{L(0)}\right) + \theta\frac{\alpha}{1-\alpha-\beta}\ln(s_k)$$

$$+ \theta\frac{\beta}{1-\alpha-\beta}\ln(s_h) - \theta\frac{\alpha+\beta}{1-\alpha-\beta}\ln(n+g+\delta) + \theta\ln A(0) + gt, \tag{A4.15}$$

其中 $\theta = 1-e^{-\lambda t}$，收敛率由 $\lambda = (n+g+\delta)(1-\alpha-\beta)$ 给出。

MRW 也提出一个别的方法来表达人力资本在决定经济增长中的作用。合并（A4.14）和（A4.13）中给出的稳态人力资本水平的方程得出一个工人人均经济增长的方程作为一个在物质资本中的投资率、人口增长率和人力资本水平的函数为

$$\ln\left(\frac{Y(t)}{L(t)}\right) - \ln\left(\frac{Y(0)}{L(0)}\right) = -\theta\ln\left(\frac{Y(0)}{L(0)}\right) + \theta\frac{\alpha}{1-\alpha}\ln(s_k) - \theta\frac{\alpha}{1-\alpha}\ln(n+g+\delta)$$

$$+ \theta\frac{\beta}{1-\alpha}\ln(h^*) + \theta\ln A(0) + gt, \tag{A4.16}$$

其中 h^* 是方程（A4.13）定义的稳态人力资本水平。

用结构变化扩大的索洛模型

Temple 和 Wößmann (2006) 开发了一个实证模型来检查劳动力再配置对总生产率增长的影响。他们在 MRW 框架的基础上扩大了传统的增长回归，以便允许结构变化。它是一个包含两个行业和两个要素的生产的广义平衡模型。总产出是

$$Y = \frac{Y_a + qY_m}{\Omega(1,q)}, \tag{A4.17}$$

其中 q 是城市部门利益的相对价格；Y_a 和 Y_m 是农业和非农业产出数量；$\Omega(1,q)$ 是一个 GDP 物价平减指数。

每个行业的生产函数规模收益不变，如下

$$Y_a = A_a F(K_a, L_a), \tag{A4.18a}$$

$$Y_m = A_m G(K_m, L_m), \tag{A4.18b}$$

其中 A_a 和 A_m 分别是农业和非农业的 TFP。假设工人被支付边际产品得出 $w_a = A_a F_L$ 和 $w_m = q A_m G_L$，其中 w_a 和 w_m 分别是农业和非农业的工资；下标 L 表示关于劳动力的偏导数。在两个行业中，资本也都得到它的边际产品，即，$A_a F_K = q A_m G_k = r$，其中 r 是资本的出租率，下标 K 是关于资本的偏导数。

这个模型假设任何被观察到的再分配的效应由于边际产品差异出现，转移倾向依赖两个行业的工资比率。当行业之间工资比率下降到 k 指示的水平时，转移会停止，所以长期转移平衡是 $w_m = kw_a$，其中 $k \geqslant 1$。

结构变化范围和工资比率之间的关系可以表示为

$$x = \frac{p}{1-p} = \psi\left(\frac{w_m}{kw_a} - 1\right), \tag{A4.19}$$

其中 p 是转移倾向, 定义为 $p=-\triangle a/a$, 其中 a 是就业总数中农业就业人数的份额; $\varPsi$ 是调整到长期平衡的速度。转移的"让步比"在两个行业的工资差距方面增加。重新整理（A4.19）得到

$$\frac{w_m}{w_a} = k\left(1 + \frac{1}{\psi}\frac{p}{1-p}\right), \tag{A4.20}$$

所以目前的工资比率的范围可以用观察到的关于结构变化速度的信息推导出来。在这个模型中, 工资差异根据 p 的值跨国变化。

通过假设调整速度（$\varPsi$）、平衡差异（k）和总产出中劳动的份额（$\varnothing = (w_a L)/Y$）在各个经济中是恒定的, Temple 和 Wößmann (2006) 推导出总的索洛残差的表达式

$$\frac{\dot{Z}}{Z} = s(t)\frac{\dot{A}_a}{A_a} + (1-s(t))\frac{\dot{A}_m}{A_m} + (k-1)\phi(1-a)\frac{\dot{m}}{m} + k\phi\frac{1}{\psi}\frac{p}{(1-p)}(1-a)\frac{\dot{m}}{m}, \tag{A4.21}$$

其中 $s(t)$ 是在时间 t 农业的名义产出份额, 或者 $s(t) = Y_a/(Y_a+qY_m)$; $\varnothing$ 是总产出中的劳动份额, 或者 $\varnothing = (w_a L)/Y$; m 是就业总人数中非农业就业人数的份额, 或者 $m=1-a$。

因为存在跨行业工资差别, 所以总的索洛模型残差能够被分解为这些行业的 FTP 增长率的一个加权平均值加上向边际产品更高的行业再分配劳动力所获得的"增长红利"。因为转移倾向 p 与由 $\dot{m}/m$ 测量的结构变化的程度相关, 方程（A4.21）表明增长和结构变化之间是凸关系。直觉认为某一程度的结构变化对增长的影响在那些经历着更快的结构变化的经济体会是最大的。因为这些也是行业间工资差别最大的经济体。注意当在平衡中没有工资差别, $k=1$, 且回应不平衡的调整过程是瞬间的, $\varPsi \rightarrow \infty$ 时, 方程（A4.21）中的两个结构变化项将会消失。

因为在行业层面测量资本存量是不可能的, Temple 和 Wößmann (2006) 把行业 TFP 看作无法观察的并依赖一个矢量 V 来找出不是由于结构变化而导致的总 TFP 增长中跨行业的差异, 如下

$$\frac{\dot{Z}}{Z} = \beta'V + (k-1)\phi MGROWTH + k\phi\frac{1}{\psi}DISEQ, \tag{A4.22}$$

其中 V 是一个总 TFP 增长的决定因素的矢量, 包含总 TFP 的初始水平和以区域模型作为指标的科技和体制的区域差异; 结构变化项被定义为

$$MGROWTH = (1-a)\frac{\dot{m}}{m} \approx \Delta m \tag{A4.23a}$$

$$DISEQ = \frac{p}{1-p}(1-a)\frac{\dot{m}}{m} \approx \frac{p}{1-p}\Delta m. \tag{A4.23b}$$

然后 Temple 和 Wößmann (2006) 通过加入上面推导出的结构变化项以标志经济体之间不同的生产效率增长而扩展了 MRW 的模型。考虑到方程(A4.11)中的柯布—道格拉斯生产科技,TFP 增长等同于效率增长率(g)乘以效率下标的指数($1-\alpha-\beta$)。当工资差异存在时,TFP 增长是方程(A4.22)中显示的结构变化项的函数。然后 MRW 的模型的扩展采用下面的形式

$$\ln\left(\frac{Y(t)}{L(t)}\right)-\ln\left(\frac{Y(0)}{L(0)}\right)=w+\frac{t(k-1)}{1-\alpha-\beta}MGROWTH+\frac{tk\phi}{(1-\alpha-\beta)\psi}DISEQ+\theta\gamma'X-\theta\ln\left(\frac{Y(0)}{L(0)}\right), \tag{A4.24}$$

其中 X 是一个包括储蓄率、物资资本和人力资本积累的解释性变量的矢量。因此,方程(A4.24)的设定是带有总生产函数的索洛模型和带有行业产品差异的两个行业的框架的混合。

当用所有经济体在农业中有相同的柯布—道格拉斯科技的假设代替产出中劳动份额 ø,在所有经济体都相同的假设时,Temple 和 Wößmann (2006) 构造了又一套结构变化项

$$MGROWTH2 = (1-a)\frac{s}{a}\frac{\dot{m}}{m} \tag{A4.25a}$$

$$DISEQ2 = \frac{p}{1-p}(1-a)\frac{s}{a}\frac{\dot{m}}{m} \tag{A4.25b}$$

其中 s 是总附加值中农业的份额。可供选择的这一套结构变化项增加了 s/a,即,附加值中农业的份额除以就业的份额。

注释

1. 我们参考了 Ding 和 Knight (2009)一书中的内容。
2. 例如, Islam (1995), Caselli 等人 (1996), Bond 等人 (2001) 和 Hoeffler (2002)。
3. 包括 Lichtenberg (1993), Howitt (2000) 和 Bond 等人 (2010).
4. 该模型的详细推导见附录 4.2。

5. 由，Easterly 和 Levine (2001)，Gundlach (2007)，Klenow 和 Rodríguez-Clare (1997)，Mcquinn 和 Whelan (2007) 等做出。

6. 结构变化变量的精确定义见附录 4.2。

7. 在 "在 PWT6 中对中国的处理" 中，Heston 指出对中国的 PPP 估计的基础比之前的 PWT 版本改进非常小。世界银行和 IMF 以国际比较项目 (ICP) 2007 年 12 月公布的 PPP 交换率新的统计计算为基础，目前将他们对中国的以 PPP 为基础的 GDP 估计向下修改了大约 40%。因为我们的焦点是增长而不是收入水平，我们期望 PPP 数字任何不准确性的影响在我们的研究中比较小。

8. 在第 1 章中已讨论。

9. Islam (1995)，Caselli 等人 (1996) 和 Hoeffler (2002)。

10. Ding 和 Knight (2009) 的附录中的表 A2 提供了包含在不同样本中的国家的完整列表。

11. 中国香港、中国台湾、韩国和新加坡。

12. 例如 Cook 的距离测量、学生化距离残差和 DFFITS。

13. 在我们的系统 GMM 估计中滞后了 10 年和 15 年的原始投资变量在一阶差分方程中被用作工具，滞后 5 年的一阶差分投资变量在水平方程中被用作工具。

14. 滞后 10 和 15 年的结构变化变量的水平在一阶差分方程中被用作工具，滞后 5 年的一阶差分结构变化变量在水平方程中被用作额外的工具。

15. MGROWTH2 和 DISEQ2 的定义见附录 4.2。

16. 我们使用 Brandt 等(2008) 的就业数据、中国的官方实际 GDP 数据、投资超过 GDP 的中国的官方数据、Wang 和 Yao (2003) 的人力资本数据对中国进行了大量的敏感性测试。在 1980~1994 期间当中国的 GDP 数据的可靠性遭受较少争议时，我们使用子样本测试。我们的结果最终显示是一致和稳健的。

17. 这是在每五年为间隔的预测均值基础上计算的。

参考文献

Arellano, Manuel, and Olympia Bover (1995), 'Another look at the instrumental variable estimation of error-components models', *Journal of Econometrics*,

68: 29~52.

Barro, Robert (1991), 'Economic growth in a cross section of countries', *Quarterly Journal of Economics*, 106, 2: 407~443.

—— and Jong-wha Lee (2001), 'International data on educational attainment: updates and implications', *Oxford Economic Papers*, 3: 541~563.

—— —— (2010), 'A new data set of educational attainment in the world, 1950–2010', NBER Working Paper No. 15902.

—— and Xavier Sala-i-Martin (2004), *Economic Growth* (2nd edn.). Cambridge, Mass.: The MIT Press.

Benhabib, Jess, and Mark Spiegel (1994), 'The role of human capital in economic development: evidence from aggregate cross-country data', *Journal of Monetary Economics*, 34, 2: 143~173.

Blomström, Magnus, Robert Lipsey, and Mario Zejan (1996), 'Is fixed investment the key to economic growth?', *Quarterly Journal of Economics*, 111, 1: 269~276.

Blundell, Richard, and Stephen Bond (1998), 'Initial conditions and moment restrictions in dynamic panel data models', *Journal of Econometrics*, 87, 1: 115~143.

Bond, Stephen, Anke Hoeffler, and Jonathan Temple (2001), 'GMM estimation of empirical growth models', CEPR Discussion Paper No. 3048.

—— Asli Leblebicioglu, and Fabio Schiantarelli (2010), 'Capital accumulation and growth: a new look at the empirical evidence', *Journal of Applied Econometrics*, 25, 7: 1073~1099.

Bosworth, Barry, and Susan Collins (2003), 'The empirics of growth: an update', *Brookings Papers on Economic Activity 2003*, 2: 113~179.

Bowsher, Clive (2002), 'On testing overidentifying restrictions in dynamic panel data models', *Economics Letters*, 77: 211~220.

Brandt, Loren, Chang-Tai Hsieh, and Xiaodong Zhu (2008), 'Growth and structural transformation in China', in Loren Brandt and Thomas Rawski (eds.), *China's Great Economic Transformation*, Cambridge and New York: Cambridge University Press: 683~728.

Caselli, Francesco, Gerardo Esquivel, and Fernando Lefort (1996), 'Reopening the convergence debate: a new look at cross-country growth empirics', *Journal of Economic Growth*, 1: 363~389.

Ding, Sai, and John Knight (2009), 'Can the augmented Solow Model explain China's remarkable economic growth? A cross-country panel data study', *Journal of Comparative Economics*, 37: 432~452.

Easterly, William, and Ross Levine (2001), 'It's not factor accumulation: stylized facts and growth models', *World Bank Economic Review*, 15: 177~219.

Gemmell, Norman (1996), 'Evaluating the impacts of human capital stocks and accumulation on economic growth: some new evidence', *Oxford Bulletin of Economics and Statistics*, 58, 1: 9~28.

Gundlach, Erich (2007), 'The Solow model in the empirics of growth and trade', *Oxford Review of Economic Policy*, 23, 1: 25~44.

Hall, Robert, and Charles Jones (1999), 'Why do some countries produce so much more output per worker than others?', *Quarterly Journal of Economics*, 114, 1: 83~116.

Heston, Alan, and Terry Sicular (2008), 'China and development economics', in Loren Brandt and Thomas Rawski (eds.), *China's Great Economic Transformation*, Cambridge and New York: Cambridge University Press: 27~67.

Hoeffler, Anke (2002), 'The augmented Solow model and the African growth debate', *Oxford Bulletin of Economics and Statistics*, 64, 2: 135~158.

Howitt, Peter (2000), 'Endogenous growth and cross-country income differences', *American Economic Review*, 90, 4: 829~846.

Hsiao, Cheng (1986), *Analysis of Panel Data*, Cambridge: Cambridge University Press.

Islam, Nazrul (1995), 'Growth empirics: a panel data approach', *Quarterly Journal of Economics*,110, 4: 1127~1170.

Klenow, Peter, and Andrés Rodríguez-Clare (1997), 'A neoclassical revival in growth economics: has it gone too far?', *NBER Macroeconomics Annual*, 12: 73~103.

Knight, John, and Lina Song (1999), *The Rural-Urban Divide: Economic Disparities and Interactions in China*, Oxford: Oxford University Press.

Krugman, Paul (1994), 'The myth of Asia's miracle', *Foreign Affairs*, 73, 6: 62～79.

Lichtenberg, Frank (1993), 'R&D investment and international productivity differences', in H. Giersch (ed.), *Economic Growth in the World Economy*, Tübingen: J. C. B. Mohr: 89～110.

Mcquinn, Kieran, and Karl Whelan (2007), 'Solow (1956) as a model of cross-country growth dynamics', *Oxford Review of Economic Policy*, 23, 1: 45～62.

Mankiw, Gregory, David Romer, and David Weil (1992), 'A contribution to the empirics of economic growth', *The Quarterly Journal of Economics*, 107: 407～437.

Nickell, Stephen (1981), 'Biases in dynamic models with fixed effects', *Econometrica*, 49, 6: 1417～1426.

Pritchett, Lant (1999), 'Where has all the education gone?', *World Bank Economic Review*, 15, 3: 367～391.

Quah, Danny (2000), 'Cross-country growth comparison: theory to empirics', LSE Department of Economics Working Paper.

Temple, Jonathan (1999a), 'The new growth evidence', *Journal of Economic Literature*, 37, 1: 112～156.

—— (1999b), 'A positive effect of human capital on growth', *Economics Letters*, 65: 131～134.

—— and Ludger Wößmann (2006), 'Dualism and cross-country growth regressions', *Journal of Economic Growth*, 11: 187～228.

Wang, Yan, and Yudong Yao (2003), 'Sources of China's economic growth, 1952–1999: incorporating human capital accumulation', *China Economic Review*, 14: 32～52.

Windmeijer, Frank (2005), 'A finite sample correction for the variance of linear efficient two-step GMM estimators', *Journal of Econometrics*, 126: 25～51.

World Bank (1993), *The East Asian Miracle: Economic Growth and Public*

Policy, Oxford: Oxford University Press.

Young, Alwyn (1995), 'The tyranny of numbers: confronting the statistical realities of the east Asian growth experience', *Quarterly Journal of Economics*, 110, 3: 641~680.

5

基础的跨省增长方程

5.1 引言

在这一章和下两章里，我们将进行跨省（指省、自治区、直辖市，后同）面板数据分析，以解释为什么中国这个整体，以及它的所有省份，经济都增长得如此之快。这一章为第 6 章和第 7 章的分析奠定了基础。

我们能够从经济和统计两个角度证明这个跨省分析方法是合理的。首先，虽然按照国际标准，所有的省份都增长迅速，但是我们能够通过考察各省增长率的差异来解释中国经济增长的决定因素。即使每一个省能够对应于世界上大多数其他国家，这些省份具有某些共同特征。所有的省份都是"发展型国家"的重要组成部分，自 1978 年以来快速发展经济成为各级政府的优先目标。在对外贸易、计划生育、宏观经济管理和金融政策等方面，所有省份都受中央政府政策调控。但是，有些省份较其他省份较早较快地进行了改革和市场化。再者，在对外贸易开放程度、人口的自然增长、经济活动的水平和投资—产出比率这些方面省份之间存在差别。例如，如果中国的高速发展主要是由于平均物质和人力资本投资率高，那么如果运用投资的省际差异去调查中国的投资率和某些较贫困的经济体一样低会对中国的经济增长率有什么影响，将会为我们提供有用的信息。

其次，省级时序数据的分析大大地扩充了我们的样本。相比总时序分析，它揭示了更多关于增长的各种决定因素的信息。再者，省级的数据很可能更加可靠。2006 年，以 2004 年的经济普查为基础，中国国家统计局对国民收入和生产账户统计进行了基准修正。这次修正证实了经济普查前省级总产出值，否认了对应的国家总产出数字（Holz 2008）。

比起增长的间接决定因素，经济学家更善于分析增长的直接决定因素，可是这些传统的变量可能只是代表了一些关联，这些关联本身还要由因果过程解释。有三种可能的实证方法：增长核算、结构性增长模型和非正式增长回归。每一种都有它的优劣势；每一种都值得探索。与前两者不同，第三种方法允许引入一些代表经济增长直接原因和根本原因的解释性变量。这正适合我们的目的，所以在第 5 至 7 章中我们使用了这种方法。

我们研究的一个特点是为了在稳健预测量的基础上使用最新开发的模型选择方法构建实证模型。增长理论是有很多，但是在这些理论中做出选择的根据却几乎没有。在跨经济体增长回归的背景下模型不确定性问题吸引了很多研究者关注。但是，据我们所知，模型不确定性问题在对中国的跨省增长研究中多半被忽略了，就是说，现有的文献在调查中国增长的某些特定原因前没有明确地或系统地考虑模型选择的问题。

在这一章中，我们首先使用两种主要的模型选择和模型平均方法，即贝叶斯模型平均方法和自动化的一般到具体的方法,以研究实际人均 GDP 增长率和大范围潜在解释性变量之间的关联，包括收入初始水平、固定资本形成、人力资本形成、人口增长、开放程度、制度变化、行业变化、金融发展、基础设施和地区优势。被这些程序标记为重要的变量在我们制定基准模型时会被用到。而我们使用面板数据 "系统广义矩量法"（GMM）估计我们的基准模型以设法解决缺省变量、内生性和回归量的测量误差问题。被选中的模型的稳健性和主要变量的作用将会在第 6 章和第 7 章中被研究。前者集中于增长的直接决定因素，后者集中于根本因素。

5.2 节解释我们的实证方法论并证明它的合理性。5.3 节讨论数据集并提供概要统计。在 5.4 节我们报告模型选择结果。在 5.5 节我们报告基准方程的设定和结果。5.6 节概括并给出结论。[1]

本章是一个技术性的章节，提供了具体的方法论，为接下来两章的分析创造了条件。因为该方法论已经通过了一个同行评审期刊出版物（Ding 和 Knight 2011）的检验，愿意信任其技术性细节的读者可能想要集中精力于 5.6 节的结论部分。

5.2 方法论

我们利用相关文献以解释和证实我们的方法论。这关系到非正式增长回归的选择、处理模型不稳定性的方法和面板数据估计方法。我们由解释为什么我们选择采用非正式增长回归方法开始。

在第 4 章的跨经济体分析中我们发现由人力资本和结构变化共同扩大的索洛模型为中国的惊人的增长绩效提供了一个相当好的解释。再者，五个因素——自低收入水平的条件收敛、高物质资本形成、高水平的人力资本、远离农业的快速结构变化和缓慢的人口增长——对中国相对增长的成功做出了主要贡献。这些指标为现在的跨省分析做好了准备。但是，这类结构性增长模型可能会遗漏一些增长的根本原因。至少这些变量中有一些能够被加入非正式增长回归中。

关于中国的跨省增长回归的文献有很多，涉及两种实证方法：或者是某种新古典增长模型，常常是 Mankiw、Romer 和 Weil (1992) （下文中简称为 MRW）开发的扩大的索洛模型的形式，或者是包含了该研究者很感兴趣的解释性变量和其他变量的非正式增长回归 [2]。这些文献分析了不同的时间段，虽然大多数限于自 1978 年的经济改革时期，而且分析方法复杂度也不同（从跨行业 OLS 到面板数据 GMM 分析）。这些研究覆盖了大范围的与中国省份之间增长差异有关的因素，例如收敛或发散、物质和人力资本投资、开放性、经济改革、地理位置、基础设施、金融发展、劳动力市场发展、空间依赖和优惠政策。[3] 但所有研究中的一个潜在的问题是难于建立因果关系，而不仅仅把它们关联起来。

这些研究常常用各种各样的经济理论激发包含在跨省（或跨市）增长回归中的各种变量,然后检验它们对临时增加进一步限制条件的结论的稳健性。虽然每一个研究可能都呈现直觉上有吸引力的结果，但是没有一个直接提出那个普遍的问题：跨省增长回归突出的增长差异能够解释为什么这个经济体作为一个整体增长如此迅速吗？再者，关于回归设定的不确定性没有得到系统考虑，意味着传统的推断方法可能是误导性的。

另外一系列的关于中国的增长研究采用增长核算方法将观察到的 GDP 增长分解为与要素投入变化和生产技术变化相关的部分。[4] 在这些研究中中国改革期间年平均全要素生产率（ TFP ）增长被发现在 1.4% 到 3.9% 的范围内。这个令人困惑的大范围差异的原因，部分是所做假设的差异。

Brandt 等人 (2008) 证明以总数据为基础的对中国的传统的增长核算不能抓住结构变化的影响，尤其是从农业到非农业部门和从国有到非国有部门的劳动力再配置。在他们对 1978~2004 年这段时期的增长核算的估计中，涉及了三个部门，并发现结构变化对年产出增长的贡献是 2.3 个百分点，其中从国有到非国有部门的转移占 1.8 个百分点，从农业到非农业占 0.5 个百分点。

增长核算方法包括测量资本存量和对未知参数如产出弹性和资本折旧率做出相关假设。我们不倾向于使用增长核算，原因有二。第一，当 TFP 增长被作为残差来测量时，即，作为 GDP 中不能为可被观察的投入的增长所解释的增长率，它不应该被等同于科技变化。它包括了许多因素如结构变化、配置效率提高、经济规模和任何对生产函数的错误设定。对于中国尤其如此：根据 Borenzstein 和 Ostry (1996) 的观点，中国的科技进步远远低于 TFP 增长，这个差异代表结构变化和不可测量的投入增长。第二，在现实中科技变化和投资不允许被分开，即，改变科技需要投资而投资不可避免地包括科技变化。例如，在第 4 章中我们证明在中国投资是结构变化的一个主要载体：结构转变要求投资新的而且通常是生产率高的活动。生产率高的工业和服务业的就业增长是由在那些行业的投资率决定的，且新的工作机会主要由来自生产率低的农业的农民工获得。

没有一个明确的理论框架指导有关经济增长的实证工作。新古典模型预测长期增长率由外生科技进步决定，调整到牢固的稳态增长通过要素积累的内生变化实现。关于科技进步的决定因素它并未提及。内生增长理论集中于科技进步，强调从做中学、知识外溢、研究与开发和教育在推动经济增长中的作用。[5] 因为这些理论并不互相排斥，涉及哪些变量应该被包括以控制底层"数据生成过程"的模型不确定性问题，对实证增长分析提出一个核心挑战。

继 Levine 和 Renelt （1992）开创性的工作之后这个问题获得越来越多的关注。作者们将极端界限分析应用到跨经济体增长回归中并调查文献中大量与增长相关的变量的稳健性。这项工作由 Sala-i-Martin (1997) 和 Temple (2000) 进一步扩展。其他经济和统计方法被开发并用来处理模型不确定性，其中最有影响力的包括贝叶斯模型平均方法 [6] 和一般到具体方法 [7]。在这一章我们采用贝叶斯模型平均方法（BMA）和一般到具体(GETS)方法考虑人均GDP 增长率和大范围的潜在解释性变量之间的关联。第一阶段模型选择的目的是为选择将要被包括在随后的面板数据分析中的变量提供指导。

BMA 的基本想法是任何主要参数的后验分布是那个参数在每一个模型下后验分布的加权平均，权数由后验模型概率给出。所以，思考模型不确定性的一个自然的方法是承认我们不知道哪个模型是"真的"，或者相反，把概率放在不同的可能的模型中。通过把参数和模型看作随机变量，模型的不确定性按照所有可能的模型的空间概率分布被总结。GETS 程序的想法是设定一个广义无约束模型（GUM），它被认为具有根本的数据生成过程的特征。然后检验直到得到一个建立在还原理论上的简洁的包含全等表达式。如果这个特定的回归在统计上设定良好而且也包含了所有其他简洁的回归，那么它对广义模型而言是一个有效限制。模型选择自动程序的一个具有吸引力的特征被认为是其巨大的效益增益。

在处理模型不确定性的方面，这两个程序都有比较优势和劣势。例如，BMA 的一个关键劣势是解读困难，即，不管参数出现在哪个模型，它们都被认为具有同样的解读；另外，它不导向一个简单模型，使得对结果的解读更困难了（Chatfield 1995）。对于 GETS 的批评通常涉及控制在顺序检验过程中检验的总体规模的问题和从经典视角解读最后结果的问题（Owen 2003）。因此，在这一章中 BMA 和 GETS 模型选择程序的联合运用是为了结合两种方法的长处并在一定程度上规避它们的局限。对这两种方法的讨论见 Ding 和 Knight (2011)的一个附录。

因为两种方法均不能处理模型选择过程中内生回归量的问题，所以不能对这一阶段的结果进行因果解读。所以我们采用两阶段检验法解决这个问题。根据模型选择结果，当一个变量子集被识别为从潜在数据获得最大的支持时，进行进一步的面板数据分析调查省人均 GDP 增长的更深层决定因素。虽然横截面回归法有集中研究经济增长长远趋势的优势，面板数据方法，通过把回归量的滞后长度用作工具，能够控制时间上持续的缺省变量并能够减少测量误差和内生性偏见 (Temple 1999)。

估计一个拥有固定效应和多重内生回归量的短动态面板是一个挑战，尤其当截面数量相对少的时候。几个计量经济学问题值得注意。例如，滞后因变量和非时变特定区域效应之间的关联使得 OLS 估计量偏倚和不一致（Hsiao 1986）。在跨经济体或跨省增长回归中，对初始收入项的系数的 OLS 估计可能向上偏倚 (Bond 等 2001；Hoeffler 2002)。Nickell (1981) 证明组内估计量对固定的 T(时间段的数目）和大的 N(截面数目）会偏倚。虽然偏倚随着 T 变小，对于具有小 T 的典型的增长回归，对初始收入项的系数的组内估计可能会严重向下偏倚。这个问题也存在于以固定效应为基础的工具变量方法。

为了克服这个偏倚，也为了处理内生性和测量不准的问题，对动态面板的系统 GMM 估计量在实证增长文献中已经变得受欢迎。它合并有适当滞后水平的标准一阶差分方程集作为工具，还有另一有适当滞后一阶差分的水平方程集作为工具。通过把原始方程分级增加到系统中并利用这些附加力矩条件，Arellano 和 Bover (1995)、Blundell 和 Bond (1998) 发现，同一阶差分 GMM 比较，效率极大提高，并且有限样本偏倚显著减少。但是，将系统 GMM 运用到我们的研究需谨慎。第一，当截面规模小时工具激增问题可能会严重。根据 Bowsher (2002) 和 Roodman (2009)，随着 T 上升，工具数相对于样本容量容易变大，因此使得一些关于估计量的渐进结果和相关设定检验误导人。第二，在短动态面板估计中截面误差相关性能够导致严重问题。Sarafidis 和 Robertson (2009)证明在截面误差相关性下，GMM 估计量对于固定的 T 不一致为 $N \to \infty$，这一点对于所用工具的任何滞后长度都适用。

为了处理工具激增问题，我们采用两种方法限制我们的系统 GMM 估计中使用的工具数量。第一种是折叠工具集，即，GMM 估计量以每一个变量一个工具为基础，而不是每一个时段的每一个变量一个工具。第二种方法是在每个一阶差分方程中只用某些对工具的滞后长度而不是所有可能的滞后长度。例如，对于潜在内生变量，那个变量的滞后十年、十五年和二十年的等级在一阶差分方程中被用作工具，滞后五年的一阶差分变量被用作水平方程的附加工具。根据 Roodman (2009)的建议，我们报告为我们的回归生成的工具数目以及汉森和差分 Sargan 统计。关于第二个问题，我们将特定时间效应包括在我们的回归中来找出因变量中的普遍差异，并且减少存在截面误差相关性的情况下估计量的渐进偏倚。所有标准误差对异方差性稳健并且聚集于省。

5.3 数据

原始样本包括各省在 1978～2007 年间的年度数据。[8] 数据主要来自由中国国家统计局编写的中国统计概要（1949～2004）。2005～2007 年的数据从最新发行的中国统计年鉴获得。中国的官方宏观经济数据的可靠性常常引发争论。一个重要的问题是样本期数据的不一致性。例如，2005～2007 年的 GDP 数字以中国 2004 年的经济普查为基础重新编写，但是相应的之前几年的省级数据未做修改。另一个问题是数据在省与省之间无可比性。就人口来说：有些省提供了户籍人口数字而其他省只能获得常住人口数据。另外，人口数据没有充分解释大量作为临时转移人员的流动人口。这些差异能够导致测量误差问题，并且可能使我们的估计结果的可靠性遭到质疑。所以，我们用了许多"清扫规则"（见 Ding 和 Knight 2011 的附录）去除每一个变量的异常值，我们利用面板数据系统 GMM 估计量处理潜在测量不准。

我们第一阶段的模型选择分析建立在横截面数据基础上，其中观察值（而非初始收入水平）按整个样本期平均。对于随后的面板数据研究，我们选择非重叠五年间隔，这是被广泛用于跨经济体增长文献中的选择。[9] 一方面，通过和逐年数据比较，五年平均组建减轻了与商业周期相关的临时因素的影响。另一方面，我们能够保持比一个更长的时间间隔所可能保持的更多的时序变化。所以有六个时间段（T），对应于六个五年间隔（1978～1982 年，1983～1987 年……2003～2007 年），和各省所对应的横截面（N）。

所有变量依 1990 年的不变价格计算，价格指数各省特定。[10] 因变量是人均实际 GDP 增长率。各省的增长率见表 5.1。整个改革期间全部省份的年平均人均增长率是 7.7%，沿海省份的平均值是 8.1%，内地省份是 7.5%。中国的经济改革引起全国快速增长，即，按照国际标准沿海和内陆均快速增长。但是，在完整样本期增长最高的省份（浙江）和增长最低的省份（甘肃）之间 4% 的平均增长差表明确实存在增长差异。表 5.1 也揭示了中国经济增长有趣的时间模式。快速增长发生在第一个十年，第二个十年慢下来，第三个十年加速。1998～2007 年间，省际增长差异变小，即使增长最慢的省（甘肃）也设法完成了年平均增长率 8.2%。

解释性变量能够被大体上分为十个种类：收入初始水平、物质资本形成、人力资本形成、人口增长率、开放程度、经济改革或制度变化步伐、行业变化或工业化程度、基础设施、金融发展和地理位置。地理位置上有"沿海"省份和"内陆"省份的区别。这个分类与文献中相同，根本原理是被视作沿海的省份具有较低成本进入市场的优势（详细定义见附录 5.1）。

表 5.1　省人均 GDP 增长率的描述性统计

	全样本期	子样本期		
	1978~2007	1978~1987	1988~1997	1998~2007
所有省份	0.077	0.072	0.054	0.106
	(0.037)	(0.027)	(0.031)	(0.032)
沿海省份	0.081	0.078	0.061	0.119
	(0.033)	(0.027)	(0.030)	(0.028)
内陆省份	0.075	0.073	0.055	0.109
	(0.038)	(0.026)	(0.032)	(0.034)
增长最高省份	0.103	0.112	0.108	0.131
	(0.024)	(0.001)	(0.046)	(0.055)
增长最低省份	0.061	0.019	0.011	0.082
	(0.049)	(0.007)	(0.007)	(0.040)

注释：提供了平均值和标准差（圆括号内）；表中沿海省份指辽宁、河北、天津、山东、江苏、上海、浙江、福建、广东、海南和北京；内陆省份包括安徽、甘肃、广西、贵州、黑龙江、河南、湖北、湖南、内蒙古、江西、吉林、宁夏、青海、陕西、山西、四川、西藏、新疆和云南；全样本期增长最高的省份是浙江，增长最低的省份是甘肃；三个子样本期中，增长最高的省份分别是浙江、福建和陕西，对应的增长最低的省份分别是上海、西藏和云南。

5.4　模型选择结果

选择一个好的模型的成功的机会主要在于广义无约束模型趋向数据生成过程的充分性(Doornik 和 Hendry 2007)。一个设定差的广义模型几乎没有机会得出一个好的"最终的"特定模型。我们考虑十组不同的解释性变量并且依赖（虽然足够宽松）增长理论和之前的实证发现指导广义模型的设定。一个重要的问题是每种变量高度相关，如果所有变量同时被包含在一个广义回归内，这可能引发问题。我们采用的策略是从每个范围内选择一或两个代表性变量（基于现存实证文献和相关结果）形成基本广义模型，然后用每组中剩下的其他变量检验模型选择结果的稳健性。整个这一章，当我们提到增长，除非例外声明，我们将指实际人均 GDP 平均年增长($g_{i,t}$)。

我们从一个包含了十三个解释性变量的广义模型开始，寻找这个模型的统计上可以接受的减缩。被包含的变量是初始收入水平的对数（$lny_{i,t-1}$）、固定资本形成占 GDP 的比率（fcf/GDP）、中等教育注册人数占总人口的比例（stu_{SEC}/pop）、高等教育注册学生同普通中等教育注册学生的比率（stu_{HIGH}/stu_{REGSEC}）、人口自然增长率($popngr$)、出口额占 GDP 的比率（$export/GDP$）、工业产出的国有企业份额（ind_{SOE}/ind_{TOTAL}）、就业中非农业份额的变化（$MGROWTH$）、工业化程度（$deofin$）、铁路密度（铁路/面积）、邮电通信的业务量占 GDP 的比率（$post\&tele/GDP$）和一个沿海模拟变量（$dumcoastal$）。

我们首先用 BMA 找出具有高的后验包含概率的变量。表 5.2 是我们对 BMA 结果的一个总结，在那里汇报了变量被包含在模型中的后验概率、后验平均值和每个变量的后验标准差。由于当不同模型中的条件变量不同时，用经济术语解释参数有困难，在这里我们的重点在于每个变量的后验包含概率，即，每一个变量出现的所有模型的后验模型概率的总和。考虑到在一个真模型中一个变量的先验概率设为 0.5，它的稳健性可以依照数据如何更新这个先验来评定。所以我们认为一个特定变量是重要的，如果其后验包含概率大于 0.5。结果表明初始收入水平、工业总产出的国有企业份额、中等学校注册人数、固定资本形成和人口增长可能有重要的角色。

然后我们用 GETS 方法论进行一个自动模型选择实验。从相同的广义模型开始寻找统计上可以接受的减缩，软件包 *Autometrics* 得出一个具有一套解释性变量的最终模型，这些变量与 BMA 分析突出的那些变量大体上相似。表 5.3 报告了最终的特定模型的 OLS 估计。我们发现人均 GDP 增长与初始收入水平、人口增长和工业产出中的国有企业份额呈负相关，但是固定资本投资和中等学校注册人数却呈正相关。

表 5.2　贝叶斯模型平均（BMA）模型选择结果

回归量	后验包含概率	后验平均值	后验标准差
常量	100.0	0.223	0.036
$Iny_{i,t-1}$	100.0	−0.021	0.005
ind_{SOE}/ind_{TOTAL}	100.0	−0.064	0.013
stu_{SEC}/pop	100.0	0.483	0.135
fcf/GDP	69.2	0.035	0.031
$popngr$	59.9	−0.859	0.917
stu_{HIGH}/stu_{REGSEC}	36.3	0.024	0.041
$export/GDP$	27.6	0.007	0.015
$railway/area$	20.2	−0.020	0.056
$loan/GDP$	8.5	−0.001	0.003
$dumcoastal$	8.4	0.001	0.002
$MGROWTH$	7.7	−0.005	0.136
$post\&tele/GDP$	6.9	−0.002	0.025
$deofin$	5.6	−0.001	0.004

注释：估计基于横截面数据；因变量为实际省级人均 GDP 增长率。

表 5.3　一般到具体（GETS）模型选择结果

回归量	系数	标准误差	t-值	t-概率	偏 R^2
常量	0.249	0.029	8.35	0.000	0.752
$Iny_{i,t-1}$	−0.025	0.004	−5.45	0.000	0.564
fcf/GDP	0.059	0.021	2.86	0.009	0.262
stu_{SEC}/pop	0.418	0.122	3.44	0.002	0.339
$popngr$	−1.823	0.701	−2.60	0.016	0.227
$export/GDP$	0.025	0.018	1.43	0.167	0.081
ind_{SOE}/ind_{TOTAL}	−0.055	0.012	−4.31	0.000	0.446
Sigma	0.006	RSS	0.001	R^2	0.854
$F(6,23)$	20.97 [0.000]	LogLik	115.804	AIC	−7.197
正态性检验		$x^2(2)$=1.872 [0.393]			
异方差性检验		$F(12,10)$=0.558 [0.832]			

注释：这是基于横截面数据的最终特定模型的 OLS 估计，T=30；因变量为实际省级人均 GDP 增长率；RSS 为残差平方和；F(6,23)为联合显著检验；LogLik 为对数概度；AIC 为阿凯克信息论准则。

　　两种方法的结果的主要区别在于出口在解释跨省增长率上的作用，即，尽管统计上不显著，GETS 在最终特定模型中保持了出口额占 GDP 的比例，但是 BMA 分析把出口率标记为可能不重要（其后验包含概率为 28%）。其他变量例如行业变化、基础设施和金融发展被两种模型选择方法识别为经济增长的不重要的预测量。但是，这个结果可能只是反映了这些变量的高内生性，这一点在模型选择阶段不能被解释。在第 7 章我们将重新考查这些变量中的一些在面板数据背景下在决定产出增长的作用。

5.5　基准模型

　　我们使用 BMA 和 GETS 得出的模型选择结果和各种面板数据技巧，估计了基准模型（表 5.4）。

表 5.4　选定的基准模型的面板数据估计

回归量	OLS	组内	IV(2SLS)	SYS-GMM	SYS-GMM
$lny_{i,t-1}$	−0.035**	−0.061**	−0.074**	−0.046**	0.036**
	(0.004)	(0.012)	(0.018)	(0.007)	(0.004)
fcf/GDP	0.074**	0.067**	0.227**	0.093**	
	(0.016)	(0.026)	(0.100)	(0.026)	
stu_{SEC}/pop	0.463**	0.035	0.898*	1.008**	
	(0.139)	(0.253)	(0.500)	(0.284)	
$popngr$	−3.095**	−3.843**	−3.475*	−4.057**	
	(0.597)	(1.162)	(2.078)	(1.036)	
$export/GDP$	0.027**	0.005	0.075	0.044**	
	(0.011)	(0.016)	(0.061)	(0.018)	
ind_{SOE}/ind_{TOTAL}	−0.052**	−0.053**	0.017	−0.054**	
	(0.011)	(0.025)	(0.084)	(0.021)	
R^2（可决系数）	0.746	0.784			
AR(2) p 值				0.866	0.811
汉森 p 值			0.352	0.665	0.362
Dif Sargan p 值				0.249	0.966
观察数量	150	150	149	150	150

注释: 此估计使用的是五年间隔面板数据，而且为了节省空间所有时间模型都被包括了但没有被汇报；标准误差在圆括号内，它们异方差性一致而且聚集于省；在 IV 和系统 GMM 估计中，$lny_{i,t-1}$ 被看作先决的，$popngr$ 被看作外生的，所有其他变量被看作内生的；** 和 * 表明那个系数分别在 5% 或者 10% 显著水平显著不同于 0。

与 Bond 等人（2001）和 Hoeffler（2002）的预测一致，我们发现我们的系统 GMM 估计量产生一个对收入初始水平系数的一致估计，这个估计位于 OLS 估计量给出的上界和组内估计量给出的下界之间。工具变量方法(IV -2SLS) 产生一个比组内给出的更低的对初始收入水平的估计，表明这种固定效应估计量在短动态面板中的潜在偏倚。所以，带有受限制的工具集的面板数据系统 GMM 是我们更喜欢的估计方法。

有趣的是，GMM 估计结果支持 GETS 程序选定的模型，即，出口额占 GDP 的比率显得积极和显著。控制其他解释性变量，收入初始水平被发现对随后的省级增长率有负效应，这为改革时期条件收敛提供了证据。估计的系数表明低于人均 GDP 初始水平一个百分点提高随后的人均 GDP 增长率 0.05 个百分点。正如我们在第 2 章中所解释的，由资本积累递减收益递减的假设推导出的条件收敛是新古典增长模型的理论产物。控制表明省与省之间有不同的稳态，收敛会将它们引至它们各自的稳态人均收入水平。尽管有来自内生增长理论的挑战，条件收敛的新古典范式在关于中国的跨经济体增长文献 [11] 和跨省增长文献 [12] 中都得到实证证据的广泛支持。

值得注意的是当我们排除其他控制变量，只回归人均初始收入增长率时，其系数变得显著积极，表明绝对发散。表 5.4 显示在这个设定中人均初始收入系数为 0.036（在 5% 的水平显著），但是在基准模型中为 –0.046（在 5% 水平显著为负）。我们关于条件收敛和绝对发散的发现揭示了在中国一个有趣的增长模型：较落后的省比较发达的省增长慢，但是相对而言它们有向它们的稳态收敛的趋势。对条件收敛的一个可能的解释是相对较穷的省份有较低的物质和人力资本存量，因此资本的边际产品对它们来说更高。另一个解释可能是中央政府的区域发展政策。1978～1993 年间，财政分权改革赋予省政府更多在税收管理和收取税款方面的自行决定权。"财政承包系统"减少了中央政府的税收份额，限制财政从富的省份向穷的省份转移（Raiser 1998；Knight 和 Li 1999）。1994 年，"分税制"改革加强了中央政府的财政能力，使得它能够提升较落后的地区的经济发展，例如一些西部省份和少数民族地区。大约自 1998 年以来央政府有向贫穷的省份进行财政再分配（Wong 和 Bird 2008）。这可能有助于解释近年来最低和最高增长省份的收敛（表 5.1）。

固定资本形成是中国经济增长的一个重要决定因素。若一个省份的固定资本占 GDP 的比率上升一个百分点，那么就会提升它的人均 GDP 增长率 0.1

个百分点。人力资本投资也显得重要，即，中学招生率增加 1 个百分点，人均 GDP 增长率就会提高 0.3 个百分点。因为物质和人力资本积累都是第 6 章的焦点，详细的讨论将会出现在那一章。

　　人口的增长对经济增长有消极影响：人口增长率减少 0.1 个百分点，人均 GDP 则会增长 0.4 个百分点。快速的人口增长率包含一个成本，即，劳动力增长越快意味着更多的资本要被用于装备增长的劳动力，因此资本深化的范围变小，工人人均资本增长因而也会慢下来，从而导致工人人均产出降低。在标准索洛模型内，较慢的人口增长意味着工人人均产出和工人人均资本较高的平衡水平。这意味着如果两个省份有同样的初始收入水平，但是一个有较低的人口增长率，那么在它们向着它们的平衡增长率移动时这个会比另一个增长更快。无论它对目前的幸福感的作用是什么，通过降低人口增长来减少对资源形成的压力，中国 20 世纪 70 年代后期提出的"计划生育"政策对人均 GDP 增长有着积极的作用。

　　出口产品有益于省级增长：出口额占 GDP 的比例增加 1 个百分点使人均 GDP 增加 0.08 个百分点。根据增长与发展委员会（2008）的报告，一个繁荣发展的出口部门是持续高增长的重要因素，尤其是在早期阶段。在内生增长理论中，国际贸易，尤其是出口产品，被看作人力资本增加、科技进步和跨国知识溢出的一个重要来源（Grossman 和 Helpman 1995）。中国 1978 年实行的改革开放政策，创造了一个开发劳动密集型制造业的比较优势的绝佳机会，使得出口产品成为中国增长的一个推动力。在第 7 章中，我们将会深入探索经济更大的程度开放对增长的影响。

　　工业产出中国有企业的份额对产出增长有显著和消极的影响：这个变量减少 1 个百分点将会提升人均 GDP 增长率 0.04 个百分点。这个变量是经济改革和制度变化速度的一个指标。20 世纪 80 年代中期，通过各种各样的利润汇款合同和经营责任制，国有企业被相继授予更大的生产自主权和它们所产生利润的更大的份额。但是，由于公有制固有的委托代理问题，工业改革在提高国有企业的效率和赢利能力方面的作用仍是有限的。相反，20 世纪 80 年代的非国有企业例如集体所有的乡镇企业和 20 世纪 90 年代的当地和外国私营工业企业由于利用市场机会和更好的激励结构，增长迅速。所以，在工业产出中国有企业份额下降有益于人均 GDP 的增长。这个效应将在第 7 章中详细考察。

在一阶差分残差中没有二阶序列相关的证据。汉森检验和差分 Sargan 检验都不否认工具的有效性。简言之，我们的系统 GMM 结果支持 GETS 程序选择的模型，强调条件收敛、物质和人力资本形成、人口增长、开放程度和所有权类型在决定中国各省经济增长中的作用。

5.6　结论

在这一章我们试图回答一个很宽泛的问题：为什么中国的增长如此之快？依照国际标准，在经济改革期间，中国所有的省份经济增长都很迅速，但是各个省仍有足够的增长差异能够允许我们进行省际分析。我们选择非正式增长回归而非增长核算或结构增长模型方法让我们能够考虑中国增长的直接和根本决定因素。

增长实证被严重批评的原因是固有模型的不确定性。这个不确定性的存在是因为变量的选择和测量缺乏理论指导。在跨经济体增长的文献中当为中国经济增长选择理论模型时这个问题已经被广泛地认识到，但是在很大程度上却被忽略了。在这一章我们试图通过采用两个最新开发的模型选择方法，BMA 和 GETS，解决模型不确定性的问题，以填补文献中的空白。这使得我们能够从大范围的中国经济增长的候选预测变量中做出选择。第一阶段模型选择结果确认了条件收敛、物质和人力资本形成、人口增长、开放程度和所有权类型在决定中国各省产出增长中的作用。

回归量的内生性是增长回归中另一个重要的问题。我们的许多解释性变量必须被认为是内生的：物质和人力资本积累、开放性、制度等等。为了解决这个问题，在第二阶段模型估计中我们对动态面板采用了系统 GMM 估计量。

在基准模型的结果中，三个主要的发现与资本积累有关：省份之间存在条件收敛，物质和人力资本投资都促进经济增长。这些与新古典增长理论的转型动态的理论产物一致。考虑到中国经济在经济改革伊始就可能存在的不平衡情况，这种转型变化确实是可以预料的。我们关于条件收敛的证据表明每个省份都在朝着它的平衡稳态收敛集中。但是，这也可能有其他的解释。例如，收敛反映了财政从中央政府到欠发达省和少数民族地区转移的影响。物质和人力资本积累的增长影响与条件收敛论据一致。借鉴内生增长理论，对投资的积极效应的另外一个解释是它不但产生资本积累还有科技进步。这一解读在第 6 章中将会被进一步考察。

基准方程的结果也表明中国的"计划生育"政策有助于推动人均产出的增长。制度和政策变化的两个可测量的指标——经济的开放和生产的私有化——对增长率有显著和实质性影响。这些结构改变表明中国始于一个效率低下、恰巧在生产边界内的位置，这在第 7 章中将会被更详细地考察。

附录 5.1 变量的详细定义

变量	定义	单位
因变量	实际省级人均 GDP 增长率	比例
$g_{i,t}$		
自变量	初期实际人均 GDP 的对数	1990 RMB
$lny_{i,t-1}$		
fcf/GDP	GDP 中固定资本形成	比例
stu_{SEC}/pop	中等教育注册学生/年末总人口	比例
stu_{HIGH}/stu_{REGSEC}	高等教育注册学生/普通中等教育注册学生	比例
$popngr$	人口自然增长率=出生率-死亡率	比例
$export/GDP$	GDP 中出口比率（用 IFS、IMF 的官方兑换率转换成 RMB 的出口额）	比例
ind_{SOE}/ind_{TOTAL}	国有企业产值/工业总产值	比例
$MGROWTH$	线性部门变化项：就业中非农业份额的变化	比例
$deofin$	工业化程度（工业总产值/（工业总产值+农业总产值））	比例
$railway/area$	每平方千米铁路英里数（铁路总长度/面积）	比例
$post\&tele/GDP$	邮电通信的业务量/GDP	比例
$dumcoastal$	一个对于沿海省份（辽宁、河北、天津、山东、江苏、上海、浙江、福建、广东和海南，加上北京）等于1，否则等于 0 的哑变量。	0 或 1

注释: 所有变量依 1990 年不变价格计算且价格指数各省特定。

注释

1. 本章参考了 Ding 和 Knight （2011）文献中的内容。

2. 例如，Barro (1991)，Barro 和 Sala-i-Martin（2004）。

3. 例如，Chen 和 Fleisher (1996)，Li 等 (1998)，Raiser (1998)，Chen 和 Feng (2000)，Démurger (2001)，Bao 等 (2002)，Brun 等 (2002)，Cai 等 (2002)，

Jones 等 (2003)，Hao (2006)，Yao (2006)，Guariglia 和 Poncet (2008)，Fleisher 等 (2010)。

4. 例如，Borenzstein 和 Ostry (1996)，Hu 和 Khan (1997)，Woo (1998)，Wang 和 Yao (2001)，Young (2003) 和 Brandt 等 (2008)。

5. 例如，Lucas (1988) 和 Romer (1990)。

6. 见 Raftery (1995)，Fernández 等 (2001) 和 Sala-i-Martin 等 (2004)。

7. 见 Hendry 和 Krolzig (2004) 和 Hoover 和 Perez (2004)。

8. *自从 1997 年重庆变为一个直辖市，我们在 1997～2007 期间将重庆和四川合并以使得同之前的观察一致。*

9. 例如，Islam (1995)，Bond 等 (2001) 和 Ding 和 Knight (2009)。

10. 紧缩指数是省级消费者物价指数（CPI）。普遍认为中国基于物质产品体系方法的国内生产总值隐性紧缩指数低估了中国的通货膨胀，因而夸大了实际 GDP 增长（Wu 1997；Maddison 1998；Woo 1998；Rawski 2001）。使用不同的方法 Maddison（1998）预测中国的平均年实际 GDP 增长率低于官方数据 2.4 个百分点。他的 GDP 数字在国际上为佩恩表和世界银行所认可。但是，那个数字是全国的而非特定省份的。根据 Wu (1997) 和 Holz (2006)的方法，推导中国的实际 GDP 增长率的一个简单和相对可以接受的方法是使用官方 CPI 作为单一紧缩指数。两个作者都证明使用物价指数而非官方隐性通货紧缩指数得到一个同 Maddison 相似的中国的实际增长率数字。因此我们用具体省份的 CPI 紧缩每个省的名义国内生产总值和其他变量。鉴于 1978～1989 期间西藏的省级物价数据缺失；我们使用全国物价指数代替。

11. 例如，MRW (1992)，Islam (1995)，Bond 等 (2001)，Ding 和 Knight (2009)。

12. 例如，Chen 和 Fleisher (1996)，Chen 和 Feng (2000) 和 Cai 等 (2002)。

参考文献

Arellano, Manuel, and Olympia Bover (1995), 'Another look at the instrumental variable estimation of error-components models', *Journal of Econometrics*, 68: 29～52.

Bao, Shu Ming, Gene Hsin Chang, Jeffrey Sachs, and Wing Thye Woo (2002),

'Geographic factors and China's regional development under market reforms, 1978–1998', *China Economic Review*, 13: 89~111.

Barro, Robert (1991), 'Economic growth in a cross section of countries', *Quarterly Journal of Economics*, 106: 407~443.

—— and Xavier Sala-i-Martin (2004), *Economic Growth* (2nd edn.). Cambridge, Mass.: The MIT Press.

Blundell, Richard, and Stephen Bond (1998), 'Initial conditions and moment restrictions in dynamic panel data models', *Journal of Econometrics*, 87: 115~143.

Bond, Stephen, Anke Hoeffler, and Jonathan Temple (2001), 'GMM estimation of empirical growth models', CEPR Discussion Paper No. 3048.

Borenzstein, Eduard, and Jonathan Ostry (1996), 'Accounting for China's growth perfor-mance', *American Economic Review*, 86, 2: 224~228.

Bowsher, Clive (2002), 'On testing overidentifying restrictions in dynamic panel data models', *Economics Letters*, 77: 211~220.

Brandt, Loren, Chang-tai Hsieh, and Xiaodong Zhu (2008), 'Growth and structural transformation in China', in Loren Brandt and Thomas Rawski (eds.), *China's Great Economic Transformation*, Cambridge and New York: Cambridge University Press: 683~728.

Brun, Jean-françois, Jean-louis Combes, and Mary-françoise Renard (2002), 'Are there spillover effects between coastal and noncoastal regions in China?', *China Economic Review*, 13: 161~169.

Cai, Fang, Dewen Wang, and Yang Du (2002), 'Regional disparity and economic growth in China: the impact of labor market distortions', *China Economic Review*, 13: 197~212.

Chatfield, Chris (1995), 'Model uncertainty, data mining, and statistical inference', *Journal of the Royal Statistical Society*, 158: 419~444.

Chen, Baizhu, and Yi Feng (2000), 'Determinants of economic growth in China: private enterprise, education and openness', *China Economic Review*, 11: 1~15.

Chen, Jian, and Belton Fleisher (1996), 'Regional income inequality and

economic growth in China', *Journal of Comparative Economics*, 22: 141~
164.

Commission on Growth and Development (2008), *The Growth Report: Strategies
for Sustained Growth and Inclusive Development* (Conference edn.).

Démurger, Sylvie (2001), 'Infrastructure development and economic growth: an
explanation for regional disparities in China', *Journal of Comparative
Economics*, 29: 95~117.

Ding, Sai, and John Knight (2009), 'Can the augmented 索洛 model explain
China's economic growth? A cross-country panel data analysis', *Journal of
Comparative Economics*, 37, 3: 432~452.

————— (2011), 'Why has China grown so fast? The role of physical and
human capital formation', *Oxford Bulletin of Economics and Statistics*, 73, 2:
141~174.

Doornik, Jurgen, and David Hendry (2007), *PcGive 12 Volume I: Empirical
Econometric Modelling*, London: Timberlake Consultants Press.

Fernández, Carmen, Eduardo Ley, and Mark Steel (2001), 'Model uncertainty in
cross-country growth regressions', *Journal of Applied Econometrics*, 16:
563~576.

Fleisher, Belton, Haizheng Li, and Min Qiang Zhao (2010), 'Human capital,
economic growth, and regional inequality in China', *Journal of Development
Economics*, 92, 2: 215~231.

Grossman, Gene, and Elhanan Helpman (1995), *Innovation and Growth in the
Global Economy*. Cambridge, Mass.: MIT Press.

Guariglia, Alessandra, and Sandra Poncet (2008), 'Could financial distortions be
no impediment to economic growth after all? Evidence from China', *Journal
of Comparative Economics*, 36, 4: 633~657.

Hao, Chen (2006), 'Development of financial intermediation and economic
growth: the Chinese experience', *China Economic Review*, 17: 347~362.

Hendry, David, and Hans-Martin Krolzig (2004), 'We ran one regression', *Oxford
Bulletin of Economics and Statistics*, 66: 799~810.

Hoeffler, Anke (2002), 'The augmented Solow model and the African growth debate', *Oxford Bulletin of Economics and Statistics*, 64, 2: 135~158.

Holz, Carsten (2006), 'China's reform period economic growth: how reliable are Angus Maddison's estimates?', *Review of Income and Wealth*, 52, 1: 85~119.

—— (2008), 'China's 2004 economic census and 2006 benchmark revision of GDP statistics: more questions than answers?', *China Quarterly*, 193: 150~163.

Hoover, Kevin, and Stephen Perez (2004), 'Truth and robustness in cross-country growth regressions', *Oxford Bulletin of Economics and Statistics*, 66: 765~798.

Hsiao, Cheng (1986), *Analysis of Panel Data*, Cambridge: Cambridge University Press.

Hu, Zuliu, and Mohsin Khan (1997), 'Why is China growing so fast?' *International Monetary Fund Staff Papers*, 44, 1: 103~131.

Islam, Nazrul (1995), 'Growth empirics: a panel data approach', *The Quarterly Journal of Economics*, 110: 1127~1170.

Jones, Derek, Cheng Li, and Ann Owen (2003), 'Growth and regional inequality in China during the reform era', *China Economic Review*, 14: 186~200.

Knight, John, and Li Shi (1999), 'Fiscal decentralization: incentives, redistribution and reform in China', *Oxford Development Studies*, 27: 5~32.

Levine, Ross, and David Renelt (1992), 'A sensitivity analysis of cross-country growth regres-sions', *American Economic Review*, 82: 942~963.

Li, Hong, Zinan Liu, and Ivonia Rebelo (1998), 'Testing the neoclassical theory of economic growth: evidence from Chinese provinces', *Economics of Planning*, 31: 117~132.

Lucas, Robert (1988), 'On the mechanics of economic development', *Journal of Monetary Economics*, 22: 3~42.

Maddison, Angus (1998), *Chinese Economic Performance in the Long Run*, Paris: Development Centre of the Organization for Economic Cooperation and Development.

Mankiw, Gregory, David Romer, and David Weil (1992), 'A contribution to the empirics of economic growth', *The Quarterly Journal of Economics*, 107: 407~437.

Nickell, Stephen (1981), 'Biases in dynamic models with fixed effects', *Econometrica*, 49, 6: 1427~1436.

Owen, Dorian (2003), 'General-to-specific modelling using Pcgets', *Journal of Economic Surveys*, 17: 609~627.

Raftery, Adrian (1995), 'Bayesian model selection in social research', in Peter Marsden (ed.), *Sociological Methodology*, Cambridge: Blackwell.

Raiser, Martin (1998), 'Subsidising inequality: economic reforms, fiscal transfers and conver-gence across Chinese provinces', *Journal of Development Studies*, 34: 1~26.

Rawski, Thomas (2001), 'What is happening to China's GDP statistics?', *China Economic Review*, 12: 347~354.

Romer, Paul (1990), 'Are non-convexities important for understanding growth?' *American Economic Review*, 80: 97~103.

Roodman, David (2009), 'A note on the theme of too many instruments', *Oxford Bulletin of Economics and Statistics*, 71, 1: 135~158.

Sala-i-Martin, Xavier (1997), 'I just ran two million regressions', *American Economic Review*, 87: 178~183.

—— Gernot Doppelhofer, and Ronald Miller (2004), 'Determinants of long-run growth: a Bayesian averaging of classical estimates (BACE) approach', *American Economic Review*, 94, 4: 813~835.

Sarafidis, Vasilis, and Donald Robertson (2009), 'On the impact of error cross-sectional dependence in short dynamic panel estimation', *Econometrics Journal*, 12: 62~81.

Temple, Jonathan (1999), 'The new growth evidence', *Journal of Economic Literature*, 37: 112~156.

—— (2000), 'Growth regressions and what the textbooks don't tell you', *Bulletin of Economic Research*, 52, 3: 181~205.

Wang, Yan, and Yudong Yao (2001), 'Sources of China's economic growth, 1952~1999: Incorporating human capital accumulation', World Bank

Policy Research Working Paper No. 2650.

Wong, Christine, and Richard Bird (2008), 'China's fiscal system: a work in progress', in Loren Brandt and Thomas Rawski (eds.), *China's Great Economic Transformation*, Cambridge and New York: Cambridge University Press: 429~466.

Woo, Wing Thye (1998), 'Chinese economic growth: sources and prospects', in Michel Fouquin and Françoise Lemoine (eds.), *The Chinese Economy*. London: Economica.

Wu, Harry (1997), 'Measuring China's GDP', Briefing Paper Series No. 8, Department of Foreign Affairs and Trade, Australia.

Yao, Shujie (2006), 'On economic growth, FDI and exports in China', *Applied Economics*, 38: 339~351.

Young, Alwyn (2003), 'Gold into base metals: productivity growth in the People's Republic of China during the reform period', *Journal of Political Economy*, 111: 1220~1261.

6

物质资本和人力资本形成的作用

6.1 引言

人们普遍认为，在过去三十年间，中国经济的飞速增长在根本上是高投资率的一种反映，而这种高投资率正是中国经济的一大特点。如图 6.1 所示，在整个改革时期，实际的资本形成总额占实际 GDP（gcf/GDP）的比重平均为 38%，这个比重一直相当稳定。从国际标准来看，这是一个很高的比重。近年来，固定资本总额形成率（fcf/GDP）增长显著，从 1978 年到 1993 年的平均 29% 增长到后来的平均 37%。库存积累占 GDP 的比重（$inven/GDP$）平均达到 6%；在 20 世纪 80 年代达到顶峰，是严重经济衰退的反映；之后由于市场化进程加快，库存积累逐渐下降。因此，中国经济增长主要是由投资拉动，这个假设是可信的，对"中国经济为什么发展如此之迅速"这个问题的主要回答也仅仅是"因为它的高投资"（Naughton 2007；Riedel 等人 2007）。

本章是在前两章的基础上进行论述的。在第 4 章，我们发现，从国际标准来看，中国的固定资本形成率一直很高，这也是中国经济飞速增长很重要的原因。我们还发现，尽管人力资本的增长对经济增长没有产生影响，但相对于其他发展中国家而言，中国人力资本存量的初始水平很高，促进了其经济的快速增长。在第 5 章，基准方程解释了中国各省的经济增长，表明与中等教育的入学率一样，物质投资占 GDP 的比重对于经济增长也十分重要。我们用中等教育入学率来表示人力资本的增长。本章的重点是各种各样的物质和人力资本投资对于经济增长的影响。要讨论的主要问题是：哪些对经济增长最为重要?

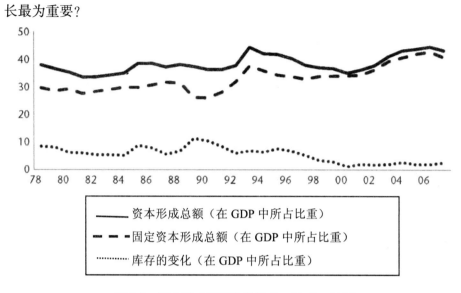

图6.1　资本形成总额及其组成，1978～2007

数据来源: 世界银行，*世界发展指标*（2009 年 6 月版）。

利用第 5 章中总结出的基准模型，本章将研究各种因素对于经济增长的贡献，其中包括各种各样的物质投资（6.2 节）和各种教育类型（6.3 节）。6.4 节进行了一些反事实模拟来回答以下根本问题：跨省增长回归是否有助于理解为什么中国经济总体上增长如此之快? 6.5 节简要分析了促成中国快速资本积累的各种因素。6.6 节对本章内容进行总结并得出结论。[1]

6.2　物质资本积累

在跨经济体研究文献中，有大量实证证据表明资本积累对经济增长有积极、重要的作用。例如，Levine 和 Renelt (1992)应用极端界限分析（EBA）研究经济增长和一大组变量在不同经济体之间的关系，发现除了 GDP 中的投资份额和经济增长率之间的正相关关系，几乎所有的研究结果都站不住脚。Sala-i-Martin (1997) 采用了另一种稍微宽松的 EBA 版本，证明了设备投资和非设备投资与人均产出增长率之间存在的一种重要、积极、稳健的关系。

无论是通过横向比较研究还是时间序列研究，许多学者都有证据表明，投资会影响到稳定状态下的人均产出水平或者经济向稳定状态发展时的过渡增长率，这些学者包括 Mankiw, Romer 和 Weil (下文中简称为 MRW) (1992), Islam (1995), Caselli 等 (1996)和 Bond 等 (2001)。然而，由于这些研究中所用的实证规范都来自索洛模型，而此模型中的稳定增长率是外生性的，所以投资是否能够影响到长期人均产出增长率的问题还不能得到解决。

Bond 等人（2010）所做的工作填补了相关文献中这方面的空白。他们首先控制了各种参数中不同经济体的异质性，并且考虑到增长方程式误差项中不同经济体之间的相关性，然后发现，作为 GDP 的一部分，投资不仅对人均产出水平而且更重要的是对长期的增长率有重大的、数据上显著的影响。他们声称，这个结果与内生性增长模型的预测相吻合。在内生性增长模型中，资本被用作生产创新中的一种投入，因而会对长期的经济增长做出贡献。

与此相反，Blomström 等人（1996）认为固定资产投资不会引起经济增长：他们发现经济增长引发资本形成的情况要多于资本形成引发经济增长的情况。Easterly 和 Levine (2001) 对最近的实证文献做出了评论，在这篇有影响力的评论中，他们得出的结论是"其中的数据并没有提供强有力的证据来证明要素积累引起工人人均产出更快的增长"。因此，跨经济体的经济增长文献仍然存在争议。

对中国经济增长的许多研究已有证据证明这种增长是投资驱动的。例如，Li 等 (1998)利用扩展的索洛模型发现，1978～1995 年间，在物质和资本投资较多的省份，人均 GDP 水平和增长率也更高；并且这些省份的人口增长较慢，经济开放程度也更高。Ying（2003）采用空间滞后模型来研究 1978～1998年间的经济，得出的结论是资本存量、非农业劳动力、工业产品和外国直接投资是省级产出增长的重要来源。相比之下，Qin 等人（2006）采用 1990～2003 年间整合的时间序列数据来进行研究，证实了投资和增长之间长期正相关关系的存在，但是发现其中的因果关系是由后者到前者，即产出增长驱动投资需求。同样，在研究中国经济的文献中，对于投资与增长之间的关系仍然没有达成共识。

尽管我们自己的基准方程确实能够提供证据支持投资对于省级经济增长率的因果和积极影响，但它们之间的关系还需仔细推敲，以加深我们对运行的因果机制的理解。我们从基准模型中选出一组变量，并控制了这组变量，重点研究不同类型的物质投资对人均 GDP 的影响。由于投资和经济增长间的关系并不能证明因果关系，因此在我们的系统广义矩（GMM）估计中，物质资本形成的各种衡量因素被视为内生变量。为了节省空间，我们只列出利息系数以及相关的规范测试。

如表 6.1 中的面板 1 所示，首先我们将全社会固定资产投资（$finv_{TOTAL}/GDP$）分为基本建设投资（$finv_{CC}/GDP$）、创新投资（$finv_{INNO}/GDP$）以及其他固定资产的投资（$finv_{OTHER}/GDP$）。[2] 我们发现，前三种投资对经济增长有积极、重要的影响，但最后一种投资对经济增长几乎没有影响。这些结果强调基本建设投资和创新投资在促进经济增长中的作用，同时意味着其他领域，如房地产行业和自然资源开采业，并不能促进经济增长，因为这些行业需要更长的周期才能对经济增长产生全面的影响。此外，创新投资对经济增长的影响远远大于全社会固定资产投资和基本建设投资对经济增长的影响：创新投资的比例每上升一个百分点，人均 GDP 的增长率就会相应上升超过 0.3 个百分点。虽然 Scott（1989, 1993）认为几乎每种投资都会伴随着技术变革，但我们的"创新投资"变量很可能辨认出提高生产力的创新。研究结论表明，投资对技术进步所做的贡献是经济增长强大的驱动力。中国开始经济改革的时候还远远没有到达技术前沿。在转型经济中，有必要进行大量投资以稳定公司的价值，从而应对由新产品、新生产工艺和相对价格的巨大变化所引起的剧烈的优胜劣汰过程。我们的研究结果有证据表明，技术投资以及由投资驱动的技术进步对中国的经济发展十分重要。

表 6.1　物质资本形成的增长所带来的影响

面板 1. 在基本建设、创新和其他固定资产领域的投资

	$finv_{TOTAL}/GDP$	$finv_{CC}/GDP$	$finv_{INNO}/GDP$	$finv_{OTHER}/GDP$
系数	0.184**(0.042)	0.174**(0.047)	0.277**(0.082)	0.077(0.111)
AR(2)p 值	0.636	0.778	0.810	0.911
汉森 p 值	0.108	0.100	0.261	0.167
差分 Sargan p 值	0.607	0.862	0.367	0.922
工具变量数目	26	26	26	26
观察数量	150	150	150	150

面板 2. 全社会固定资产投资：按所有权分类

	$finv_{SOE}/finv_{TOTAL}$	$finv_{COL}/finv_{TOTAL}$	$finv_{PRIV}/finv_{TOTAL}$
系数	−0.129**(0.026)	−0.077(0.111)	0.197**(0.096)
AR(2)p 值	0.610	0.919	0.953
汉森 p 值	0.167	0.172	0.193
差分 Sargan p 值	0.393	0.586	0.791
工具变量数目	26	26	26
观察数量	149	149	149

面板 3. 国内投资对国外投资

	$finv_{DOM}/GDP$	fdi/GDP	$finv_{DOM}$	fdi
系数	0.227**(0.025)	−0.181(0.052)	0.002**(0.001)	0.008*(0.005)
AR(2)p 值	0.488	0.131	0.145	0.856
汉森 p 值	0.811	0.689	0.697	0.697
差分 Sargan p 值	0.728	0.293	0.354	0.365
工具变量数目	41	41	41	41
观察数量	150	149	150	149

注释：以上数据报告了面板数据系统 GMM 的结果；括号内为标准误差，与异方差一致并且按省份聚集；模型选择程序负责选择控制变量，即 $lny_{i,t-1}$, stu_{SEC}/pop, $popngr$, $export/GDP$ 和 ind_{SOE}/ind_{TOTAL}，其中 $lny_{i,t-1}$ 被视为预决变量，$popngr$ 被视为外生变量，其他所有的变量都被视为内生变量；时间虚拟变量被考虑在内；**和*分别表示在 5%或 10%的显著水平上系数从零开始出现显著差异。

　　然后，如表 6.1 中面板 2 所示，我们根据所有权的不同将固定资产投资分为：国有企业支出的投资（$finv_{SOE}/finv_{TOTAL}$）、集体所有制企业支出的投资（$finv_{COL}/finv_{TOTAL}$）和民营企业支出的投资（$finv_{PRIV}/finv_{TOTAL}$）。由于这些变量可能含有与经济改革程度的指标相类似的信息，即国有股份占工业产出的比例（ind_{SOE}/ind_{TOTAL}），因此我们在之后的回归分析中不再使用这个术语。我们发现，国有企业投资的股份与经济增长呈明显的负相关：固定资产投资中的国有企业股份每下降一个百分点，人均 GDP 就相应增长 0.13 个百分点。这个结果与普遍看法——对国有企业投资的效率远远低于对非国有部门投资的效率——是一致的，所以当国有企业投资股份上升时，人均 GDP 的增长率会随之下降（例如，Brandt 和 Zhu 2000）。因此，在近期固定资产投资中，国有企业股份的减少是一个积极的发展势头。集体企业投资股份的系数对经济增长几乎没有影响。集体经济包括乡镇企业（TVEs）和城市集体企业（UCEs）。前者通常被认为是动态的，尤其是在 20 世纪 80 年代，但后者由当地政府经营，仍然会受到一些不利于经济发展的因素制约，其中包括软预算约束和委托代理问题。由此可以看出，集体企业对经济增长的影响还不确定。

私营企业投资的份额对经济增长有积极的影响：这个变量每增加 1 个百分点，经济增长率就相应增加 0.20 个百分点。有证据表明，私营企业投资的平均回报高于国有企业，这也进一步印证了私营企业投资的扩大会产生积极的影响（Riedel 等 2007:40~42）。我们在本文中提出的证据也证实了"私营企业是中国经济的驱动力"这个观点。因此，经济的重心已经从国有企业转移到私营企业，这个变化是有益的。

需要注意的是：20 世纪 90 年代后期，一些国有企业实行了公司化，尽管国家仍是主要股东并通常保留控制权，但是如果重新分类的话，这些企业应归为私营企业。如果要将最赚钱、最有前途的国有企业列张清单的话，结果很有可能夸大不同的所有权状况对企业的激励作用。

在国有企业和私营企业中，资源的分配仍然存在严重的不平衡。例如，银行贷款是投资资金的重要来源，这仅仅是针对相对低效和亏损的国有企业来说的；相比之下，私营企业却受到正规金融体系的歧视，只能主要依赖它们的"自有资金"来筹措投资资金。[3] 这表明，对金融部门进行改革将会进一步提高经济增长率。

最后，我们尝试区分在推动中国经济增长过程中的国内投资（$finv_{DOM}/GDP$）和外国直接投资（fdi/GDP）的作用。理想状态下，我们会选择外国直接投资的股票作为衡量因素，但由于在省级水平上缺乏这样的数据，我们采用了外国直接投资的现金流量。外国直接投资不仅可以通过引进资本来促进经济增长，而且可以使本国熟悉国外生产技术、海外市场以及国际供应链。然而，来自于外国直接投资的有关知识和生产力溢出效应的经验证据却相当复杂。例如，Javorcik（2008）利用调查数据研究了在捷克共和国和拉脱维亚，跨国公司的进入对国内企业产生影响的各种不同渠道，这些国内企业与跨国公司处于同一行业或是上游、下游行业。她发现，外资引入对国内生产商既有正面影响也有负面影响，这取决于本国的自身条件和外国直接投资的类型。

　　在中国的文献中，外国直接投资总量的增长通常会有积极的影响。例如，Wei（1995）用市级数据集调查了中国对外开放政策的影响，发现在 20 世纪 80 年代后期，外国直接投资率越高，人均收入增长就越快。Jones 等（2003）用 1989～1999 年间的市级数据测试了由外国直接投资扩展的索洛模型，也得到了类似的结果。Liu 等（2002）使用 1981～1997 年间的季度性全国数据，发现在时间序列的协整框架下，经济增长、进口、出口和外国直接投资之间存在长期的双向因果关系。Yao 等（2006）对 1978～2000 年进行了跨省的面板数据分析，发现出口和外国直接投资对经济增长都有强大而积极的影响。因此，考虑到技术转移和知识溢出，我们的假设是：1 单位的外国直接投资对经济增长来说要比 1 单位的国内投资更为重要。

　　国内投资对经济增长有积极的影响，即国内投资每增加一个百分点，人均 GDP 就提高 0.2 个百分点（表 6.1 面板 3）。令人惊讶的是，我们没有发现任何证据证明外国直接投资对经济增长有重要和积极的影响。其中可能的一个解释在于变量的规范问题。外国直接投资的份额在 20 世纪 80 年代稳步增长，但其比例从没有超过 GDP 的 1%（图 6.2），而且地点高度集中，分布在广东、福建两省的四个经济特区。在 1992 年的春天，邓小平的"南方讲话"使得中国的外商直接投资激增，在 1994 年达到了高峰，占 GDP 的 6.2%。自 1995 年以来，因为中国 GDP 的增长速度一直高于外国直接投资的增长，所以 GDP 中外国直接投资的份额一直处于下降的趋势。这也许可以解释为什么外国直接投资项的系数为负，可以忽略不计。

图 6.2　外国直接投资净流入占 GDP 的百分比，1978～2007

数据来源：世界银行，*世界发展指标*（2009 年 6 月版）。

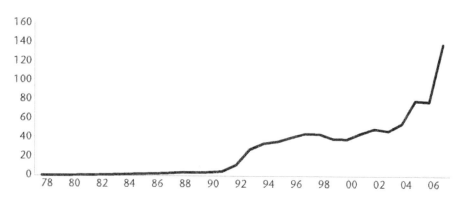

图 6.3 外国直接投资净流入，以十亿美元为计量单位，1978～2007

数据来源: 世界银行，*世界发展指标*（2009 年 6 月版）。

为了解决这个问题，我们没有使用外国直接投资占 GDP 的比例（*fdi/GDP*），而用国外直接投资总量来代替。图 6.3 反映了外国直接投资的趋势：1992 年之前，净流入还不到 100 亿美元，但在 2006 年却达到了 800 亿美元。在面板 3 的第 4 列数据中，我们发现外国直接投资的绝对总量对省级经济增长有积极的影响，即外国直接投资每增加 10 亿元人民币，人均 GDP 增长率就会上升 0.008 个百分点。为了比较国内投资和外国直接投资增长的影响，有必要将两个变量转换成相同的单位。在面板 3 的第 3 列数据中，我们将国内投资的绝对总量 (*finv*$_{DOM}$)考虑在内，结果发现：一个单位的外国直接投资对经济增长的影响是一个单位国内投资的 4 倍，即国内投资每增加 10 亿元人民币，人均 GDP 增长率会相应上升 0.002 个百分点。这个结果与我们的假设相吻合，即如果将外国直接投资在促进出口、技术转移和提高生产力方面的潜在作用考虑在内，来自国外的投资会对经济增长产生更大的影响。

6.3 人力资本积累

我们可以将人力资本积累视为与物质资本积累类似，两者都可以被纳入到相应的增长模型和实证检验中。人们通常认为，人力资本的变化和产出的变化是有联系的，因此通过知识的生成、吸收和传播，人力资本存量有可能促进经济增长。一些内生增长模型认为人力资本确实起着这样的作用。例如，Romer（1990）认为，研究和开发活动会引发技术进步，而人力资本正是对这种研究和开发活动的一种投入。

然而，令人吃惊的是，在基于跨国数据所做的研究中，在有关教育对经济增长的影响问题上却产生了复杂的结果。例如，Barro（1991）研究了98个国家在1960～1985年间经济增长、人口出生率和投资之间的关系。他所做的横截面研究结果表明，经济增长率与人力资本的起始金额呈正相关。此外，人力资本高的国家人口出生率低，而且物质资本与 GDP 的比例高。MRW（1992）发现，中学入学人数占劳动年龄人口的比例对产出增长有重要、积极的影响。然而，Benhabib 和 Spiegel (1994) 以及 Pritchett (1999)在内的其他研究人员称，产出增长与测定的受教育程度（平均受教育年限的变化）并没有密切关系。其中一个原因可能是在不同的国家中，由于制度、劳动力市场和教育质量的差异，教育所产生的影响也不同（Temple 1999b）。

关于人力资本对中国经济增长的影响，有一些很有趣的研究。Chen 和 Fleisher (1996) 以及 Demurger (2001) 提供的证据表明，中学和大学层次的教育有助于解释省级增长率的不同。Fleisher 等 (2010)通过估算省级的总量生产函数发现，人力资本不仅提高了产值，也提高了生产力。同时，他们也发现了人力资本对全要素生产率增长的直接和间接影响：他们假定，直接影响来自于国内创新活动，间接影响是表现了知识溢出效应。

本节我们将研究不同类型的人力资本投资对中国经济增长的影响。我们很难找到一个合适的变量来代表人力资本。在现实中，人力资本投资可以有多种形式，其中包括正规和非正规教育、在职培训、健康状况的改善，或在实践中学习。在大部分实证研究中，人力资本通常由平均受教育年限来表示，而人力资本的增量由平均受教育年限的变化或者教育入学率来表示。因此，教育质量和其他类型的人力资本投资在很大程度上被忽略了。根据可获得的数据信息，我们使用不同教育层次的入学人数来衡量中国人力资本的某些方面。尽管入学人数通常是在相关年龄层中进行测量的，但将入学人数作为总人口的一部分能更好地体现人力资本的增长及其对一个省经济增长的影响。学校入学人数可能会将人力资本存量和积累效应混为一谈，因此它对两者来说都不是一个很好的指标。[4] 然而，在研究中我们所使用的信息是每年在省级层次可得到的所有信息。

　　如表 6.2 所示，我们衡量人力资本的因素包括小学入学率（stu_{PRIM}/pop）、中学入学率（stu_{SEC}/pop）、普通中学入学率（stu_{REGSEC}/pop）、高等教育入学率（stu_{HIGH}/pop）、大学和学院入学率（$stu_{UNI\&COL}/pop$）以及中学和高等教育入学率（$stu_{SEC\&HIGH}/pop$），其中每个因素都是总人口的一部分。[5] 为了解决这些变量可能存在的内生性，在一阶差分方程中，我们使用落后了 10 年、15 年和 20 年的人力资本变量的不同水平作为工具，并将落后了 5 年的一阶差分人力资本变量用作系统 GMM 估计中水平方程的辅助工具。

表 6.2　人力资本形成的增长所带来的影响

面板 1. 小学和中学入学率

	stu_{PRIM}/pop	stu_{SEC}/pop	stu_{REGSEC}/pop
系数	−0.611**(0.254)	1.538**(0.326)	2.171**(0.337)
AR(2)p 值	0.186	0.523	0.913
汉森 p 值	0.138	0.179	0.203
差分 Sargan p 值	0.895	0.706	0.905
工具变量数目	26	26	26
观察数量	149	149	149

面板 2. 高等教育入学率

	stu_{HIGH}/pop	$stu_{UNI\&COL}/pop$	$stu_{SEC\&HIGH}/pop$
系数	3.568**(0.579)	2.201**(0.617)	1.953**(0.285)
AR(2)p 值	0.286	0.155	0.803
汉森 p 值	0.232	0.196	0.225
差分 Sargan p 值	0.514	0.653	0.801
工具变量数目	26	26	26
观察数量	149	147	149

注释：以上数据报告了面板数据系统 GMM 的结果；括号内为标准误差，与异方差一致并且按省份聚集；模型选择程序负责选择控制变量，即 $lny_{i,t-1}$, fcf/GDP, $popngr$, $export/GDP$ 和 ind_{SOE}/ind_{TOTAL}，其中 $lny_{i,t-1}$ 被视为预决的变量，$popngr$ 被视为外生变量，其他所有的变量都被视为内生变量；时间虚拟变量被考虑在内；**和*分别表示在 5%或 10%的显著水平上系数从零开始出现显著差异。

　　与 Chen 和 Feng（2000）所做的跨省研究一样，我们发现在增长回归中，小学入学率的系数非常小。小学教育是义务性的，所以这个结果是可以预料到的；表中的负系数反映了 20 世纪 70 年代后期计划生育政策实施之后儿童数量的下降。[6]我们发现，中学和普通中学入学率变量对产出的增长有积极、重要的影响，这与各国[7]和各省的证据[8]相吻合。

高等教育入学率及其组成部分大学和学院入学率对经济增长有积极的影响。例如，在其他条件不变的情况下，高等教育的入学比例每增加 1 个百分点，就会促成人均 GDP 3.6 个百分点的增长。在改革开放前二十年间，对高等教育明显的忽视导致了高校毕业生的稀缺，这可以解释为什么之后的高等教育对经济增长有如此重要的贡献。到 1998 年为止，高等教育的入学率一直低于 0.3%，然后在 2006 年，由于高等教育政策的巨大变化，入学率迅速攀升到了 1.4%。

研究结论与 Chi（2008）是一致的，他用受教育程度来衡量人力资本，认为高等教育对 GDP 的增长和固定资产投资都有积极的影响，并且这种影响比小学和中学教育的都要大。因此，他认为中国的生产函数表现出了物质资本和人力资本之间有一定的互补性。最后，我们调查了中学和高等教育入学人数与总人口之比对经济增长的影响，发现这个变量每增加 1 个百分点，人均 GDP 的增长率就会上升 2.0 个百分点。

为了检验人力资本结果的稳健性，我们采用了人口普查信息中大于等于 6 岁的小学、中学、大学教育程度人数所占的人口比例。这些数据是人力资本存量的指标，但只在人口普查年 1982、1990、1995 和 2000 年才能得到这些数据。我们后来增加了这些人口普查数据，推导出了分析中所需年份的调查结果。由于这些原因，当使用这些人力资本的替代变量时，可能会出现不精确的地方和测量误差。然而，我们发现初中教育的人口比例对省级经济增长有积极、重要的影响，并且当增长方程中的这个比例出现变化时，初中教育和高等教育的相对人口增加会极大地促进经济增长。这些结果与我们基于学校入学数据所做的研究结果是一致的。

6.4　反事实预测的例证

我们回到根本问题：跨省的增长回归是否可以帮助我们理解为什么中国经济整体上会发展如此之快？我们尝试通过表 6.3 和 6.4 的反事实预测来回答这个问题。具体方法是在模型估计的基础上，通过改变关键变量的平均值来预测经济增长率。由于这些模拟中存在一个尚有疑问的假设，即一个变量的变化不会改变方程式中的其他变量，因此在对经济增长率影响大小的问题上，这些模拟只能阐明变量的大致顺序。然而，如果一个变量产生的反向变化（例如，人力资本形成）能引发另一个变量的反向变化（例如，物质资本形成），那么这些模拟就会低估变量对经济增长的影响。

在整个样本期间内，固定投资与 GDP 之比的平均值为 34.3%。假如这个平均值降低 10%（即 24.3%），表 5.4 基准模型中的系统 GMM 系数就意味着，在保持其他变量不变的情况下，中国人均 GDP 的年增长率将会下降 0.9 个百分点，从 8.0% 下降到 7.1%。同样，中学入学人数占总人口的平均比例为 5.8%。假如这个比例降低 2 个百分点，在保持其他变量不变的情况下，人均 GDP 的增长率将会下降到 6.0%。如果物质资本变量和人力资本变量都这样下降的话，在保持其他条件不变的情况下，中国的人均经济年增长率将会下降到 5.1%。

在经济改革初期，中国是一个低收入国家。[9] 所有最不发达国家（2008 年联合国的分类）的固定资本形成的平均值和中学入学率分别为 17.8% 和 2.3%。[10] 如果将这些数值插入到基准模型中，我们会发现，和最不发达国家的 1.0% 相比，中国的人均 GDP 的年增长率将会只有 2.9%。在这些假设下，中国作为经济增长异常体的地位就会更加动摇了。

表 6.3 人均 GDP 增长率的反事实预测（基准模型）

预测的人均 GDP 的增长率（百分点）	stu_{SEC}/pop			
	平均值（5.79pp）	降低 1pp	降低 2pps	降低到 LDCs 的平均值（2.26pps）
fcf/GDP				
平均值（34.27pps）	8.03	7.02	6.02	4.48
降低 1pp	7.94	6.93	5.92	4.39
降低 5pps	7.57	6.56	5.55	4.01
降低 10pps	7.10	6.10	5.09	3.55
降低到 LDCs 的平均值（17.76pps）	6.50	5.49	4.48	2.95

注释：pp(s) 指百分点；LDCs 指最不发达国家。

表 6.4　人均 GDP 增长率的反事实预测（其他模型）

预测的人均 GDP 的增长率（百分点）	stu_{SEC}/pop			
	平均值（5.79 pps）	降低 1pp	降低 2pps	降低到平均值的一半
创新投资（表 6.1，面板 1）				
$finv_{INNO}/GDP$　平均值（6.85pps）	8.03	6.76	5.50	4.36
降低 1pp	7.76	6.49	5.22	4.09
降低 2pps	7.48	6.21	4.94	3.81
降低 3pps	7.20	5.93	4.66	3.53
降低到平均值的一半	7.08	5.81	4.55	3.41
私人投资（表 6.1，面板 2）				
$finv_{PRIV}/finv_{TOTAL}$　平均值（16.7pps）	8.06	5.30	4.16	3.15
降低 1pp	7.85	5.13	4.00	2.98
降低 3pps	7.46	4.74	3.60	2.58
降低到平均值的一半	6.55	3.83	2.70	1.68
降低到 1978 年的平均值（5.06pps）	6.05	3.34	2.20	1.18
国外直接投资（表 6.1，面板 3）				
fdi　平均值（42.6 亿元人民币）	8.06	6.62	5.20	3.94
减少 10 亿元人民币	7.24	5.83	4.41	3.15
减少 20 亿元人民币	6.42	5.01	3.59	2.33
减少到平均值的一半	6.31	4.90	3.48	2.22
减少 30 亿元人民币	5.60	4.19	2.77	1.51
高等教育入学率（表 6.2）*				
stu_{HIGH}/pop　平均值（0.44pps）	8.06	6.09	4.12	2.96
降低 0.1pps	7.74	5.76	3.79	2.63
降低 0.2pps	7.41	5.42	3.45	2.30
降低到平均值的一半	7.34	5.35	3.38	2.22
降低 0.3pps	7.08	5.09	3.12	1.96

注释： pp(s)指百分点；*表示同时包含中学和高等教育入学人数的回归方程被估算，由于空间不足没有在表 6.2 中显示，但是这两个变量估算出的系数与它们分别代入回归方程中计算时是相似的。

　　考虑一下表 6.4 中物质资本构成的变化所产生的影响。在整个样本期间，中国创新投资的比例平均占 GDP 总量的 6.9%。我们所估算的系数表明，这个变量减少到其平均值的一半会引起人均 GDP 增长率下降 1 个百分点。除此之外，如果再加上中学入学率减少一半所产生的影响，其他条件保持不变的话，那么增长率就会下降到 3.4%。在 1978~2007 年间，省内外国直接投资的平均值为 43 亿元人民币。假如这个数字降到平均值的一半（23 亿元人民币），人均 GDP 的年增长率将会降低 1.7 个百分点，降为 6.3%。在其他条件不变的情况下，如果同时将外国直接投资和中学入学率减少一半的话，增长率将会变为 2.2%。在整个样本期间，中国的个人固定投资平均占 GDP 总量的 16.7%。如果这个比例保持在 1978 年的水平（5.1%），那么年增长率就会降低 2 个百分点，降到 6.1%。除此之外，如果再加上中学入学率减少一半所产生的影响，中国的经济增长率将会下降到 1.2%。

小学之后的教育对经济增长有多重要？在整个样本期间内，中学和高等教育入学人数占人口的比例分别为 5.8% 和 0.4%。假如中学和高等教育的比率都降为它们平均值的一半，经济增长率将会降低 5.8 个百分点，降为年均 2.2%。

从这些简单的反事实的经济实验中可以得出结论，无论是物质和人力资本形成的数量还是其构成部分都对中国经济增长率有潜在的影响。如果将这些输入值降低到仍然处于最不发达状态的经济体（与中国不同）的水平，那么经济增长率也会相应地降到几乎与那些经济体相同的水平。

6.5 快速的资本积累是如何实现的？

按照逻辑，我们的研究结果会引发两个重要的问题：中国快速的物质资本积累是如何实现的？人力资本积累又是如何实现的？每个问题都值得进行专门独立的研究。在第 8 章，我们会相应地分析物质资本的决定因素。在这里，我们不必过多说明快速物质资本积累是由多种因素共同作用的结果，包括经济改革政策的制定、企业投资高利润的保持，以及激励家庭、企业和政府储蓄的强有力的机制；也不必说明效率极低的金融市场并不是一个严重的障碍。

教育入学人数以及入学人数随着时间的增长必须依次得到解释。其中，需求和供给因素都发挥了作用。我们从一些教育背景开始谈起。中央计划经济时期的成功之一就是强调小学教育的政策的实施。除了小学教育之外，中国农村和城市之间的行政和经济差异导致了教育上的城乡差距。在某种程度上，这反映在城市地区的国家教育拨款和农村地区的分散的地区性的拨款。

这种差距自改革时期以来就一直存在,在接受教育的数量和质量上最为明显。例如,在 1988 年,城市和农村成人的平均受教育年限分别为 9.6 年和 5.5 年。14～19 岁的人原本应该是在中学接受教育,但在这个年龄段的抽样调查中,仅 75%的城市人口和 45%的农村人口接受了中学教育(Knight 和 Li 1993: 303, 320)。教育金字塔中初等教育的普及和高等教育的缺乏,再加上大额度的逐步增加的各种补贴,使得许多地方出现了对教育的超额需求。中国的教育经费在高等教育层面的供给很可能已经十分紧张。在很大程度上,教育的扩张依赖于各级政府负责的其他地方所提供的经费。

随着经济改革的进一步发展,教育的个人收益也随之增加了。早在 1998 年,城市改革还处于初期,城市居民的后期中等教育超出小学教育的工资溢价非常低,在 4%左右。但随着劳动力市场的改革,这个数字在 1995 年上升到了 26%,在 2002 年上升到了 33%。城市高等教育超出后期中等教育的工资溢价从 1988 年的 5%上升到 1995 年的 17%,然后至 2002 年的 42%。[11] 在中国农村,尽管教育投入的回报在农业方面很低,但是在向农民工开放的非农业活动中,教育投入的回报要高一些,而且教育也能使农民工更容易参加这些较高收入的活动(Knight 等 2010: 表 2、5、6)。随着本地非农就业和城乡移民就业机会的增多,教育成了增加农民工收入日益重要的一个手段(Knight 和 Song 2005: 表 8.8)。

这些劳动力市场改革和经济结构的变化提高了个人的教育需求。对教育的这种需求在任何情况下都很强烈,因为对教育的尊重以及教育的地位已经深深根植于中国历史当中。例如,在 20 世纪 90 年代后期,高等教育政策发生了剧烈的变化,建造大学的地方迅速增加,充分满足了被压抑的教育需求。1998 年,高等教育的入学人数是 340 万;2008 年上升到 2020 万。因此,入学人数在十年间几乎上涨了六倍。[12] 2007 年,整个中国农村都实施了九年义务教育(小学加上初中)免除学费的政策。然而,在 2002 年,中国家庭收入项目(CHIP)开展了全国农村住户调查,调查结果显示,小学净入学率为 95%,初中净入学率为 90%;而高中净入学率仅有 55%,这表明辍学在农村仍然是个问题(Knight 等 2010: 316)。

6.6 结 论

　　我们对物质和人力资本积累做了较为详细的研究，目的是进一步了解当前的机制。在固定资本投资的所有类型中，贡献最大的要数"创新投资"而不是"基本建设投资"，而"其他固定资产的投资"，例如房地产，却没有做出任何贡献。这个结果表明，物质资本投资对经济增长的贡献最大，因为它与技术进步息息相关。按照这种说法，我们预测：一个单位的外国直接投资对经济增长的影响要比一个单位的国内投资的影响大。在解决了变量的规范问题之后，我们得到的证据进一步支持了这个假设。我们将物质投资按照所有权进行分类，然后发现：国有企业份额的增加会减少投资对于经济增长的贡献；集体企业份额的增加对经济增长几乎没有影响；私营企业份额的增加会提高投资对经济增长的贡献。因此，改革进程解放了私营企业，对经济增长十分重要，而扭曲的金融体系仍支持国有企业的发展，这将会阻碍经济增长。

　　中学教育和高等教育对经济增长有积极的影响，其中高等教育对经济的积极影响要大于中学教育，然而小学入学率却对经济增长没有任何影响。事实上，高等教育入学人数与人口的比例系数表明，这个系数每增加 1 个百分点，人均 GDP 的增长率就会增加 2.8 个百分点。20 世纪 90 年代后期对高等教育的忽视可以解释这种变化的敏感性：1998 年，高等教育的入学人数仅占相关年龄人口的 5%。我们使用了系统 GMM 估计并用时间间隔测量了人力资本变量，这些是估算人力资本与经济增长的因果关系的最佳手段。

　　要解决"中国经济为何增长如此之快？"这个根本问题，有必要假设：基于省际变化所估算的一个变量对经济增长的影响可以为估算这个变量对整体经济的影响提供模板。在这个基础上，我们进行了各种反事实的经济实验。我们发现，资本输入的明显减少可能会使中国经济增长率急剧下降，这表明物质和人力资本形成对决定中国令人瞩目的经济增长速度有很重要的作用。早在 1978 年，中国被列为"最不发达国家"。假如在之后的三十年中，中国的物质和人力资本投资仍处于最不发达国家的平均水平，那么预测的中国经济增长率不可能比最不发达国家的实际经济增长率高出许多。

　　我们还简要讨论了促成物质和人力资本快速积累的各种因素。其中包括：经济改革时期各种强劲的激励措施促使家庭、企业和政府存款；通过增加教育的工资溢价，劳动力市场改革使得对教育的需求迅速上升，因此政府增加了教育的供应量来解决这个问题。

在本章，我们使用并扩展了基准增长方程来研究生产要素的积累对中国经济增长所做出的贡献。这些生产要素在决定经济增长的过程中是类似的。然而，在基准方程中对经济增长造成的其他影响是这些生产要素的基础。这些影响的决定因素我们会在第 7 章进行探讨。

附录 6.1　详细的变量定义

表 A6.1　详细的变量定义

变量	定义	单位
因变量		
$g_{i,t}$	省内的实际人均 GDP 增长率	比例
自变量		
1.物质资本形成		
(1) 按国民核算分类		
gcf/GDP	资本形成总额与 GDP 之比	比例
fcf/GDP	固定资本投资与 GDP 之比	比例
inven/GDP	存货投资与 GDP 之比（$inven/GDP = gcf/GDP - fcf/GDP$）	比例
(2) 按用途分类		
finv$_{TOTAL}$/GDP	全社会固定资产投资与 GDP 之比	比例
finv$_{CC}$/GDP	用于基本建设的固定投资与 GDP 之比	比例
finv$_{INNO}$/GDP	用于创新的固定投资与 GDP 之比	比例
finv$_{OTHER}$/GDP	其他用途的固定投资与 GDP 之比	比例
(3) 按所有权分类		
finv$_{SOE}$/*finv$_{TOTAL}$*	国有单位对固定资产的投资与全社会固定资产投资之比	比例
finv$_{COL}$/*finv$_{TOTAL}$*	集体所有制单位对固定资产的投资与全社会固定资产投资之比	比例
finv$_{PRIV}$/*finv$_{TOTAL}$*	私营单位对固定资产的投资与全社会固定资产投资之比	比例
(4) 国内投资与国外投资		
finv$_{DOM}$/GDP	国内固定投资与 GDP 之比	比例
fdi/GDP	国外直接投资与 GDP 之比（国外直接投资采用国际金融统计和国际货币基金组织的标准汇率转换成人民币）	比例
fdi	国外直接投资总量（国外直接投资采用国际金融统计和国际货币基金组织的标准汇率转换成人民币）	十亿元人民币

续表

变量	定义	单位
$finv_{DOM}$	国内投资总量	十亿元人民币
2. 人力资本形成		
stu_{PRIM}/pop	小学入学人数与年末总人口之比	比例
stu_{SEC}/pop	中学入学人数与年末总人口之比	比例
stu_{SECREG}/pop	普通中学入学人数与年末总人口之比	比例
stu_{HIGH}/pop	高等教育入学人数与年末总人口之比	比例
$stu_{UNI\&COL}/pop$	大学和学院入学人数与年末总人口之比	比例
$stu_{SEC\&HIGH}/pop$	中学和高等教育入学人数与年末总人口之比	比例
3. 其他控制变量		
$lny_{i,t-1}$	初期的实际人均 GDP 的对数	1990 元人民币
$popngr$	人口的自然增长率=出生率-死亡率	比例
$export/GDP$	出口额与 GDP 之比（出口额采用国际金融统计和国际货币基金组织的标准汇率转换成人民币）	比例
ind_{SOE}/ind_{TOTAL}	国有企业产值与工业总产值之比	比例

注释: 所有变量都按 1990 年的不变价格来计算，物价指数根据各个省份的具体情况而定。以上是 1978～2007 年各省份的数据。

注释

1. 本章参考了 Ding 和 Knight (2011)书中的内容。

2. 资本基本建设投资是指企业或其他机构的新建项目或扩建项目，目的是扩大生产能力或提高工程效率。创新投资包括企业和其他机构对固定资产的更新以及对原有设施进行技术创新。其他固定资产投资包括房地产开发投资、自然资源（石油、煤炭、矿石等）的维护和开采以及未列入基本建设投资和创新投资的其他建设和固定资产的购买。详细的变量定义见附录6.1。

3. 参考 Allen 等（2005）和 Guariglia 等（2011）。

4. 例如 Gemmell (1996) 和 Temple (1999a)。

5. 中等教育包括初中和高中、中等专业学校、职业中学、技术培训中学教育。普通中学只包括初中和高中。高等教育包括大学和学院以及本科生的自学项目。

6. 小学入学人数占总人口之比从 1978 年的 15%降到 2006 年的 8%。

7. 例如，Barro (1991)和 MRW (1992)。

8. 例如，Chen 和 Fleisher (1996)以及 Demurger (2001)。

9. 根据世界银行公布的世界发展报告（1981），1979 年中国的人均国民生产总值（GNP）为 260 美元，在世界最贫困的国家中排名第 22 位。

10. 最不发达国家的固定资本形成与 GDP 的比例和总人口的数据来自世界发展指标（2008 年 4 月版）。

11. 参考 Knight 和 Song (2005，表 3.2) 以及 Knight 和 Song (2008，表 2)。

12. 国家统计局，中国统计年鉴（2009 年），表 20～26。

参考文献

Allen, Franklin, Jun Qian, and Meijun Qian (2005), 'Law, finance, and economic growth in China', *Journal of Financial Economics*, 77: 57～116.

Barro, Robert (1991), 'Economic growth in a cross section of countries', *Quarterly Journal of Economics*, 106: 407～443.

Benhabib, Jess, and Mark Spiegel (1994), 'The role of human capital in economic development: evidence from aggregate cross-country data', *Journal of Monetary Economics*, 34: 143～473.

Blomström, Magnus, Robert Lipsey, and Mario Zejan (1996), 'Is fixed investment the key to economic growth?', *The Quarterly Journal of Economics*, 111: 269～276.

Bond, Stephen, Anke Hoeffler, and Jonathan Temple (2001). 'GMM estimation of empirical growth models', CEPR Discussion Paper No. 3048.

Bond, Stephen Asli Leblebicioglu, and Fabio Schiantarelli (2010), 'Capital accumulation and growth: a new look at the empirical evidence', *Journal of Applied Econometrics*, 25, 7: 1073～1099.

Brandt, Loren, and Xiaodong Zhu (2000), 'Redistribution in a decentralized economy: growth and inflation in China under reform', *Journal of Political Economy*, 108: 422～451.

Caselli, Francesco, Gerardo Esquivel, and Fernando Lefort (1996), 'Reopening the convergence debate: a new look at cross-country growth empirics', *Journal of Economic Growth*, 1: 363~389.

Chen, Baizhu, and Yi Feng (2000), 'Determinants of economic growth in China: private enterprise, education and openness', *China Economic Review*, 11: 1~15.

Chen, Jian, and Belton Fleisher (1996), 'Regional income inequality and economic growth in China', *Journal of Comparative Economics*, 22: 141~164.

Chi, Wei (2008), 'The role of human capital in China's economic development: review and new evidence', *China Economic Review*, 19: 421~436.

Démurger, Sylvie (2001), 'Infrastructure development and economic growth: an explanation for regional disparities in China', *Journal of Comparative Economics*, 29: 95~117.

Ding, Sai, and John Knight (2011), 'Why has China grown so fast? The role of physical and human capital formation', *Oxford Bulletin of Economics and Statistics*, 73, 2: 141~174.

Easterly, William, and Ross Levine (2001), 'What have we learned from a decade of empirical research on growth? It's not factor accumulation: stylized facts and growth models', *World Bank Economic Review*, 15: 177~219.

Fleisher, Belton, Haizheng Li, and Min Qiang Zhao (2010), 'Human capital, economic growth and regional inequality in China', *Journal of Development Studies*, 92: 215~231.

Gemmell, Norman (1996), 'Evaluating the impacts of human capital stocks and accumulation on economic growth: some new evidence', *Oxford Bulletin of Economics and Statistics*, 58: 9~28.

Guariglia, Alessandra, Xiaoxuan Liu, and Lina Song (2011), 'Internal finance and growth: microeconometric evidence on Chinese firms', *Journal of Development Economics*, 96, 1: 79~94.

Islam, Nazrul (1995), 'Growth empirics: a panel data approach', *The Quarterly Journal of Economics*, 110: 1127~1170.

Javorcik, Beata (2008), 'Can survey evidence shed light on spillovers from foreign direct investment?' *The World Bank Research Observer*, 23: 139～159.

Jones, Derek, Cheng Li, and Ann Owen (2003), 'Growth and regional inequality in China during the reform era', *China Economic Review*, 14: 186～200.

Knight, John, and Li Shi (1993), 'The determinants of educational attainment in China', in Keith Griffin and Zhao Renwei (eds.), *The Distribution of Income in China*, London: St Martin's Press.

————and Quheng Deng (2010), 'Education and the poverty trap in rural China: closing the trap', *Oxford Development Studies*, 38, 1 (March): 1～24.

Knight, John, and Lina Song (2005), *Towards a Labour Market in China*. Oxford: Oxford University Press.

——and ——(2008), 'China's emerging urban wage structure, 1995–2002', in Björn Gustafsson, Li Shi, and Terry Sicular (eds.), *Inequality and Public Policy in China*, Cambridge: Cambridge University Press: 221～242.

Levine, Ross, and David Renelt (1992), 'A sensitivity analysis of cross-country growth regressions', *American Economic Review*, 82: 942～963.

Li, Hong, Zinan Liu, and Ivonia Rebelo (1998), 'Testing the neoclassical theory of economic growth: evidence from Chinese provinces', *Economics of Planning*, 31: 117～132.

Liu, Xiaohui, Peter Burridge, and Peter Sinclair (2002), 'Relationships between economic growth, foreign direct investment and trade: evidence from China', *Applied Economics*, 34: 1433～1440.

Mankiw, Gregory, David Romer, and David Weil (1992), 'A contribution to the empirics of economic growth', *The Quarterly Journal of Economics*, 107: 407～437.

Naughton, Barry (2007), *The Chinese Economy, Transitions and Growth*, Cambridge, Mass: The MIT Press.

Pritchett, Lant (1999), 'Where has all the education gone?' *The World Bank Economic Review*, 15: 367～391.

Qin, Duo, Marie Anne Cagas, Pilipinas Quising, and Xin-hua He (2006), 'How much does investment drive economic growth in China', *Journal of Policy*

Modelling, 28: 751~774.

Riedel, James, Jing Jin, and Jian Gao (2007), *How China Grows: Investment, Finance and Reform*, Princeton: Princeton University Press.

Romer, Paul (1990), 'Are non-convexities important for understanding growth?' *American Economic Review*, 80: 97~103.

Sala-i-Martin, Xavier (1997), 'I just ran two million regressions', *American Economic Review*, 87: 178~183.

Scott, Maurice Fitzgerald (1989), *A New View of Economic Growth*, Oxford: Clarendon Press.

——(1993), 'Explaining economic growth', *American Economic Review, Papers and Proceedings*, 83: 421~425.

Temple, Jonathan (1999a), 'The new growth evidence', *Journal of Economic Literature*, 37: 112~156.

——(1999b), 'A positive effect of human capital on growth', *Economics Letters*, 65, 1: 131~134.

Wei, Shang-Jin (1995), 'Open door policy and China's rapid growth: evidence from city-level data', in Takatoshi Ito and Anne Krueger (eds.), *Growth Theories in Light of the East Asian Experience*, Chicago: University of Chicago Press.

Yao, Shujie (2006), 'On economic growth, FDI and exports in China', *Applied Economics*, 38: 39~51.

Ying, Long Gen (2003), 'Understanding China's recent growth experience: a spatial econometric perspective', *The Annals of Regional Science*, 37: 613~628.

7

结构调整的作用：贸易、所有权和工业

7.1 引 言

Rodrik (2010)认为，结构转型对发展中国家的经济增长十分重要，而这种结构转型是从（传统的）低生产率活动转向（现代的）高生产率活动。这些现代的高生产率活动生产出大部分都有销路的商品，这些商品主要是工业产品。他还提到应对制度缺陷也十分重要，例如产权保护的缺乏和合同执行不力。这些观点与本章的主题完全一致。我们对中国经济增长成功的一些间接的决定因素进行了探索，其中包括行业变革、开放度的增大以及制度变革。

我们发现，三种结构调整的形式都促进了经济增长率的提高。每种形式主要代表了效率的提高，使经济向生产边界发展。我们得出的结论是，生产效率的提高是中国经济增长的主要原因。同时，这也强调了结构转型——资源从低生产率活动转向高生产率活动——对促进发展中经济体的经济增长有潜在的重要意义。

在分析这些结构变量时，我们从第 5 章的基准方程开始，然后对各个变量依次进行扩展。我们会研究开放性对经济增长的影响（7.2 节），制度变革对经济增长的影响（7.3 节）以及行业变革对经济增长的影响（7.4 节）。在这几部分，我们会讨论相关的理论和实证文献，给出中国经济的背景信息并对我们的实证结果做出总结。7.5 节是对本章的总结，考虑了各种反事实模拟分析并对"中国为何增长如此之快"的问题做出进一步解释。

7.2 不断扩大的开放度

开放度与经济增长的相关文献

在贸易理论中，根据相对优势、报酬递增的开发以及技术信息的传播，开放度对收入水平产生的静态效果可以从专业化中产生。内生性增长文献广泛分析了开放度对收入增长的影响。[1] 如果更激烈的竞争或者引进新的技术和理念可以提高技术进步率的话，那么经济增长率将会得到永久的提高 (Winters 2004)。开放度影响经济增长的渠道可能在于：可以得到外国投资者或贸易伙伴的技术知识，进入拥有新产品和新投入的市场，运用跨国企业的管理经验以及通过增加创新回报来进行进一步的研发。我们很难凭经验判断对经济增长的影响是过渡性的还是永久性的。无论如何，由于许多实证和理论文献 [2] 都表明过渡期的经济变化可能会持续几十年，因此我们研究的重点在于产出的增长而不是产出的水平。

在许多跨经济体研究中，认为开放度是经济增长的积极力量的假设已经得到证实。例如，Dollar (1992)发现在 95 个样本经济体中，在实际汇率波动和变化的基础上，经济外向度与人均 GDP 的增长之间呈高度正相关关系。Sachs 和 Warner (1995) 认为，开放经济以五个条件的缺失为特征，在 1970～1989 年间的年均增长率比封闭经济要高出 2%，而且经济趋同性仅仅出现在开放经济的样本中。Edwards (1998) 采用九项替代开放度指数分析了 1980～1990 年期间贸易政策和生产率增长之间的关系，发现开放度促进了全要素生产率更快的增长。Frankel 和 Romer (1999)用地理因素作为测量贸易额的工具，研究了贸易和收入水平之间的因果关系以及贸易对后续收入产生影响的各种渠道。Goldberg 等人 (2010)用企业级数据为印度提供了证据，表明贸易自由化产生的新的进口投入产生了实质性的增长效益。

有关开放度与经济增长之间关系的实证研究面临着至少三个问题。首先，对开放度的合适定义取决于要被验证的精确假设。其次，开放度的程度难以测量。Pritchett (1996) 指出，任何一种单一的测量方式都不可能获得贸易政策的本质。Rodriguez 和 Rodrik (2001)认为，如果贸易政策的开放程度很低，这可能不是因为贸易障碍而是其他不良政策的反映。测量一个经济体开放度的好方法是通过指数，这个指数包含所有能够扭曲国际贸易的关税和非关税障碍，相关研究已经朝这个方向努力。[3] 然而，由于贸易政策的国家性，为研究一个国家内各个地区的开放度的指数却并不相关。因此，为了能够准确表示开放度，我们得依赖于贸易额及贸易额的变化量。

再次，开放度与经济增长之间的因果关系很难确定。一方面，开放度是内生性的。在宏观经济层面上，收入增长的提高会导致贸易的增加。[4] 在微观经济层面上，如果是生产效率高的企业出口，那么效率和出口可能呈正相关。[5] 另一方面，因为贸易政策通常只是促进经济增长的许多政策中的一个，所以贸易政策的衡量很可能与增长回归中所省略的变量相联系，这便很难识别开放度的因果关系。[6] Baldwin (2003)认为，如果贸易自由化确实是更广泛的一揽子政策中的一部分，那么就没有必要孤立贸易自由化对经济增长的影响。然而，对于开放度对经济增长的影响，如果我们要避免有偏差的或虚假的估计，那么我们需要解决计量经济学中的难题——内生性和省略变量的问题。

中国的贸易改革

改革前的中国对外贸易体制是进口替代的一个极端例子，其中包括行业垄断和严格控制的外汇体制。对外贸易的主要作用是通过进口来弥补国内的短缺商品，并且在这个规划框架下，通过出口解决国内商品的过度供应。最初的贸易改革的特点是将贸易权下放到地方政府、工业部门和生产性企业。在设立四个经济特区（SEZs）的过程中，改革首先从广东和福建开始，发挥其毗邻香港特区的优势并促进出口加工生产。20 世纪 80 年代中期，"沿海开发战略"的实施使得沿海省份各种类型的企业都签订了加工装配合同。为了激励公司迎接外国贸易，人民币逐渐贬值，放宽了严格的外汇管制。1986 年引进了双重汇率体制，计划外的出口商可以以更高的价格在监管宽松的二级市场出售其外汇收入。

20 世纪 90 年代中期，中国开始向真正的开放型经济的方向发展。1994 年，中国推出了一个改革外汇体制的全面方案，包括统一双轨汇率体制、废除外汇留成体制和交换体制，以及简化获取和使用活期存款账户交易中的外汇程序。这些改革措施使汇率相对稳定，同时也稳定了贸易环境。中国开始降低关税，为成为世贸组织成员做准备：平均名义关税阶段性地从 1992 年的

43%降到 1999 年的 17%（Naughton 2007）。加入世贸组织之后的前景是引发中国贸易改革的一个强有力的动机。

大量的文献都谈到了中国开放度与经济增长之间的关系。有关中国经济的增长由出口主导的假设一直备受争议。我们将重点放在更正规的测试上。Wei（1995）用两个市级数据集研究了中国的门户开放政策对经济增长的影响。他所做的横截面研究表明，如果将 20 世纪 80 年代作为一个整体进行研究，出口与城市间更快的工业增长呈正相关，然而在 20 世纪 80 年代后期，跨市的经济增长差异是由外国直接投资引起的。Liu 等人（2002）使用 1981～1997 年的季度全国数据和时间序列的协整框架，结果发现，在经济增长、进口、出口和外国直接投资之间存在双向的因果关系。Yao（2006）对 1978～2000 年进行了数据面板分析，发现出口和外国直接投资对经济增长都有强力、积极的影响，并得出结论，这三个变量的相互作用在中国的开放度和经济增长之间形成了良性循环。

在这些文献中也有企业方面的证据。Kraay（1999）使用了 1988～1992 年间中国工业企业的面板数据，研究了企业是否在出口过程中学习。他发现，过去的出口使公司业绩有了显著提高，并且对已建立起来的出口公司来说，学习的效果更为显著。Park 等人（2010）分析了中国制造业的面板数据以及作为出口工具的汇率震荡（公司特有的），发现出口使全要素生产率、总销售额及资产收益率都得到了提高，因而证实了"从做中学"的假设。这些中国特有的研究结果与 Bernard 等人（2007）的普遍观点不同，他们在一篇调查性文章中认为，出口公司的高生产力不是因为出口而是因为只有生产力高的公司才能够负担起进入出口市场的成本。

我们的研究结论

我们使用了两组评估方法来探索在改革时期开放度对推动中国经济增长的作用。[7]这两组评估方法在系统 GMM 估计中被认为是潜在的内生变量。第一组通过贸易额来进行估算。贸易强度最基本的评估方法是简单的贸易份额（trade/GDP），是进出口总额与 GDP 之比。我们也用到了 GDP 中的出口份额和进口份额（export/GDP 和 import/GDP）。出口促进经济增长的方式是使经济能够发挥出其相对优势，并且使从事出口的企业经历残酷的国际竞争。

然而，Edwards（1993）认为，之前的文献过分强调了出口。相对优势理论还预测，进口一些在国内生产过于昂贵的商品和服务可以产生效率增益，而且国内的生产商也能受到来自进口竞争的激励。Rodrik (1999) 研究了四种类型的进口（理念、商品和服务、资本以及制度），甚至声称，开放度带来的收益来自进口而并非来自出口。我们假设出口和进口对一个国家的经济发展同样重要，它们是相互补充的，而不是彼此的替代品，这与 Yanikkaya (2003) 的观点一致。

在表 7.1 中，面板 1 显示了贸易额及其两个组成部分的结果。我们发现，贸易份额、出口份额以及进口份额在 GDP 中所占比重都对人均 GDP 增长率有重要、积极的影响。出口和进口的系数大小相似，这表明贸易开放度的这两个方面有同样重要的作用。也就是说，省内出口和进口与 GDP 之比每上升 1 个百分点，人均 GDP 增长率会随之上升 0.08 个百分点。

中国开始贸易自由化的时候还是世界上最封闭的经济体之一：在 1978 年，其贸易总额占 GDP 的比例刚刚超过 10%（图 7.1）。随着门户开放政策的实施，中国融入世界经济一体化的程度已经得到显著提高；2006 年的贸易总额占 GDP 的比重已达到了 72%。出口和进口作为 GDP 的一部分，它们的份额一直快速持续地攀升，尽管在 20 世纪 80 年代末和 90 年代末遇到了两次倒退。中国是一个庞大的净进口国，进口资本密集型以及技术密集型商品的半成品，例如机械、电子以及重型的和工艺技术类的工业产品；中国也是一个庞大的净出口国，出口最终劳动密集型商品（Naughton 2007）。由于中国是一个劳动力丰富、土地稀缺和资本稀缺的经济体，因此这种模式的进口和出口与相对优势原则相当吻合。

表 7.1 开放度对经济增长的影响

面板 1. 贸易额

	trade/GDP	export/GDP	import/GDP
系数	0.042**(0.010)	0.083**(0.022)	0.076**(0.016)
AR(2)p 值	0.368	0.421	0.335
汉森 p 值	0.741	0.728	0.783
差分 Sargan p 值	0.689	0.647	0.495
工具变量数目	26	26	26
样本数目	149	149	149

续表

面板 2. 贸易额的变化

	tradegr	*exportgr*	*importgr*
系数	0.147**(0.028)	0.153**(0.024)	0.073**(0.023)
AR(2)*p* 值	0.426	0.645	0.308
汉森 *p* 值	0.610	0.768	0.628
差 Sargan *p* 值	0.474	0.450	0.404
工具变量数目	26	26	26
样本数目	148	148	148

注释：以上数据报告了面板数据系统 GMM 的结果；括号内为标准误差，与异方差一致并且按省份聚集；模型选择程序负责选择控制变量，即 $lny_{i,t-1}$, fcf/GDP, stu_{SEC}/pop, $popngr$ 和 ind_{SOE}/ind_{TOTAL}，其中 $lny_{i,t-1}$ 被视为预决的变量，$popngr$ 被视为外生变量，其他所有的变量都被视为内生变量；时间虚拟变量被考虑在内；**和*分别表示在 5%或 10%的显著水平上系数从零开始出现显著差异。

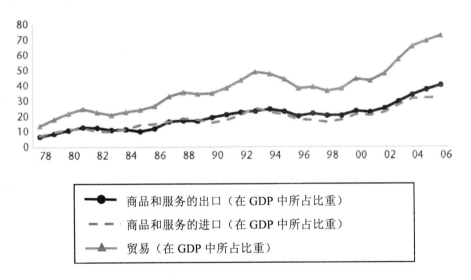

图 7.1　中国经济的贸易额：出口、进口和贸易，占 GDP 的百分比，1978～2006

数据来源：世界银行，《世界发展指标》(2008 年 4 月版)。

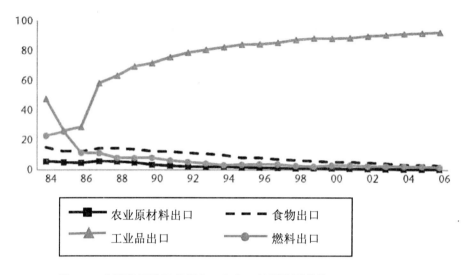

图 7.2　中国出口的组成部分，占出口总额的百分比，1984～2006

数据来源：世界银行，《世界发展指标》（2008 年 4 月版）。

　　假如贸易结构没有发生明显变化的话，贸易额也不可能有加速经济增长的作用。图 7.2 反映了 1984～2007 年间中国出口构成的这些变化。出口明显转向了工业品，以自然资源为基础的产品出口比例下降，例如农业原材料、食物和燃料。这种变化使未来的出口增长更为迅速，也能提高生产效率。相比之下，在其他经济增长较慢的发展中地区，例如撒哈拉以南的非洲地区，仍然严重依赖初级产品的出口，更容易受到不利的市场条件的冲击。对经济增长产生影响的不仅仅是国家出口额的多少，也包括出口商品的类型。

　　第二组有关开放度的测量标准是在贸易额的基础上进行设定的。Dollar 和 Kraay (2004)认为，贸易额是潜在的内生变量，可能反映出除了贸易政策以外的许多因素，例如地理特征。然而，地理特征和许多其他未被观测的国家或地区特征对推动经济增长和贸易的作用在不同的时期变化不大，因此他们认为，贸易额占 GDP 比例的变化是衡量开放度更好的一种方式。然而，Nye 等人 (2002) 认为，贸易额增幅最大的国家很可能本来的贸易额就是最少的，因而也是开放度最差的。然而，我们使用了其他变量来衡量开放度：贸易额的变化量（*tradegr*）、出口额（*exportgr*）和进口额（*importgr*）。我们发现，这些变量对经济增长率都有重要、积极的影响，即出口或进口的增长率每上升 1 个百分点，人均 GDP 的增长就会相应分别增长 0.2 或 0.1 个百分点（表 7.1，面板 2）。

总之，中国的外贸改革一直是从进口替代转向出口鼓励的一个过程，转变方式是下放外贸经营权和放宽外汇体制。因此，中国的贸易额大幅提升。我们发现，无论是贸易份额在 GDP 中所占比重的水平还是其变化都能够促进经济增长，后者的作用更为显著。出口和进口都对经济增长有积极的影响，但前者的变化所产生的影响更为明显。

7.3 制度变革

制度与经济增长的相关文献

制度是支配和影响人类之间交流活动的法则，经济激励的组织者（North 1990: 3）。制度框架包括正式的实体和非正式的实体，前者例如法律、宪法、书面合同、市场交流以及组织规则，后者例如共同价值观、规范、风俗、伦理以及意识形态（Lin 和 Nugent 1995）。人们普遍认为，制度在经济发展和增长中起着重要的作用。Hall 和 Jones (1999) 以及 Acemoglu 等 (2005) 认为，在标准的经济模型中，要素积累和内生的技术变革是经济增长唯一贴切的解释，然而各个国家制度的不同是造成其经济增长差异的根本原因。Lin (2007) 强调了制度变革在推动经济发展中的作用，这种作用是通过技术创新和更有效的资源分配实现的。

对制度和经济增长的研究引出了三个相关问题——概念、措施和因果关系。与 Knack 和 Keefer (1995) 所做的研究一样，Acemoglu 等 (2001, 2005) 探讨了广义概念上的产权；Mauro (1995) 研究了腐败、行政和司法效率以及政治稳定；Hall 和 Jones (1999) 讨论了"社会基础设施"。在每一种情况下，对于这些模糊的、潜在的内生性影响，我们必须找到相应的指标和工具。

市场形成在中国非常迅速，而且各省市场形成的时间顺序不同。学者们已经展开了一些跨省的研究，内容是制度变革对经济增长的影响。[8] 例如，Lin（1992）采用生产函数的方法进行研究，评估了改革期间的制度变化（分权决策和提供激励措施）对中国农业增长所做出的贡献以及其他影响。研究结果发现，由生产大队向家庭联产承包责任制的转变提高了全要素生产率，大约占 1978～1984 年间产量增长的一半。Cai 等人 (2002) 构建了一个市场化指数 [9] 来研究以市场为导向的制度改革对经济增长的影响。基于 OLS 和 FGLS 的估计量,他们发现制度因素对经济增长有重要的、积极的影响。Hasan 等人 (2009) 从面板数据 GMM 估计的结果中得到的结论是:1986～2003 年间,很多因素都促进了省级的经济增长,其中包括市场经济的出现、可靠的产权的建立、私营部门的增长、金融和法律机构的发展以及省级管理中对小团体利益的代表。

所有权是衡量中国制度的一个指标

可以说,许多发展中国家的制度很脆弱,因为确保产权使用和交易的规则缺失或者是执行不力。[10] 然而,由于是为中央计划命令经济设立、创造的制度,因此在经济改革初期,中国处于极其不利的地位。在制度改革中,中国政府致力于经验主义和渐进主义。一个小的改革措施的推进往往会产生对另一个改革的需求,以此类推。因此,新的经济制度在累积的因果关系过程中形成。和大部分发展中国家相比,中国的制度改革速度很快;但和大部分前社会主义国家相比,这个改革速度很慢。

中国制度改革的一个显著特点是出现了新的所有制形式。在 20 世纪 80 年代和 20 世纪 90 年代初期,集体所有的乡镇企业(TVEs)的规模明显扩大,进一步促进了中国走向市场经济。在促进中国农村工业快速发展的因素中,最重要的一个是进入了以前受保护的或空白的市场,这些市场的竞争优势来自低工资和当地政府的支持。Jefferson 等人 (1998) 发现的经验性证据表明,乡镇企业与国有企业相比有制度优势。与国有企业不同,乡镇企业面临相对较严格的预算约束,因此能够产生利润激励作用。乡镇企业的进入也为国有企业创造了竞争氛围。然而,私营企业受到的限制逐渐放宽,城市改革也激励国有企业寻求获利的机会使其成功地与私营企业进行竞争,乡镇企业在这个时候就开始失去了赢利能力;在 20 世纪 90 年代中期以后,许多乡镇企业被转化为私营企业。

1992 年,邓小平先生的"南方讲话"打开了新的局面。1994 年颁布的《公司法》提供了一个统一的法律框架,囊括了各种所有制形式,这标志着更为明确的产权定义被引入,引人注目的制度变革开始了。所有的这些都反映为"国营"部门的迅速精简。许多国有企业和城市集体企业(UCEs)倒闭了,在 1995 年和 2006 年，国有企业和城市集体企业的就业分别缩减了 40%和 75%，甚至更多。[11] 其中一大部分或者被私有化，或者变成股份制实体，这些股份制实体后来也逐渐被私营业主控制。[12] 然而，国有企业仍然支配着能源、自然资源和一些战略或垄断部门，这些部门由中央政府控制和保护。

经济制度包括几个要素。在中国的背景下，决策权的分配、决策者的动机、决策者所面临的激励以及做出决策时经济的稳定和安全程度都被称为"产权"（Jefferson 等，1988）。同时，决定生产者之间竞争程度的经济环境也与此相关。不同的所有制形式与产权和竞争都密切相关。允许私有化和鼓励民营企业的政策既对利润以及效率产生激励作用，也要求财产安全。尽管城市改革使国有企业在生产和投资决策上有了更大的自主权，也使其保留了更大份额的利润，但是国家所有制内在的委托—代理问题意味着国有部门的效率和赢利能力仍然低于非国有部门。改善激励机制、加强竞争以及改变所有权是体制变革中的三个主要组成部分，它们共同发展并相互促进。

在整个样本期间，很难发现能够充分衡量中国省级水平制度发展的数据。我们找到了很好的衡量手段，既不是以上所定义的产权，也不是竞争水平。经济制度的演变与所有制结构的变化是同步的，我们的研究是在这个事实的基础上进行的。为了找到能够代表制度变革的要素，我们使用了三组变量：投资的所有权模式、工业产值的所有权模式以及就业的所有权模式。并不是只有我们采用了这种研究方法：在中国，私营部门的相对规模被广泛用来代表产权保护的程度。[13] 在我们的面板数据 GMM 估计中，所有的制度衡量因素都被看成潜在的内生变量。

我们的研究结论

如表 7.2 面板 1 所示，固定资产投资按所有权可分为：国有企业的投资（$finv_{SOE}/finv_{TOTAL}$）、集体企业的投资（$finv_{COL}/finv_{TOTAL}$）以及民营企业的投资（$finv_{PRIV}/finv_{TOTAL}$）。我们所做的估计与 Brandt 和 Zhu（2000）的研究结果一致，人均 GDP 增长率下降的同时，国有企业的投资份额会增加，即固定投资总额中，国有企业的份额每减少 0.1 个百分点，人均 GDP 增长率就会随之增加 0.1 个百分点。因此，近来固定投资中国有企业份额的减少促进了经济增长。集体企业投资的系数对经济增长几乎没有影响。集体经济由乡镇企业和城市集体企业组成。一般来说，前者一直是动态的，尤其是在 20 世纪 80 年代，而后者由地方政府控制，仍然受到一些不利于经济发展的因素的制约，这些因素与软预算约束和委托—代理问题有关。因此，有关集体企业对经济增长的影响，我们不能做出明确的假设。私营部门的投资对经济增长有积极的影响，即这个变量每增加 1 个百分点，经济增长率就会随之上升 0.17 个百分点。有证据表明，私营部门投资的平均回报是高于国有企业的（Riedel 等 2007：40～42），我们的研究结果与这个观点是一致的。

在表 7.2 中，我们采用国有企业中工业总产值的份额（ind_{SOE}/ind_{TOTAL}）、集体企业中工业总产值的份额（ind_{COL}/ind_{TOTAL}）以及民营企业中工业总产值的份额（ind_{PRIV}/ind_{TOTAL}）作为代表制度变革的变量。与我们预测的结果一致，国有企业中工业总产值的份额对人均 GDP 增长率有负面的影响，集体企业对其几乎没有影响，而民营企业对其有积极的影响。在面板 3 中，我们采用就业作为衡量手段，得到的结果与以上类似。国有部门规模的扩大对经济增长有负面的影响，而私营部门的扩张却有利于经济增长。因此，经济的重心由国营部门转向私营部门是一个积极的变化。

表 7.2　体制变革对经济增长的影响

面板 1. 投资的体制变革

	$finv_{SOE}/finv_{TOTAL}$	$finv_{COL}/finv_{TOTAL}$	$finv_{PRIV}/finv_{TOTAL}$
系数	-0.089**(0.019)	-0.062(0.069)	0.167**(0.071)
AR(2)p 值	0.947	0.888	0.853
汉森 p 值	0.738	0.732	0.601
差分 Sargan p 值	0.295	0.681	0.211
工具变量数目	26	26	26
样本数目	149	149	149

面板 2. 工业产值的体制变革

	ind_{SOE}/ind_{TOTAL}	ind_{COL}/ind_{TOTAL}	ind_{PRIV}/ind_{TOTAL}
系数	-0.028*(0.017)	0.012(0.022)	0.042**(0.018)
AR(2)p 值	0.421	0.738	0.899
汉森 p 值	0.728	0.616	0.762
差分 Sargan p 值	0.647	0.758	0.740
工具变量数目	26	26	26
样本数目	149	124	124

面板 3. 就业的体制变革

	wor_{SOE}/wor_{TOTAL}	wor_{COL}/wor_{TOTAL}	wor_{PRIV}/wor_{TOTAL}
系数	−0.201**(0.039)	−0.039(0.041)	0.157**(0.029)
AR(2)p 值	0.543	0.685	0.284
汉森 p 值	0.650	0.722	0.719
差分 Sargan p 值	0.521	0.672	0.773
工具变量数目	26	26	26
样本数目	149	149	149

注释：以上数据报告了面板数据系统 GMM 的结果；括号内为标准误差，与异方差一致并且按省份聚集；模型选择程序负责选择控制变量，即 $lny_{i,t-1}$, gcf/GDP, stu_{SEC}/pop, $popngr$ 和 ind_{SOE}/ind_{TOTAL}，其中 $lny_{i,t-1}$ 被视为预决的变量，$popngr$ 被视为外生变量，其他所有的变量都被视为内生变量；时间虚拟变量被考虑在内；**和*分别表示在 5%或 10%的显著水平上系数从零开始出现显著差异。

简而言之，我们发现，中国的经济增长在一定程度上是由国家的经济制度所促成的。无论是将投资、产值还是就业作为衡量标准，国家所有权的减少和私人所有权的增加所产生的影响都是促进经济增长。私营部门对利润的激励产生了对效率的激励，因此对经济增长是一种推动力。中国的经验表明，渐进式的变革可以正确地激励人们，通过这种变革有可能使经济在薄弱的制度基础上出现快速增长，从而使中央计划经济成功过渡到运转良好的市场经济。这与 Rodrik (2003) 的观点一致，在经济过渡的初期，动态的经济增长不需要深入广泛的改革。相反，政府在进行制度变革时应该鼓励并注意地方和个人的主动性（Lin 2007）。

7.4 行业变革和工业化

行业变革、工业化和经济增长相关的文献

在经济发展相关的文献中，行业变革对促进经济增长的作用很早就已经被认可了。首先，在 Lewis (1954) 的开创性的二元经济模型中，从低生产率行业向高生产率行业的转变有利于经济增长。如果劳动力在农业上的边际产量低，将劳动力转移到边际产量高的行业，例如工业，那么总产出会得到提高。其次，制造业从生产外部性的获益比农业从生产外部性的获益要多，这

种说法是值得商榷的（Corden 1974）。一个公司的生产活动不仅仅会产生当前的价值，而且能产生知识的积累。随着时间的推移，知识的积累是可以传播给其他公司的。这种动态外部性可以逐渐减少工业成本。将农业上的产出或就业模式转移到工业可以产生学习型经济，从而提高经济增长率。再次，如果工业部门比农业部门更容易受到规模经济的影响，那么规模相对较大的工业部门能够促使经济更快地增长。

通过对增长回归进行估计，Robinson (1971) 评估了在 1958～1966 年间 39 个发展经济体的要素转移（资本和劳动力）对经济增长所产生的影响。横截面的普通最小二乘估计表明，要素的重新分配对经济增长有重要作用，并且要素市场上存在结构失衡。Feder (1986) 使用类似的方法，构建并估计了一个失衡模型，这个模型是基于 1964～1973 年间 30 个半工业化经济体中农业和非农业部门生产率的差异而构建的。他发现了强有力的证据证明，要素的边际生产力存在行业差异，从而得出结论，追求高速工业增长的经济体往往发展得更快，因为其资源配置得到了改善。然而，两种研究中都存在一个不足之处，即将不同经济体的要素边际生产力的行业差异看作相同的。

有人假设，不同行业和经济体间劳动力转移的障碍会破坏行业边际产量，Dowrick 和 Gemmell (1991)用增长核算对这个假设进行了检验。他们选取了 1960～1985 年间的一些富裕和中等收入经济体作为样本，得到的检验结果表明，不同经济体结构失衡的程度不同，但却与所观察到的行业劳动生产率成比例。当发展水平下降时，不同行业间的劳动力平均生产率也会随之降低。Poirson (2001) 进一步扩展了行业变革和经济增长之间关系的分析，将其放到面板数据的背景之下。在控制了生产率增长的隐性差异和其他省略变量之后，他发现在 1960～1990 年间 65 个工业化的发展经济体中，行业间劳动力的重新分配是造成这些经济体经济增长差异的重要原因。Poirson 进一步证实了 Dowrick 和 Gemmell (1991) 的研究结果，在相对于其他行业的某个行业中，劳动生产率增长的再分配效应随着劳动生产率的变化而变化。当我们在使用工具变量估计方法时，控制住行业变革变量的内生性，这个研究结果是成立的。

Vollrath (2005) 选取了 42 个经济体作为样本，采用了增长核算方法研究要素市场扭曲对综合生产率和收入水平所产生的静态效应。他指出，各个经济体中农业和非农业资源配置失衡的程度差异占人均收入差异的 30%～

40%，占综合全要素生产率的比例达到了 80%。Temple 和 Wößmann (2006) 用动态模型对 Vollrath 的研究进行了扩展，重点放在行业变革和经济增长之间的关系上。在 1960～1996 年间的 76 个经济体中，就业结构的变化可以解释所观察到的生产率增长差异中的重要部分。此外，他们还发现，经济增长和行业变革范围之间的横截面关系是非线性的，由劳动生产率差异所衡量的二元论程度逐渐下降。

二元论和中国的行业变革

在经济改革初期，中国是劳动力过剩经济的一个极端的例子。对衡量过剩劳动力程度所做的各种尝试（如 Taylor 1988 所做的研究）产生了一个大多数人都接受的观点，尽管过剩的劳动力在公社内以工作分担的表象出现，但过剩的劳动力仍约占农村劳动力的三分之一。官方数据显示，农村劳动力占劳动力总数的比例从 1978 年的 71% 下降到 2000 年的 46%。劳动力从农村的农业向城市的工业和农村的工业转移，这很有可能导致边际产量的急剧增加。例如，Knight 和 Song (2005: 188～199) 发现，所估算的 1994 年农业活动中农村劳动力的平均报酬和边际报酬远远高于非农业活动中的报酬，比例分别为 1.5:1 和 10.0:1。此外，农村家庭的非农就业在农务上的机会成本可以忽略不计。Knight 和 Song (2005: 103～109) 还估计，1995 年外出务工人员在城市企业中的边际产量要远远高于他们所得到的工资，这是由官方对就业移民的限制造成的。这个证据解释了为什么农业劳动力的转移对经济增长率有重要的影响。

中国的经济增长文献中，有关行业变革和工业化对经济增长影响的研究受到了越来越多的关注。Brandt 等 (2008) 通过增长核算的方法研究了部门内生产率的增长和部门间的再分配对中国总产值增长的影响。他们构建的三个部门内结构增长模型表明，在 1978～2004 年间非国有的非农业部门是经济增长的主要驱动力。跨省的增长回归文献中也有证据证明这个观点。Chen 和 Feng (2000) 对 1978～1989 年间的经济做了一个横截面分析，发现工业化程度对省级人均 GDP 的增长率有积极的影响，而工业化程度是由作为省级收入百分比的工业总产值来衡量的。Cai 等 (2002) 采用相对于非农业而言的农业劳动生产率来衡量劳动市场的扭曲程度。他们对 1978～1998 年间做出了面板数据估计，结果表明劳动市场的扭曲降低了省级经济增长率。Ying (2003)

研究了中国的结构转型对改革后的经济增长表现所产生的结果。在这个空间滞后模型中，非农就业的增长对省级经济增长做出了重要的贡献。

　　以上所有的研究都没有充分解决有关行业变革变量潜在的内生性问题，在中国的经济增长文献中，没有人从两个部门的二元经济模型的角度来解决这个问题。因此，这就是我们在这个部分要完成的任务。

我们的研究结论

　　第 5 章中使用的两种模型选择程序都没有强调行业变革变量作为经济增长重要的预测因子，因此我们在基准模型中也没有使用这种变量。然而，行业变革变量高度的内生性也可能导致这种结果的出现，但这种内生性在横截面模型选择阶段得不到解释。因此，我们在面板数据的背景下估计了部门间劳动力再分配对省级经济增长的影响，在我们的系统 GMM 估计中，所有的行业变革变量都被视为潜在的内生性变量。行业变革是在两个适合二元经济存在的横截面经济增长模型中对其处理的基础上而引入的。

　　Temple 和 Wößmann (2006) 提出了一个假设，当劳动力的边际产量随着不同的部门而变化时，就业结构的变化会提高总产出。我们先对这个假设进行了检验。他们还假设，经济增长和行业变革之间的关系是凸面关系，即当行业变革加快时，一个给定的行业变革程度对经济增长的影响会更大。凭直觉来讲，如果工资和边际产量大致相等，那么与行业变革相关的增长红利在部门间工资差异范围内会有所增加。换句话说，在工资差异最大的省份中，所观察到的行业变革程度也最大，这反映了通过行业的转换可以获取大量私人收益。

　　在表 7.3 面板 1 中，我们采用了 Temple 和 Wößmann (2006) 的研究方法，在生产的两部门一般均衡模型中对两组行业变革变量进行了定义。[14] 第一组行业变革变量（MGROWTH 和 DISEQ）来自各省产值中的劳动力份额相同的观点。第二组行业变革变量（MGROWTH2 和 DISEQ2）是在另外一个观点的基础上产生的：各省在农业上都有相同的柯布—道格拉斯技术。MGROWTH 和 MGROWTH2 是线性项，反映了非农业部门中的就业变化；DISEQ 和 DISEQ2 是二次项，能够得到凸面效果。我们发现线性项（MGROWTH 和 MGROWTH2）有积极重要的作用，这表明劳动力从农业向非农业部门的重新分配有利于省级人均 GDP 的增长。我们没有发现证据证明

表 7.3　行业变革对经济增长的影响

	第一组行业变革项		第二组行业变革项	
面板 1. 就业的行业变革				
Temple 和 Wößmann 的假设				
MGROWTH 或 MGROWTH2	0.854**(0.243)	1.025**(0.221)	1.977**(0.621)	2.217**(0.497)
DISEQ 或 DISEQ2	1.352(1.731)	4.165 (2.916)	2.186(4.027)	8.267(5.929)
AR(2)p 值	0.189	0.454	0.129	0.101
汉森 p 值	0.791	0.720	0.791	0.645
差分 Sargan p 值	0.748	0.697	0.646	0.619
工具变量数目	28	26	28	26
样本数目	149	149	149	149
Poirson 的假设				
MGROWTH	1.101**(0.224)	1.025**(0.221)		
MGROWTH*RLP	0.011**(0.006)		0.015**(0.007)	
AR(2)p 值	0.201	0.153	0.942	
汉森 p 值	0.736	0.639	0.673	
差分 Sargan p 值	0.791	0.759	0.759	
工具变量数目	28	26	26	
样本数目	149	149	149	
面板 2. 产值的行业变革				
deofin	0.006(0.026)	0.206**(0.041)	−0.058(0.030)	0.259**(0.047)
Δdeofin				
AR(2)p 值	0.455	0.150	0.107	
汉森 p 值	0.761	0.640	0.682	
差分 Sargan p 值	0.613	0.720	0.619	
工具变量数目	26	26	28	
样本数目	149	149	149	

注释：以上数据报告了面板数据系统 GMM 的结果；括号内为标准误差；与异方差一致并且按省份聚集；模型选择程序负责序列聚集；模型选择程序负责选择控制变量，即 $lny_{i,t-1}$、fcf/GDP、stu_{SEC}/pop、$popngr$、$export/GDP$ 和 ind_{SOE}/ind_{TOTAL}，其中 $lny_{i,t-1}$ 被视为预决的变量，$popngr$ 被视为外生变量，其他所有的变量都被视为内生变量；时间虚拟变量被考虑在内；**和*分别表示在 5%或 10%的显著水平上系数从零开始出现显著差异。

经济增长和行业变革之间的凸面关系，这与跨经济体分析（例如，Temple 和 Wößmann 2006；Ding 和 Knight 2009；以及第 4 章的研究）是相反的。当两个行业变革变量共同或单个进入增长回归时，这个结果更为明显。这很好地反映了一个事实，中国各省之间劳动力的流动性不仅仅依赖于个人的决定，也依赖于政府对移民的管制。

我们对 Poirson (2001)的对立假设做了测试，发现劳动力再分配对经济增长的影响取决于部门间劳动生产率差异的大小。该模型中也存在两个行业变革项：非农业部门中劳动力份额的变化（*MGROWTH*），这与 Temple 和 Wößmann (2006)年所做的定义相同；以及由相对劳动生产率所衡量的非农业部门中劳动力份额的变化（*MGROWTH * RLP*）。我们发现，无论是共同还是单个进入回归，这两项都有积极的作用，它们所提供的数据也很重要（表 7.3，面板 1）。因此，我们的研究结果支持了 Poirson 的假设，即劳动力再分配对经济增长的影响越大，相对于农业的非农业平均生产率就越高。

行业的变化也可以被看成工业在总产出中所占份额的变化。我们测试了工业化水平的静态作用和工业化水平的变化在拉动经济增长方面的动态作用（表 7.3，面板 2）。我们假设，工业化程度高的省份经济增长的速度高于工业化程度低的省份。工业化程度（*deofin*）被定义为工业总产值和工农业总产值之比。令人惊讶的是，我们发现工业化程度对省级人均 GDP 的增长几乎没有影响。相反，对经济增长有影响的是产出的行业变革，用工业化程度的增加（*Δdeofin*）来衡量，即在一个省份中，工业产值与总产值之比的增长率每上升 1 个百分点，人均 GDP 的增长率就会上升 0.2 个百分点。因此，促进经济增长的是产出的结构调整，而不是产出的结构。有观点认为，世界贸易激烈化促成的工业增长以及全球化引起的国际分工是中国经济增长的强大推动力。我们的研究结果与这个观点是一致的。

综上所述，中国的经济增长一直与就业和产出上剧烈的行业变革交织在一起。我们的研究结果表明，劳动力从农业向非农业的转移对经济增长做出了显著的贡献。Temple 和 Wößmann (2006)预测行业变革和经济增长之间是凸面的关系，但我们没有发现任何证据来证明这个观点。相反，我们的估计结果却支持 Poirson (2001)的假设，即相对于农业来说，非农业平均生产率越高的省份，重新分配劳动力对经济增长的影响就越大。由农业部门开始，然后转向工业部门的产出结构的变化有利于经济增长。然而，在中国的各个省份，高水平的工业化和经济更快速的增长没有关系。在进行了各种灵敏度测试之后，我们的这个研究结果仍然成立。[15]

7.5 结论

在这一章，我们重点研究了影响中国经济增长的多种潜在因素。通过使用第 5 章的论述框架，我们详细地调查了对经济增长产生影响的三种结构变量。我们对结构和结构调整做了区分。在贸易和所有权领域，经济结构本身会影响增长率，但在生产领域则不会。贸易部门或私营经济部门发达的省份，经济增长率提升明显。尽管如此，经济结构的调整更加重要。在经济改革期间，中国整体上经历了三种形式的剧烈的结构调整，每一种都可以解释中国经济的显著增长。其中两种尽管不太剧烈，但可能在其他发展中国家也有同样的情况。只有私有化是过渡时期的特征而不是发展时期的特征。

无论是出口还是进口，贸易份额在国民生产总值中的变化一直都对经济增长有积极的影响。如果提出一个反事实的问题"如果贸易比例持续不变的话，经济增长率会发生变化吗？"，我们发现，在我们的研究周期中，中国各省年均 GDP 增长率为 8.1%，而贸易增长率为年均 18.1%。此种结构调整对经济增长的贡献每年不低于 3.2 个百分点。资源配置的改善、技术的引进和开放性所带来的竞争都有利于经济增长，我们的研究结果与这个观点相一致。

经济领域的快速私有化对经济增长贡献很大，仅次于贸易。无论使用投资、产出还是就业作为标准，我们发现私有化对经济增长的影响是正面的。在整个时期，私有企业的产出平均占中国工业总产出的 22.0%。如果私有企业的产出仍然像 1978 年那样，占总产出的 1.2%，中国的经济增长率可能会降低 0.7 个百分点，变成年均增长 7.4%。这一模式与激励措施的改善是一致的，如果对利润的追求可以发挥更大的作用，那么就可以改善激励措施。

第三，很显然，显著的行业变革对经济增长的贡献很重要。非农业领域就业率的份额在样本期间每年增长 1 个百分点。假如没有这种变化，在其他变量保持不变的情况下，这就意味着中国人均 GDP 将会降低 1 个百分点，从每年 8.1% 降至每年 7.1%。

如果在模型估计的基础上改变关键变量的平均值，那么这些简单的模拟就会含有一个尚有疑问的假设，即一个变量的变化不会改变方程式中的其他变量。三种形式的结构调整很可能存在密切的联系。因此我们估算的方程式中同时包含了贸易开放性、工业产出中的私营份额以及部门变化等三个变量。结构调整的全部影响加起来可以达到 4.1%。还存在一种可能性，即在增长回归中，这几种形式的结构调整变量会与其他变量相互作用，例如物质和人力资本形成，所以即使是它们的共同影响也不能孤立地来看。因此，根据这几种结构调整对经济增长贡献大小的不同，我们用了这些数字来阐明它们的大致顺序。

　　结构调整是资源从低生产率活动向高生产率活动转移，它对促进发展中经济体的经济增长有潜在的影响。本章重点强调了结构调整的这种影响。Rodrik (2010) 认为，高速增长的经济体是那些能够快速地从低生产率部门向高生产率部门转变的经济体，即向非传统的贸易商品生产部门转移，这可以产生重要的"学习外部效应"。本章的研究为 Rodrik (2010) 的观点提供了实证支持。

　　这三种形式的结构调整离生产边界越近，就越能提高经济效率。结构调整同时也包含生产中的外部经济活动，例如从贸易开放或从更强的研发动机中改进技术。然而，生产可能性曲线的延伸主要还是来自物质和人力资本的积累——这在第 6 章同样的模板框架中已经做过分析。

附录 7.1　详细的变量定义

表 A7.1　详细的变量定义

变量	定义	单位
因变量		
$g_{i,t}$	省内的实际人均 GDP 增长率	比例
自变量		
1. 开放程度		
(1) 贸易额		
trade/GDP	进出口额与 GDP 之比（进出口额采用国际金融统计和国际货币基金组织的标准汇率转换成人民币）	比例
export/GDP	出口额与 GDP 之比（出口额采用国际金融统计和国际货币基金组织的标准汇率转换成人民币）	比例
import/GDP	进口额与 GDP 之比（进口额采用国际金融统计和国际货币基金组织的标准汇率转换成人民币）	比例

变量	定义	单位
(2) 贸易额的变化		
tradegr	贸易额的增长率（进出口额采用国际金融统计和国际货币基金组织的标准汇率转换成人民币）	比例
exportgr	出口额的增长率（出口额采用国际金融统计和国际货币基金组织的标准汇率转换成人民币）	比例
importgr	进口额的增长率（进口额采用国际金融统计和国际货币基金组织的标准汇率转换成人民币）	比例
2. 体制变革		
(1) 投资的体制变革		
$finv_{SOE}/finv_{TOTAL}$	国有企业固定资产投资与全社会固定资产投资之比	比例
$finv_{COL}/finv_{TOTAL}$	集体企业固定资产投资与全社会固定资产投资之比	比例
$finv_{PRIV}/finv_{TOTAL}$	民营企业固定资产投资与全社会固定资产投资之比	比例
(2) 工业产值的体制变革		
ind_{SOE}/ind_{TOTAL}	国有企业产值与工业总产值之比	比例
ind_{COL}/ind_{TOTAL}	集体企业产值与工业总产值之比	比例
ind_{PRIV}/ind_{TOTAL}	民营企业产值与工业总产值之比	比例
(3) 就业的体制变革		
wor_{SOE}/wor_{TOTAL}	国有企业职工人数与总职工人数之比	比例
wor_{COL}/wor_{TOTAL}	集体企业职工人数与总职工人数之比	比例
wor_{PRIV}/wor_{TOTAL}	民营企业职工人数与总职工人数之比	比例
3. 行业变革		
(1) Temple 和 Wöβmann（2006）的变量说明		
s	GDP 中的农业份额（第一产业 GDP 与 GDP 之比）	比例
a	就业率中的农业份额（第一产业的就业人数与总就业人数之比）	比例
m	就业率中的非农业份额（$m=1-a$）	比例
p	移民倾向（$p = -(da/dt)/a$）	比例
MGROWTH	线性行业变革项：就业率中非农业份额的变化（dm/dt）	比例
DISEQ	非线性行业变革项：受移民倾向所调整的就业率中非农业份额的变化（$p/(1-p)*(dm/dt)$）	比例
MGROWTH2	线性行业变革项：就业率中非农业份额的变化*农业部门中平均劳动生产率（$(dm/dt)*s/a$）	比例
DISEQ2	非线性行业变革项：受移民倾向所调整的就业率中非农业份额的变化*农业部门中平均劳动生产率（$p/(1-p)*(dm/dt)*s/a$）	比例

		续表
变量	定义	单位
(2) Dowrick 和 Gemmell (1991) 或者 Poirson (2001)的变量说明		
MGROWTH*RLP	非农业部门中由相对劳动生产率衡量的就业份额的变化（RLP 是非农业部门中平均劳动生产率与农业部门中平均劳动生产率之比）	比例
(3) 工业化程度		
deofin	工业化程度（工业总产值与工农业总产值之比）	比例
Δdeofin	工业化程度的变化（$d(deofin)/dt$）	比例
4. 其他控制变量		
$lny_{i,t-1}$	初期的实际人均 GDP 的对数	1990 RMB
popngr	人口的自然增长率=出生率-死亡率	比例
export/GDP	出口额与 GDP 之比（出口额采用国际金融统计和国际货币基金组织的标准汇率转换成人民币）	比例
ind_{SOE}/ind_{TOTAL}	国有企业产值与工业总产值之比	比例

注释: 所有变量都按 1990 年的不变价格来计算，物价指数根据各个省份的具体情况而定。以上是 1978~2007 年从各个省份中得到的数据。

注释

1. 参考例如 Romer (1990), 以及 Grossman 和 Helpman (1995)。

2. 例如，Mankiw 等 (1992)、 Hall 和 Jones (1997)、Barro 和 Sala-i-Martin (2004)、Dollar 和 Kraay (2004) 以及 Ding 和 Knight (2011)。

3. 例如，Yanikkaya (2003)、Leamer (1988)、Anderson 和 Neary (1992)、Dollar (1992) 以及 Sachs 和 Warner (1995)。

4. 例如，Frankel 和 Romer (1999)、Wacziarg (2001) 以及 Yao (2006)。

5. 例如，Winters (2004) 以及 Park 等 (2010)。

6. 例如，Rodriguez 和 Rodrik (2001) 以及 Alesina 等 (2005)。

7. 开放性刺激经济增长的一个潜在的重要渠道是在利用外国直接投资的过程中，采用外国技术和国际商业惯例。既然将外国直接投资与国内投资对经济增长的影响进行比较很有意思，因此我们在第 6 章就对外国直接投资对中国经济产生的影响做了研究，在本章没有赘述。

8. 参考 Lin (1992)、Chen 和 Feng (2000)、Cai 等 (2002)、Biggeri (2003)以及

Hasan 等人 (2009)。

9. 定义为四个数值的算术平均值，其中包括：非国有部门的商品销售总额的份额、非国有部门固定资产投资占总投资的比重、非国有部门工业产值占总产值的份额以及贸易依存度。

10. 例如，Aron (2000) 以及 Lin (2007)。

11. 数据来自《中国统计年鉴》2007:128。

12. 参考 Lin 和 Zhu (2001) 以及 Garnaut 等人 (2005)。

13. 例如，Cull 和 Xu (2005) 以及 Hasan 等人(2009)。

14. 变量定义见附录 7.1，详细的模型推导过程见附录 4.2。

15. 例如，Bernard 等人 (2007) 认为，贸易自由化可能是造成就业和产出的部门结构调整的原因。因此，我们取消了开放性指标，发现行业变革对经济增长的影响没有改变。

16. 三个结构调整变量的系数都对经济增长有显著、积极的影响。贸易开放、私有化和行业变革对人均 GDP 的年增长率做出的贡献分别为 1.9%、1.3% 和 0.9%。

参考文献

Acemoglu, Daron, Simon Johnson, and James Robinson (2001), 'The colonial origins of comparative development: an empirical investigation', *American Economic Review*, 91, 5: 1369~1401.

—— —— ——(2005), 'Institutions as a fundamental cause of long-run growth', in Philippe Aghion and Steven Durlauf (eds.), *Handbook of Economic Growth* (vol. 1A), Amsterdam: Elsevier BV.

Alesina, Alberto, Enrico Spolaore, and Romain Wacziarg (2005), 'Trade, growth and the size of countries', in Philippe Aghion and Steven Durlauf (eds.), *Handbook of Economic Growth* (vol. 1B), Amsterdam: Elsevier BV.

Anderson, James, and Peter Neary (1992), 'Trade reform with quotas, partial rent retention, and tariffs', *Econometrica*, 60: 57~76.

Aron, Janine (2000), 'Growth and institutions: a review of the evidence', *World Bank Research Observer*, 15, 1: 99~135.

Baldwin, Robert (2003), 'Openness and growth: what's the empirical relationship?', NBER Working Paper Series No. 9578.

Barro, Robert, and Xavier Sala-i-Martin (2004), *Economic Growth* (second edn.), Cambridge, Mass.: MIT Press.

Bernard, Andrew, Bradford Jensen, Stephen Redding, and Peter Schott (2007), 'Firms in international trade', *Journal of Economic Perspectives*, 21, 3: 105~130.

Biggeri, Mario (2003), 'Key factors of recent provincial economic growth', *Journal of Chinese Economic and Business Studies*, 1, 2: 159~183.

Brandt, Loren, Chang-Tai Hsieh, and Xiaodong Zhu (2008), 'Growth and structural transformation in China', in Loren Brandt and Thomas Rawski (eds.), *China's Great Economic Transformation*, New York: Cambridge University Press: 683~728.

——and Xiaodong Zhu (2000), 'Redistribution in a decentralized economy: growth and inflation in China under reform', *Journal of Political Economy*, 108: 422~451.

Cai, Fang, Dewen Wang, and Yang Du (2002), 'Regional disparity and economic growth in China: the impact of labour market distortions', *China Economic Review*, 13: 197~212.

Chen, Baizhu, and Yi Feng (2000), 'Determinants of economic growth in China: private enterprise, education and openness', *China Economic Review*, 11: 1~15.

Corden, Warner Max (1974), *Trade Policy and Economic Welfare*, Oxford: Clarendon Press.

Cull, Robert, and Lixin Colin Xu (2005), 'Institutions, ownership, and finance: the determinants of profit reinvestment among Chinese firms', *Journal of Financial Economics*, 77, 1: 117~146.

Ding, Sai, and John Knight (2009), 'Can the augmented 索洛 model explain China's remarkable economic growth? A cross-country panel data study', *Journal of Comparative Economics*, 37: 432~452.

—— ——(2011), 'Why has China grown so fast? The role of physical and human capital formation', *Oxford Bulletin of Economics and Statistics*, 73, 2:

141~74.

Dollar, David (1992), 'Outward-oriented developing economies really do grow more rapidly: evidence from 95 LDCs, 1976–1985', *Economic Development and Cultural Change*, 40: 23~44.

——and Aart Kraay (2004), 'Trade, growth, and poverty', *Economic Journal*, 114: F22~49.

Dowrick, Steve, and Norman Gemmell (1991), 'Industrialization, catching up and economic growth: a comparative study across the world's capitalist economies', *Economic Journal*, 101, 405: 263~275.

Edwards, Sebastian (1993), 'Openness, trade liberalization, and growth in developing countries', *Journal of Economic Literature*, 31: 1358~1393.

——(1998), 'Openness, productivity, and growth: what do we really know?' *Economic Journal*, 108, 2: 383~398.

Feder, Gershon (1986), 'Growth in semi-industrial countries: a statistical analysis', in Hollis Chenery, Sherman Robinson, and Moshe Syrquin (eds.), *Industrialization and Growth: A Comparative Study*. Washington, DC: Oxford University Press.

Frankel, Jeffrey, and David Romer (1999), 'Does trade cause growth?' *American Economic Review*, 89, 3: 379~399.

Garnaut, Ross, Ligang Song, Stoyan Tenev, and Yang Yao (2005), *China's Ownership Transformation: Processes, Outcomes, Prospects*, Washington, DC: World Bank.

Goldberg, Pinelopi, Amit Khandelwal, Nina Pavcnik, and Petia Topalova (2010), 'Imported intermediate inputs and domestic product growth: evidence from India', *Quarterly Journal of Economics*, 125, 4: 1727~1767.

Grossman, Gene, and Elhanan Helpman (1995), *Innovation and Growth in the Global Economy*, Cambridge, Mass.: MIT Press.

Hall, Robert, and Charles Jones (1997), 'Levels of economic activity across countries', *American Economic Review*, 87, 2: 173~177.

—— ——(1999), 'Why do some countries produce so much more output per worker than others?', *Quarterly Journal of Economics*, 114, 1: 83~116.

Hasan, Iftekhar, Paul Wachtel, and Mingming Zhou (2009), 'Institutional development, financial deepening and economic growth: evidence from China', *Journal of Banking and Finance*, 33, 1: 157~170.

Jefferson, Gary, Mai Lu, and John Zhao (1998), 'Reforming property rights in China's industry', in Gary Jefferson and Inderjit Singh (eds.), *Enterprise Reform in China*, New York: Oxford University Press.

Knack, Stephen, and Philip Keefer (1995), 'Institutions and economic performance: crosscountry tests using alternative institutional measures', *Economics and Politics*, 7, 3: 207~227.

Knight, John, and Lina Song (2005), *Towards a Labour Market in China*, Oxford: Oxford University Press.

Kraay, Aart (1999), 'Exports and economic performance: evidence from a panel of Chinese enterprises', *Revue d'économie du Développement*, 1, 2: 183~207.

Leamer, Edward (1988), 'Measures of openness', in Robert Baldwin (ed.), *Trade Policy Issues and Empirical Analysis*, Chicago: University of Chicago Press.

Lewis, W. Arthur (1954), 'Economic development with unlimited supplies of labour', *Manchester School of Economic and Social Studies*, 22: 139~191.

Lin, Justin Yifu (1992), 'Rural reforms and agricultural growth in China', *American Economic Review*, 82, 1: 34~51.

——and Jeffrey Nugent (1995), 'Institutions and economic development', in Jere Behrman and T. N. Srinivasan (eds.), *Handbook of Development Economics (Vol. III)*, Amsterdam: Elsevier BV.

——(2007), *Development and Transition: Idea, Strategy, and Viability*, Marshall Lectures, Cambridge University.

Lin, Yi-min, and Tian Zhu (2001), 'Ownership restructuring in Chinese state industry: an analysis of evidence on initial organizational changes', *China Quarterly*, 166: 298~334.

Liu, Xiaohu, Peter Burridge, and Peter Sinclair (2002), 'Relationships between economic growth, foreign direct investment and trade: evidence from China', *Applied Economics*, 34, 11: 1433~1440.

Mankiw, Gregory, David Romer, and David Weil (1992), 'A contribution to the empirics of economic growth', *Quarterly Journal of Economics*, 107, 2: 407~437.

Mauro, Paolo (1995), 'Corruption and growth', *Quarterly Journal of Economics*, 110, 3: 681~712.

Naughton, Barry (2007), *The Chinese Economy: Transitions and Growth*, Cambridge, Mass.: MIT Press.

North, Douglass (1990), *Institutions, Institutional Change and Economic Performance*, New York: Cambridge University Press.

Nye, Howard, Sanjay Reddy, and Kevin Watkins (2002), 'Dollar and Kraay on "Trade, growth, and poverty": a critique', unpublished manuscript.

Park, Albert, Dean Yang, Xinzheng Shi, and Yuan Jiang (2010), 'Exporting and firm performance: Chinese exporters and the Asian financial crisis', *The Review of Economics and Statistics*, 92, 4: 822~842.

Poirson, Hélène (2001), 'The impact of intersectoral labour reallocation on economic growth', *Journal of African Economies*, 10, 1: 37~63.

Pritchett, Lant (1996), 'Measuring outward orientation in developing countries: can it be done?', *Journal of Development Economics*, 49, 2: 307~335.

Riedel, James, Jing Jin, and Jian Gao (2007), *How China Grows: Investment, Finance and Reform*, Princeton: Princeton University Press.

Robinson, Sherman (1971), 'Sources of growth in less developed countries: a cross-section study', *Quarterly Journal of Economics*, 85, 3: 391~408.

Rodríguez, Francisco, and Dani Rodrik (2001), 'Trade policy and economic growth: a sceptic's guide to the cross-national evidence', in Ben Bernanke and Kenneth Rogoff (eds.), *NBER Macroeconomics Annual 2000*, Cambridge: The MIT Press.

Rodrik, Dani (1999), *The New Global Economy and Developing Countries: Making Openness Work*, Washington, DC: Johns Hopkins University Press.

——(2003), 'Introduction: what do we learn from country narratives?', in Dani Rodrik (ed.), *In Search of Prosperity: Analytic Narratives on Economic Growth*, Princeton and Oxford: Princeton University Press.

——(2010), 'Making room for China in the world economy', *American Economic Review: Papers and Proceedings*, 100, 2: 89～93.

Romer, Paul (1990), 'Are nonconvexities important for understanding growth?' *American Economic Review*, 80, 2: 97～103.

Sachs, Jeffery, and Andrew Warner (1995), 'Economic reform and the process of economic integration', *Brookings Papers on Economic Activity 1995*: 1～118.

Taylor, Jeffrey (1988), 'Rural employment trends and the legacy of surplus labour', *China Quarterly*, 116: 36～66.

Temple, Jonathan, and Ludger Wößmann (2006), 'Dualism and cross-country growth regressions', *Journal of Economic Growth*, 11: 187～228.

Vollrath, Dietrich (2005), 'How important are dual economy effects for aggregate productivity?', manuscript, University of Houston.

Wacziarg, Romain (2001), 'Measuring the dynamic gains from trade', *World Bank Economic Review*, 15, 3: 393～429.

Wei, Shang-Jin (1995), 'Open door policy and China's rapid growth: evidence from city-level data', in Ito Takatoshi and Anne Krueger (eds.), *Growth Theories in Light of the East Asian Experience*, Chicago: University of Chicago Press.

Winters, Alan (2004), 'Trade liberalisation and economic performance: an overview', *Economic Journal*, 114: F4～21.

Yanikkaya, Halit (2003), 'Trade openness and economic growth: a cross-country empirical investigation', *Journal of Development Economics*, 72: 57～89.

Yao, Shujie (2006), 'On economic growth, FDI and exports in China', *Applied Economics*, 38: 339～351.

Ying, Long Gen (2003), 'Understanding China's recent growth experience: a spatial econometric perspective', *The Annals of Regional Science*, 37: 613～628.

8

中国为何投资如此之多？

8.1 引言

在经济改革后，中国有着很高的投资产出比，几乎超过了世界上所有国家。这一点从第 6 章表 6.1 和图 6.1 中可以看出。尽管固定资本形成总额并非是中国经济高速增长在全国范围内和省份之间的增长回归（第 4 章和第 6 章分别提及）的唯一决定因素，但仍然是重要的近似决定因素，需要我们有所了解。

围绕投资需求和供应，我们可以提出这样两个问题：是什么驱使着对投资的需求？投资会受到供应方的约束吗？对这两个问题的回答有助于我们理解中国的投资效率。本章搜集了可用的数据来解释中国的高投资现象：其中涉及需求和供给两个方面的因素，而且在供给方面还涉及资源和资金的可用性问题。本章还分析了资本回报率及其发展情况，以及保持其发展态势的影响因素，参考了相关文献来解释中国的高储蓄率现象，探讨了不完善的资本市场和制度缺陷并没有抑制投资的原因。国有和私营部门由于目的、运作方式、资金注入方式不同而得到区别对待。

我们将依次探讨这些问题。8.2 节分析投资需求问题；8.3 节和 8.4 节探讨供给方问题：具体来说分别讨论投资资源（8.3 节）和投资资金（8.4 节）的问题。对于中国投资效率的分析所带来的可能结果，以及这种投资效率本身所带来的可能后果，将在 8.5 节和 8.6 节分别从静态和动态两种视角加以叙述。8.7 节进行概括归纳，得出结论[1]。

8.2　投资需求

在充满竞争的市场经济模式下，高投资预示高盈利，而且对于上一节提到的第一个问题的答案（什么驱使着对投资的需求？）可以从对资本回报率的估算中找到。新古典主义增长模式认为，资本的高额回报率可能会导致经济失衡，使得资本—劳动比率低于稳定状态下的水平。这样一来，资本会迅速积累，而且随着资本—劳动比率达到平衡水平，资本回报率会有所下降。

对于高额投资可能会带来的后果这一问题，Bai 等人（2006）在上述两种模式下对此进行了研究。他们用改革时期以来有关整体经济的数据来衡量资本存量和资本回报率，以回答以下问题：中国过度投资了吗？通过对国家统计局（NBS）数据的仔细研究，基于几个必要的假设，Bai 等人对改革时期整体经济下的资本实际回报率进行了评估。这种实际回报率是通过对非劳动收入和资本存量的计算而得来的，而对非劳动收入和资本存量的计算又是通过 1952 年的永续盘存法来估算，并考虑到固定资本形成总额，有关贬值假设，以及对资本（相对与产出）价格变动的修正而加以延伸。

他们以这种方式估算的基准资本回报率在 1979 至 1993 年一直稳定在 25%左右。但在 1993 年之后的五年内有所下降，并且从 1998 年至 2005 年（Bai 等 1979~2005 年间一直稳定在将近 50%）和较低的资本—产出比率（1993 年之前只有 1.4，从 1998 年起上升到 1.6 左右），以及自 1979 年以来大约 10%的贬值率。若忽略相对的价格变动，这些作为例证的数字的确会计算出 1978~1993 年间将近 25%的回报率和之后 1998~2005 年间 20%的回报率。通过与其他 52 个经济体的比较，Bai 等人的研究结果表明中国的资本回报率高得罕见，即便是对人均产出做了标准划定后依然如此。

考虑到一些可能出现的复杂情况，Bai 等人继而对资本回报率总基准的评估进行了修改。在这些复杂情况中最重要的影响因素是企业税的下降（极大减少了回报率），存货投资的考虑（也减少了回报率），以及房地产行业因素的排除（提高回报率）。若把这些统筹考虑，进行调整，那资本回报率在 1993~2000 年间平均能达到 10%，在 2000 年后能达到 14%左右（Bai 等 2006）。基于这样的研究结果，Bai 等人得出的结论是：中国并没有过度投资。

这种大胆的评估很容易受到批评，而且也确实受到了对 Bai 的文章进行评论的相关人士的批评。尤其受到质疑的一点是，是否所有的非劳动收入都算是资本收益。比如说，在经济改革的起始阶段中国实行的是计划经济，在这种经济模式下价格、工资和利润都由中央控制，而随着城市改革的进行这种控制才逐渐松了下来。许多的物价变革发生在 20 世纪 80 年代，而在 1978 年超过 95% 的生产资料价格和零售价格的制定是由国家控制的，到 1991 年国家对生产资料价格和零售价格的控制分别只有 36% 和 21%（Dougherty 和 Herd 2005）。在中国市场自由化之前，高份额利润是由"价格剪刀"政策所支配，也就是说，农业生产价格的下跌使得低收入和相对较高的工业价格的产生成为可能（比如说，Knight 和 Song 1999）。国家将国有企业的利润投资到计划下的工业扩张。按这种方式，实际上是农民为工业化买单（Knight 1995）。

虽然按照所有权类型对 Bai 等人的国家数据统计局数据源进行分解是不可能的，但有位对 Bai 等人的文章进行研讨的评论者（Blanchard 2006）使用了企业层面的数据集（来自 OECD 2005），表明私营和国有企业之间有着显著的区别。1998 年私营工业企业的回报率（税后的，包括存货投资）是 10.2%，而同时期的国有工业企业的回报率则为 4.8%（Dougherty 和 Herd 2005）。到 2003 年二者的回报率都有所提高，但仍然存在着差别，前者的回报率为 15.0%，而后者的回报率为 10.2%。然而在被研究的国有企业内部也存在着许多差别：既有高盈利的企业（行业），比如公共垄断行业；也有许多亏损的企业（行业）。另一处数据来源显示了盈利情况在空间位置上也有很大的差别：2001 年国有企业的净资产回报率在 12 个省是正的，在 19 个省是负的；广东的净资产回报率为正的 6.6%，而黑龙江的则为负的 8.3%（财政部 2009）。

上述结果所包含的一般性模式通过 Lu 等人（2008）对工业企业进行的详细研究得到了证实。他们用公司会计数据对衡量盈利情况的 9 项指标进行了考察。不考虑使用的指标，他们的研究显示从 1978 到 1998 年利润率呈下降趋势，而 1998 年后则有所上升，而且自 2002 年后上升速度加快。比如，固定资产净值的税前利润在 1978 年是 25%，到 1998 年则降到 3%，2002 年上升到 9%，而到 2006 年则上升为 16%。若按所有权类型来分解，1998 年国有企业和私营企业的回报率分别为 1.5% 和 12%，但到 2005 年二者的回报率上升到 12% 和 20%（Lu 等 2008）。与 Bai 等人（2006）得出的结论相似，Lu 等人从盈利趋势得到的结论是：中国的资本存量仍然处于次优化状态。

表 8.1（来自于《中国金融年鉴》）显示国有企业部门整体上的经济情况在 20 世纪 90 年代末不容乐观，但在 1998 年到 2007 年间有所改观（1998 和 2007 年是数据可用的最早的和最新的两个时间点）。在这短短 9 年内国有企业的数量缩减了一半，这几乎要全归因于当地政府管理下的企业出售或倒闭。1998 年盈利的国有企业的利润仅仅超过了亏损的国有企业的损失，然而到了 2007 年这一比例（盈利的国有企业利润与亏损的国有企业的损失之比）超过了 5:1。

表 8.1　1998、2003、2007 年度国有企业的财务业绩

	1998	2003	2007
国有企业数量（千个）	238	146	112
（其中）中央国企数量	23	19	22
（其中）地方国企数量	215	127	90
总利润（亿元）	214	4,796	17,442
盈利国企数量（占全部企业的百分比）	31	47	51
盈利国企的盈利额（亿元）	3,280	7,589	21,220
亏损国企的亏损额（亿元）	−3,066	−2,820	−3,778
资产回报率（%）	0.002	2.4	4.8
净资产回报率（%）	0.006	6.7	12.1
销售净利率（%）	0.003	3.0	9.0

注释：在公布的数字中部分数字出现了不一致的情况，此表是基于原始数据。

数据来源：财政部（2009:427～429）。

在这 9 年间，资产的回报率从几乎可以忽略不计的程度上升到了 5%，而且净资产回报率和销售利润率的增长更加显著。盈利的国有企业所占比重由 31% 上升到了 57%，但甚至在 2007 年也有多达 43% 的国有企业亏损。若只考虑国有企业中的工业企业，亏损企业的损失（以税前利润所占比例表现出来）从 1980～1984 年的 3% 上升到 1985～1989 年的 5%，然后在 1990～1994 年间上升到 20%，最终在 1995～1997 年间上升到一个可能存在的峰值（因为这一期间无可用数据），到了 1998～1999 年间亏损高达 160%，但在 2000～2004 年间下降到 23%（国际数据统计局，2005）。

1998 年后国有企业盈利状况的显著改善可以看作对亏损的政策回应，而亏损则会威胁到国家的财政和银行部门（通过不断增加的不良贷款）以及经济的可持续发展。财政预算上的约束更加严格，规模巨大的下岗裁员方案的

强行实施，导致许多效率低下或无盈利的企业倒闭或变卖。Lu 等人（2008）将 1998 年后的国有企业盈利的相对增长不仅看作国有企业改革的结果，还看作对银行不良债务和偏向国有企业的行业准入限制政策得到废除的结果。

现有资本的高盈利率可以作为新晋投资的预期盈利率的指标。然而，很高的平均盈利率并不必然意味着预期边际率也很高。此外，即便预期边际率很高，也没必要对投资需求产生影响，除非盈利动机在投资决策中至关重要。至少在 20 世纪 90 年代，许多国有企业投资的驱动力不可能是预期盈利（Zou 1991；Riedel 等 2007）。中国的国有企业或由国家支配的企业中的一些在管理上的主要目标并不是盈利最大化，而是投资和产出的增长最大化。对于这些企业中官僚人员的奖励，则会以声望、权力，以及伴随着掌控企业而来的额外津贴的形式来实现，而且企业规模越大奖励越丰厚。Hay 等人（1994）的研究发现在 1988 年投资仍然在很大程度上是由国家的规划者决定的，他们负责分配投资资金。然而投资是由当时国有企业允许保留的利润份额补充而来的。额外的投资受到"软预算"下的证券的鼓励。根据 20 世纪 90 年代初期 Jefferson 等人（1999）的调查研究，80%以上的国有企业实行的是"承包责任制"。这就会激励这些国有企业达到合同目标，而这些目标又是由当地政府按照产出标准来设定的。而当地政府官员又会对这些激励因素做出反应，在中央政府为他们创造的良好条件下促进当地经济发展。比如说，Li 和 Zhou（2005）用 1979～1995 年间在成交额上排名前几位的省份的成交数据显示了这些省份的排名上升和下降是由其 GDP 增长情况所决定的。

随着中国对外开放，特别是于 2001 年加入世贸组织以来，扩大出口可增加盈利的前景创造了额外的投资需求。高额的出口利润变为可能，而这种可能的实现一部分是由于贸易限制所带来的贸易不平衡和被低估的中国货币。然而，出口的作用可能被夸大：国内贸易的增值还不到出口价值的一半（Koopman 等 2008）。这样一来，从 2001 年到 2007 年间 GDP 的增长中有 23% 来自出口增值。

潜在的投资者们一定会坚信他们的投资会带来丰厚的回报。这就需要他们对自己的财产和商业合同的安全有信心。这种信心或是通过正式的法律系统，抑或是通过非正式的替代系统加以获得。Clarke 等人（2008）仔细考察了为什么中国投资者会对财产的安全和合同的执行具有十足的信心，达到如此之高的投资率。在经济改革的初始阶段，行政方面的规定和干预对于解决处于共同当权者下的不同集团的分歧已是足够。随着中央权力的下放和私有化的发展，开始有了对于其他正式或非正式规则的需要。Clarke 等人（2008）认为尽管正式的法律系统取得了重大进展（特别是从 1992 年起），其发展是对经济增长的应对，而不是负责促进经济增长的因素。情况是投资者的信心的建立主要是靠非正式的安全感来源。对于地方和中央政府的官员来说，激励制度能够带来经济增长，并且这些官员可预测的下步行动又会为财产安全提供保证（城市化使农民丧失土地的例子除外）。传统的社会网络构建体系，也就是所谓的"关系"，能够保证交易的安全。

实验证据表明财产安全以及合同执行对于个人投资确实至关重要。比如说，Cull 和 Xu（2005）根据世界银行在 2000～2002 年间对中国企业的投资环境调查，对影响私营企业利润再投资的决定因素进行了研究。他们二人的分析仅限于私营企业（个人所有权超过 50%的企业）。其设计的调查问卷为财产权以及合同执行的安全度提供了指标并对个人所有的份额在公司中占的比重做了汇报（平均为 96%）。盈利企业的利润再投资率（平均为 27%）是因变量。他们的评估显示，在将一系列控制变量标准化后，当人们感到财产权和合同执行能够得到很好的保证时，再投资会更高。相似的是，若个人所有份额在企业所占比重较大（即意味着政府干预的规模较小），也会提高再投资率。这些研究结果表明法律、行政以及社会规则的价值所在，也显示了随意干预的危险性（如果想要促进私人投资的话）。

8.3　投资供给：资源

若将中国这么高的投资率放到世界上大多数国家恐怕都会产生严重的宏观经济失衡。考虑到大多数国家比中国低得多的国民储蓄率，若这些国家对资源的投资花费也像中国一样，那结果就是投资品和消费品呈现通货膨胀，当前收支差额出现赤字，高投资率便无法持续下去。我们不禁要问：中国能将 GDP 中如此大的一部分投资于可用资源，那这些资源为什么会可用，又是怎样被利用的呢？这就反过来需要对储蓄根源和原因进行分析（这里将储蓄定义为可支配收入减去消费）。

在分析储蓄和投资时，我们要区分三个不同的组成部分：企业、家庭、

政府。从官方给出的统计数据是很难做出这种区别性分析的。然而，Barnett
和 Brooks（2006）根据这三部分资金流动的账目做出了评估。他们的评估涵
盖了 1999～2005 年的年度数据，但他们也对 1995～1999 年间的平均数据做
了汇报。表 8.2 显示了 1995～1999 年以及 2000～2005 年间的平均数据：储
蓄、投资（固定资产形成总额），以及储蓄减去投资的部分，都以在 GDP 所
占百分比的形式表现出来。Kuijs（2005）提供了相似的 20 世纪 90 年代的年
度数据，但他的评估是在 GDP 统计数据修改（发生在 2004 年的经济普查后）
之前完成的。表 8.2 显示了他对 1995～1999 年和 1990～1994 年两个阶段的
评估。对于 1995～1999 年这一阶段，Kuijs 给出的数据和 Barnett、Brooks 给
出的数据是不同的，这种差异是由统计修改以及不同的理论假设共同造成的。
Kuijs 的数据允许 1990～1994 年和 1995～1999 年两个阶段的比较，Barnett
和 Brooks 的数据则允许 1995～1999 年和 2000～2005 年两个阶段的比较。

　　在这 15 年间，国民储蓄率基本稳定在 GDP 的 40%左右，而投资则在 GDP
所占比例中上升了 4.5%。这样说来，储蓄在这 15 年间实际上一直是超过固
定资本形成总额的，尽管二者之间的差距（以所占 GDP 的比例表现出来）随
着时间的推移（到 2000～2005 年这一阶段）有所减小。

表 8.2　1990～1994 年，1995～1999 年，2000～2005 年间国民储蓄、投资、
储蓄减去投资以及这三部分的子组成部分

	Kuijs		Barnett 和 Brooks	
	1990～1994	1995～1999	1995～1999	2000～2005
全国范围（表示为所占 GDP 比重）				
国民储蓄	40.5	39.8	39.4	41.7
国民投资	31.5	35.0	37.9	38.9
国民储蓄减去国民投资	9.0	4.8	1.5	2.8
储蓄（表示为所占 GDP 比重）				
企业	14.0	14.4	15.8	18.4
家庭	20.3	20.0	18.7	15.9
政府	6.3	5.3	2.8	4.1
储蓄(各子组成部分在国民储蓄中所占比重)				
企业	35	36	40	44

	Kuijs		Barnett 和 Brooks	
	1990~ 1994	1995~ 1999	1995~ 1999	2000~ 2005
家庭	50	50	48	38
政府	15	13	12	18
投资（表示为所占 GDP 比重）				
企业			29.7	29.3
家庭			5.4	5.5
政府			2.8	4.1
投资（各子组成部分在国民投资中所占比重）				
企业			78	75
家庭			14	14
政府			7	11
固定资产投资（表示为所占 GDP 比重）				
企业	29.4	29.9		
家庭	5.7	5.7		
政府	2.9	3.1		
固定资产投资（各子组成部分在国民固定资产投资所占比重）				
企业	77	77		
家庭	15	15		
政府	8	8		
储蓄减去固定资产投资（表示为所占 GDP 比重）				
企业	−15.5	−15.4		
家庭	14.6	14.2		
政府	3.4	2.2		
总计	2.5	1.0		

注释: 只要可能，这里的"投资"是指固定资本形成总额。相对于 Barnett 和 Brooks 的数据而言，Kuijs 的数据将"固定资产投资"再细分为各个子部分。固定资产投资包括对现有资产的开支，如对土地和建筑物的开支。"企业"是指非金融类的企业。

数据来源: Kuijs（2005：表 1），Barnett 和 Brooks（2006：表 A2，A2a，A3，A3a，A4，A4a）。

现在考虑下储蓄的来源。在 20 世纪 90 年代，家庭储蓄在国民储蓄中所占比重要大于企业储蓄，但到 21 世纪初期情况恰好相反。21 世纪初期企业储蓄在 GDP 所占比重超过 18%，占它们的附加价值超过 35%；而家庭则将可支配收入的 27% 以上用于储蓄（Barnett 和 Brooks 2006）。政府储蓄在 20世纪 90 年代呈现下降，直到 2000 年后才有所上升。这种上升是由于在财政和企业改革后，政府的筹集收入能力得到了改善。其财政收入所占 GDP 比重由 1995～1999 年间的 47% 上升到 2000～2005 年间的 55%（Barnett 和Brooks 2006）。

那究竟是什么因素使得如此之高的国民储蓄成为可能？1978 年后家庭储蓄成为储蓄的一股主要力量。在改革时期中国实际人均 GDP 上升了将近10 倍，从 1978 年的人均 165 美元上升到 2006 年的人均 1598 美元[2]。一种解释是随着收入的增加，家庭也随之将收入的更多部分拿出来用于储蓄（Riedel等 2007）。相反，Modigliani 和 Cao（2004）对中国偏高的个人储蓄率的解释主要是根据生命周期理论，他们试图对中国个人储蓄率的显著增长（从 1978年的 3% 左右增长到 2000 年的将近 33%）做出解释。可预见的未来经济快速增长能够增加所谓的"长期收入"，从而减少来自于当前收入的储蓄份额。与此相反的是，Modigliani 和 Cao 的假设是由经济改革政策引起的经济长期快速发展意味着目标财富的快速增长，从而提高储蓄率。他们还假设由计划生育政策引发的抚养比率的下降也会提高储蓄率。的确，第一条假设经证实能够对增长了 30% 的储蓄率中的 10% 做出解释，后一条假设能够解释另外的10%。此外，人均收入在他们的运算方程中不再起任何作用。

Wei 和 Zhang（2009）则对家庭储蓄的增长给出了进一步的解释。储蓄率与性别比率（出生于 20 年前的男女性别之比）随着时间的推移呈正相关。在男女性别比率较高的地区储蓄率也较高，而且有男孩的家庭的储蓄比有女孩的家庭储蓄要多。Wei 和 Zhang 认为适婚女孩的短缺形成了有男孩的家庭之间的竞争，这些家庭面对竞争采取的方式是将更多的钱用于储蓄，他们的思维基点是更多的财富和房产能够让他们的儿子在这场"新娘争夺战"中占据优势。根据 Wei 和 Zhang 的估算，这种婚姻竞争能够对 1990～2007 年间的家庭储蓄率增长的一半做出潜在的解释。

然而还有另外一个促进因素，那就是经济改革所带来的新机遇。在中央计划和人民公社的经济背景下，几乎没有促进家庭储蓄的刺激因素。随着家庭有了更多的商业和房产投资机会，这种情况得到改变。信贷约束使得散户家庭为投资而储蓄，以应对这种机遇（Naughton 2007）。

　　改革期间，中国农村和城市经济不安全问题愈发突出。Modigliani 和 Cao（2004）认为计划生育政策削弱了孩子作为养老保障的传统地位，再加上农村公共社会保障制度的缺失，这都会促使家庭把钱存入银行以备将来退休养老之用。而城市经济改革则为 20 世纪 90 年代中期以后的储蓄提供了新的动力。随着私营企业的兴起，国有企业驱动的"迷你福利国家"的终结，以及大规模的劳动力紧缩的发生，随之而来的不安全感也会更加强烈，而这种不安全感会促使城市工人将更多的钱用于储蓄而不是国家资助的服务项目，以建立起"以防万一"的备用资产，也就在情理之中了。

　　上述观点得到了 Chamon 和 Prasad（2008）的赞同。他们的研究发现，与正常的生命周期理论相反，城市家庭储蓄率和一家之主年龄的关系呈"U"形。他们对1995～2005年期间城市家庭储蓄率增长的7个百分点进行了解释。他们的解释是依据两个"需求"：年轻家庭不断增长的对房产、教育的未来投资需求，以及年长家庭考虑到健康问题而自我保险的需求。

　　我们看到了企业和政府储蓄也是形成中国高储蓄率的原因之一。一方面，不健全的资本市场使得企业——特别是私营企业——主要依靠自己的资金（也就是留存盈余）来进行投资。这就给这些企业很强的动因去储蓄。另一方面，自从企业改革在 20 世纪 90 年代中期真正开展起来，企业的盈利大幅增加。此外，考虑到在 1994～2008 年期间政府并没有向国有企业索取红利，而且储蓄利率也比较低，这些企业倾向于将增长的盈利额用于再投资。

　　由于偏向政府出资的投资而不是偏向政府消费的政策的出台（Kuijs 2005），政府储蓄自 1978 年以来一直较高。中国政府之所以愿意并且能够制定长远规划，是因为中国并不存在不同政党轮流执政的政治体系，可以长期保持稳定，并且家庭收入的快速增长也防止了社会不满情绪的出现。

　　表 8.2 也显示了三大组成部分（企业、家庭、政府）对固定资本总额的形成所起到的作用。在表中给出的三个时期企业部分的投资所占 GDP 比重为 30%左右，家庭部分（房产和家庭生产）占到 6%，而政府投资看上去出奇的少（不到 GDP 的 4%）。但有些企业投资，代表的是国有公用事业在能源、电力、水力和交通方面的基础设施的投资，这样的投资归为政府投资更为合适，因为它是由政府引导和资助的。净资本转移在 2000～2005 年间约占 GDP 的 5%（Barnett 和 Brooks 2006）。然而由于企业投资占总投资的比重多于

75%，可以说企业投资是形成中国高投资率的关键。

由 Kuijs（2005）提供的 20 世纪 90 年代投资的三大组成部分的数据与"固定资产投资"有关，而不是与固定资本形成总额有关，并且此数据还包括对现有资产的花费情况。然而 Barnett 和 Brooks（2006）的研究显示了 1995～2005 年这一阶段的储蓄投资比例是平衡的，从表 8.2 中我们可以看出就整体而言企业投资额要高于其储蓄额（20 世纪 90 年代末高了 14%，21 世纪初期高了 11%）。与此形成对比的是，家庭储蓄额要高于其投资额（分别高了 13% 和 10%），这样就几乎抵消了企业投资的赤字。此外，跨部门的以及部门内部金融中介机构的建立（或是通过银行系统，或是通过非正式的手段）也是有必要的。家庭部分的净金融投资在 2000～2005 年间占到 GDP 的 11%，其中的 10% 是低息储蓄存款。与此形成对比的是，企业部分的净金融投资在同期则为 GDP 的负 7%。使得企业投资超过储蓄的主要资金来源是贷款（占GDP 的 11%）和外资（占 GDP 的 3%）（Barnett 和 Brooks 2006）。

虽然产品市场的竞争趋向于愈发激烈，但 1998 年后所有的所有权类型盈利都得到增长这一事实表明宏观经济力量在起作用。考虑到汇率和国际价格水平，一种可能性是可以进行贸易的部门能获得相对较高的盈利，这就使得货物生产规模得到相对扩大，继而提高整体利润。然而，还存在另外一种可能性。由于 1998～2007 年间固定资产形成总额所占 GDP 比例由 36% 上升到 42%，而且国民收入中的利润额从 27% 上升到 37%，投资的相对增长有可能是通过收入的再分配（从工资到利润），至少是部分通过这种方式得以实现的。也就是说，这种对资源的额外需求是通过迫使价格抬高（相对于工资水平而言）得到满足的。换句话说，诱发投资相对增长的因素可能在一定程度上不再是投资，而是利润驱使。

根据 Kaldor（1960）的看法，潜在机制是以下的形式表现出来的。假定人们更倾向于将盈利的一部分而不是工资的一部分拿出来用于储蓄。这样一来国民收入的再分配（由工资向利润）就会提高储蓄率。再假设投资不是由储蓄所决定的，而且价格和工资具有足够的弹性，能保证产出处于资源得到全部利用的正常水平。这种产出水平的实现需要利润份额的流动达到储蓄和投资对等的水平。均衡的利润额既是两种储蓄倾向的体现，也是投资—产出率作用的体现。

这种机制最有可能在发展早期，也就是在价格和工资刚性变重要之前，在储蓄成为国民收入或是长期收入（而不是生产要素份额）的功用之前，就开始起作用。而且这种机制更有可能适用于中期，而不是产出调整可能占主体地位的短期或是充满竞争力的要素市场因素占主体地位的长期。这种机制在当前发展阶段上可能与中国有关。

　　这种假设很难得到证实，一方面是因为一些内生性问题，另一方面是因为我们并不指望这种关系年年都能保持住。此外，中国对于生产要素份额的数据记录并不多——这些数据只能从省份获得，而且只是在一年中的某个时间发布，而不是作为一个系列持续发布。全国范围内的数据系列的构建需要加权[3]。此外，2004 年的相关数据是空缺的，2003～2005 年的数据系列也不连续，否则是可能会对盈利增长做出解释的。而这一阶段缺失的的数据系列可能会反映出一些来自 2004 年经济统计的新信息。这些信息能代表数据汇报方式的改变（或是因为经济变化导致的，或是经济没发生变化而汇报方式发生改变），比如城市非正式部门的发展。只有在经济发生变化导致汇报方式发生变化的情况下从数据系列观察到的倾向才算是衡量利润额增长的可靠指标。家庭收入所占 GDP 比例的发展倾向是和再分配向利润的转移是一致的：在同一阶段（1995～2005 年）此份额从 49% 下降到 43%。

　　对中国投资的相关问题，是可以给出虽未经证实，但仍然可信的解释的。发展迅猛且持续性强的投资热之所以能够不引起通货膨胀，部分原因是由投资热催生的，对有限资源需求的增长迫使物价抬高（相对于工资来说），至少在那些物价不受世界物价和汇率因素所支配的部门是这样的。这种再分配不会被"实际收入阻力"和随之而来的通货膨胀所消除，原因是城市经济快速提升的生产力使生活水平得到充分的提高，以至于能够允许收入份额的相对下降（在 1998～2007 年间，被记载的"城市单位"实际收入的增长为每年11%）。

8.4　投资供给：资金

　　不同所有制类型运行上的差异，是可以从低效的金融体系角度做出部分解释的。有关此课题（中国低效金融体系）的研究非常多，下面便引述其中的一些研究成果。直到最近，中国的正式金融体系仍然是由国有或国家控制的银行所垄断。在中央计划经济下，这些银行只是简单地起到连接政府和国有企业的枢纽作用,并没有发挥商业银行的正常职能。随着经济改革的进行和私营部门的兴起,这些银行将重点放在了国有部门上。私营部门被迫通过净利润或非正式资源(通常花费不少)来资助其投资。与其形成鲜明对比的是,国有部门则能获得低息银行贷款。而这些贷款的借出和使用经常是不合理的,这就造成了不良贷款的泛滥。这些不良贷款反过来又需要银行为解救国有部门再次向其贷款,这就使形势进一步恶化。

可以说中国拥有一个"受压制"的金融体系(Riedel 等 2007)。国家通过这种压制实现对资源的支配和处理。存款人获得而借款人支付的利率又低于市场出清率。这在图 8.1 中得到体现:两种实际利率(实际存款利率和实际贷款利率)比起可能的投资回报率要低,甚至在 20 世纪 80 年代后期和 90 年代中期呈现负值,原因是通货膨胀的突然爆发,连利率设定的权威机构都没预料到。对于资金的过量需求会引发市场信贷配给,而从配给中受益的一方是国有部门。国内的上市公司(又称法人实体)大都是国家控股的,其主要股东是中央或地方政府,并且这些上市公司占据中间位置。这在一定程度上使国内私营部门继续因政策倾斜而遭受损失。

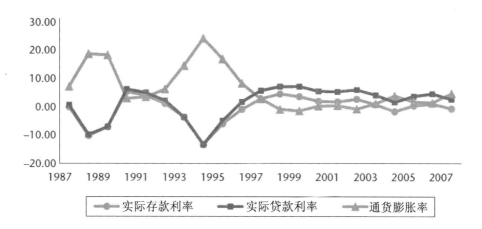

图 8.1　1987～2007 年间中国每年的实际利率和通货膨胀率(以百分比表示)

数据来源:国际货币基金组织,《国际金融统计》(2009 年 8 月)以及世界银行,《世界发展指标》(2009 年 6 月)。

注释:实际利率是由本书两位作者计算的(名义利率减去当前的年通胀率)。名义存款利率(end of period):机构和个人存款一年的利率;名义贷款利率(end of period):1989 年之前面向国有工业企业的营运资本贷款率以及 1989 年之后为期一年的营运资本贷款率;通胀率:由消费者物价指数衡量。

Riedel 等人（2007）认为中国的金融体系是其经济中最为薄弱的环节之一，而且会阻碍未来的投资和经济增长。如果真是那样，那我们就要问为什么中国不完善的金融体系在近几年没有阻碍中国经济发展，以及如此之高的投资率和经济增长率究竟是怎样实现的。毕竟中国的正式金融体系仍然由国有银行所支配，它们的借贷对象主要是国有部门。在 2004 年"四巨头"银行的贷款甚至占到国有银行大额贷款总额的 62%，而且有着 16% 的不良贷款（Allen 等 2008）。1990 年成立的两个证券交易所在提供资金方面作用有限、低效，其发展受到投机和内幕交易的阻碍。Allen 等人（2005）认为，面对正式的信贷供给，未上市的私营部门过于依赖非正式的资金来源，如净利润、非正式的中间媒介以及贸易信贷。Allen 等人对于中国令人困惑的高投资率的实现给出的解释是：正式和非正式的部门为了不严格限制投资做了不少工作。

表 8.3 显示了在相关数据可用的时间段里不同所有制类型的企业投资的资金来源。我们可以看到保留盈利和非正式资金（也就是表中的"自筹资金以及其他"）对于所有的所有制类型的企业的重要性，对于个人拥有的企业尤为如此，这样的企业 95% 以上的投资是靠这种非正式资金的。甚至国有企业（它们不需要给政府发红利）60% 以上的投资资金筹集也是通过这种方式。银行贷款（国内贷款）以及政府资本转移（国家财政预算）在 1994~1996 年间占国有企业投资资金的 29%，到 2000~2003 年间这一数字上升到 36%。在1994~1996 年间银行总贷款中有 63% 是贷给了国有企业，而到 2000~2003年间这一数字下降到 42%。与其形成鲜明对比的是，个人拥有的企业在这两个阶段的相应数字分别是 2% 和 5%。多由政府控制的企业部门（近似地表示为"其他类型的企业"）在 2000 年早期与国有企业享有同等待遇（其资金来源中有 25% 来自银行贷款，获得银行外贷总额的 47%）。

表 8.3　不同所有制类型企业的投资资金来源情况和银行贷款分布情况（以百分比表示）

	1994~1996	1997~1999	2000~2003
国有企业			
政府预算	4.9	7.2	11.0
银行贷款	24.3	23.2	24.7
外资引进	7.3	4.4	2.0
自筹资金及其他	64.2	64.1	60.3

续表

	1994~1996	1997~1999	2000~2003
集体所有企业			
政府预算	1.7	3.2	5.5
银行贷款	24.9	15.4	11.7
外资引进	7.6	6.1	4.11
自筹资金及其他	67.33	76.95	80.2
个人所有企业			
政府预算	0.0	0.0	0.0
银行贷款	3.3	4.9	8.0
外资引进	0.0	0.1	0.1
自筹资金及其他	96.8	95.6	95.8
其他所有制类型企业			
政府预算	0.6	0.6	0.8
银行贷款	20.8	21.7	25.1
外资引进	37.1	31.1	11.8
自筹资金及其他	48.7	52.0	74.5
银行贷款分布			
国有企业	62.8	64.2	42.1
集体所有企业	19.0	12.0	6.4
个人所有企业	1.9	3.4	4.8
其他类型的的企业	14.9	20.4	46.7

注释: 每个时间段下的数字是三年的年均值;"其他类型的企业"指的是国有企业、集体企业和个人企业之外的所有制类型企业。换句话说,其包括联营企业、持股企业、外资企业,以及由中国香港、中国澳门、中国台湾地区出资的企业。

数据来源: 两位作者基于国家统计局统计年鉴(若干期)所做出的计算。

当然,我们不应夸大中国企业的独特性,尤其是特别依赖自身储蓄的私营企业。比如说,Mayer(1988)发现在1970~1985年间的英国,利润保留占到了企业投资的70%。同样地,竞争更激烈的金融体系并不就必然意味着对投资的金融约束必然会减少。比如说,Bond等人于1978~1989年间用广义矩(GMM)方法对欧洲一些国家的经济进行分析,他们(2003)发现只有在英国(那里的金融行业竞争最为激烈),资金流动和利润项在统计和量化上是对企业投资具有重要的解释作用的。他们不认为这是出于预期形成,他们的结论是在更加市场化的金融体系中金融约束反而会相对更严格。对于这样的研究结果,可以从竞争更为激烈的金融市场里,借款人对风险的规避以及对于借款人的相关信息较少两方面进行解释。

Haggard 和 Huang（2008）对中国政府有关私营部门的政策进行了考察。他们对于政府控制的公司和真正意义上的国内私营公司做了区分。他们认为后者规模相对来说仍然比较小，而且受到许多控制和准则限制，比如在融资规定和到达一定规模的投资项目要获得官方许可所要满足的条件等方面。政府是允许私营部门发展的（基于其自身效率），但却并没有积极支持其发展。

这种分析与反映固定资产投资额变化的相关数据是一致的（图8.2）。投资的所有制结构在邓小平1992年的"南方讲话"后得到显著改变。在之后的14年里，国有企业所占份额由2/3降为1/3，然而这主要是由于控股公司（"其他"所有制类型）投资的扩大，这些公司大部分在之前是算作国有企业的，它们的所有权和控制权仍然掌握在国家手里。我们可以看出个人拥有的企业在投资额上所做贡献直到改革末期还和改革初期时的水平差不多。

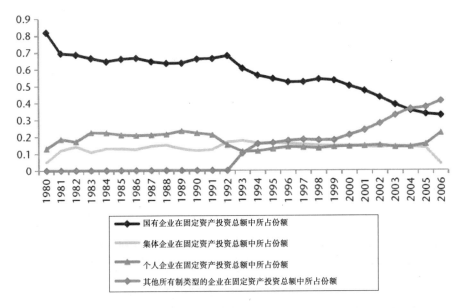

图8.2 1980～2007年间不同所有制类型在固定资产的投资中所占份额

（表示为所占百分比）

数据来源：国家统计局，《中国统计年鉴》（若干期）。

在解释这些结果的过程中，Haggard 和 Huang（2008）认为尽管在这十年中，国有银行更加倾向于追求利润，私人投资仍然受限，原因是相关许可政策倾向于将私营企业局限于低盈利的经济活动中。同时，外国企业比起中国国内私营企业能享受更好的经济待遇，它们的固定资产投资份额由 1993 年的 6%上升到 2003 年的 9%（Haggard 和 Huang 2008）。

Guariglia 等人（2011）则对私营部门作了完全不同的描述。他们在 2000～2007 年间通过对一大批中国企业（所有的国有企业和所有大型的非国有企业）的研究，以调查影响企业增长率（其资产增长作为衡量指标）的决定因素。国有企业在 2000～2007 年间年资产增长率平均为 1.1%（受到资金需求而非资金供应的限制），而私营企业在此阶段的年资产增长率则高达 8.5%。Guariglia 等人将企业部门和个体业户也纳入国内私营公司的范围内。然而，有人发现他们分析出来的主要结果也可以独立应用于个体私营部门。

他们分析的主要结果与可变资金流动（表现为所占资产比重）的系数有关。在国有企业中这个系数很小，无关紧要。但在私营企业中此系数却是至关重要，而且接近于 1。Guariglia 等人对此做出的解释是私营企业无法得到银行贷款，在财务上受到约束；而能够得到大笔银行贷款的国有企业则不受此约束；这种解释是有凭有据的：对 1990 年以来的上市公司的调查发现，投资杠杆的负面影响越小，国有份额在公司所占比重就越大（Firth 等 2008）。对这种解释的普遍批评是资金流动代表的可能是潜在的投资机会，而不是可用的资金（Hubbard 1998）。Guariglia 等人试图通过使用滞后值以排除这种可能性。值得注意的是私营企业的资金流动（这里定义为收入+折旧贬值）平均能达到将近其资产增长的 100%（这里将资金流动和资产增长都以所占资产比例形式表现出来）这就意味着 2000 年早期的私营企业获得的高利润及其资金流动使得这些企业的高额资产积累成为可能，尽管那时的信贷市场是处于扭曲的状态。

比起 Haggard 和 Huang（2008），Dougherty 和 Herd 对于私营部门的发展持更乐观的态度。他们对增值生产函数进行评估，并收集工业企业的大型样本，按照所有制类型对 1998～2003 年间的全要素生产率进行计算，发现国内私营企业的标准生产力比那些国家控股占到一半以上的企业要高了至少 90%。在他们收集的企业样本中，1998 年间的私营企业只占 28%，而在 2003 年间这一数字为 52%。Dougherty 和 Herd 的结论是 1998～2003 年间促进私营部门迅速壮大的因素正是这些部门的高效率（Dougherty 和 Herd 2005）。

Cull 和 Xu（2005）对于私营企业再投资率的研究（之前有所提及），也包括了表示投资资金可用性的变量。他们设计的调查问卷暗示了企业是否在过去三年有过银行贷款（28%的企业有过），以及根据获得贷款比例而要求的担保资金（平均为 25%）。贷款的担保额越大，再投资率就越高。这就暗示承担风险更大的企业不得不更依赖于内部资金。在其他条件相同的情况下，能够获得银行贷款实际上会提高再投资率，而不是降低。这项结果与有着最大的投资机遇、盈利最多的私营企业也有过银行贷款的事实相吻合。实际上，预测银行贷款获取的相关方程也表明这种获取是由公司业绩和与政府关系亲疏的指标所决定的。这就暗示着 2000 年初的银行体系，至少在对私营企业放贷上，采取的是正常的商业银行标准（至少是部分采取）。

Cull 等人（2007）对贸易信贷在中国投资资金的作用做了调查，发现贸易信贷可以是短期资金的重要来源，原因在于和金融机构相比，供应商所拥有的信息优势。在中国，如果私营部门的企业无法从银行获得贷款，贸易信贷也可以成为其投资的一种手段。通过对大型工业企业的分析，Cull 等人（2007）发现那些能更容易获得银行信贷的企业能提供更多的贸易信贷。在国有企业里，盈利会减少贸易信贷的供给，反映出将会遭放弃的投资机会。盈利较少的国有企业则获得了更多的银行贷款（可能是对财务困境的反映），而且这些企业还有剩余资金来扩大贸易信贷，其目的可能是为了留住顾客和供应商。相反的是，在财政上受到约束的私营部门中，盈利更多的企业提供了更多的贸易信贷，反映出它们更强的贸易信贷供给能力。尽管 Cull 等人的结论是，贸易信贷是在财政上受到约束的私营企业投资资金的可能来源，但贸易信贷相对较小的规模意味着其只能对私营部门投资的一小部分进行解释。

Ferri 和 Liu（2010）通过对 280,000 家大型工业企业固定样本数据的分析来考察 2001～2005 年间不同所有制类型的公司所面临的贷款利率。即便是对公司规模和行业部门做了标准化处理，他们发现国有企业的贷款利率仍然最低，比私营企业的贷款利率低了 2 个百分点还要多。此外，如果将国有部门的贷款利率调到和私营部门一样高，那国有部门整体上都会亏损。这种与事实相反的假设可能有些极端，一方面是由于潜在的一般均衡效应，另一方面是因为面向外国企业的标准化的利率处于中间位置，这样就会意味着一些无形的影响也会起作用。即便如此，财政上的解放按预期仍然可能会减少国有企业投资。实际上，这种财政解放对国有企业盈利和投资的可能影响已为人们所察觉，这就严重阻碍了财政解放手段的应用。

通过对 110,000 多家公司在 2000~2007 年间表现的调查,Ding 等人(2010a)证实了非国有企业在资金流动方面的确是受到了严重束缚。这点可以由这些企业的固定投资对其资金流动的敏感性看出来。当资金流动出现波动时,非国有企业不仅会倾向于调整固定资本投资,还会调整流动资本投资。虽然 Ding 等人对营运资本与固定资本比率相对较高和较低的公司作了区分,但他们发现只有营运资本与固定资本比率相对较高的企业才会调整其营运资本,以使固定资本投资进展更为顺利。因此,对营运资本的良好管理对于中国许多在财政上受到约束的企业来说,不失为保持其高额的固定资本投资的一种手段。

8.5　投资效率:静态角度

在将金融发展和经济增长相联系的相关文献中,我们通常能够发现金融发展指标会促进经济增长[4]。Allen 等人(2005,2008)则将中国的相关经历看作反例。金融媒介发展的常规指标,如银行和正式贷款的重要性,显示中国的金融体系薄弱不发达。而中国的经济增长却很快。Allen 等人对此的解释是非正式资金来源因为满足需要而得到发展;包括净利润、储蓄金,以及非正式借款在内的替代选择已被证明是有效的补救方法。

那中国不成熟的金融体系会因投资分配不合理而对其经济造成损失吗?Dollar 和 Wei 对此问题做了研究,发现投资分配不合理现象的确存在,他们试图量化这种分配不合理所带来的损失。他们的研究是基于 2002~2004年间对 120 个城市的 12000 多家企业的调查。他们区分了 8 种不同的所有制类型:国家所有(下分 3 种:100%国家所有、50%~99%国家所有、1%~49%国家所有),外资所有(也像国家所有一样下分 3 种),集体所有,以及国内私营。比起私营企业来,国有企业能从银行体系中获得更多的投资资金。回归分析显示在增值与资本比率的关系值上,私营企业要比 100%国有的企业高出 50%还多。通过对资本盈利率决定因素的考察,Dollar 和 Wei 发现了相似的模式。非 100%国有的国有企业通常处于中间位置。推导的结果是非国有企业的发展受到财政约束的阻碍。对于增值与劳动比率的类似分析也表明100%国有的国有企业与其他类型企业的不同:100%国有的国有企业的资本回报率不仅最低,而且劳动回报率也最低。Dollar 和 Wei(2007)还进行了与事实相反的大型模拟分析，他们将国有部门的增值与资本比率调到和私营部门的一样高，发现资源的分配不合理会损失 5%的 GDP。

Guariglia 和 Poncet（2008）也提到了投资分配不合理的问题。他们提出的问题是：衡量金融发展的各项指标是怎样影响股本和全要素生产率增长的？他们使用了 1989～2003 年间的各省份年度数据，试图通过系统 GMM 估计方法和反向因果关系实验来解决内生性问题。他们提出了 3 种金融衡量指标：金融中介发展的常规指标，如银行贷款的范围；中国特有的国家干预指标，如四大主要国有银行发放的贷款的重要性；还有"市场导向型资金提供"的相关衡量指标，如由自筹资金组成的投资份额。

在有关资本积累和全要素生产率增长的方程里，金融发展的常规指标和国家干预的相关指标都有着负系数。只有在自筹资金的情况下系数才为正。研究发现当总投资中的外国直接投资的重要性与金融变量相互作用时，是可以降低负系数的。Guariglia 和 Poncet（2008）得出的结论是：正式的银行业在这 15 年间（1989～2003 年）是束缚着省份经济发展的，尽管国外直接投资的注入能够减轻这种束缚；而非正式资金的使用（来自净利润、储蓄金、或是非正式信贷）则促进了省份经济的发展。

8.6 投资效率：动态角度

在第 5、6 章里我们对固定资产投资对 1980～2000 年间人均 GDP 增长的影响做了考察，试图通过系统 GMM 估计方法建立其中的因果关系。整体而言投资的影响是正面的、至关重要的：固定投资和 GDP 的比率上涨 1 个百分点就意味着人均 GDP 增长率会提升 0.15 个百分点。将投资按所有权地位进行分解，我们发现了鲜明的对比。国有企业的投资存在浪费现象：在固定投资总额中，国有企业拥有的份额每上涨 1 个百分点，就意味着人均 GDP 增长率会下降 0.08 个百分点。而集体所有的企业所拥有的份额上涨或下跌都不会对人均 GDP 增长率产生显著影响。私营企业（包括企业部门）的投资则有着强有力的影响：私营企业所拥有的投资份额每上涨 1 个百分点，就意味着人均 GDP 增长率上升 0.13 个百分点。这样一来，国有份额在企业投资的比重（见表 8.2）下降反而有利于提升人均 GDP 增长率。

然而还有一个很重要的问题：中国的高投资率会埋藏着自我毁灭的种子

吗？这可能会以多种方式发生。首先，资本的快速积累会导致其边际产值的下降。若处在一个竞争激烈的环境中，资本盈利率就会减少。未来投资会因此受挫。这就是 Bai 等人（2006）提出的运行机制。他们发现，虽然中国的资本积累很快，但其资本盈利率仍然很高，并没下降。此外，Lu 等人（2008）发现在过去的 10 年里，工业企业的盈利率大幅上升。这两项研究表明中国的高投资率并未对未来投资的盈利造成威胁。

私营部门高度的经费自筹并不是没有其问题。根据"代理理论"，来自外部投资者和管理所有权的压力会激励企业经理追求价值最大化的投资策略（Jensen 1986）。没有外部监督和有效的内部控制，企业经理可能会盲目扩大投资规模，将内部资金投入到低回报的项目和经济活动上。Ding 等人（2010b）在 2000～2007 年间通过收集 110,000 多家企业的相关数据，证实了上述假设。他们从资本的边际收益产品和平均收益产品两方面对投资效率进行了衡量，发现总体来说随着时间推移投资效率是有所提高的。但也有一些过度投资的企业。Ding 等人采用这两种衡量指标（出自相关金融文献），对过度投资进行验证，并找出了相关的过度投资者。他们的研究结果支持"自由资金流动"假说。换句话说，有着充裕自由资金流动的公司确实会用这些资金进行过度投资。经研究发现，负债在控制过度投资方面的约束作用仅限于集体和私营企业，而国有企业则不受此约束。附属于地方或中央政府的企业能够过度投资，主要是由于银行信贷随时可用的缘故。

Qin 和 Song（2009）试图用 1989～2004 年间的各省份数据来衡量中国过度投资的程度。通过对生产函数的估算，他们能够对投资的最大盈利水平做出预测。他们将过度投资定义为实际投资减去利润最大化的投资，并发现过度投资现象很普遍。改革更深入、更繁荣的沿海省份在技术上效率更高，但在分配上效率偏低。也就是说，这些省份过度投资的程度更高。也有直接证据表明在某些行业也存在着资本未充分利用的情况，特别是在由国家控制的重工业上（欧盟商会 2009）。比如说，2004 年钢铁业、铝业、碳化钙、铁合金、集装箱等行业的超额生产的百分比分别为 34%，46%，73%，84%，88%。[5] 考虑到短期平均成本曲线的走势，对于"全额生产"很难定义。然而上述带有启发性的证据仍然有助于我们理解为什么相当多的国有企业的平均盈利率虽然在增长，但仍然是亏损的。

对于资本的快速积累为什么没有引起可预期盈利率的骤降，从而使进一步投资受到阻碍这一问题，有好几种可能的原因。一种可能是在经济改革之初，资本与其他生产要素的比率远低于其平衡水平，也就是说，资本的边际产值过高。在新古典框架的理论模型中，较高的储蓄和投资率意味着较高的资本与劳动的比率，相应地也意味着平稳状态下较低的资本边际产值。在这种情况下其经济要想达到长期平衡状态还有很远的路要走。这样一来对这一问题的回答就是中国经济一开始就处于极为不平衡的状态。

第二，即便是资本与劳动的比率没有得到显著增长，资本仍然能快速积累起来。的确，1978 年至 2005 年间中国的股本年增长率为 10.5%，而劳动力年增长率仅为 2.4%，这就意味着资本与劳动的比率上升了不止 7 倍[6]。然而普遍认同的看法是在经济改革之初，中国经济劳动力剩余现象很突出（比如，Knight 和 Song 1999,2005）。到 20 世纪 90 年代末才真正开始的企业改革和城市经济的增长，将未充分就业的劳动力推向了生产性更强的经济活动中。早期对于农业剩余劳动力的评估（Taylor，1988）显示即便 30% 的农民停止务农，农业生产也不会受到损失。这样一来，将农业劳动力再分配到那些边际产值更高的经济活动中（起初是通过农业工业化，之后通过从农村到城市的迁移）有助于使资本与劳动的比率保持在较低水平。

第三，中国改革之前的情况是资源分配严重不合理，而改革进程则引起了从农业到工业、从国有部门到私营部门、从国内市场到国外市场的显著结构变化。我们在第 7 章里提过这些转移（从农业到工业，从国有部门到私营部门，从国内市场到国外市场）都会带来盈利机遇，并推动经济走向其生产边界。经济的快速增长意味着相对资源再分配的实现可以不引起严重的超额生产及由其引发的相对衰落行业的盈利骤降。

有助于维持物质资本盈利率的第四个因素是人力资本（物质资本的互补因子）的快速增长。九年制义务基础教育（6 年小学+3 年中学）的目标于 1986 年设定，并在 20 世纪 90 年代得到基本实现（至少是在城市和农村比较繁荣的地区是这样的）。高等教育在 20 世纪 90 年代末后得到显著发展，尽管之前一直处于被忽视的状态。在 1982 年的人口普查中，成人在初中、高中和大学教育中所占比例，以及 1995 年和 2005 年根据全国样本得到的相应比例在表 8.4 中得到体现。成人在高等教育中所占比例由 1982 年的 1% 上升到 2005 年的约 7%，受小学以上教育的成人比例增长了一倍多，由 1982 年的 28% 上升到了 2005 年的近 58%。

表 8.4　20 岁及以上的国民受教育程度（表现为所占国民总人口比例）

	受过高等教育	受过高中教育	受过初中教育	受过小学教育
1982 年	1.00	8.74	18.53	31.41
1995 年	2.95	10.52	31.20	35.29
2005 年	6.64	12.34	38.54	29.37

数据来源：基于 1982 年的中国人口普查和 1995 年以及 2005 年的 1%人口样本调查。

　　人力资源储备（产生外部效应）及其增长，经研究发现都对中国经济高速增长做出了重要贡献（第 6 章）。受教育的劳动力变得可用，这就会鼓励并有助于将新技术应用到经济领域中。许多对机器和设备的固定投资都体现了改进过的技术，这些技术一些是国内的，一些是从国外引进的。于是技术上的进步——劳动力"效率单位"的增长和由此引发的有效资本与劳动之比的下降——对于投资盈利一直保持在较高水平有着很大的帮助。但是，对于中国改革期间的技术进步率还没有一个统一的说法。对增长进行描述的不同模型对其年技术进步率的估计也从 1.5%到 3.9%不等，[7]这就部分体现了不同模型背后的不同理论假设。无论在什么情况下，若投资能通过其体现出来的技术进步和资源再分配的改善来提升效率，那全要素生产率就是投资的正函数，并与其密不可分。

　　出于任何理由的投资下降都会相应地减少经济的累积总需求，从而进一步抑制投资。这样一来，"信心十足，高额投资，高速增长，实现预期，高额投资……"的良性循环可能会陷入"信心不足，投资偏低，增长缓慢，实现预期，投资偏低……"的恶性循环。

　　Gong 和 Lin（2008）在对中国商业进行解释时是部分考虑到上述的机制的。他们把正常的高投资率看作较低的实际利率的产物和非熟练劳动力无限供给的结果。然而，他们注意到产能利用率在某些年份是下降的，而这的确阻碍了投资，引起经济衰退，也就是低于趋势增长率的经济增长。他们给出的解释如下：积极的供应冲击（政策限制放宽的结果）会引发高额投资，这就会引起通货膨胀。随之而来的反通货膨胀政策会造成股本的生产能力过剩，于是会减少投资并延缓经济增长。尽管 Gong 和 Lin（2008）的解释能很好地说明一些事实，但却忽略了一个问题。在他们的分析模型中，投资函数依赖于预期的产能利用率。这就与理性预期的假定不一致，需要其他的假设，如官僚激励假设、"非理性繁荣"或"非理性动物精神"假设来对间歇性的过度投资进行解释。

Kim（1994）对于早期改革阶段做出了一种可能的解释。考虑到国有企业经理提升投资的十足动力，信息不足的弱点会使他们刻意在公司计划制定者面前低估其投资成本和资本能力。这样一来，微观上的动力和宏观上的目标之间的差别有时可能会引发投资过度。软预算和贷款的低利率会减轻投资者对未来宏观经济调整的担忧。

一些当代的宏观经济模型借鉴了凯恩斯对"非理性动物精神"的着重强调以及与其相关的羊群效应，这些模型包含不完全的信息以及可能会由此引发的简单判定规则。这些规则可能会产生在信仰方面不平等的相互联系并由此引发投资者的乐观或悲观情绪（De Grauwe 2008）。若将这些观点用到研究中国上，我们有理由期待在快速变化的新情况下会出现"非理性繁荣"。根据Naughton（2007）的观点，邓小平1992年著名的"南方讲话"是中国企业家精神的开端，并引发了"淘金热心态和金融过度"。那时的投资高涨很多要归因于地方政府，它们当时正在应对外生冲击，也就是限制的放宽。地方政府对外生冲击应对的力度可以从奖励地方发展（特别是短期发展）的激励结构，软预算保障下对风险的零担忧，以及对不断扩展的新局面的无力预见这三方面进行解释。

Brandt 和 Zhou（2000）对于"中国式循环"做出了另外一种不同的解释。考虑到国有企业大刀阔斧改革之前的情况，他们把投资和产出的波动归因于国有企业盈利的下降，尽管国家还是一如既往地支持它们。国有企业不断扩大的亏损要求财政补贴和信贷的不断转移。在改革早期，信贷分配的权力就已由政府移交给国有银行了。尽管有定额的限制，国有银行的地方支行在追求当地经济发展方面仍倾向于与当地政府密切合作，因此在定额之外，便会支持盈利更多的非国有部门。国家对国有企业一如既往支持的结果是货币供应的迅速增加和通货膨胀的加速。这就迫使中央政府重新收回信贷分配的权力，并对国有和非国有部门的信贷作出严格规定，这就会引起投资和产出的间歇性衰退。Brandt 和 Zhou（2000）给出的解释里暗含的一点是随后的国有企业的改革使得"高投资，高增长"的良性循环并没有被这种冲击源所终结。

Ding 等人（2010c）考察了中国投资模式中的一个谜团：尽管中国有着很高的投资总额，投资净额为负这种现象在微观经济层面上仍很普遍。通过对一组覆盖面广的企业数据集的分析,Ding 等人证实了对此现象进行分析的三种假设:效益(或是重组)假设、资金提供缺少假设、(缓慢)增长假设。他们对固定样本数据的概率单位评估显示国有企业丢弃废置资本主要是出于效率低下或是重组的原因,比如说,面临日益激烈的竞争或是其他方面的压力,国有企业为提高效率需要丢弃其废置资本。私营企业出现负投资主要是由于外部的财政制约问题,比如说,在对出现的新机遇投资之前,私营企业需要先获得资金。但许多企业的发展仍很快这一事实能够抵消造成负投资的这两种因素的影响,对于最有活力的私营和外国公司来说尤其如此。

8.7　结论

在经济研究中,经常需要对能够进行严密论证的具体问题和无法通过正式测验进行论证的一般性问题做出权衡。尽管我们从有关中国投资的大量文献中获取了许多的数据和观点,但仍然无法对这一章的标题——中国为何投资如此之多?——给出准确的回答。不过我们可以给出一个可信度高的解释。

对于这一问题的解释,我们首先从需求的角度,举出相关例证:总体而言,中国的资本回报率一开始就很高,而且一直都维持一个合理的高值。此外,工业资本回报率,无论是对国有部门还是非国有部门而言,在 1998 年后有着巨大的提升。而这很有可能是中国投资一直保持很高的潜在原因,尽管目前可观察到的资本回报和可感知到的未来投资回报之间有潜在的重大区别。

那为什么盈利情况仍然很可观,可观到即使考虑到当前的资本积累率,仍然还有这么多投资?这种可观的盈利很有可能是靠全要素生产率的快速增长(受益于企业改革)和现成的剩余劳动力供应(可能与股本的增长有关)而得以维持的。这两个因素会使资本的边际产值保持很高。空间上的再分配过程和城市化进程的加快,再加上结构上的变化,会增加对基础设施投资(包括公共投资和私人投资)的需求。起步于资源分配严重不合理情况下的经济改革和市场化进程,通过将资源重新分配到生产性更强的使用中(从国有行业到私营行业,从农业到工业,从国内到国外市场),实现了效率的提升。

企业家对于经济快速增长的预期是形成高额投资的重要因素。从政治经济学的角度来看,1976 年以后,新的领导集团意识到应该将经济发展放到其政策的首要位置上。中国开始变成一个"发展型国家"。为促进经济增长，各级管理层——全国的，省份的，城市的，县乡的——纷纷采取了相应的激励措施。官员会因促进投资得到奖励，商人在做投资决策时，可以自信满满地表示促进经济增长的政策得到了落实。这样一来，困扰许多贫穷国家的企业的"协调问题"，也就是每项投资若单独进行则无盈利，而一起进行则都有盈利的问题就能得到解决。

有人认为中国经济处于良性循环，有着可持续的回馈效应。这种观点是有道理的。高额投资促进经济快速增长，而经济快速增长反过来又能产生乐观预期，这种乐观预期然后又会引发高额投资。中国经济正快速增长这一事实意味着即便没有巨大的过剩产能的增长和许多相对衰落的行业在利润上的亏损，相对的资源再分配仍然会发生。许多投资能够体现技术的改进，而中国如此之高的投资反过来又能提高技术进步率。这就对将资本边际产值保持在较高水平，并由此降低投资盈利率起到了一定作用。

我们还对企业、家庭、政府这三部分的高储蓄率依次做了可信度高的分析。效率低下且受到"压制"的金融体系对高储蓄率的形成也起到了一定的作用：在财政上受到制约的私营企业和家庭看到盈利的机遇后，可能会将更多的资金存到银行以用于投资。若没有一个与高投资率相对应的很高的国民储蓄率，那投资热便会在随之而来的宏观经济不平衡下宣告结束。

资金的提供并不能很好地解释中国的高投资现象。通常来讲，利率较低的银行现成贷款只是面向国有企业，非国有企业只能依靠自己的资金储蓄或是利率较高的非正式贷款。这样一来，投资便会偏向那些盈利较少的所有制部门。尽管如此，国有企业的经理却投资心切，一方面是因为其投资目标更偏向于发展，而不是盈利，另一方面是因为在 20 世纪 90 年代末，国有企业经理面对的是软预算，因此没必要对风险产生反感。尽管私营部门面临着诸如资本市场的不完善、投资受到限制，以及对合同和财产权的法律保护有缺陷等带有歧视性的政策，私营部门的投资仍然很高。私营部门高投资的实现一方面是因为前身是国有企业的那些企业经过企业化改革，国家对其股权的拥有已经到了掌控这些企业的程度；另一方面是因为私营企业效率更高，这就使其能比国有或国家控制的行业达到更高的盈利率。

对于中国高投资率的实现还有几个必需的条件，尽管这些条件若单独来看没有一个足以说明问题。若不对为什么中国投资需求一开始就很高，而且一直保持很高,以及为什么其资源可以被利用,投资资金可以获得这些问题做出解释,那我们的分析就不能算是完整。

　　这一章对于经济增长的研究也有暗含意义。投资和效率增益(受益于技术进步和资源再分配)之间的积极相互作用意味着内生增长理论对于中国投资的分析要比新古典增长理论在理论框架上更具优势。中国明显的"高投资,快增长"的良性循环意味着无论选择这两种常规的增长理论中的哪一种,我们都还要考虑到对资本积累率的基本决定因素的分析。

注释:

1. 我们参考了 Knight 和 Ding (2010) 一文中的内容。
2. 数据来自世界发展指标,2008 年 4 月;人均 GDP 是以国内生产总值除以年中人口计算的,且以不变美元(2010)表示。
3. 我们十分感谢姚洋为我们提供经过计算的国家数据。
4. 例如,King 和 Levine (1993), Levine (2005), 以及 Wurgler (2000)。
5. 摘自国家发展与改革委员会,国发第 38 号,2009,以及其他文献。
6. 根据 Bai 等人 (2006: 表 1) 以及《中国统计年鉴》2006 年 60、125、128 页的数据计算。
7. 参考 Borenzstein 和 Ostry (1996), Hu 和 Khan (1997), Woo (1998), Young (2003), 以及 Brandt 等人(2008)。

参考文献

Allen, Franklin, Jun Qian, and Meijun Qian (2005), 'Law, finance and economic growth in China', *Journal of Financial Economics*, 77, 1: 57～116.

—— —— —— (2008), 'China's financial system: past, present and future', in Loren Brandt and Thomas Rawski (eds.), *China's Great Economic Transformation*, Cambridge and New York: Cambridge University Press: 506～568.

Bai, Chong-en, Chang-tai Hsieh, and Yingyi Qian (2006), 'The return to capital in China', *Brookings Papers on Economic Activity* 2006, 2:61～88.

Barnett, Steven, and Ray Brooks (2006), '*What's driving investment in China*?', International Monetary Fund Working Paper No. WP/06/265.

Blanchard, Olivier (2006), 'Comments and discussion', *Brookings Papers on Economic Activity* 2006, 2:89~92.

Bond, Stephen, Julie Ann Elston, Jacques Mairesse, and Benoit Mulkay (2003), 'Financial factors and investment in Belgium, France, Germany and the United Kingdom', *Review of Economics and Statistics*, 85, 1: 153~165.

Borenzstein, Eduardo, and Jonathan Ostry (1996), 'Accounting for China's growth perfor-mance', *American Economic Review*, 86, 2: 224~228.

Brandt, Loren, and Xiaodong Zhu (2000), 'Redistribution in a decentralized economy: growth and in flation in China under reform', *Journal of Political Economy*, 108, 2: 422~439.

——Chang-Tai Hsieh, and Xiaodong Zhu (2008), 'Growth and structural transformation in China', in Loren Brandt and Thomas Rawski (eds.), *China's Great Economic Transformation*, Cambridge and New York: Cambridge University Press: 683~728.

Chamon, Marcos, and Eswan Prasad (2008), 'Why are savings rates of urban households in China rising?', NBER Working Paper No. 14546.

Clarke, Donald, Peter Murrell, and Susan Whiting (2008), 'The role of law in China's economic development', in Loren Brandt and Thomas Rawski (eds.), *China's Great Economic Transformation*, Cambridge and New York: Cambridge University Press: 375~428.

Cull, Robert, and Lixin Colin Xu (2005), 'Institutions, ownership, and finance: the determinants of profit reinvestment among Chinese firms', *Journal of Financial Economics*, 77, 1: 117~146.

—— and —— and Tian Zhu (2007), 'Formal finance and trade credit during China's transition', World Bank Policy Research Working Paper No. 4204.

De Grauwe, Paul (2008), 'Animal spirits and monetary policy', CESIFO Working Paper No.2418.

Ding, Sai, Alessandra Guariglia, and John Knight (2010a), 'Investment and financing constraints in China: does working capital management make a difference?', Department of Economics University of Oxford Discussion Paper No. 521.

—— —— —— (2010b), 'Does China overinvest? Evidence from a panel of Chinese firms', Department of Economics University of Oxford Discussion Paper No. 520.

—— —— —— (2010c), 'Negative investment in China: financing constraints and restructuring versus growth', Department of Economics University of Oxford Discussion Paper No. 519.

Dollar, David, and Sheng-jin Wei (2007), 'Das (wasted) capital: firm ownership and investment efficiency in China', International Monetary Fund Working Paper No. WP/07/9.

Dougherty, Sean, and Richard Herd (2005), 'Fast-falling barriers and growing concentration: the emergence of a private economy in China', OECD Economics Department Working Paper No. 471.

European Union Chamber Of Commerce In China (2009), 'Overcapacity in China: causes, impacts and recommendations', <www.europeanchamber.com.cn>.

Ferri, Giovanni, and Li-gang Liu (2010), 'Honor thy creditors beforan thy shareholders: are the profits of Chinese state-owned enterprises real?', *Asian Economic Papers*, 9,2:50~69.

Firth, Michael, Chen Lin, and Sonia Wong (2008), 'Leverage and investment under a state-owned bank lending environment: evidence from China', *Journal of Corporate Finance*, 14, 5: 642~653.

Gong, Gang, and Justin Lin (2008), 'Deflationary expansion: an overshooting perspective to the recent business cycle in China', *China Economic Review*, 19, 1: 1~19.

Guariglia, Alessandra, Xiaoxuan Liu, and Lina Song (2011), 'Internal finance and growth: microeconometric evidence on Chinese firms', *Journal of Development Economics*, 96, 1: 79~94.

——and Sandra Poncet (2008),'Could financial distortions be no impediment to economic growth after all? Evidence from China', *Journal of Comparative Economics*, 36, 4: 633~657.

Haggard, Stephan, and Yasheng Huang (2008), 'The political economy of private sector development in China', in Loren Brandt and Thomas Rawski (eds.),

China's Great Economic Transformation, Cambridge and New York: Cambridge University Press: 337~374.

Hay, Donald, Derek Morris, Guy Liu, and Shujie Yao (1994), *Economic Reform and State-owned Enterprises in China*, 1979—1987, Oxford: Clarendon Press.

Hu, Zuliu, and Mohsin Khan (1997), 'Why is China growing so fast?', *International Monetary Fund Staff Papers*, 44, 1: 103~131.

Hubbard, Glenn (1998), 'Capital-market imperfections and investment', *Journal of Economic Literature*, 36, 1: 193~225.

Jefferson, Gary, Ping Zhang, and John Zhao (1999), 'Structure, authority and incentives in China's industry', in Gary Jefferson and Inderjit Singh (eds.), *Enterprise Reform in China: Ownership, Transition and Performance*, Washington DC and New York: World Bank and Oxford University Press: 43~64.

Jensen, Michael (1986), 'Agency costs of free cash flow, corporate finance and takeovers', *American Economic Review*, 76, 2: 323~329.

Kaldor, Nicholas (1960), 'Capitalist evolution in the light of Keynesian economics', in his *Essays on Economic Stability and Growth*, London: Duckworth: 243~258.

Kim, Iksoo (1994), 'The political economy of investment control in post-1978 China',in Qimao Fan and Peter Nolan (eds.), *China's Economic Reform: The Costs and Benefits of Incrementalism*, London: St Martins Press: 75~103.

King, Robert, and Ross Levine (1993), 'Finance and growth: Schumpeter might be right'. *Quarterly Journal of Economics*, 108, 3: 717~737.

Knight, John (1995), 'Price scissors and intersectoral resource transfers: who paid for indus-trialization in China?', *Oxford Economic Papers*, 47, 1: 117~135.

——and Sai Ding (2010), 'Why does China invest so much?', *Asian Economic Papers*,9,3: 87~117.

——and Lina Song (1999), *The Rural-Urban Divide: Economic Disparities and Interactions in China*, Oxford: Oxford University Press.

—— ——(2005), *Towards a Labour Market in China*. Oxford: Oxford University

Press.

Koopman, Robert, Zhi Wang, and Shang-jin Wei (2008), 'How much of Chinese exports is really made in China? Assessing domestic value-added when processing trade is pervasive', NBER Working Paper No. 14109.

Kuijs, Louis (2005), 'Investment and saving in China', World Bank Policy Research Working Paper No. 3633.

Levine, Ross (2005), ' Finance and growth: theory and evidence ', in Philippe Aghion and Steven Durlauf (eds.), *Handbook of Economic Growth, Volume 1A* , Amsterdam: Elsevier BV: 865～934.

Li, Hongbin, and Li-an Zhou (2005), 'Political turnover and economic performance: the incentive role of personnel control in China'. *Journal of Public Economics*, 89, 9～10: 1743～1762.

Lu, Feng, Guoqing Song, Jie Tang, Hongyan Zhao, and Liu Liu (2008), 'Profitability of China's industrial firms (1978～2006)', *China Economic Journal*,1, 1:1～31.

Mayer, Colin (1988), 'New issues in corporate finance', *European Economic Review*, 32, 5: 1167～1189.

Ministry Of Finance (MF), People's Republic Of China (2009), *Finance Yearbook of China 2008*, Beijing: Ministry of Finance.

Modigliani, Franco, and Larry Shi Cao (2004), 'The Chinese saving puzzle and the life cycle hypothesis', *Journal of Economic Literature*, 42, 1: 145～170.

National Bureau Of Statistics, People's Republic Of China (NBS) (various years), *China Statistical Yearbook*, Beijing: China Statistics Press.

Naughton, Barry (2007), *The Chinese Economy: Transitions and Growth*, Cambridge, Mass.: The MIT Press.

Organization For Economic Cooperation And Development (OECD) (2005), *OECD Economic Surveys: China* No. 13, Paris: OECD.

Qin, Duo, and Haiyan Song (2009), 'Sources of investment inefficiency: the case of fixed asset investment in China', *Journal of Development Economics*, 90: 94～105.

Riedel, James, Jing Jin, and Jian Gao (2007), *How China Grows: Investment,*

Finance and Reform, Princeton: Princeton University Press.

Taylor, Jeffrey (1988), 'Rural employment trends and the legacy of surplus labour, 1928—1986', *China Quarterly*, 116, 736~766.

Wei, Shang-jin, and Xiaobo Zhang (2009), 'The competitive saving motive: evidence from rising sex ratios and savings rates in China', NBER Working Paper No. 15093.

Woo, Wing Thye (1998), 'China's economic growth: sources and prospects', in Michel Fouquin and Françoise Lemoine (eds.), *The Chinese Economy*, London: Economica: 17~47.

Wurgler, Jeffrey (2000), 'Financial markets and the allocation of capital', *Journal of Financial Economics*, 58, 1: 187~214.

Young, Alwyn (2003), 'Gold into base metals: productivity growth in the People's Republic of China', *Journal of Political Economy*, 111, 1: 1220~1261.

Zou, Hengfu (1991), 'Socialist economic growth and political investment cycles', *European Journal of Political Economy*, 7, 2: 141~57.

第三部分

中国经济增长的影响

约翰·奈特

9

经济增长和劳动力市场

9.1　引言

著名的刘易斯模型（Lewis 1954）为评估发展中国家经济体的成功，以及解释经济发展的成果是如何得到扩散提供了很好的框架。在竞争激烈的市场经济下，只有当经济从发展过程的第一阶段（也就是劳动力剩余的古典阶段）进入到第二阶段（也就是劳动力稀缺的新古典阶段），实际收入才会开始得到提高（通常情况下）。在达到这一点之前，经济增长带来的效益是以剩余劳动力得到吸收的方式，而不是以真正收入的提高这一方式慢慢积累起来的。达到这一点之后，劳动力的稀缺就可能成为减少劳动力收入不平等现象的强大力量。

经济由古典阶段发展到新古典阶段所经历的过程可以在日本（20 世纪 50、60 年代）和韩国（20 世纪 60、70 年代）身上得到很好体现。当中国开始经济改革时，毫无疑问其经济是极为典型的劳动力剩余型。无论是在农村（这种过剩表现为公社里的不充分就业）还是在城市（过剩表现为国有企业里的不充分就业），都存在着劳动力过剩的现象。在改革期间中国经济得到了快速增长，在 1978~2008 年这三十年间其年增长率平均比 9%还要多。然而在这三十年间劳动力增长了 3.8 亿，或者说是 90%，相当于平均每年增长 2.3%。剩余劳动力到目前为止真的被有成效地吸收到经济中了吗？相关文献在对此问题的回答上意见不一。

在 9.2 节我们会简要介绍刘易斯的理论模型。9.3 节会提供一些有关中国劳动力市场发展趋势的背景信息。在 9.4 节我们会对上文中提到的研究问题进行相关文献综述。9.5 节则对 2002 年和 2007 年中国家庭的相关调查进行描述和分析。9.6 节则汇报了对于最低工资行为以及农民工工资行为的现有研究，然后通过分析从农村来到城市的农民工样本的工资函数以对中国城市的农民工工资行为进行考察并给出解释，为此方面的研究做出自己的贡献。9.7 节试图通过农村样本和迁移函数的概率单位分析（Probit）来衡量中国农村潜在的流动劳动力的储备量。9.8 节则对中国未来的劳动力需求和供给进行了说明和预测。9.9 节是结论部分。[1]

9.2 刘易斯模型

相信大家对刘易斯模型已耳熟能详，这里便不再对其进行正式论述。还记得其中讲到两个阶段的转折点来自于两种可能的机制吧！一种机制涉及农村（也称农业或非正式）部门的劳动力边际产量。由于农村地区劳动力的流失，土地和自然资源与劳动力的比率最终会提高到足以使劳动力边际产量上升的程度。另一种机制是对上市农产品的需求上升或是供应下降，或是二者兼而有之，可能会提高农业和工业进出口交换比价，使得农业劳动力边际产值上升。

农村劳动力的供应价格与劳动边际产量或平均产量有关，具体取决于劳动力流动迁移的目的。刘易斯假设，在边际产量超过平均产量前，平均产量还是与农村劳动力供应价格有关的。边际产量的增长会直接或间接地提高农村劳动力的供应价格。这会在最终呈上升趋势的、流向城市的劳动力供给曲线中得到反映。相应的，劳动力向城市地区的进一步转移会提高那一地区由市场决定的实际工资。

对于上述进程的叙述有助于大体了解当前几个发达的市场经济体。（如日本）以及当前一些成功的工业化经济体（如韩国和中国台湾）是如何实现了整体生活水平的提高的。然而，若要对当前比较贫穷的经济体的发展过程进行描述，刘易斯模型还需要一些限制和修改。

第一，古典和新古典阶段的区分界限不太可能很明显，原因有两个：一是空间上的异质性和不完善的劳动力流动意味着一些地区会比其他地区更早出现劳动力稀缺；二是流动劳动力的机会成本的上升更可能是平缓的，而不是大幅度的，因此流向城市的劳动力供给曲线也呈平缓上升的态势。

刘易斯模型的第二个缺陷是，在很多情况下我们是不能将农业部门与农村部门和非正式部门，或是将工业部门与城市部门和正式部门画上等号。农村的工业也可以是就业的重要途径，城市的非正式部门也可以是剩余劳动力集聚的地方。

第三，在农村地区是可能有资本积累和技术进步的，这会在劳动力外流影响供给曲线之前就使得劳动力平均和边际产量得到提高，继而提高农村劳动力的供应价格。这种提高对于劳动转移过程来说是外生性的，而不是内生性的。

第四，正式部门的实际工资可能会由高于市场出清工资层面的非市场力量所决定。如效率工资、人工周转率、工资利润分享理论和机构工资决定理论或谈判工资决定理论，都是可能的决定因素。正式部门实际工资的设定可能与市场出清工资无关，也可能与其呈正相关。若与农民工相关的工资高于由市场决定的工资，那涌入城市的农民工可能会过多。这种现象正是人口流动概率模型产生的原因：在农民工的"期望工资"（即由在城市获得就业岗位的可能而引发的成倍增长的城市工资）达到农民工供给价格之前，生活在城市的农民工的失业率会一直升高。

第五，城市部门（或者说是工业或正式部门）的发展本身就能够引起压力集团的形成并将权力的制衡转移到城市部门的压力集团中，这就有损于那些处在城市部门之外的压力集团。经济政策对城市的偏向会损害到农村部门的利益，并由此推迟其共享经济发展的成果。

第六，只要把对农村—城市进出口交换比价的依赖作为提高农村收入的机制，那一些国家的物价水平可能更多地由政府干预，或是世界价格和汇率所决定，而不仅仅由农村和城市产品的相对供应和需求所决定。

最后一点，城市部门（或是工业、正式部门）对于劳动力需求的增长相对于劳动力本身的增长可能不足。如果劳动力和正式部门就业之间的差距拉大，那经济不会朝着两个阶段的转折点方向发展，而会离此转折点越来越远。

9.3　中国劳动力市场的发展趋势

中国在几十年之前就已达到土地利用的上限了。1995 年中国可耕种的总土地面积只比 1952 年的多了不到 6%。而在这一阶段（1952～1995 年）农村劳动力增长了 1.5 倍，到 1995 年达到顶峰。公社中存在的剩余劳动力在"工分制"下得到了隐藏。测量中国农村劳动力剩余程度的尝试不计其数，得出的评估也是五花八门。但大多数的评估显示在 20 世纪 80 年代农村剩余劳动力约占农村劳动力总量的 30%（Taylor 1988；Knight 和 Song 1999: ch.2）。

　　作为毛泽东时代不限制生育的人口政策的效果，农村劳动力在一代人之后，也就是 20 世纪 80 年代，得到快速增长。直到 20 世纪 90 年代末，计划生育政策（开始于 20 世纪 70 年代末）对劳动力市场的影响才开始凸显。表 9.1 包含了对中国在 1995～2007 年间劳动力和就业情况的各种调研。农村劳动力在 20 世纪 90 年代中期逐渐开始减少。随着非农业就业的增长（每年增长 1.6%）农业就业明显减少（每年减少 1.4%）。城市就业率则上升很快（每年增长 3.8%），而正式部门（包括国有企业和城市集体所有制企业）的就业率实际上是不断降低的（每年降低 2.2%）。最有活力的部门是城市非正式部门，其就业率上升最快（每年上升 10.7%）。

表 9.1　1995～2007 年间中国劳动力和就业情况

	百万			%	%p.a.
	1995	2007	1995～2007	1995～2007	1995～2007
农村地区					
劳动力数量	490	476	-14	-2.9	-0.03
就业量	490	476	-14	-2.9	-0.03
乡镇企业就业量、私企就业量以及自雇就业量	165	200	35	21.2	1.62
农户耕作就业量	325	276	-49	-15.1	-1.36
第一产业就业量	355	314	-41	-11.5	-0.01
城市地区					
劳动力数量	196	325	131	66.8	4.43
就业量	190	294	104	54.7	3.70
正式部门	149	114	-35	-23.5	-2.21
非正式部门	41	180	139	339.0	13.12
失业数量	6	31	25	416.7	15.55
从农村迁移到城市的农民工数量	30	132	102	340.0	13.14
年均收入（单位：元 参照 1995年物价水平）					
城市实际工资	5,348	19,904	14,556	272.2	11.16
农村居民均实际收入	1,578	3,289	1711	108.4	6.31

数据来源：国家统计局（2008），表 4-2,4-3,4-5,4-8,10-2（必要时还包括同样表格的早期版本）。从农村迁移到城市的农民工数量，其数据则来源于 Sheng（2008）。

　　城市本土劳动力的自然增长过于缓慢，远不能满足城市用人单位对劳动力的需求，这种劳动力的愈发短缺便由农村—城市的农民工来填补。根据Sheng（2008）的调查（其数据来自国家统计局网站），农村—城市的农民工从1995年的3000万增长到2006年的1.32亿。在1995年农民工占了农村劳动力总量的7%，但到了2006年这一数字上升到了26%以上。虽然想要用年度数据来对农民工的数量进行精确测量还是很难的，但其中涉及的数量级是没有问题的：在这十余年（1995～2006）农民工是劳动力组成里最有活力的一部分，其年增长率可能达到了14%。

　　表9.1还显示了城市的平均实际收入在1995～2007年间的年增长率为11.2%，其增长速度要比农村人均实际收入的增长（年增长率为6.3%）速度快得多。然而，官方数据来源只是汇报了城市居民的收入，没有提及农村—城市的农民工的收入。城市居民的收入（增加）不仅是由制度和政治因素所决定的，还由近年来与效率工资理论相关联的非正式利润分享所决定，而农民工的收入并不是由上述决定因素共同作用的结果（Knight 和 Li 2005；Knight 和 Song 2005：第7章）。因此我们不能根据这份有关收入增长的官方报告就断定农民工出现短缺：我们还需要农民工收入的相关数据。

　　根据2007年中国家庭收入项目对国内家庭的调查，城市居民与农村—城市农民工的平均月工资之比为1.49。尽管比起城市居民，农民工更易受市场力量的影响，但其工资要比机会成本高。这项调查还问到农村—城市农民工如果他们还留在农村，那他们将会获得怎样的收入。农民工的平均月工资和他们给出的上述假设条件下留在农村所获得的平均收入之比为2.43。根据人口流动概率模型理论，这种农村与城市之间的收入差距会引发劳动力向城市涌入并造成大批城市农民工的失业。然而，中央和地方政府出台的对于农民工在城市就业和定居上的限制政策有效地减少了农民工的失业（Knight 和Song 2005：chs. 5,8）。2002年中国城市农民工的失业率仅为2.8%（Li 和 Deng 2004）。

9.4　文献综述

　　对于中国是否达到刘易斯两个阶段的转折点问题，相关文献尚无定论，但相关文献仍层出不穷。比如，Cai 等（2007），Park 等（2007），以及 Cai

和 Wang（2008）认为中国已到达此转折点。然而，不同的调查有着不同的结论，相关数据仍需阐释。Cai（2008）和 Park 等（2007）都对"人口结构转型"做了研究并得出相同的结论：中国的劳动力数量在 2020 年左右会开始下降。他们把中国劳动力增长的可预期减缓看作中国已到达此转折点或已离其很近的标志。

　　Kwan（2009），Islam 和 Yokota（2008），以及 Minami 和 Ma（2009）用生产函数对中国的农业部门做了调查，得出的结论是：农业的剩余劳动力数量在全国范围内有所下降，但仍然很庞大。比如，Kwan 用各省份的固定样本数据来评估中国农业的随机前沿成本，并由此计算相对于观察到的劳动力而言的所需劳动力。他发现在改革期间剩余劳动力总体来说是下降的，但却在 2000 年后有所上升（原因是中国加入世贸组织使得价格发生变化），并且其数量仍然很庞大。

　　和我们的研究方法比较相近的是 Chen 和 Hanori 在他们于 2009 年发表的一篇文章中所使用的方法。他们通过评估分对数方程（罗吉特方程）来预测农村劳动力（包括农业劳动力、当地非农业劳动力、农民工）对部门的选择和农民工的工资函数，用的是中国健康与营养调查 2000 年收集的数据。他们的研究发现教育会强化农村劳动力流向城市的意愿，而且这些劳动力一般是男性，30 岁以下，没有孩子，其家庭成员收入相对较高，人均可耕地面积较少。他们还发现，只有当农村劳动力从事的是（比较少见的）技术性较强的工作，并且是 30 岁以下，而且其他家庭成员的收入相对较高时，教育才会对提高这些劳动力的时薪起到作用。上述的两个分对数方程还涉及出生地的因素。Chen 和 Habori 的结论是农民工的短缺能够并且也应该由提高农村教育水平、减少人口流动的人为阻碍（如户口限制）加以缓解。

　　这样一来，看起来不同的研究方法得出的观点也不一样，而且通过分析各种各样的数据得到的各种结论也有相互冲突的地方。那是否能够找到某种解释，以弄清这些相互冲突的结论所带来的困惑呢？

9.5　数据

　　这一节用到的数据主要来自于中国家庭收入项目（CHIP）于 2003 年和 2008 年早期进行的，对于 2002 年和 2007 年中国家庭情况做的两次调查。这两次调查包括三类不同的家庭：城市本地家庭、农村家庭以及从农村迁移到城市的农民工家庭。对每一种家庭都进行了独立的调查。城市本地家庭和农村家庭的数据样本来自于国家统计局给出的大型样本。

这份对于 2002 年农村家庭情况的调查涵盖了 22 个省、自治区和直辖市，条件是这些省份应该能代表中国农村不同地区的情况。不同省份的农村家庭采样数量大致是按照其人口比例来分配的。在每个省的每个选定的县里，至少要抽取 50 个家庭样本，而且还要将省份之下的县和村按照收入水平进行分层。一共对 120 个县的 9200 户家庭、总计 37969 人进行了调查。而对于登记过的城市家庭的调查则是在这上述 22 个省份中的 12 个范围内进行的。一共对 70 个城市的 6835 户家庭、总计 20632 人进行了调查。调查问卷是由中国家庭收入项目研究组的人员设计的。其中问到了相关收入情况，目的是弄清楚家庭可支配收入的情况。每个家庭都要回答有关工资收入和每个已工作的家庭成员其他收入来源的问题，以及家族企业的收入情况。对于农村家庭提出的问题中还包括在村里和村外的工作时间的问题。

对 2002 年农村—城市农民工的调查一共选取了 2000 个家庭作为样本：从每个沿海和中部地区的省份选取 200 户家庭，从每个西部地区的省份选取 150 户。这里对于农民工的定义如下：有农村户口（一种居住登记形式）并在城市居住时间超过半年。在每个省份之下，从省会城市选取 100 个样本，从每个选定的中小城市选取 50 个样本。每个城市的农村—城市农民工的样本则来自居民区。这样就排除了生活在建筑工地和工厂的那些农民工了。为其设计的调查问卷包括有关工资、业务收入、消费、工作以及家庭和家庭个体成员特点的问题。

对 2007 年农村、城市以及农村—城市迁移家庭情况的调查则是在相同的 9 个省份进行的。对于城市本土家庭和农村—城市迁移家庭的调查一共涉及 15 个城市。对于农村家庭的调查则涉及 80 个县和 800 个村庄。这项调查获取的总样本包括 8000 户农村家庭、5000 户城市本土家庭，以及 5000 户农村—城市迁移家庭。与 2002 年调查相同的是，对 2007 年农村和城市本地家庭的调查样本也是来自国家统计局对国民家庭情况调查的子样本。而对农村—城市农民工的调查则是与前两项分开进行的。为保证 2002 年和 2007 年的两次调查具有可比性，这里仅对两个调查都涉及的 9 个省份的家庭情况进行分析。

　　2007 年的调查问卷已尽可能多地包含了 2002 年调查问卷里涉及的问题。此外，为对流动现象做出更好的分析，2007 年的调查问卷还增加了有关迁移状态和行为的一些新问题。两次调查对于农村—城市农民工的采样方法有所不同。2007 年对于迁移家庭的选择，是根据对其家庭中一位已工作成员所在的工作场所进行的采样。而 2002 年农民工家庭的样本则来自于居民区。因此，比起 2007 年的调查，2002 年的调查中，自雇农民工所占比例更高。由于居住在社区的农民工的收入一般比居住在别处的农民工的收入要高，这可能会导致 2002 年调查的农民工的工资比起 2007 年的调查要偏高于实际情况。为了纠正这种偏高情况，我们只选择了 2007 年调查中的一部分农民工作为样本，他们与 2002 年调查中的农民工在生活条件上相仿。

9.6　农民工工资行为

其他研究

　　我们对有关农民工工资的几个信息源进行了考察，以弄清其工资在近几年是否有所上涨，以及如果是有所上涨，那上涨的原因是否是流动劳动力的愈发稀缺。我们先从对 Du 和 Pan（2009）的研究成果的汇总开始，他们二人不仅对近两年间农民工工资行为进行了考察，还对中国最低工资规定的发展情况及其对农民工的影响做了研究。他们的信息源主要是大中城市规定的最低工资标准以及由中国城市劳动力调查（CULS）于 2001 年和 2005 年提供的有关农民工和城市工人的相关信息。中国城市劳动力调查（CULS）所调查的 5 个大城市是：上海、福州、武汉、沈阳、西安。有关最低工资的数据可追溯到 1995 年，但最低工资的执行却是在原劳动和社会保障部（MOLSS）于 2004 年出台的最低工资标准规定的影响下才在广度上得到了扩大，深度上得到了加强。那农民工的工资的增长可能是出于最低工资标准的上调吗？

　　在 2001 到 2005 年间，有最低工资标准规定的城市的月平均最低工资名义增长率为 45%，实际增长率为 38%（受到增长率为 4.8% 的城市消费价格指数的影响）。这分别相当于 9.7% 和 8.4% 的年增长率。同一时期中国城市劳动力调查（CULS）给出的农民工平均月工资的年增长率为 2.6%（名义增长）和 1.4%（实际增长）。这样一来，相对于最低工资而言，农民工的工资实际上是下降的。

　　总的来说，最低工资对于农民工而言不起作用，这很可能是因为用人单位执行最低月工资标准时并没将工作时间计算在内。2005 年农民工每星期平均工作 61 个小时。然而，年轻农民工的工资情况则格外有趣。农民工平均工资的百分比变化揭示了一个强有力而单一的影响因素——年龄。平均工资的提高倾向于与年轻人挂钩，对此有两种可能的解释：一种是面对日益加剧的劳动力短缺问题，用人单位需要找到新的农民工。另一种解释则与最低工资标准有关。农民工平均工资水平的增长也几乎单一地受到年龄影响。这样一来，更为年轻的劳动力，其工资增长幅度也更大，这可能反映出对最低工资水平或最低工资调整的执行。而在城市本地工人身上则观察不到此类工资增长的模式。他们的收入通常更高，因此受到最低工资调整影响的可能性也更小。我们不能排除这样的可能性：受年龄影响的农民工工资的增长是最低工资标准行为的结果，而不是市场力量的结果。

　　Zhao 和 Wu（2007）提供了 2003～2006 年间农民工平均月工资的相关信息，此信息来自农业部每年进行的农村家庭调查（涉及 31 个省、自治区、直辖市，314 个村庄，24000 户家庭）。在此期间所有接受调查农民工的平均工资的名义年增长率为 6.9%，实际年增长率为 3.9%。然而，2004 年其实际年增长率还是负的，而到 2006 年却上升到 9.8%。也许劳动力出现短缺只是在 2006 年才开始被用人单位察觉到。

　　若将农民工的工资与农村家庭人均收入在同期（国家统计局 2008），即 2003～2006 期间做一番比较，可能会有助于我们的研究。农村家庭的人均收入增长实际上要比农民工的平均收入增长要快（前者年增长率为 8.0%，后者为 3.9%）。而到 2006 年，二者的年增长率之间的差别就很小了（前者年增长率为 8.5%，后者为 9.8%）。这样看来，农民工工资与农村家庭人均收入之比在 2003～2006 年期间是下降的。当然，刘易斯模型给出的预测是从农村到城市的人口流动最终会提高农民工的收入和农村收入。因此我们可以对农村收入的增长做进一步解释，以确定这种增长是内生性的还是外生性的。农村人均实际收入的增长里有一部分很可能是外生性的，其中包括税收和费用的减少以及登记的家庭成员数量的减少。其他部分（如农业生产力和生产价格的变动）对于从农村到城市的迁移过程来说可能是外生性的，也可能是内生性的。而农民工的汇款收入显然是外生性的。可惜的是，从官方给出的统计数据来看，我们是无法对农村收入增长的部分做出这样细分的。

有人可能会认为农民工市场变化很快，到目前为止所论述的研究结果已经过时了。然而我们可以从农业部定期进行的家庭调查（Zhao 和 Wu 2007；农业部 2010）中获得较新数据。表 9.2 提供了 2003～2009 年间的相关年度数据。我们可以看出农民工的实际收入在 2006 年增长了 10%，在 2007 和 2008年间增长缓慢，而到了 2009 年其增长率超过了 17%。这些数据与近几年农民工收入增长加快这一观点是一致的，但这种变化（农民工收入增长加快）还没有得到普遍认可。

Kong 等人（2010）通过中国家庭收入项目（CHIP）2007 年的调查数据及其 2008 年后续的固定数据样本考察了全球经济衰退对于中国流动劳动力的影响，发现数以百万计的农民工丢掉工作并回到其村庄，若将 2008 年上半年和 2009 年上半年的情况做比较，我们发现流动劳动力在农村劳动力总量中所占比例由 25% 下降到 22.8%，这就意味着有将近 1500 万的农民工丢掉了工作。而同时期的城市农民工的平均时薪以及那些自雇的农民工的收入却分别上升了 19% 和 8%，若考虑到农民工的特点进行标准化处理后，则分别上升了 15% 和-5%。这种工资上涨很有可能是市场对农民工需求的谨慎滞后反应（这种新需求不同以往，是由着力于基础设施建设的财政急剧扩张所产生的），而不是潜在的农村劳动力的短缺。

表 9.2　2003～2009 年间农民工每月人均工资的年均值及其增长情况

	名义工资 （元）	名义工资增长率 （%）	实际工资增长率 （%）
2003	781		
2004	802	2.8	−1.1
2005	855	6.5	4.7
2006	953	11.5	10.0
2007	1,060	11.2	6.4
2008	1,156	9.1	3.2
2009	1,348	16.6	17.3

注释：实际工资增长率是以国民消费者物价指数计算的。

数据来源：2003～2006 年的数据来自 Zhao 和 Wu（2007）；2007～2009 年的数据来自农业部（2010）。

中国家庭收入项目(CHIP)对 2002 年和 2007 年家庭收入情况的调查

中国家庭收入项目进行的家庭调查对于农民工工资的研究来说是有潜在价值的信息源。我们的分析采取两种形式。首先，我们会对 2007 年调查中的农民工工资的决定因素进行研究。这种研究分析有助于我们更好地考察市场力量对决定农民工工资所起到的作用。其次，我们会把 2002 年和 2007 年的两次调查结合起来，以考察在这关键的 5 年间农民工实际工资行为。研究的目的不仅仅是弄清楚农民工实际收入是否有所增长，还包括为什么会得到增长（如果其实际收入确实是有所增长）。2007 年的调查中为农民工和永久城市居民所设计的调查问卷都包括有关月工资收入和自雇经营所获得的净收入问题。Brandt 和 Holz（2006）对于省份层面上的、由购买力平价法调节的紧缩指数进行了计算，这里便通过这种计算来对不同城市的收入做一番比较。

我们是可以呈现每个城市有户口的工人收入对农民工收入的影响的。方法是根据相应城市的的收入函数对每个农民工（考虑到其个人特点）的收入进行预测。我们可以把收入这个变量看作相应城市对劳动力需求的指标。若每个城市的农民工供给曲线都弹性十足，且该城市有着分割的劳动力市场，那城市居民的工资就没必要对农民工的市场工资产生影响。然而，若农民工的工资易受到城市居民工资的影响，这就可能反映了农民工和城市居民对于工作岗位的竞争（即劳动力市场分割不完全）或是工资决定机制，其至少影响到了一部分农民工。农民工所在村庄的非熟练日工资的相关数据，以及农民工认为他们若留在村里则可能获得的收入的相关数据，也都是存在的。这些变量都可以作为农民工供应价格的指标。

农民工供给和需求的指标有助于我们更好地解释农民工的工资行为。试着考虑一个简单的需求和供给模型，同时别忘记农民工和城市工人是不完善的替代物（Knight 和 Yueh 2009）。由于信息上的滞后和交易上的成本原因，需求曲线的右移会引起短期内的小规模供给反应。我们预计的是农民工的工资得到增长，边缘员工能享有工资租金（wage rent）。从长期来看，供给会有所回应，边际租金（marginal rent）会消失，并且均衡工资会由供给和需求曲线的弹性所决定。如果农民工的供给曲线弹性十足，那均衡工资便会回到其初始水平。如果劳动力供给曲线并不是很有弹性，我们会预计无论是短期还是长期，城市劳动力需求的替代值的系数会一直为正。相反的，若市场震荡是由供给曲线的上移（或左移）引起的，而且供给反应是滞后的，那工资在短期内只会小幅上升，并且边际租金可能是负的。随着时间推移，均衡工资会得到进一步的增长，而且若供给曲线十分有弹性，这种增长会以供给冲击的最大限度方式表现出来。那样的话我们给出的劳动需求的替代值就不会影响均衡工资。

这样一来，需求和供给的替代值的相对重要性便会为影响农民工工资的市场力量提供指向标。如果农民工需求的替代值有着相对较高的系数，这就说明需求是决定工资水平和导致工资上涨的重要因素。如果农民工供应价格替代值的系数相对较高，那情况可能就是供给条件在调节农民工工资行为方面更具影响。然而，这里我们需要保持谨慎，因为我们的横截面数据无法处理滞后情况，也无法对均衡和非均衡情况加以区分。

表9.3显示了对2007年农民工工资收入函数以及对自雇的农民工收入函数的估计，两个变量都以对数形式表示。代表农民工供给价格的变量有着显著的正的系数：汇报的机会成本系数为0.161，农村非熟练工资率的系数为0.046。由于这些变量可能会有线性对应关系，我们也在不考虑非熟练工资的情况下（表的最后一行）对机会成本的系数做了估计：其效果是将原来的系数提高了一点，达到0.165。当我们把收入以水平基准（level）的形式，而不是以对数（log）的形式表现出来并对上述函数进行估算时，这项系数则意味着机会成本每上升100元，就会以提高农民工工资高达33元的方式改变着农民工的行为。自雇收入的完全等效运动显示出农村劳动力供应价格的影响更大（机会成本系数为0.197，农村非熟练工资系数为0.173，两项系数都很显著）。若对方程中的农村非熟练工资这个变量不予考虑，那机会成本的系数值就意味着农民工的农村劳动力供应价格每上升100元，那其在城市的自雇收入就会上升73元。数据表明有着更高农村机会成本的农民工只会选择那些工资更高的城市工作岗位。这里给我们的启示是，农村劳动力供应价格的上升的确会使城市农民工的工资得到提高。

对城市农民工工资的预测结果可以看作城市劳动力需求压力的潜在替代值。以工资为生的劳动者的系数为正（0.086），这很显著。然而，农民工的工资反映的也可能是影响而不是需求。不同城市在生活费用上的差别在原则上应该由购买力平价调节的紧缩指数得到消除，但省份层面上的紧缩指数有其局限性，这一点得到了相关编纂者（Brandt 和 Holz 2006：83）的承认。

比如说对于某个省份的某个特定的城市来说，这项紧缩指数可能并不准确。而农民工的工资可能受到制度因素的影响，尤其是受到城市最低工资标准规定的影响，因为大多数农民工在城市工资分配上处于底层。因此，对于自雇的农民工来说，其系数并不是正的（-0.006）也算是正常的。我们对城市对于农民工需求的替代值做了各种的稳定性测试。结果经证明还是稳定的，尽管供给方和需求方影响的相对重要性确实会有所变化。

表 9.3 2007 年农民工对数工资收入以及自雇对数收入的决定因素

	平均值		系数	
	工资	自雇收入	工资	自雇收入
若留在农村可获得的收入	6.277	6.233	0.161***	0.197***
农村非熟练工资	6.958	6.977	0.046**	0.173***
预测的城市工资	7.107	7.333	0.086***	-0.006
受教育年限	9.522	8.431	0.020***	0.004
在学校的平均表现	0.656	0.710	-0.021	0.066
在学校的糟糕表现	0.077	0.074	-0.038	0.070
接受过培训	0.267	0.148	0.037*	0.096*
城市经历（年）	6.366	10.024	0.024***	0.022***
城市经历的平方	73.218	141.523	-0.001***	-0.001***
男性	0.554	0.646	0.102***	0.173***
加工业	0.263	0.038	0.063***	0.158
建筑业	0.072	0.022	0.165***	0.237*
常数项			4.714***	4.677***
经调整后的 R 平方值			0.212	0.098
观察			2026	980
因变量均值	7.007	7.362		
若留在农村可获得的收入（对农村非熟练工资忽略不计）			0.165***	0.215***

注释：此样本仅限于那些在城市租房子或有房子的农民工。在虚拟变量分析中省略的类型包括在学校的优良表现、未受过培训、女性以及"其他"行业。与用人单位相关的一些解释性变量，包括公司规模、联系类型、所有制类型未考虑在内，因为这些变量的系数通常很小，不显著。这里的"预测的城市工资"是基于农民工个人特点以及城市工资函数（对拥有城市户口的居民样本估算而来）的，对每个农民工工资的预测。名义工资和收入则由购买力平价调整的价格指数（由 Brandt 和 Holz（2006）计算而来）对存在省份差异的生活费用进行了修正。***，**，*分别表示在 1%，5%，10%时显著性水平。

数据来源：中国家庭收入项目（CHIP）对 2007 年国民家庭的调查中的农民工样本。

几个本身也很有趣的控制变量也包括在农民工收入函数的计算里：我们会对那些显著的、具有实质意义的系数做简要探讨。再接受一年教育虽然与工资就业呈显著正相关，但相应数字很低（每年 2.0%），而且工资不太受在学校表现情况的好坏的影响。这些结果可能反映出农民工所从事的工作质量不高。教育这个变量则在农民工自雇收入的方程计算中一点儿也不重要。而经受过培训则会在工资就业和自主创业中获得回报。相似的是，城市工作经验（迁移之后的年份）则与这两种农民工就业方式都有着"倒 U"形的关系。男性和建筑工人的工资收入和自雇收入比剩余行业（主要是销售和其他服务业）的女性或工人收入要高这一事实与农民工从事工作的特点有关：他们一般从事的是令人不快的体力工作。同时在自主创业的情况下，也与从事某些经济活动而可能面临的技术和资本阻碍有关。

表 9.4 将 2002 年和 2007 年的农民工调查结合起来，以考察这期间工资对数的变化情况。选取样本的程序在两次调查中是不一样的：2002 年的样本来自居民区，因此只包括住在家里的农民工，而 2007 年的样本则是从随机选择的工作地区来抽取所有的农村—城市农民工。由于这些劳动力有些是住在由雇用单位提供的宿舍和工作地点的，2007 年调查的覆盖面更广。为进行比较，我们只把 2007 年调查里的那些住在自己家里或是租来的房子里的农民工考虑在分析范围之内。Brandt 和 Holz（2006）的由购买力平价调节的紧缩指数被用于修正不同城市的价格水平及其变动率的差别。

对表 9.4 的说明不同于表 9.3。主要的变量是年度虚拟变量，2007 年调查年度虚拟变量值相当于 1，而 2002 年调查的则相当于 0。表 9.4 的第 "1"栏和 "5"栏（两栏都只包括这种虚拟变量和截距项）显示了农民工实际收入的原始增长：工资收入和自雇收入的年增长率分别为 10.4% 和 12.7%。"2"栏和 "6"栏则是对上述两栏的附加说明，其导入了 2002 年和 2007 年可用的个体变量组。值得注意的是，当个体特点这个变量保持恒定时，农民工工资收入和自雇收入的年增长率只是下降了少许，分别为 9.7% 和 12.1%。这表明以下一类农民工的工资变化：他们的个体特点可能使他们处于最没有技术含量的劳动力行列。我们也对 "3"栏和 "7"栏的预测城市工资做了标准化处理：工资收入和自雇收入的年增长率进一步下降，分别为 8.9% 和 11.7%。我们对农村劳动力供应价格最优的衡量指标就是若农民工选择留在农村，其会获得的收入情况。"4"栏和 "8"栏便对此做出附加说明：其工资收入和自雇收入年增长率进一步下降到 6.1%和 8.5%。但即便这样我们仍然无法用手头上可用的变量来对这 6.1%和 8.5%的收入显著增长作出解释。

表 9.4　影响农民工工资变化和自雇收入变化的决定因素

（将 2002 年对农民工收入的调查与 2007 年的调查结合起来）

	工资收入				自雇收入			
	1	2	3	4	5	6	7	8
2007 年	0.643***	0.589***	0.531***	0.342***	0.819***	0.771***	0.737***	0.506***
受教育年限		0.042***	0.030***	0.021***		0.032***	0.032***	0.019***
城市经历（年）		0.025***	0.023***	0.023***		0.040***	0.038***	0.038***
城市经历的平方值		-0.001***	-0.001***	-0.001***		-0.002***	-0.002***	-0.002***
受过培训		0.075***	0.064***	0.050***		0.066*	0.078**	0.081
男性		0.212***	0.170***	0.148***		0.168***	0.159***	0.125***
加工业		0.120***	0.118***	0.096***		0.363***	0.325***	0.275***
建筑业		0.086***	0.098***	0.099***		0.208***	0.215***	0.199***
城市预测工资			0.098***	0.085***			0.036***	0.041***
若留在农村可获得的收入				0.158***				0.186***
常数	6.362***	5.733***	5.254***	4.648***	6.539***	6.093***	5.855***	5.026***
观察	3254	3254	3254	3254	2478	2478	2478	2478
经调整后的 R 平方值	0.302	0.409	0.418	0.459	0.290	0.343	0.344	0.385

注释："1"栏和"5"栏只包括虚拟变量"2007 年"。"2、3、4"栏则依次对"1"栏进行补充；"6、7、8"栏则依次对"5"栏进行补充。与表 9.3 相同的的解释性变量也包括在表 9.4 内，除了"在学校的表现"和"农村非熟练工资"这两个变量之外（这两个变量在 2002 年的数据是不可用的）。在虚拟变量分析中省略的类型包括女性、未受过培训以及"其他"服务业。***、**、*分别表示显著性水平在 1%、5%、10%。

数据来源：中国家庭收入项目（CHIP）对 2002 年 和 2007 年的国民家庭调查中的农民工样本。

也有可能是对不同劳动力特点的需求和供应上的变化改变了农民工的工资结构。特别是在年轻又受过教育的农民工越发短缺的情况下，这可能会使这类劳动力的工资得到更多增长。我们对这种可能性做了探究，将农民工分为"年轻的"（35 岁以下）和"年长的"（35 岁以上），以及"受教育程度较高"（中学或以上学历）和"受教育程度较低"（中学以下学历）等四类。相对的，我们对表 9.4 的"2"栏到"4"栏所对应的工资函数做了重新估算，去掉了"受教育年限"这一项，增加了年轻劳动力这一虚拟变量和"年轻劳动力×2007"这一交互项，还增加了教育程度更高的劳动力这一虚拟变量和"教育程度更高的劳动力×2007"这一交互项。这里的假设是这两个交互项的系数会是正的。评估（未正式汇报）显示年轻劳动力交互项的系数在哪一项说明（specification）中都呈正显著（最低 0.08，最高 0.11）。相反的，教育程度更高的劳动力的交互项系数并不是正的，并且在三项说明（specification）中有两项为负显著。这意味着比起年长劳动力，年轻劳动力挣得更多，反映出这类劳动力的相对愈发稀缺或是最低工资的增长；而在这 5 年(2002～2007)中，农民工教育水平的工资溢价却是下降的。

表 9.5　2002～2007 年间农民工平均实际工资的增长分解（选择性的总结）

	总平均工资增加中的平均特征变化的贡献（百分比）			
	工资		自雇收入	
	2002 权重	2007 权重	2002 权重	2007 权重
教育	3.3	4.1	1.3	1.9
城市经历长短	−0.4	−0.4	−0.5	−0.9
预测的城市对数工资	31.6	42.0	8.0	30.3
若留在农村可获得的对数工资	35.4	32.2	36.2	26.4
其他	0.4	4.8	−0.3	2.9
总计	70.3	82.7	44.7	60.6

注释：这里的估算是基于标准的 Oaxaca-Blinder 分解，将 2002 年和 2007 年的系数作为权重。总体而言，教育所起到的作用是基于其组成部分四个级别的变化：小学教育、初中教育、高中教育、大学教育。城市经历长短所起到的作用是基于其组成部分的 5 个经历长短跨度：0～5 年,6～10 年,11～15 年,16～20 年,21 年以上。在虚拟变量分析中省略的类型除了包括表 9.3 和表 9.4 省略的类型之外，还包括小学教育、城市经历在 0～5 年这两个类型。若留在农村可获得的收入和预测城市工资的相关情况在表 9.3 和表 9.4 中已有显示。

数据来源：中国家庭收入项目（CHIP）对 2002 年和 2007 年国民家庭进行的调查。

可以预测的是随着时间的推移，农民工的受教育程度也会提高，在城市工作的时间也会更长——教育和工作经验都是会得到市场回报的生产特点。若要测量这些特点的变化对农民工工资增长的影响，更为直接的办法是通过分解分析（decomposition analysis）。这种分析允许系数和特点的变化。对于 2002～2007 年农民工平均工资变化的标准分解，正如表 9.5 所概述的那样，显示出在总平均对数工资的增长部分中（0.649），一小部分的增长（不到30%）是由于两个工资函数的不同，而大部分的增长是可以根据平均特征的变化来解释的。然而，还有不到 5%的部分是由于农民工受教育程度的提高，而他们城市经历的长短变化则对其平均工资的增长毫无影响。影响平均工资增长的主要因素是城市需求价格（占增长部分的32%或42%，具体由使用的权重所决定）和农村劳动力供应价格（占增长部分的32%或35%）的上涨。这两个因素都由于价格变化以及不同省份的价格水平差别而做了调整。劳动力市场的力量的确在很大程度上决定着工资的上涨，而自雇收入的增长模式与工资上涨模式很像，正如表 9.5 所示。

接下来，我们便对从这些工资回归模型所了解到的东西做一下总结：表 9.3 中的农村供给（农村机会成本）和城市需求（用人单位对于农民工价值的评估）的指标的确和更高的农民工工资收入相关联。而就农民工自雇收入的情况来说，农村供给的指标对其影响与对工资收入的影响差不多，但城市需求的指标对自雇收入的影响则不同于对工资收入的影响。教育因素的回报甚微，反映出很可能大多数劳动力所从事的是"苦力活儿"。从表 9.4 中我们看到 2002～2007 年间的农民工实际工资（收入）的百分比增长（工资收入和自雇收入的增长都是实实在在的，而且受到个体条件制约）很快。表 9.5 表明了最有可能反映市场力量（随着时间推移）决定工资行为的两个变量——农村劳动力供应价格和城市劳动力需求价格的指标——二者加起来能够对农民工工资实际增长的 2/3 做出解释。

表 9.6 2002 年和 2007 年不同城市的农民工平均工资分布

	共同的 7 个城市		共同省份下的 23 个城市		所有的城市	
	2002	2007	2002	2007	2002	2007
基尼系数	0.167	0.067	0.203	0.103	0.260	0.261
对数工资标准差	0.323	0.129	0.441	0.194	0.508	0.194
工资标准差	75	134	85	165	132	170

数据来源：中国家庭收入项目（CHIP）对 2002 年和 2007 年农民工家庭情况的调查。

中国家庭收入项目（CHIP）提供的一些数据表明农民工市场在空间分布上正在走向一体化。表 9.6 反映了城市农民工的平均工资在不同城市的分布情况。其中包括 2 次调查都涉及的 7 个城市（情况 1），两次调查都涵盖的 7

个省份之下的 23 个城市（情况 2），以及两次调查涉及的所有城市（情况 3）
的相关工资分布情况。对于情况 1 而言，其平均的城市工资的基尼系数从 2002
年的 0.167 下降到 2007 年的 0.067，而且对数工资标准差由 0.323 下降到
0.129。对于情况 2 和情况 3，以及农民工自雇收入而言，其基尼系数和对数
工资标准差也出现了相似的大幅降低。然而，衡量平均工资分布情况的这两
种手段都受平均值的大小的影响：在其他条件相同的情况下，随着平均值的
增大，基尼系数和对数工资标准差会相应降低。此外，这一期间（2002～2007
年）的平均工资也有所上涨。平均实际收入的标准差在上述三种情况下都有
所增大，至于是基尼系数还是对数工资标准差更适合作为工资分布情况的衡
量指标，我们尚不清楚。但我们假设工资高低差别的根源及其成本，可能是
伴随着收入一起产生的。若基于这种假设，那对上述研究结果可以有两种不
同的解释：一种是城市最低工资变得更加标准化，效果更显著；另一种更为
可能的解释是，上述结果是市场力量对于农民工的空间流动性不断增强的反
应。

9.7　潜在农民工的储备量

我们这一部分的主要关注点是对能迁移到城市并就业的可用农村劳动
力储备量进行评估。我们的方法是先用 2002 年和 2007 年的中国家庭收入项
目（CHIP）对农村调查抽样的子样品来估算迁移函数，然后再评估到底有多
少很有可能迁移到城市的非农民工。我们选用概率单位（probits）里的临界
概率以确保可能会迁移到城市的农村劳动力数量与确实迁移到城市的劳动力
数量是等同的。我们参照两次调查都涉及的 9 个省的相关数据。2002 年实际
迁移到城市的农村劳动力的比例为 23.4%，而到 2007 年这一数字为 27.3%。
2002 年经预测会迁移到城市的非农民工的比例为 14%，而在迁移到城市的农
民工里，有 46% 的劳动力是原先预测不会迁移到城市的。到 2007 年这两项
数字分别为 13% 和 36%。

表 9.7 对概率单位方程（probit）做了汇报，其中因变量为农民工身份和
省略掉的非农民工身份。表里有几个系数不仅在统计上具有显著性，而且还
在经济上具有实质意义。"边际"栏里显示了一个变量单位的变化对迁移可能
性所产生的影响。我们可以看到"男性"这一因素会提高迁移到城市的可能

性，具体来说，在 2002 年提高了 15 个百分点，在 2007 年则提高了 20 个百分点。婚姻则会降低迁移可能性，若双方有孩子，情况更是如此。无论是在 2002 年还是在 2007 年，迁移的可能性在 21～25 岁这一年龄段达到顶峰，2002 年的情况是 25 岁以后迁移可能性便会骤降，而 2007 年的情况是 31 岁以后这种可能性才会骤降，而且其下降速度要比 2002 年 25 岁后迁移可能性下降的速度更快。我们可能预测的是随着农民工越发稀缺，大龄劳动力流向城市的可能性会相应增大，但相反的是似乎年轻人向城市的不断涌入要求越来越多的年长劳动力待在家里。比起其他的个人特征来，年龄对于迁移可能性的影响是最大的。

表 9.7　对 2002 年和 2007 年农民工身份可能性预测的概率单位方程（probit）

	2002		2007	
	系数	边际	系数	边际
男性	0.552***	0.145	0.456***	0.119
已结婚但没孩子	-0.457***	-0.101	-0.337***	-0.079
有孩子，其年龄在 0～6 岁之间	-0.513***	-0.113	-0.401***	-0.094
有孩子，其年龄在 7～12 岁之间	-0.540	-0.122	-0.365***	-0.086
有孩子，其年龄在 13 岁以上	-0.526***	-0.136	-0.413***	-0.108
父母年龄在 70 岁以上	0.049	0.013	-0.130***	-0.034
年龄段：21～25	0.172***	0.049	0.111**	0.031
26～30	0.041	0.011	-0.021	-0.006
31～35	-0.116	-0.030	-0.437***	-0.099
36～40	-0.301***	-0.073	-0.737***	-0.152
41～45	-0.530***	-0.116	-1.051***	-0.198
46～50	-0.719***	-0.150	-1.443***	-0.214
51 以上	-1.022***	-0.196	-1.853***	-0.298
受教育程度：初中	0.217***	0.058	0.081**	0.022
高中	0.168***	0.047	0.014	0.004
大学	0.041	0.011	-0.097	-0.025
健康状况：良好	0.181***	0.046	0.072*	0.019
糟糕	-0.089	-0.023	-0.271***	-0.064
家庭人均的可耕作土地	-0.043**	-0.012	-0.046***	0.012
农村移民比例	2.021***	0.541	1.493***	0.401
伪决定系数	0.195		0.289	
观察数量	9321		16,094	

注释：在虚拟变量分析中省略的类型包括女性、未婚、父母年龄在 70 岁以下、年龄段在 16～20 岁，受小学教育或没受过教育、健康状况一般。***，**，*分别表示显著性水平在 1%，5%，10%。省份虚拟变量也包括在计算内，但并没有对其进行汇报。

数据来源：中国家庭收入项目（CHIP）对 2002 年和 2007 年农村家庭情况的调查样本。

　　若把小学毕业及其以下作为省略的类型，那初中毕业提高的迁移可能性在 2002 年和 2007 年分别是 6 个百分点和 2 个百分点。而上过高中这一因素则在 2007 年对于迁移可能性的提高不那么明显。尽管在 2002 年这一因素的影响还是显著的，但其对迁移可能性的边际效应（5%）比起初中毕业对迁移可能性的边际效应要低。与表 9.3 显示的教育回报偏低相一致的是，在 2002 年教育也并非是决定迁移的重要因素，而且在之后的 5 年里变得更加无关紧要。良好的健康状况在 2002 年和 2007 年都会使迁移得到增加，而糟糕的健康状况在 2007 年则会减少这种迁移。每个家庭的人均可耕作土地面积越大，那其家庭成员迁移到城市的可能性就越小。这里也将省份这一虚拟变量包括进来，但并没有对其进行汇报：是否来自以农村聚落为主的省份也是决定迁移的显著因素。

　　决定迁移极其重要的因素是农民工在农村劳动力中所占比例。这一比例在 2002 年平均为 0.13，在 2007 年平均为 0.22。在这一比例中标准差每增加 1,那迁移倾向在 2002 年和 2007 年便会分别得到 5.2 和 5.5 个百分点的提升。对于这样的结果有几种可能的解释。一种是随着信息网络和支持网络的增加，以及迁移和找工作的金钱和心理花费减少，从农村向城市的迁移会形成一种累积性的因果过程。在这种情况下对于那些农民工所占比例仍较低的村子而言，转变成"移民村"的时机可能已经成熟。

　　那阻止非农民工迁移的因素是什么呢？2007 年中国家庭收入项目（CHIP）调查中就包括这么一个需要回答的具体问题。表 9.8 显示了回答的情况。三个原因得到了强调：年龄过大，无法在外找到工作，需要照看老人或小孩。在对农民工需求不断增加的情况下，这三个原因中的每一个都是有变通的余地的。若相关政策能得到及时修改以适应不断变化的新情况，以使家庭迁移和城市定居更为简便，那年龄偏大的农村劳动力和照看老人小孩的人可能也会愿意迁移到城市。若对于农民工的需求得到增长，尤其是若农民工网络在这一需求增长过程中得到强化，那农村劳动力在外找工作将会更容易。

表 9.8　非农民工给出的不迁移原因：原因分布以及不同原因与
农民工身份可能性之间的关系

	给出该原因的比例（%）	解释迁移可能性的回归分析	
		回归系数	偏相关系数
自己太老（40 岁以下）	17.3	-0.118***	-0.107***
自己太老（40 岁及以上）	7.3	0.195***	0.161***
有疾病或是残疾者	3.2	0.000	
无法在外找到工作	22.6	0.021*	0.019*
照顾老人或小孩	26.0	0.021*	0.019*
有着本地业务	10.4	0.006	0.004
其他	13.3	-0.006	-0.020

数据来源：中国家庭收入项目（CHIP）对 2007 年农村家庭的调查样本。

　　表中也呈现了非农民工的 OLS 回归方程的结果。在这一方程里，因变量是预估的迁移可能性（根据表 9.7 做出的预估），而系数则是代表各种不迁移原因的虚拟变量的系数。这些系数并不能理解为表示一种因果关系：它们只是一种联系，这种联系表明哪些不迁移的主观原因是和预测的高迁移可能性相关（这种迁移可能性由表 9.7 显示的客观变量来预测）。回归系数或偏相关系数的正值越高，那具体的不迁移原因与高迁移可能性的相关度就越高。这表明这样的主观原因对于为什么很有可能迁移的农村劳动力却并没有迁移这种现象具有重要的解释意义。我们可以看到 40 岁以上的农村劳动力有着最高的回归和偏相关系数，而他们则认为自己已经太老了。除了实际年龄的影响之外（这一因素已经包括在对迁移可能性的评估中），"感觉自己太老"似乎在阻止劳动力迁移上也发挥着重要作用。还有一个很重要的问题就是，随着迁移机会的转好和政策的完善，这种感觉（自己太老）会不会发生相应变化。

　　我们可以用表 9.7 的概率单位估计（probit）来预测 2002 年和 2007 年每个劳动力（无论其是农民工还是非农民工）迁移的可能性，并根据预测的结果来计算劳动力的频数分布。通过对 2002 年和 2007 年农民工和非农民工的数量估算，劳动力的频数分布可以以百万作为计量单位表现出来。若在此基础上进行估算，从表 9.9 和图 9.1 可以看出，在这两年里，在预测的迁移概率大于 0.5 之上的农村劳动力中，农民工的数量是多于非农民工的数量的，预测的迁移概率和实际迁移情况的误差在 2002 年还很小，但到 2007 年则有所增加。2007 年迁移概率在 0.3～0.5 区间的农民工有 3300 万人，说明在这段概率区间范围内的迁移还是很有可能的。而这段概率区间内的非农民工的数量更多，有 4500 万人。实际上，多达 8000 万的非农民工的迁移概率是在 0.3 及其以上的。而在 2002 年迁移概率也在 0.3 及其以上的非农民工的数量则为 7700 万。

另一种评估潜在农民工数量的方法是找出非农民工对于迁移的"期待值"。也就是说，将每个迁移概率区间里的非农民工的数量与相应区间的中间值相乘。这些估算从表 9.9 中也可以看出。2002 年的迁移期待值的总量为 7400 万，到 2007 年这一数字为 7100 万。

表 9.9　通过对迁移可能性的预测以及非农民工对迁移的"期待值"，来对 2002 年和 2007 年农民工和非农民工迁移数量（百万计）的频数分布进行计算

预测的可能区间	农民工	非农民工	农民工	非农民工	非农民工对于迁移的"期待值"	
	2002	2002	2007	2007	2002	2007
0～0.1	7.8	153.3	8.7	185.9	7.7	9.3
0.1～0.2	14.6	104.6	11.3	72.0	15.7	10.8
0.2～0.3	19.4	57.8	13.8	41.5	14.5	10.4
0.3～0.4	20.4	30.9	14.0	26.4	10.8	9.2
0.4～0.5	18.1	19.5	17.4	19.1	8.8	8.6
0.5～0.6	15.8	14.2	19.6	14.2	7.8	7.8
0.6～0.7	12.1	8.6	23.2	11.0	5.6	7.2
0.7～0.8	7.5	3.6	21.4	7.8	2.7	5.9
0.8～1.0	1.3	0.6	11.3	2.2	0.5	2.0
总计	117.0	393.1	140.7	380.1	74.1	71.2
可能性在 0.3 以上的总计		77.4		80.7		

注释：估算方法见文中。

数据来源：中国家庭收入项目（CHIP）对 2002 年和 2007 年农村家庭调查的样本。

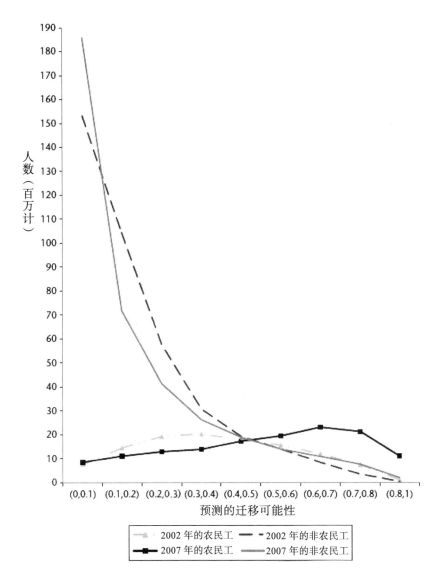

图 9.1 由迁移可能性预测的农民工和非农民工数量的分布（百万计）

由于年龄是决定迁移的重要因素，我们可以把农民工分为"年轻"和"年长"两类（划分界限还是设定在 35 岁）。在 2002 年和 2007 年有 6700 万年轻的非农民工，其所在的迁移概率是在 0.3 以上的（而大多数年长的非农民工的迁移概率在 0.3 以下），而且年轻的非农民工对于迁移的期待值随着时间的推移从 4400 万下降到 4100 万。

　　我们的研究结果是基于区分农民工和非农民工的二元概率方程。作为稳定性测试我们也对 2002 年和 2007 年的多项罗吉特方程(multinomial logit equation)进行了估算。基础类型（base category）是农业耕作，替代类型（the alternatives）是当地的非农业耕作和迁移。决定当地非农业就业和迁移就业的因素都差不多，但对于当地的非农业生产活动而言，受教育程度更为重要，而年龄则不是那么重要。当地非农业就业的待遇要比农业耕作更好（比如，Knight 和 Song 2005:第 8 章）。而且对于当地有着全职的非农业工作的人来说，这种当地非农业就业要比迁移到城市就业更具吸引力。我们在下文中会发现能够迁移的可用农村劳动力数量可能取决于农村非农业就业的相关情况。

　　另外一种考察农村劳动力剩余程度的方法是计算相对于可用工作日数量而言的实际工作日数量。尽管中国家庭收入项目（CHIP）2007 年的调查并没有包含此类信息,但其 2008 年的后续固定样本却是记录了实际工作日的数量。其中要求农村劳动力陈述其主要的经济活动。对于那些自称是农民的劳动力,其年均实际工作日为 183 天（在这 183 天中平均只有 25 天没有进行农业耕作）,并且 49%的受查农民每年工作时间不超过 200 天。而对于所有的农村劳动力（包括那些认为自己属于当地非农业劳动力和迁移劳动力的人）,其相应数字分别为 226 天和 32%。显而易见的是,有着非农业工作的农村劳动力比起农民来要更忙碌。假设一年中有 300 天是可用工作日,那对于农民而言,其剩余劳动力为 39%,而大多数潜在的农民工正是来自于这一人群;而对于农村劳动力整体而言,其剩余劳动力为 25%。

　　我们用各种测量方法对潜在迁移的不同方面进行了阐述。然而,无论是用哪种测量方法似乎都表明中国农村可用的潜在农民工的供应还是很可观的。此外,潜在的农民工数量在这 5 年中几乎没有下降。无论如何,随着城市经济的发展,迁移可能性可能会提高的原因有两个。一是农村劳动力迁移到城市就业的机遇变得更好;二是经济的发展需要更为稳定的城市劳动力。随着中央和地方政府对这种经济需要做出政策回应,农村劳动力,特别是年长的农村劳动力带着全家迁移到城市的动力会更强。

9.8　对未来的推测

　　无论当前的流动劳动力市场是什么状况,其形势变化是很快的。因此,对未来城市劳动力需求和城市土生土长的劳动力的供给进行一番推测还是大有裨益的。尽管城市和农村劳动力并非相近的替代品，但我们的假设是城市经济对于劳动力需求的增长会使城市户口的劳动力在职场阶梯上更上一层，以填补相应空缺，而农村户口的劳动力则会从事那些剩下的、空出来的技术含量较低的工作。因此从二者之间的缺口可以对农民工的需求情况看出一些端倪，而且这种缺口的发展会体现出对农民工的需求是怎样增长的。表 9.10 呈现了我们对未来劳动力情况的推测，这种推测是建立在种种必需的强假定之上。这些推测结果在图 9.2 中得到了展示，其推测的对劳动力的需求是到 2020 年。我们在推测时是假定农民工的供给会调整到与需求相持平。这种假设我们会在下文中详细讨论。

我们先从需求这一方开始。在 1980~2008 年期间城市就业率的年均增长为 3.8%。我们用 3 年平均值（three-year averages）的方法将 1980~2008 这一期间再具体细分并进行比较，而 3 年平均值里提到的年份则是中间年份，以减少就业中周期波动的影响。20 世纪 80 年代的城市就业增长很快（每年 4.5%），反映出城市户口的劳动力的快速增长，而这种快速增长一方面是由于 20 世纪 60 年代的人口政策，另一方面是由于政府力求实现充分就业而使已经人员配置过多的企业变得人员更多。然而到了 20 世纪 90 年代，城市就业增长速度得到了减缓（每年 3.6%）。城市和农村产品市场竞争的日益激烈，使得产业利润下降，亏损增加，因而放慢了就业增长的速度。而国家对此在政策上的回应——国有企业的私有化和变革，则在 20 世纪 90 年代后半段造成了许多人的失业。在 2000~2007 年间就业的年增长率平均为 3.4%。

表 9.10　对 2005~2020 年间城市劳动力、农村劳动力、农民工劳动力的预测（百万计）

	城市						农村					
	需求		劳动力		农民工		劳动力		农民工		非农民工	
	指数	百万	指数	百万	指数	百万	指数	百万	指数	百万	指数	百万
2005	100.0	273	100.0	148	100.0	125	100.0	610	100.0	125	100.0	485
2010	115.9	320	101.8	151	135.2	169	104.4	637	135.2	169	96.5	468
2015	134.3	372	99.1	147	180.0	225	104.0	634	180.0	225	84.3	409
2020	156.7	431	93.6	139	233.6	292	102.6	626	233.6	292	68.9	334

注释：预测方法见文中。

数据来源：国家统计局（2006）；Sheng（2008）。

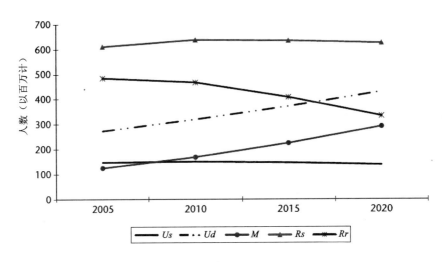

Us 表示"城市地区劳动力的自然增长或下降"

Ud 表示"预测的城市劳动力需求"

M 表示"对从农村迁移到城市的农民工的需求和供应"（Ud – Us）

Rs 表示"农村劳动力的自然增长或下降"

Rr 表示"剩余农村劳动力"（Rs – M）

图 9.2　对 2005～2020 年间城市劳动力、农村劳动力、农民工劳动力的预测（百万计）

若放眼未来，中国是很有可能在下一个 10 年（2010～2020 年）的前半段一直保持当前的 GDP 增长率，尽管随着结构变化率的减缓和资源利用更加充分，GDP 增长率可能会出现预期下降。实际上，农民工工资的增长（发生在刘易斯模型中两个阶段的转折点之后）也会通过鼓励用人单位替换掉非熟练劳动力和非熟练劳动密集型的产品来控制对劳动力的需求。我们对 2008～2020 年间的城市就业推测是基于这样一个保守的假设：其年均增长率为 3%。这种推测在图 9.2 中表现为曲线 Ud。

对城市户口劳动力的推测会因对城市户口劳动力和农村户口劳动力的区分，以及城市居民不断变化着的年龄结构而变得复杂起来。我们的推测是基于 2005 年中国官方的 1%人口抽样调查，对 2005～2020 年间劳动力情况进行推测。2005 年调查在城市、城市以及农村地区的人口（按年龄划分），不同年龄段的人口死亡率，不同年龄段的劳动人口参与率（三者年龄段的划分都以 5 年为一个年龄组）这三方面提供了详细的信息。我们对 2005 年后的每一年进入并退出城市本土劳动力的数量进行了估算。我们假定人们 18 岁开始工作（城市本土劳动力范畴），60 岁退休。我们用 2004 年不同年龄段的死亡率（以 5 年为一个年龄组）来对之后每年的各个年龄组的死亡率进行估算。我们还根据 2005 年不同年龄段的劳动人口参与率把达到工作年龄的人群换算为劳动力。

图 9.2 中的曲线 Us 表示对城市劳动力自然增长的预测。这一推测显示在这 15 年间（2005～2020 年）城市劳动力的平均自然增长率为-6.4%（相当于年增长率为-0.44%）。具体来说是 2005～2010 年间其自然增长是上升的（1.8%），到 2010～2015 年间是下降的（-2.7%），而到 2015～2020 年间下降得更厉害（-5.5%）。

这种显著的人口行为可以由中国过去人口政策的巨大变化来加以解释。毛泽东当年的鼓励政策造成了 20 世纪 60 年代和 70 年代初的生育高峰。这使 20 世纪 80 年代和 90 年代初劳动力迅速增长。而随着生于 20 世纪 60 年代的那一批人达到了最佳生育年龄，1985～1995 年间又出现了一个生育高峰期。而开始出现于 1978 年的低生育率（其出现是由于计划生育政策，并且在中国城市地区得到了严格执行），直到 20 世纪 90 年代中期才开始占主流地位。2005 年，处于 15～19，10～14，5～9，0～4 岁年龄段的城市孩子数量分别下降了 100%、81%、66%、56%。这种减少，再加上中国严格的计划生育政策在一定时期内还会继续实行，是我们预测 2010 年后中国劳动力数量出现下降的主要原因。

国家统计局 2005 年的调查简单地把住在城市 6 个月以上的人都算作城市人口。这就包括了许多但并非全部的有着农村户口的农民工。因此我们便根据 Sheng（2008）对农村迁移到城市的农民工数量的估算（其数据也来自国家统计局），来揭示 2005 年城市对劳动力的需求比有着城市户口的劳动力的供应多出来的那部分"需求"。图 9.2 中的曲线 M 表示在城市就业的农民工数量的增长。在预测初期（2005 年）农民工占到了城市劳动力的 46%。根据我们的预测，到 2010 年这一数字为 53%，2015 年为 60%，到 2020 年为 68%。而预计到 2020 年，来自农村、在中国城市和城镇就业的农民工的数量可能为 2.92 亿。这样一来，假定像城市经济增长率之类的指标能把当前水准一直保持到不远的将来，那来自农村的农民工在促进城市经济的发展方面会越来越重要，而且大约从 2010 年起在促进城市经济发展方面会起到主导作用。

我们也对农村地区未来劳动力的情况做了预测，用的也是推测未来城市劳动力情况时用到的方法。预测结果也反映在表 9.10 和图 9.2 中。曲线 Rs 表示的是 2005 年中国农村常住人口的自然增长。计划生育政策在农村的执行没有城市那么严格：一段时期内，在许多省份，若一对夫妇生下的第一胎是女孩，那这对夫妇是可以再要第二个孩子的。然而，中国农村也受到了上述人口政策变化的影响。农村人口的出生率也会出现骤降，尽管这种骤降 5 年之后才会发生：2005 年处于 15～19，10～14，5～9，0～4 岁年龄段的农村孩子的数量分别下降了 100%、104%、79%、68%。由此我们推测农村劳动力在接下来的 15 年中只会增长 2.6%，也就相当于每年增长 0.2%。在这 15 年中的头 5 年里农村劳动力增长很快，能达到 4.4%，而在之后的 5 年中则几乎不增不降（保持恒定），在最后 5 年里则会下降 1.6%。曲线 Rr 表示的是剩余劳动力供给，也就是农村人口的自然增长减去预测的农民工的外流。在这 15 年内（2005～2020 年）我们预测中国农村的就业率会出现大幅下滑，总共降低 31%，也就是平均每年降低 2.5%。换句话说，2005 年中国农村的就业人数为 4.85 亿，根据我们的预测，到 2010 年这一数字会降到 4.68 亿，到 2015 年降到 4.09 亿，而到 2020 年会降到 3.34 亿。这离刘易斯的转折阶段——注意是转折阶段而不是转折点——也就不远了。

上述的预测是对农民工需求的预测。目前为止我们一直假定的是供给会满足需求。然而，在这预测的 15 年中农村就业的下降有可能会提高农民工的供应曲线，继而提高其工资，这反过来又会抑制劳动力需求的增长。若当前对迁移的制度约束并不会放宽，那工资回应便会得到强化。

农民工的工资增长率也依赖于农村非农业就业的增长。有证据表明在中国农村非农就业的平均收益——特别是其边际收益——要比农业就业的平均和边际收益高，并且非农业耕作行业的平均和边际收益并不比农民工的职业所带来的平均和边际收益低到哪里去（Knight 和 Song 2005：第 8 章）。另一项研究（Zhao 1999）发现比起迁移到城市去，农村劳动力更愿意选择从事当地非农工作，尽管后者的工资比起城市就业来说要低。这样一来，可能出现的情况是未来非农就业的增长越快，流动劳动力市场的收缩也会越快。然而，农村非农行业的就业增长速度似乎正在放慢：20 世纪 80 年代乡镇企业的就业率每年能增长 11.9%，而到 20 世纪 90 年代则为 3.3%，而在 2000 年初至 2007 年期间为 2.3%。

9.9 结论

我们提供的证据证明在中国出现了农村剩余劳动力和城市农民工工资上涨的并存现象。这两种现象似乎与刘易斯模型的预测相悖，然而这两种现象在中国确实都出现了。我们对此的解释是中国的劳动力市场出现了分割现象——这是对于劳动力迁移进行约束的结果（比如，Knight 和 Song 1999: 第8~9 章; 2005: 第 5~7 章; Lee 和 Meng 2010:41~44）。制度上的约束给生活在城市的农民工带来了不少困难，比如在获得又好又安全的工作方面，在住房方面，以及在享用公共服务方面等。而这些困难又会阻止农民工将自己的家庭也接到城市来。这就使得许多农村劳动力不愿离开村子，至少在很长一段时间之内是这样的。而制度又规定农民对于农村土地没有所有权，因而不能进行买卖，这也会阻止农民迁移到城市并永久定居。尽管有证据表明中国的农民工市场正走向一体化，但上述的两种现象仍然有可能继续并存好几年：对于中国这样一个幅员辽阔、管理有序的国家来说，刘易斯两个阶段的转折点不一定会那么清晰明确。在对刘易斯模型的修改中，Ranis 和 Fei（1961）正式添加了一个转折阶段，其能反映农村劳动力边际产值的逐渐增长。我们可以设想出一个持续时间甚至更长的转折阶段，这个阶段不仅仅是农村部门异质性的结果，还是中国的要素市场制度所带来的结果。

我们举出例证，说明了农民工的实际工资在近几年内确实有所增长，并且其工资易受城市劳动力市场情况和农村劳动力供应价格的影响。其中的部分增长可以用农村家庭收入的增长加以解释。尽管把这种增长再具体区分为外生增长（如农业税的废除、基础教育的免费）和迁移过程中的内生增长是不太可能的。我们本来预计的是农民工工资的增长一部分是由于（农民工）人力资本质量有所提高——无论是在受教育程度还是城市工作经验上。但结果却是人力资本质量的提高对于农民工工资增长所起到的作用微乎其微，至少在 2002~2007 年间是这样的。

我们对中国家庭收入项目（CHIP）2002 年和 2007 年的农村调查进行了分析，结果表明在农村，很有可能迁移到城市的非农民工数量很可观。随着农民工工作机会的增大以及劳动力市场政策内生性的调整，农村劳动力不迁移的三个主要因素——年龄偏大、需要照顾家眷、在城市找不到工作——其对农村劳动力的影响会减弱到何种程度，也会决定农村劳动力是否会迁移到城市。

我们对中国劳动力未来发展趋势的推测表明从农村迁移到城市的劳动力数量会迅速增加，而留在农村的劳动力数量会迅速减少。到 2020 年农民工大约会占到城市工作岗位总量的 2/3，而剩余农村劳动力数量则会比 2005 年的要少 1/3。然而，在 2020 年之前，市场和政府有可能会做出内生性的反应。在劳动力市场中，由竞争强度决定的非熟练工人的工资通常是会上涨的，而政府的回应则可能会涉及退休、控制生育和城市化方面的相关政策。

对于政府而言，政策方面的变量之一便是正常的退休年龄。中国人通常退休较早，这反映出中国过去的偏低的人均寿命。中国家庭收入项目（CHIP）2002 年的调查包含了退休年龄的相关信息。男性退休年龄的中间值是 59 岁，而且 90%的男性 61 岁之前就退休了。而女性退休年龄的中间值是 51 岁，并且 92%的女性在 56 岁之前便退休了。我们可以举例说明由于当前的人均寿命不断提高，相应地提高退休年龄是可以的。劳动力市场的紧缩可能会成为退休年龄提高的驱动力。即将出现的劳动力短缺以及人口出生率的骤降可能会使政府放宽计划生育政策。然而，即便是放宽计划生育政策，其对劳动力市场新晋劳动力数量的影响也要在大约 18 年后才会显现。

如果我们的预测大体上是正确的，那中国劳动力市场的未来发展趋势可能是越来越多的农民工在城市定居，而且户口制度会得到削弱。随着更多的技术性工作出现空缺，农民工在职场阶梯上可更进一步，经济上的当务之急变成了在城市永久定居的问题。技术和与其相关的培训成本使得长期雇佣变得有必要。而中国的暂时迁移体制在经济上所起的效果会越来越差。为解决此问题，许多国家的用人单位采取的方法是增加对长期从事某一工作而不"跳槽"的农民工的奖励，以使其劳动力数量保持稳定。若农民工在某一岗位上所提供的长期服务会带来更好的经济效益，那政府便有允许并鼓励这种长期服务的动力，用人单位也有奖励它的动力，而农民工也就有了提供长期服务的动力。长期服务反过来又会鼓励农民工将其家人也接到城市来住在一起。

在城市的长期居住会使农民工的价值观趋向于城市居民，而且其社会参照群体也会由农村转向城市（Knight 和 Gunatilaka 2010）。这一过程完全可能使拥有城市户口的居民产生一种被剥夺的感觉。随着越来越多农民出身的农民工在城市定居，中国中央和地方政府所面临的压力——即将他们与城市本地居民平等对待——可能会增大，而户口特权相应地也可能会被削弱。越来越多的农民工会变为产业工人的一员。

我们对于经济增长影响相对非熟练劳动力市场的研究成果还有其他方面的深远意义。非熟练劳动力稀缺很有可能是缩小中国收入差距的最有力的市场力量（这种差距起始于经济改革阶段），可能是缩小不断拉大的农村和城市收入差距的主要市场机制。非熟练劳动力报酬的迅速增长要求发展策略要转向更多的技术密集型和科技密集型的经济活动，而这又需要对人力资本的长期规划和投资。除了1998年后高等教育招生的显著扩大之外，尚无证据表明上述发展策略的转型已开始出现。然而，考虑到我们所预测的城市就业的快速增长以及人口的快速转变，也许在之后的几年里我们会发现越来越多的发展转型迹象。

注释：

1. 本章参考了约翰·奈特等人2011年的论著。

参考文献

Brandt, Loren, and Carsten Holz (2006), 'Spatial price differences in China: estimates and implications', *Economic Development and Cultural Change*, 55 (October): 43~86.

Cai Fang (2008), 'Approaching a triumphal span: how far is China towards its Lewisian turning point?', WIDER Research Paper, February.

——Du Yang, and Zhao Changbao (2007),' Regional labour market integration since China' s WTO entry: evidence from household-level data', in R. Garnaut and Song Ligang (eds.), *China: Linking Markets for Growth*, Canberra: Asia Paci fic Press: 133~150.

——and Wang Meiyun (2008),' A counterfactual of unlimited surplus labour in rural China', *China and the World Economy*, 16, 1 (January –February): 51~65.

Chen Guifu and Shigeyuki Hanori (2009), 'Solution to the dilemma of the migrant labour shortage and the rural labour surplus in China', *China and World Economy*, 17, 4 (July–August): 53~71.

Du Yang and Pan Weiguang (2009), 'Minimum wage regulation in China and its application to migrant workers in the urban labour market', *China and World Economy*, 17, 2 (March –April): 79~93.

Islam, Nazrul, and Kazuhiko Yokota (2008), 'Lewis growth model and China's industrialization', *Asian Economic Journal*, 22, 4: 359~396.

Knight, John, Deng Quheng, and Li Shi (2011), 'The puzzle of migrant labour shortage and rural labour surplus in China', *China Economic Review*, 22, 4: 585~600.

——and Ramani Gunatilaka (2010), 'Great expectations? The subjective well-being of rural–urban migrants in China', World Development, 38, 1 (January): 113~124.

——and Li Shi (2005), 'Wages, profitability and labour market segmentation in China', *China Economic Review*, 16, 3: 2005~2028.

——and Lina Song (1999), *The Rural–Urban Divide: Economic Disparities and Interactions in China*, Oxford: Oxford University Press.

—— ——(2005), *Towards a Labour Market in China*, Oxford: Oxford University Press.

——and Linda Yueh (2009), 'Segmentation or competition in China's urban labour market?', *Cambridge Journal of Economics*, 33, 1 (January): 79~94.

Kong, Sherry Tao, Xin Meng, and Dandan Zhang (2010), 'The global financial crisis and rural–urban migration', paper presented at the Beijing Forum, November.

Kwan Fung (2009), 'Agricultural labour and the incidence of surplus labour: experience from China during reform', *Journal of Chinese Economic and Business Studies*, 7, 3 (August): 341~361.

Lee, Leng, and Xin Meng (2010), 'Why don't more Chinese migrate from the countryside? Institutional constraints and the migration decision', in Xin Meng and Chris Manning (eds.), *The Great Migration: Rural-Urban Migration in China and Indonesia*, Cheltenham: Edward Elgar: 23~46.

Lewis, W. Arthur (1954), 'Economic development with unlimited supplies of labour', *The Manchester School*, 22 (May): 139~192.

Li Shi and Deng Quheng (2004), 'Re-estimating the unemployment rate in urban China', *Economic Information*, 4, 44~47 (in Chinese).

Minami, Riaxin, and Xinxin Ma (2009), 'The turning point of Chinese economy: compared with Japanese experience', Conference paper, ADBI, Tokyo, June.

Ministry of Agriculture (2010), 'Steady augmentation of employment of out-migrants and faster increase of wage of migrant workers', website (in Chinese) <http://www.moa.gov.cn/sjzz/jianchaju/xxjb/201001/t20100114_1829425.htm >.

National Bureau of Statistics (2006), *One Per Cent Population Survey 2005*, Beijing: China Statistics Press, and online.

——(2008), *China Statistical Yearbook 2008*, Beijing: China Statistics Press.

Park, Albert, Cai Fang, and Du Yang (2007), 'Can China meet her employment challenges?', Conference paper, Stanford University, November.

Ranis, Gustav, and John Fei (1961), 'A theory of economic development', *American Economic Review*, 51, 4 (September): 533~565.

Sheng, Laiyun (2008), *Floating or Migration? Economic Analysis of Floating Labour from Rural China*, Shanghai: Shanghai Yuan Dong Press (in Chinese).

Taylor, Jeffrey (1988), 'Rural employment trends and the legacy of surplus labour', *China Quarterly*, 116 (December): 736~766.

Wang Dewen (2008), 'Lewisian turning point: Chinese experience', in Cai Fang (ed.), *Reports on Chinese Population and Growth No. 9: Linking up Lewis and Kuznets Turning Points*, Beijing: Social Sciences Academic Press (in Chinese).

Zhao Changbao and Wu Zhigang (2007), 'Wage issues of rural migrants', Working Paper,Research Centre of Rural Economy, Ministry of Agriculture (in Chinese) <http://www.rcre.cn/userArticle/ArticleFile/2007121015627344.doc>.

Zhao Yaohui (1999), 'Labor migration and earnings differences: the case of rural China', *Economic Development and Cultural Change*, 47, 4 (July): 767~782.

10

经济增长与不平等

10.1 引言

　　1978 年，当时的中国实行中央计划经济，生产率较低，人民普遍贫穷，但极其平等。那时的不平等是具有空间性特点的，反映出地区间及城乡间缺乏要素流动。中国在过去的 30 年中，发生了三件重大且联系紧密的事件：由中央计划经济向市场经济逐渐过渡，经济显著增长，经济不平等严重加剧。

　　当然，随着经济市场化及平等主义不再是经济政策的核心，不平等从最初的低水平有所加剧不足为奇。但是现在中国社会是不平等的——虽没有像巴西或南非那样极端不平等，然而与亚洲的其他地方相比不相上下甚至更糟。例如，亚洲开发银行的一项研究（2007：图 1）发现对亚洲 21 个经济体进行比较，中国居民的收入差距与尼泊尔并列最高。

　　第 2 章总结了大量理论和实证的文献来阐述经济发展与经济不平等之间的关系。Kuznets（1955）提出"倒 U"形曲线关系：随着平均收入增长，人均收入差距先上升，最终达到顶峰，然后再下降。预测起初人均收入差距会上升的主要理论原因在于有着高收入和巨大收入差距的现代或城市经济部门重要性上升，以及对金融、物质、人力资本占有不同而出现的不平等。预测最终下降的主要原因在于低收入的农村经济部门成为少数，市场稀缺使得相对非熟练工人的收益增长，以及伴随着经济发展出现的大量社会经济团体获得政治权力后迫切要求收入再分配和创建福利国家。对于"倒 U"形曲线关系的跨经济体研究证据实际上是不充分的（Anand 和 Kanbur 1993a,1993b）。Kanbur 主张经济体个案研究能更好地理解经济发展与经济不平等间的复杂关系。因此，有一个重要的问题：中国的不平等现在已经达到顶峰并开始下降了吗？

中国的经济增长是导致不平等加剧的原因吗？经济改革与经济增长密切相关，这一事实意味着我们很难区分它们对经济不平等的影响。事实上，可以说试图分离它们的影响是不明智的，因为经济增长本身主要得益于改革政策。

除了人均家庭收入的不平等外，还有很多方面的不平等。其他影响经济福利的因素包括财富、住宅、教育、卫生保健、社会保障、主观幸福感以及Sen（1984）所谓的人能成为有实际价值的人和做有实际价值的事情的"能力"。我们主要讨论收入差距，但偶尔也会提到其他方面的不平等。

在 10.2 节，我们调查收入差距扩大到什么程度。10.3 节分析了财富的日益不均衡。10.4 节解决收入的日益不平衡如何影响脱贫的问题。我们主要通过研究城市的不平等（10.5 节）、农村的不平等（10.6 节）及空间上的不平等（10.7 节）来探讨日益加剧的不平等的主要组成。这使得我们在 10.8 节对一些政策进行调查。10.9 节做出总结。[1]

10.2　不平等的加剧

国家统计局所做的全国性的年度家庭收入和支出调查没有为研究者提供家庭和个体不同层次上的数据。因此，当测量收入差距的指标比如基尼系数的数据是来自官方时，我们就不得不将测量建立在省份或百分位数据的基础之上。然而，有另外一种数据来源：由中国社会科学院经济研究所和外国学者（包括本书的其中一位作者），以研究假设为前提，一起设计和进行的全国住户调查。这项调查已经在 1988 年、1995 年、2002 年和 2007 年周期性地进行。我们充分利用从中国居民收入项目和这些调查得到的研究结果。

因为中国城乡在行政管理和经济上存在着巨大差别，需要不同的调查问卷，所以基于中国居民收入项目调查的表 10.1 呈现给我们每年三个基尼系数，分别对应城市、农村和总体家庭的基尼系数。基尼系数是对收入差距的总体度量，变量从 0（完全平等）到 1（完全不平等）变化；有时表现为百分比。有很多其他的度量收入差距的指标，但基尼系数完全能够满足我们的研究目的。用基尼系数进行评估得到广泛应用，它的优势在于能够用来进行比较研究。

表 10.1　中国居民收入项目调查：1988 年、1995 年、2002 年及 2007 年，中国城市、农村和所有家庭可支配人均收入的基尼系数

	城市	农村	全国
1988	0.244	0.325	0.398
1995	0.339	0.364	0.469
2002	0.322	0.365	0.468
2002	0.328	0.358	0.456
2007	0.338	0.363	0.481

注释： 前三行数据来自于前者，后两行数据来自于后者。

数据来源： Gustafsson 等人(2007c:表 2.2)；Li 等人(2001:表 2，4，7)。

　　表 10.1 的前三行来自于 Gustafsson 等人（2007b）的研究。这使得我们能够运用前后一致的数据来进行横跨 14 年的比较研究。只有在每个调查的城市样本中都出现的省份才能被包括在研究中，相应地只有在每个调查的农村样本中都出现的农村才能被包含在研究中；对省份权重和城乡权重进行了谨慎处理，以便得到有代表性的对收入差距的测量结果。对收入的定义也一直保持一致，遵循国家统计局的定义，但增加了房屋津贴和估算租金。城市调查只包括城市户口居民，农村调查只包括农村户口居民。

　　1988 年城市基尼系数按国际标准来说是很低的（0.244），农村基尼系数略高一点儿（0.325），反映了地区间收入差异，全国总体的基尼系数比城市和农村的都要高（0.395），反映了城乡人均收入的高比率。1988 年到 1995 年的七年间，三者的基尼系数都增长了；全国总体的基尼系数在 1995 年是 0.469。然而，这种趋势在接下来的七年中并没有继续发展。2002 年城市基尼系数（0.322）比 1995 年将近低了 2%，农村基尼系数（0.365）事实上与 1995 年保持不变，全国基尼系数也保持在 0.468 不变。

　　表 10.1 最后两行是从 Li 等人（2001）的研究中得到的数据，对 2002 年与 2007 年的基尼系数做了一致性比较。因此，我们在表中显示了 2002 年的两套基尼系数，分别是从两个不同的研究中得到的数据。在第二个估量中，城市样本的基尼系数稍高一点，农村样本及全国总体的基尼系数稍低一点。

这种不同是由于样本权重的不同，以及在第二个估量中，用减缩指数来调整生活费用的空间差异而导致的。我们看到在五年中城市基尼系数增加了 1%，达到 0.338，农村基尼系数增加了 0.5%，达到 0.363。2007 年的全国基尼系数（0.481）比 2002 年至少高了 2.5%，在一定程度上解释了城乡平均收入的比率持续增大的原因。

表 10.2　国家统计局调查：1988 年、1995 年、和 2001 年，中国城市、农村和所有家庭的人均收入的基尼系数

	城市	农村	全国总体	
			对生活费用差异做出调整：	
			不包括	包括
1988	0.210	0.297	0.330	0.295
1995	0.283	0.340	0.415	0.365
2001	0.323	0.365	0.447	0.395

数据来源： Ravallion 和 Chen (2007:表 10)。

　　20 世纪 90 年代中期以后，中国的收入差距是否停止加大，显然是一个很重要的问题。事实和感觉都是相关的。公众感觉城市收入差距在持续加大。在 2002 年的城市调查中，调查对象被问到过去的五年里，他们城市的收入差距发生了怎样的变化。有五个选项供选择，超过 90%的对象表示收入差距加大了，其中 48%的人认为"略微"加大，43%的人认为"显著"加大（Gustafsson等，2007c:44）。此外，世界银行的两位研究者 Ravallion 和 Chen（2007）从国家统计局的部分微观数据中发现从 1995 年至 2001 年，基尼系数持续增长（表 10.2）。在那六年里，三者的基尼系数都增长了，城市增长了 4%，农村增长了 2%以上，全国总体增长了 3%以上；他们估算 2001 年全国的基尼系数是 0.447。作者对于全国总体的收入差距做出了两个估测——一个没有对收入进行调整，另一个考虑到生活费用的不同而对收入进行了调整。他们是根据城乡贫困家庭买一篮子货物所需的预估花费及官方公布的城乡物价指数来调整的。这种调整降低了每年的全国总体的收入差距指数，因为它压缩了城乡的收入比率。然而，对于这一时期的基尼系数的增长幅度几乎没有影响。

国家统计局发布的年度中国统计年鉴提供了关于中国城市地区家庭收入五分等级（从最低到最高）的收入所占比例方面的信息，从中我们可以探究在 2001 年后收入差距是否在持续扩大。表 10.3 证实了在 20 世纪 90 年代后期收入差距在加大，同时表明在 21 世纪也是如此。在 2000 年到 2008 年这一时期前三个等级的收入所占比例都在减少，然而最高等级的收入所占比例却在急剧增加：所占比例增加了 5.9%。没有迹象显示收入差距停止扩大。

表 10.3　国家统计局调查：1995 年、2000 年和 2008 年，中国城市地区家庭收入五分等级的收入所占比例

五个等级	1	2	3	4	5
百分比：					
1995	11.1	15.2	18.5	22.6	32.6
2000	9.7	14.2	18.1	23.0	35.0
2008	8.5	13.3	17.2	22.5	38.5
百分比变化：					
1995～2000	-1.4	-1.0	-0.4	+0.4	+2.4
2000～2008	-2.6	-1.9	-1.3	-0.1	+5.9

注释： 我们是通过将每个等级的个人平均收入乘以家庭人数而得到五个等级的收入所占比例。不提出几个假设，不可能对中国农村地区的数据分析出相似的结果。

数据来源： 诸多期的国家统计局（年刊）。

为什么中国居民收入项目跟国家统计局的数据会产生不同的结果呢？主要的原因在于他们对收入的概念有着不同的理解。国家统计局对收入的定义中不包括业主自用住房的估算价值和包括住房补贴的少计补贴，而中国居民收入项目调查的定义则包含了与住房有关的收入组成部分，更是将补贴也计算在内。这些收入的组成部分使那些相对较富的城市家庭不同程度地获益。这就解释了为什么中国居民收入项目调查对全国和城市的基尼系数的测算往往要高于国家统计局所做的测算。此外，近几年这些收入组成部分已经不再那么重要了。这就解释了为什么在 1995 年至 2002 年中国居民收入项目调查估算的基尼系数没有增加。如果用国家统计局对收入的定义来重新计算中国居民收入项目调查的数据，确实会得到不同的结果——1995 年与 2002 年间的基尼系数增加了 1.6%；2002 年基尼系数是 0.452，非常接近于国家统计局对 2001 年的基尼系数测算。（Gustafsson 等，2007b:20～21）。

去除补贴是很令人误解的。最重要的城市补贴即住房补贴仅仅是被资本化了：1995 年后住房补贴就减少了，因为城市住房以极低的价格卖给了居住者，如果当时存在房屋市场的话，这个价格也远远低于竞争价。Zhao 和 Ding (2007：表 5.5、5.7 和 5.8)的研究表明在 2002 年，当时房屋市场价与购买价的比率平均是 7:1，房屋净值占到全部财富的 64%，同时在对造成城市地区人均净财富的差距中占了 67%。

上面讨论的对收入的各种估测是对可支配收入而言的，也就是扣税后及加上从中央政府及地方政府那得到的津贴形成的收入。事实上，净税收对于城乡间以及它们内部的收入差距毫无作用，对收入差距的加大也收效甚微。Khan 和 Riskin（2007）表明 2002 年净税收使农村人均收入降低了 2.6%。然而，虽然净税收在 1995 年降低了（占据以基尼系数衡量的农村整体的收入差距的 2%），但是在 2002 年稍有提高（progressive）（贡献了-1%）。与之相对的是，尽管城市居民很富有，补助仍超过了税收。净补助（主要是住房补助）在 1995 年占了人均收入的 11%，但在 2002 年降到 2%。1995 年净补助占城市收入差距的 16%，而 2002 年只占了 1%：财政干涉变得很柔和。然而，仍有很大的空间实行较激进的财政政策。

10.3 财富分布的不均衡

在中央计划经济时期，在中国几乎没有"个人财产"。仅仅几年间，从零开始，经济改革不仅使财富快速地累积，也带来了财富分布的极大的不均衡。在对形成财富差距的进程的研究方面，中国是一个很好的个案研究对象。我们利用 Zhao 和 Ding（2007）的研究，他们的研究使用中国居民收入项目的数据集。

1995 年至 2002 年间，城市的实际净财富以每年至少 19% 的速度增长。2002 年城市人均财富是人均收入的 4.7 倍，农村人均财富是人均收入的 3.9 倍。城乡人均财富的比率为 3.6:1。

2002 年中国整体的人均财富的基尼系数为 0.550——比人均收入的基尼系数高出很多。农村的基尼系数从 1995 年的 0.351 增加到 2002 年的 0.399。造成这种差距的主要原因在于房屋（2002 年占了总体财富的 49%）。尽管土地的估算价值（依赖长期租金）进一步导致了 20% 的差距，合理分配农村土地的政策确保土地的不平等反映了土地禀赋的空间差异而不是局部性的不平等。城市人均财富的基尼系数在 1995 年是 0.496，在 2002 年是 0.475。最重要的原因在于房屋（2002 年占据了差距的 68%）和金融资产（占了 24%）。我们可以看出房屋在财富积累（在七年的时间内，城市房屋财富每年增长22%）和形成财富差距方面的重要性。[2]城市居民支付极少的租金获得他们居住的房屋的产权，可以得到可观的资本收益。通过财富资产的收益，比如，业主自用房的估算租金，财富的不均衡转而导致收入差距。

　　一般来说，以低于市场价收购或占有国有资产能强有力地导致财富的不平衡，对此中央和地方政府有时帮助支持，有时却阻止不了（Yu 2008）。随着收入的增长，家庭储蓄率的提高也扩大了财富的差异。比如，1995 年中国居民收入项目调查显示城市储蓄率由人均收入最低的前十位的-2%增加到人均收入最高的前十位的 35%；相对应的农村的储蓄率分别是 3%和 41%（Shi 2007）。

10.4　不平等的加剧与贫困的关系

　　在 1981 年至 2001 年的 20 年间，在中国城市地区，每人的实际家庭收入平均每年增长 5.8%，农村地区是 5.4%，全国总体（被重新赋予权重）是 6.5%（Ravallion 和 Chen 2007：表 1）。一方面，收入的快速增长能够极大地降低贫困。另一方面，日益加大的收入差距往往又加剧贫困。平均收入的增长和围绕平均收入分散的扩大，两种力量相互对抗。实际上，前者被证明力量更强。

　　来自 Ravallion 和 Chen（2007）的表 10.4 显示，不管是用人数统计法还是贫困差距指数来衡量，贫困（政府定义的）在那 20 年里急剧下降。人数统计法指的是低于等同于贫困线的人均收入的家庭比例；表明了贫困的人数规模。贫困差距法指的是为使全部贫困家庭达到贫困线所需的收入与全部收入的比率；表明脱贫所需的相对资源。

表 10.4　国家统计局调查：1981 年、1988 年、1995 年和 2001 年，对城市、农村和全国整体的贫困的统计（百分比）

	城市		农村		整体	
	人数统计	贫困差距	人数统计	贫困差距	人数统计	贫困差距
1981	6.0	1.0	64.7	20.0	52.8	16.2
1988	2.1	0.5	23.2	5.5	17.7	4.2
1995	0.9	0.2	20.4	5.7	14.7	4.1
2001	0.5	0.2	12.5	3.3	8.0	2.1

*注释：*衡量贫困的人数统计法指的是估算低于官方设置的贫困线的家庭所占的比例，表明贫困人口的相对数量。贫困差距法估算的是为使全部人达到贫困线所需的收入与全部收入的比率，表明脱贫所需的相对资源。2002 年，官方设置的贫困线农村地区是每人每年 850 元，城市地区是 1200 元。

*数据来源：*Ravallion 和 Chen (2007:表 2、3、4)。

农村合作化运动解体（Decollectivization）和农村改革的前期，从 1978 年到 1985 年，农村的贫困率极大地下降。然而，1985 年后，尽管收入差距日益扩大，农村的贫困率和贫困强度持续下降。城市的贫困率一直很低，反映出城市居民受保护及优越的地位。然而，基于 1999 年中国社会科学院城市家庭调查的研究探查了 20 世纪 90 年代中期开始的国有部门大量裁员的影响，发现城市贫困与失业紧紧相关联。预测无业人口或下岗人口或其户主无业下岗，他们陷入贫困的概率较过去相比，提高了 3～6 倍。

10.5　促使不平等加剧的因素：城市收入

日益加剧的不平等表现在很多方面，需要各种方式的分解分析来权衡它们的影响作用。我们先来讨论一下城市收入差距。在中央计划经济下，工作单位如同小的福利国家，为其成员提供终生的工作、住房、津贴，以及医疗保障。工人们由政府分配工作，工资由行政决定。城市工资结构是很平等的。跳槽是极其少见的，从农村向城市的迁移也是极其有限的。Knight 和 Song（2005）分析解释了为什么劳动力市场经历了缓慢的演变过程。

表 10.5   中国居民收入项目调查：1988 年、1995 年和 2002 年，在中国城市地区，在价格不变的情况下，对每个工人工资集中趋势及离散的统计

	年工资 1995 年 （1988=100）	每小时的工资 2002 年 （1995=100）
平均数	152	168
中位数	148	158
第 10 个百分值	106	137
第 90 个百分值	175	175
基尼系数	134	114

数据来源：Knight 和 Song（2007：表 9.1）。

1988 年在城市改革开始不久所做的调查反映了当时受行政管制的平等的劳动力体系。随着改革的推移，城市工资的基尼系数也在不断上升，从 1988 年的 0.23 上升到 1995 年的 0.31（Knight 和 Song 2007：222）。表 10.5 显示了一个调查与另一个调查的百分比变化。然而，在这个时期实际工资的中位数每年增长 6%，对于第 10 个百分值和第 90 个百分值来说，相对应的百分值分别是 1%和 8%。1995 年至 2002 年，工资差距持续加大：基尼系数又增加了 5 个百分点到 0.37。在那些年里，每小时的实际工资，在中位数上每年增长 7%，在第 10 个百分值上每年增长 5%，在第 90 个百分值上每年增长 8%。考虑到 1988 年城市劳动力市场的极其不均衡，工资差距的加大可能代表向市场均衡的转变而不是一场市场均衡运动。

拥有大学学历的人比拥有小学学历的人的工资溢价在 1988 年高了 9%，在 1995 年高了 39%，在 2002 年高了 88%；相对应的比拥有中学经历的人的工资溢价分别高了 4%、17%和 42%。对于有职业技能的人也是如此。某些拓宽的工资结构体现了对高效率的奖励与激励。因此，比如对教育的日益增长的回报，技能型职业越来越丰厚的奖金，越来越弯曲的"倒 U"形工资与经验关系曲线都表现了市场力量奖励高效的萌芽。

另一方面，存在着巨大的工资待遇差异（如歧视女性等），也有相当多的工资划分，很难用效率或公平去合理地解释它。主要有三种划分方式：按省划分，按企业所有权类型划分（外企工资最高，然后是国企，地方私企工资最低），按企业效益划分。最后一种方式可以理解为单位非正式地与它的城市员工分红（Knight 和 Li 2005）。尽管很多城市户口的工人是工会成员，然而

他们并没有像某些国家的工会成员那样拥有非常多的权利和权力。尽管如此，企业工人以及工会代表迫切要求分享日益增加的利润，以及雇主用这种非正式的分红来确保合作和保持工人的斗志，这都是有可能的。

对 1988 年与 1995 年间的加大的工资差距的分解分析表明按省划分工资份额的增加，对工资差距的扩大负有最大的责任。对下一个七年的同样的分析发现虽然按省划分工资对工资差距的加大仍很重要，但起消极作用。然而，另一个划分方式——按企业所有权类型——对工资差距的加大起积极作用。（Knight 和 Song 2007：表 9.5）

总之，有很多证据能够支持以下假设：对生产特征的奖励在劳动力市场竞争日益激烈的时期将会增加。然而，也有证据指出由于制度安排和劳动力的非流动性，劳动力市场划分得更加细致——跨公司，跨地区，也有可能将城市户口工人与农村户口工人划分开来。这两种趋势都加剧了城市劳动力市场的不平等。

在中国，富有的企业家阶层赚取大量的超额利润，极其迅速地崛起。半市场化经济、薄弱的法律体系以及定义不明确的或无保障的产权，为腐败、裙带关系、寻租，以及占有国家资产的行为提供了滋生的空间。民意调查报告显示腐败是中国人主要关心的问题，尤其是在利益受到直接影响的地方，比如，公共医疗卫生服务的提供，或失地赔偿不够的情况。然而，家庭调查并不能查出所有的从寻租或贿赂那里得到的收入。国家统计局的调查和中国居民收入项目调查也许对于收入分配顶层的收入都少报了。一个原因是富有的家庭往往避免被包含在国家统计局的调查样本当中，要么因为较高的机会成本，要么因为有更多的东西要隐藏。另一个原因是富有的家庭往往少报收入。

用一种很巧妙的方法来测算后者的影响（Wang 和 Woo 2011）。人们不上报 "灰色收入" ——违法的、贪污的或者可疑的收入，反映了在半市场化经济下，租金归于有权进行资源分配的人。有一种假设认为有正当的高收入的家庭有更多的机会去获得灰色收入。为验证这一假设，2005 年作者雇用了专业的面试官用一般的方式与来自几个城市的 2000 个家庭进行了面谈。这个方法的窍门在于让面试官挑选他们认识的家庭，如自己的亲人或是朋友，希望这些家庭面对自己关系亲密的面试官时能够更加诚实地回答问题。作者能够从 2005 年国家统计局的城市家庭调查中得到相应的收入与支出信息。后者样本按人均收入排序被划分成了七组。计算每一组的家庭恩格尔系数（食品开支占总支出的比例）和家庭人均平均收入。假定恩格尔系数能够毫无偏见地测算。发现每组的恩格尔系数与人均平均收入均成反比。Wang 和 Woo 把他们的样本按人均收入分成七组，这样每一组的恩格尔系数，都和国家统计局样本中的对应组的恩格尔系数一样。然后他们对对应组的人均平均收入进行了比较。该小型调查的与国家统计局调查的人均收入的比率均增加，从收入最低的组的 1.1 增加到收入最高的组的 3.2。少报状况尤其会发生在收入最高的组。由于这个原因，很有可能低估了城市家庭间的收入差距。尽管这个研究方法受到大家的批评(Li 2008:160)，但另一种测算暗示对高收入家庭的少报状况的修正将使城市基尼系数提高 8%，使国家总体的基尼系数提高 5%(Li 等 2011: 脚注 14)。

由于在中国存在农村迁向城市的农民工，对城市收入差距的测算是十分复杂的。自从 20 世纪 80 年代中期开始了城市经济改革，中国经历了逐渐被认为是"人类历史上最大的迁移"的情况。在 1990 年，在城市地区大约有 2000 万农民工，2006 年，大约有 1.3 亿。城市地区对劳动力需求的迅速增加以及城市劳动力供给增加缓慢，都驱使农村劳动力涌向城市。居民户口系统保证能够引导和控制迁移来满足日益增加的城市劳动力需求。对持有农村户口的人来说，很难获得城市居住权。他们的迁移，尤其是到大城市，很多是由于签了一年的劳动合同而短暂停留。很多这样的农民工都与农村的家庭保持着联系，在城市逗留后还是想回到（一般也都会回到）农村。

短暂的迁移给测算人均家庭收入以及家庭间的收入差距都带来问题。农民工如果没有家人陪伴，仍被看作农村家庭的一部分。他们的收入因此应该归于农村家庭。事实上，在农村调查中，有可能只有收入汇款能够被正确地计算。在过去，人口普查把短期农民工记录为他们户口登记所在地的居民。只有最近几年，人口普查将在一个城市居住一定时间（现在是至少六个月）的农民工记录为城市人口的一部分。遵循国家统计局的做法，与 1988 年和 1995 年相关的中国居民收入项目调查把农村户口的家庭从城市样本中排除出去。与国家统计局的做法相悖，对 2002 年和 2007 年的中国居民收入项目调查增加了从农村到城市的流动人口样本。但是它们的取样方法不同：2002 年所取样本是基于家庭的，限于农民工家庭，然而 2007 年的样本是基于工作的，所以代表了所有的农民工。

这种复杂性限制了我们对于城市收入差距变化的估算。基本上城市家庭调查包含农民工应该会加剧城市收入差距，因为这些农民工往往是城市中最穷的人。此外，城市地区日益增多的农民工将会加剧城市收入差距。

由农村迁往城市的农民工家庭的人均平均收入比农村家庭要高接近两倍，但是比城市家庭低 35%。(Gustafsson 等，2007c:47)。Appleton 等人 (2004:表 1) 使用 1999 年对六个省份的城市调查，发现农民工的中位数工资是城市户口工人（不削减开支）的 54%。然而，对城市工人与农民工的劳动力市场分化程度的估算需要标准化生产特征。根据这些，Appleton 等人 (2004:表 3) 估计农民工得到城市收入的 75%。因为农民工处于经济弱势，如果被包含在城市家庭调查中的话，他们的存在便会加大城市的收入差距。2002 年中国居民收入项目调查首次允许对城市收入差距的估算采取既不包含农民工（通常情况下）又包含农民工。Khan 和 Riskin (2007:表 3.6、3.7、3.10)估算当不包含农民工时，城市人均家庭收入的基尼系数是 0.318，当包含农民工时，基尼系数是 0.338；农民工家庭自身的基尼系数是 0.380。然而，这些数字保守地说明农民工对城市收入差距加大的影响，因为大多数农民工并不是整个家庭都在城市中，并没有记录在 2012 年的调查里。2007 年的调查并没有相对的或相似的做法。

10.6　促使不平等加剧的因素：农村收入

1995 年的中国居民收入项目调查的证据显示非农就业对于农村家庭收入和农村收入差距的重要性。工资收入在 1988 年占据了农村收入差距的 21%（占基尼系数的 7%），在 1995 年占了 44%（占基尼系数的 19%）(Knight 和 Song 2001:表 4.6)。在这七年中，工资占农村收入的比例由 11% 上升到 26%。工资对基尼系数上升的影响实际上超过了对总体增长影响的。很明显个人劳动收入是家庭获得较高收入的关键。

1995 年至 2002 年，农村收入差距要么增长得越来越缓慢（根据国家统计局数据的表 10.2），要么停滞不前（根据中国居民收入项目调查数据的表 10.1）。为什么会出现这种减缓或者停滞状况呢？在那段时间里，在农村收入中工资的比重又上升到 30%。然而，工资对农村收入差距的影响由占总体比重的 40% 稍下降到 37%（Khan 和 Riskin 2007:表 3.3）。因此，工资的不平衡作用减弱了。作者认为这是因为工资就业的增加降低了空间上的，尤其是省际的获得工资就业的不平等，并将它看作农村基尼系数之所以没有上升的原因。

然而，20世纪80年代农村工厂主要吸纳了日益增长的农村劳动力，1990年农村向城市的迁移本质上是短暂的，成为主要的吸纳劳动力的方式。短暂的迁移对农村收入差距有两个主要影响。农民工的收入汇款会增加农村收入，于是降低城乡间的收入差距。在农村地区，对收入差距的影响取决于谁迁移到城市。真正的穷人也许没有受教育水平或经济储备或门路迁移到城市。然而，对这个问题所做的研究显示，在中国迁移对农村收入分配有平衡作用（例如，Knight 和 Song 1999：第9章）。

Luo 和 Yue（2010）用2007年的中国居民收入项目调查来研究农民工对农村贫困的影响。以一个家庭是否包含外出务工人员为解释变量，方程式被估算来预测一个家庭是否贫困。由于其潜在的内生性，这个变量用农村迁移强度来测量。农民工的家庭成员关系是靠其在家停留的时日来衡量的。发现农民工家庭有较高的人均平均消费，以及有农民工的家庭大大降低了陷入贫困的可能性。农民工在外务工的时间越长，这种影响就越大。可能迁移不仅帮助降低农村的贫困，也降低了农村收入差距。

对2002年和2007年的中国居民收入项目农村调查的对比显示从迁移得到的实际人均收入每年增长17%，占农村家庭收入的比重由11%上升到18%。对农村收入差距的影响比重由9%增加到15%，然而当地工资收入对农村收入差距的影响比重由35%下降到26%（Li 等 2011:表1、2）。因为前者的收入来源比农村整体收入的收入分配更公平，所以它的比重扩大实际上降低了农村的收入差距。因为后者的收入来源不如农村整体收入的收入分配公平，所以它的比重下降也降低了农村的收入差距。相反，在那五年里，财产性收入的重要性增强，以及其有极大的差距有助于我们解释农村基尼系数的微小的上升。

而"和谐社会"政策的影响也是很明显的。农村税率从2002年的2.9%降到2007的0.3%，然后递减幅度降低（less regressive）。2007年贫困家庭获得低保的可能性比非贫困家庭要高三倍。然而，医保覆盖率是有限的：90%以上的贫困家庭并没有获得医保（Luo 和 Sicular 2011:表13、18）。

10.7　促使不平等加剧的因素：空间收入

我们首先讨论一下城乡差距，Knight 和 Song （1999）对此进行了研究。在城乡人均收入的比率很大。在农村合作化运动解体和 1978 年到 1985 年的农村改革时期，这个比率降低了。但是随着 20 世纪 80 年代中期开始的经济改革，这个比率（农村为 100 的话）又上升了，2008 年达到最高（331）（表10.6）。这是基于国家统计局每年的家庭调查所做的比率。表 10.6 也显示了从中国居民收入项目调查那里得出的比率，由于对收入的定义较宽泛，这个比率相对较高。然而，它也是随时间增加的，在 2007 年至少达到 410。

表 10.6　国家统计局和中国居民收入项目调查：城市家庭人均收入与农村的比率，
农村为 100，1978～2008 年

	国家统计局调查	中国居民收入项目调查
1978	257	
1985	186	
1988	217	269
1990		
1995	271	308
2000	278	
2002	311	335
2007		410
2008	331	

*数据来源：*国家统计局（2004：357）；Gustafsson 等人.(2007c); Li 等人（2011: 表 1，3）。

表 10.6 显示了简单的名义上的人均收入的比率。然而，各省的生活费用是不同的，而且城市地区比农村地区要高。比如，Ravallion 和 Chen (2007:表 1) 报告说 1981 年城市的生活费用比农村地区高 19%，到 2001 年上升到40%。Brandt 和 Holz（2006）估计了各省农村及城市的生活费用，在此基础上调整了国家统计局所公布的收入比率。1990 年城市生活费用要高出 19%，2000 年高出 40%。真实的比率是 1990 年 178（名义比率是 220），2000 年 199（名义比率是 278）。

使用中国居民收入项目 2002 年的数据集，Sicular 等人(2005:表 1) 的研究显示了通过引入 Brandt 与 Holz 的购买力平价法，城乡人均家庭收入（农村收入为 100）的比率从 335 降到 240。然而，Li（2008：159）指出在收入中另外增加的实物补贴，比如，养老金计划补贴和医疗补贴，因为这部分补贴大部分由城市居民所得，所以将城乡人均家庭收入比率提高到 435，比最初的 335 还要高。因此，实物补贴实际上中和了生活费用差别使城乡收入差距缩小的影响。

城乡人均收入比率呈上升趋势，这增加了这个比率对全国收入差距的影响比重，从 1988 年的 37%上升到 1995 年的 41%，再到 2002 年的 46%，最后在 2007 年达到 54%。与其他也做相似分解分析的发展中国家相比，这个比重要远远高于它们。（Gustafsson 等 2007b: 表 1.2；Li 等 2011:表 8）。如果城乡人均平均收入相同的话，那么中国的收入差距将会缩小一半。

怎样解释城乡差距呢？在中央计划经济下，中国构建了一个制度体系，它从行政、财政和资源方面将中国分为两大部分，在那时城乡收入差距的高比率是可以理解的。与制造业相关的"价格剪刀"政策降低了食品价格。那样，农民间接地为城市工业化买单。一部分可供投资的盈余使城市工人享受较高的生活质量。

城乡差距依然存在，甚至有所加大，就如同将城乡区分开来的"无形的长城"只拆除了一部分一样。随着经济越来越市场化，为什么区域间的回报没有平等化？为什么城乡间的收入差距并没有完全消除？这主要是因为，外出务工人员被允许进城来满足城市经济发展日益增长的劳动力需求，但是城市工人在就业、工资、住房、社会保障等方面仍享有一定的优先权。随着城市经济改革以及城市经济的快速发展，拥有城市户口的居民的实际工资也快速增长，没有受到农村劳动力的激烈的市场竞争的影响。

地区间的收入差异是导致日益扩大的收入差距的另一原因。两股相互制约的力量在起作用。累积的因果过程产生"增长极"，加剧区域经济发展的不平衡性。然而，包含"外部效应"和"扩散效应"的过程，能够降低这种不平衡性。前者可能在发展的初期占主导地位，但随着竞争优势被日益增长的成本所削弱，最终会被后者所取代。

有大量的研究采用绝对趋同/发散和条件趋同/发散的传统测验，致力于分析中国地区间发展的不平衡。由于采用的数据集、因变量、观察单位及时间周期的不同，结论有所不同。然而，有大量证据显示省与省之间呈现绝对的差异。对其他影响经济增长的决定因素规范化，条件趋同———一种经济增长理论的预测——也被发现，如同在第5章中讲的一样。比如，Lau（2010）对1978年至2005年间，各省的人均收入的绝对趋势和条件趋势进行测验，发现了绝对发散和条件趋同。然而，经济政策的共同目标——经济福利——依赖于绝对趋势。

首先考虑城市经济。证据显示在1988年至1995年间各省及各城市间的城市人均收入和城市工资存在巨大的绝对差异。（Knight等2001）这在一定程度上是地区相对优势的结果，也反映出脆弱的政府地区平衡政策，不完善的资本市场，以及对劳动力流动性的持续制约。沿海省份不仅得益于它们优越的地理位置，而且得益于早期在外商直接投资和出口方面的优惠政策以及不断发展带来的税收收入的增长。有迹象表明，自从1995年以来有空间趋同或至少空间稳定的因素。这并不适用于1995年至2002这一时期，但Gustsfsson等人2007c:表2.9发现由于各省间差距造成的城市差距的百分比从1988年的29%降到1995年的26%，到2002年又降到19%。这主要得益于东部地区，在此较发达的地区经济变得越来越具有空间整合性。

再来谈谈农村经济，Gustafsson等人(2007c:表2.9)发现各省间的差距对农村收入差距的影响比重从1988年的22%上升到1995年的39%，再到2002年保持在39%。我们通过农村社会的缩影即村子来了解其中的作用机制。对河北省两个乡的七个村子的小型调查提出了一个吸引人的问题：在地理位置上如此接近的村子为何在经济上差距如此大？Knight和Li（1997）从流动性和累积因果过程方面给出答案。人们不能在村子间自由活动：每一个村子都是独立的。村内人，从广义上来讲，对村子资源享有产权；阻止其他人分享这些权利。制度和信息问题将资本市场分割，使村子自身成为投资资金的主要来源。信息上的不完善限制了从外面获得经营及技术技巧。村子不能太依赖外部公共资金。

少数村庄有可能依靠肥沃的土地和繁荣的农业而得到发展，但大多数必须依靠非农资源去发展。一种可能是迁移，但由于其中的成本和风险，机会是有限的。如果村子能够建立一个移民联系的社会网，降低信息和交易成本，迁移机会就会增加。那样，从村子的迁移会产生更多的迁移。另外一种可能是村子工业的发展。这里重要的是要克服企业和资本的限制。好的自然资源基础是有帮助的。然而，农村工业的发展是通过生成利润再投资，从做中学习形成新技能，靠自己发展的一个过程。基础设施的投资资金依赖村子的纳税能力，其转而又依赖于村子工业的发展。路径依赖过程在起作用，使一些村子的经济向前发展，也使一些村子发展落后。

某种情况下，扩展效应起作用。较为发达的村子的进一步发展会受到劳动力短缺、土地短缺及成本上升的阻碍，欠发达的村子将会从随之产生的积极回馈中受益。随着城市经济的快速发展，从农村迁往城市的机会越来越多，将帮助较贫穷的村子发展。

10.8　日益加剧的不平等：政策问题

随着中央计划经济体系瓦解，市场经济出现，一些差距加大是不可避免的。然而，一些差距加大是由于政府的政策立场。在一定程度上是受过去平均主义的影响，当效率与公平需要权衡的时候，效率优先于公平。政府的长期策略用高级官员杜润生（1989：192）的话很好地概括为"先富带动后富，最终达到共同富裕"。

我们给出三个"效率优先于公平"的例子。第一个例子是关于地区政策。对大多数外商直接投资来说，最有效率的地区是东部沿海。然而，很长一段时间里，外商直接投资被要求落户在那里，不能投资在其他地方。这就给首先受优待的地区以抢先起步的优势。在中央计划经济体系下，大量的省级递增税收和转移体系，重新分配税收，从较富有省份转移到较贫困省份。在经济改革中，由于每个省日益依赖于它们自己所谓的"预算外收入"和支出（Knight 和 Li 1999），这种重新分配的影响大大削弱了。1994 年财政制度改革旨在加强中央政府对税收的控制力。可是公共资源始终与当地经济发展水平紧密相关。较富裕的地区税收更多，能更好地提供公共服务，投资当地的基础设施建设。这恶化了收入的空间分配。在农村地区，乡、村一般想靠自己的力量去发展。财政地方分权程度导致空间发展的不平衡，能够产生贫困陷阱，比如，小学和中学教育的数量和质量（Knight 等 2009，2010）。如果国家和地方政府能够采取较集中的以及更加平等的财政安排，空间发展的不平衡就会被降低。这样的话，很明显效率比公平更好，但竞争环境并不能充分地保证效率。

第二个例子是关于强烈的城市偏向，其在很多政府政策中表现明显，维持并扩大城乡差距。(Knight 等 2006) 从两方面来看，中国存在城市偏向是有争议的。第一，如果政府只是关心提高由影子价格决定的经济效益，它将分配给农村更少的资源。第二，如果政府社会福利函数对城乡居民自身不加以区分，强调额外收入的重要性，农村居民将得到更少的优先权。城市偏向背后隐藏着对政治稳定及对城市政府的巨大的潜在威胁。

由于城乡行政管理分离，农村地区处于巨大的财政劣势：政府希望它们大部分能拥有自己的税收。农业并没有得到多少的政策支持，农村工业在改革初期获得巨大的成功，但在近几年发展相对缓慢，不及城市工业。这表明在政府社会福利函数中农村人民的福利占了很低的比重。在一定程度上也是财政和金融市场配置的结果。在农村经济中财政地方分权严重使得农村贫困人员及社区即使有很好的机会也很难去改善他们的生活。一个被刻意压制的金融体系用来配给信贷，把信贷主要分配给大型国营企业，其效率非常之低。其对农村人民实行紧缩的信贷配给（第 8 章）。因此即使仅仅考虑效率标准，农村投资也许也是次佳的。这样的话，城市偏向政策虽然维护了社会与政治稳定，但却损害了效率与公平。

第三个例子是关于 20 世纪 90 年代中期国有企业的大规模裁员。由于在激烈竞争中，国有企业利润下降及不断亏损，威胁到经济增长和国家税收收入，迫使政府不得不采取裁员措施。这并不预示着城市偏向政策的终结。事实上，未下岗的城市工人的实际工资在裁员期间仍每年增长 8%。四千多万的下岗工人几乎没有得到国家足够的支持帮助，不得不涌向剩余劳动力市场，艰难地找工作。这些经济改革的牺牲者被忽视了：以前单位提供的社会保障被更加中央集权的体系所取代，过程缓慢且不充分。在这种情况下，只获得效率，而没有保障公平。

10.9 总结

这一章我们的目标是研究经济增长同经济不平等的关系。试图区分经济增长和经济改革对不平等加剧的影响是没有任何意义的，因为经济增长本身在很大程度上是经济改革的结果。然而，因为改革过程的本质造成不同的差距程度，所以经济增长同经济不平等间没有机械性关系。中国的情况未必对其他国家的研究有指导作用。

基于国际经验，随着经济增长，中国最终会达到 Kuznets "倒 U" 形曲线的顶端，之后基尼系数将会下降，这种情况似乎是有可能的。可以预见在经济改革的早期阶段，收入差距将会急速加大，事实上也确实如此。1995 年后，情况变得更加不明朗。中国居民收入项目调查数据表明在那时已经很高的收入差距先是持平然后增长了一些，然而国家统计局的调查数据表明收入差距持续加大。这种不同主要由于对收入的不同定义。二者都没有对中国未来的收入差距发展给出明确的指导。

中国的收入差距是加大还是缩小将依赖于对抗力量的平衡。很明显近几年越来越显著的城乡收入差距以及加大的城市工资差距加剧了不平等状况，这主要是由于劳动力市场的不断分割及人力资本较高的回报造成的。降低不平等状况的力量主要来自 "扩散效应"：农村地区非农工资就业的扩散以及省份间（尤其是东部地区）人均家庭收入的趋同。我们在第 9 章提出在农村和城市地区未来相对非熟练劳动力的短缺将会成为降低差距的强大的动力。当日益加大的差距对社会和政治稳定构成威胁时，政府的反应——在近期提出的构建 "和谐社会" 的政策中可以看得出来——也会成为降低差距的强大力量。

在这一章我们并没有解决 2.4 节中提出的第二个问题：收入差距如何影响经济增长？中国刚开始实行经济改革时，收入差距很小，然而却增长得很迅速。为让经济改革进行下去，一些收入差距是有必要的。在新千年，中国的经济保持了显著的增长速度，但收入差距却在加大。一些收入差距是没有必要的。中国的经济改革经验表明收入差距对经济增长的影响是复杂的，在一个国家内部尚且如此，更别说不同国家之间了。需要详细的国家个案研究来推动对它们关系的理解。在第 12 章，我们着手对这个问题进行了研究，我们主要调查了中国将来的经济增长是否会受到高度不平等性的威胁以及如何受到其威胁。

注释

1. 我们参考了 Knight（2008）一书中的部分内容。

2. 这些数据来自 Zhao 和 Ding（2007：130，表 5.3、5.4、5.8）。

参考文献

Anand, Sudhir, and Ravi Kanbur (1993a), 'The Kuznets process and the inequality-development relationship', *Journal of Development Economics*, 40: 25~52.

——(1993b), 'Inequality and development: a critique', *Journal of Development Economics*, 41: 19~43.

Appleton, Simon, John Knight, Lina Song, and Qingjie Xia (2004), 'Contrasting paradigms: segmentation and competitiveness in the formation of the Chinese labour market', *Journal of Chinese Economic and Business Studies*, 2, 3:185~205.

Asian Development Bank (2007), *Inequality in Asia*, Manila: ADB.

Brandt, Loren, and Carsten Holz (2006), 'Spatial price differences in China: estimates and implications', *Economic Development and Cultural Change*, 5 (October): 43~86.

Du, Runsheng (1989), China's Rural Economic Reform, Beijing: Foreign Languages Press. Gustafsson, Bjorn, Li Shi, and Terry Sicular (eds.) (2007a), *Inequality and Public Policy in China*, New York and Cambridge: Cambridge University Press.

—— —— ——(2007b), 'Inequality and public policy in China: issues and trends', in Gustafs-son et al. (2007a), ch. 1.

—— —— ——and Yue Ximing (2007c), 'Income inequality and spatial differences in China, 1988, 1995 and 2002', in Gustafsson et al. (2007a), ch. 2.

Kanbur, Ravi (1997), 'Income and development', World Bank, word-processed, January, 1~100.

Khan, Ajit, and Carl Riskin (2007), 'Growth and distribution of household income in China between 1995 and 2002', in Gustafsson et al. (2007a), ch. 3.

Knight, John (2008), 'Reform, growth, and inequality in China', *Asian Economic Policy Review*, 3, 1 (June): 140~158.

——and Li Shi (1997), 'Cumulative causation and inequality among villages in

China', *Oxford Development Studies*, 25, 2: 149~172.

——(1999), 'Fiscal decentralisation: incentives, redistribution and reform in China', *Oxford Development Studies*, 27, 1: 5~32.

—— ——(2005), 'Wages, firm profitability and labor market segmentation in urban China', *China Economic Review*, 16: 205~228.

—— ——and Deng Quheng (2009),'Education and the poverty trap in rural China: setting the trap', *Oxford Development Studies*, 37, 4 (December): 311~332.

—— —— ——(2010), 'Education and the poverty trap in rural China: closing the trap' , *Oxford Development Studies*, 38, 1 (March): 1~24.

—— ——and Lina Song (2006),'The rural–urban divide and the evolution of political econ-omy in China', in J. Boyce, S. Cullenberg, P. Pattanaik, and R. Pollin (eds.), *HumanDevelopment in the Era of Globalization*, Cheltenham, UK and Northampton, Mass.: Edward Elgar.

——and Lina Song (1999), *The Rural-Urban Divide: Economic Disparities and Interactions in China*, Oxford: Oxford University Press.

—— ——(2001), 'Economic growth, economic reform and rising inequality' , in Carl Riskin,Zhao Renwei, and Li Shi (eds.), *China's Retreat from Equality: Income Distribution andEconomic Transition*. Armonk, NY: M. E. Sharpe: 84~124.

—— ——(2005), *Towards a Labour Market in China*, Oxford: Oxford University Press.

—— ——(2007), 'China's emerging wage structure, 1995~2002' , in Gustafsson et al. (2007a), ch. 9.

——Zhao Renwei, and Li Shi (2001), 'A spatial analysis of wages and incomes in urbanChina: divergent means, convergent inequality' , in C. Riskin, R. Zhao, and S. Li (eds.), *China's Retreat from Equality: Income Distribution and Economic Transition*, Armonk, NY: M. E. Sharpe: 133~166.

Kuznets, Simon (1955), 'Economic growth and income inequality', *American Economic Review*, 45 (March): 1~28.

Lau, C. K. M. (2010), 'New evidence about regional income divergence in China',

China Economic Review, 21: 295~309.

Li, Shi (2006), 'Rising poverty and its causes in urban China', in S. Li and H. Sato (eds.), *Unemployment, Inequality and Poverty in Urban China*, London and New York: Routledge.

——(2008), 'Comment on "Reform, growth and inequality in China"', *Asian Economic Policy Review*, 3, 1 (June): 159~60.

——Luo Chuliang, and Terry Sicular (2011), 'Changes in the levels, sources, and distribution of household income in China, 2002~2007', mimeo.

Luo, Chuliang, and Terry Sicular (2011), 'Inequality and poverty in China', mimeo.

——and Ximing Yue (2010), 'Rural-urban migration and poverty in China', in Xin Meng and Chris Manning (eds.), *The Great Migration: Rural-Urban Migration in China and Indonesia*, Cheltenham: Edward Elgar.

National Bureau of Statistics (NBS), People's Republic of China (annual). *China Statistical Yearbook*. Beijing: China Statistics Press.

Ravallion, Martin, and Shaohua Chen (2007), 'China's (uneven) progress against poverty', *Journal of Development Economics*, 82, 1: 1~42.

Sen, Amartya (1984), 'Rights and capabilities', *in Resources, Values and Development*. Oxford: Basil Blackwell.

Shi, Y. (2007), 'Why is China's post-1978 household saving rate so high?', M.Phil. thesis, Oxford University.

Sicular, Terry, Yue Ximing, Bjorn Gustafsson, and Li Shi (2005), 'The urban-rural gap and income inequality in China', Paper presented at the UNU-WIDER Project Meeting, 'Inequality and Poverty in China', Helsinki, August.

Wang, Xiaolu, and Wing Thye Woo (2011), 'The size and distribution of hidden household income in China', *Asian Economic Papers*, 10, 1: 1~26.

Yu, Yongding (2008), 'Comment on "Reform, growth and inequality in China"', *Asian Economic Policy Review*, 3, 1 (June): 161~162.

Zhao, Renwei, and Ding Sai (2007), 'The distribution of wealth in China', in Gustafsson et al. (2007a), ch. 5.

11

经济增长与幸福感

11.1 引言

　　一般认为，经济改革以来中国经济的显著增长给中国人民带来了巨大的经济福利。从以下事实来看，这是不言而喻的：在不到 30 年的时间里，人均平均真实收入增长了 6 倍多，3 亿多人摆脱贫困（Ravallion 和 Chen 2007）。此外，在 25 年里中国的 "人类发展指数" 从 0.37 提高到 0.68（联合国开发计划署 2010：表 2）。因此，我们对于中国经济增长是否提高幸福感的疑问，似乎是可笑虚伪的。

　　可是，从 Easterlin（1974）所做的开拓性研究开始，经济学家逐渐询问经济大国这个问题。调查显示美国、日本、英国、法国、德国、意大利和荷兰等几个经济大国，在十年或是几十年里，人均收入始终在增长，而平均主观幸福值却保持大致不变（比如，Blanchflower 和 Oswald 2004; Easterlin 1995，2001）。相反，Stevenson 和 Wolfers（2008）提出了一个跨国方程式，表明在一个国家里，给定共同的斜率，幸福感随收入增长而上升。然而，重新修改后的方程式允许国家斜率不同，便产生了国家幸福感系数的平均值，这个平均值虽为负，但是并不显著。确实有些奇怪的地方要去解释。

　　可能是由于缺少与主观幸福感相关的时间序列数据，从时间序列上对发展中国家的幸福感进行的研究很少。然而，人们可以预想贫穷国家的人的幸福感与富裕国家相比是由不同方式决定的。比如，穷人最关心的是满足他们对食物、住所及衣着的物质需求，然而非穷人更加关心他们在社会中的地位及成就，这一点是很有道理的。因此，对收入水平较低的人来说，绝对收入或许对他们的幸福感很重要，但是对收入水平较高的人来说，相对收入或许更能影响他们的幸福感。

对经济大国的研究发现是否也适用于中国？虽然缺乏适当的数据使我们不能直接地探究此问题，但我们可以基于四篇论文间接地对其进行研究。这四篇论文借助于国家家庭调查（Knight 等 2009; Knight 和 Gunatilaka 2009，2010a，2010b）[1] 报告了对中国主观幸福感的研究。我们首先看一下关于主观幸福感的背景实证（我们将交替使用主观幸福感、幸福感和对生活满意这三个术语）。

11.2　主观幸福感的研究背景

盖洛普（Gallup）公司在 1994 年至 2005 年对中国人民进行了调查。从这些调查中 Kahneman 和 Krueger (2006)绘制了一个曲线图：在那期间，被调查者对生活稍微满意或非常满意的百分比均下降了 15%，被调查者对生活稍微不满或十分不满的比率均上升。然而，在那期间人均家庭实际收入在农村每年平均增长 3.7%，在城市平均增长 5.4%。Easterlin 和 Sawangfa（2010）从三个数据来源对报告中的中国的生活满意度或幸福感趋势提供了证据：这三个数据来源分别是盖洛普（Gallup）调查、亚洲晴雨表调查和世界价值观调查。结果显示在表 11.1 中。在每一个调查案例中，平均生活满意度都下降了：从 1997 年的 2.82 下降到 2004 年的 2.67；从 2003 年的 3.73 到 2007 年的 3.68；从 1995 年的 6.83 到 2007 年的 6.76（每个调查使用不同的单位）。世界价值观调查中的幸福值也从 1995 年的 3.05 下降到 2007 年的 2.94。遗憾的是，这些时间序列数据集不够充分，我们不能够对其发展趋势的原因进行直接分析。

因此，对提出的问题不能置若罔闻，值得我们进一步探究。如此的话，需要回顾一下针对"伊斯特林悖论"（Easterlin paradox）所提出的原因（Easterlin 1974，1995）。Easterlin 在其早期及随后的论文中给出的解释是主观幸福感与收入呈正比，与期望呈反比，期望随收入增加而提高，抵消了收入增长带来的正面作用。此外，期望之所以往往随绝对收入的增加而提高是由于期望受到相对收入的影响。

表 11.1   中国一段时间的平均生活满意度或幸福度

	1995 年左右	2000 年左右	2005 年左右
生活满意度			
盖洛普调查（1～4 等级）	2.82	2.78	2.67
年份：	1997	1999	2004
亚洲晴雨表调查（1～5 等级）		3.73	3.68
年份：		2003	2006
世界价值观调查（1～10 等级）	6.83	6.53	6.76
年份：	1995	2001	2007
幸福值			
世界价值观调查（1～5 等级）	3.05	2.87	2.94
年份：	1995	2001	2007

注释：不包含早期的世界价值观调查，是因为调查对象仅限于城市居民。1995 年的世界价值观调查涵盖了中国 2/3 的人口，2001 年和 2007 年的调查旨在更具国家代表性。1994 年的盖洛普（Gallup）调查被排除出去是因为问卷中有五个等级而不是四个等级。

数据来源：Easterlin 和 Sawangfa(2010)；《世界价值观调查》，中国数据。

　　不管是在富有的国家还是在贫穷的国家，在其他条件相同的情况下，几乎所有的人如果被问及，他们都会说他们想要更多的收入；如果提供给他们更多的收入，他们表现出对它的偏爱。任何解释不得不涉及这个明显的事实。Easterlin 的解释给我们提供了一个答案：人们想要更多的收入是因为他们想要提高他们的相对收入，或者他们意识到他们参照群体的收入将要增长，又或者他们没有意识到在收入增长的同时他们的期望也在提高。因此，人们在"享乐跑步机"上奔跑。

　　伊斯特林悖论（Easterlin paradox）不重要吗？我们至少能从三个方面来论述这个问题。最基本的批评在于幸福值是无意义的。由于从样本调查中能成功地预计幸福函数，这一点不难驳倒。个人的幸福值是因变量，各种个人的、家庭的及社区特征是解释变量。很多函数的系数显著，带有可预见性，以及在不同国家及情境下有着很强的规律性。

　　第二个批评是说对幸福感的主观报告不具有可比性。如果研究目标是要比较两个人，那么这一批评是很重要的，但是在大量的样本中，比较男人与女人或是年轻人与老年人，这个问题存在的可能性就大大降低了。未观察到的异质性变量仍然存在，但它们并不能保证能完全解读可疑系数。

第三个批评在于人们随时间重新定义他们的幸福值。比如，如果人们将其通常体验到的效用作为其期望，那么他们这种体验效用的提高并不能使他们感到比以前更幸福，尽管他们体验到的效用确实比以前要高。于是，人们跑在"期望跑步机"上而不是"享乐跑步机"上。对这一论述的考察需要分别评估"体验效用"（"有效效应"或感觉）和主观幸福感（生活满意度）。Kahneman 和 Krueger（2006）提供实证表明对有效效应的测算及对生活满意度的测算都要做出相同的调整，因此反驳了这一批评。效用独立于期望，也就是说，一个人体验的效用与他对幸福的主观判断相分离。这一点在任何情况下都没有达成共识。

与这些观点相反，有大量文献（主要针对发达国家）提供实证说明幸福感易受到相对收入的影响（比如，Frank 1997; Clark 和 Oswald 1998; Frey 和 Stutzer 2002; Luttmer 2004; Di Tella 和 MacCulloch 2006; Graham 和 Felton 2006; Clark 等 2008）。一般认为，参照群体的收入对幸福感的影响是消极的，但有两个研究认为它的影响是积极的（Senik 2004; Kingdon 和 Knight 2007）。也有实证研究表明期望对主观幸福感是很重要的（Stutzer 2004; Di Tella 等 2007）。在伊斯特林（Easterlin）对自己悖论的解释框架内，这些研究为探究经济增长对幸福感的影响提供解释说明。

11.3 调查、数据和方法

本章的数据主要来自中国居民收入项目 2002 年的全国家庭调查。这是第三个中国居民收入项目使用横截面分析的全国家庭调查，包含了大量的社会经济信息。这和先前的两个调查（1988 年和 1995 年进行的）都是由相同的研究团队以基本的假设为前提而设计的，但只有 2002 年的调查包含对主观幸福感问题的研究。

对城市家庭和农村迁往城市的农民工家庭组成的子样本的调查问卷中，只有两个关于主观幸福感的问题。但是，对农村家庭的调查问卷中，有针对主观幸福感问题专门设计的模块。分析是基于局部而不是面板数据。这篇论文开启了对所提问题的分析研究，但也仅仅是启发性的开始。

三个子样本都涉及的主观幸福感问题可被理解为"现在你有多么幸福？"调查者被要求在以下五个选项之中选择一个：非常幸福，幸福，一般，不幸福，非常不幸福。在很多分析中，这构成了因变量。这个分析可被看作用有序概率测算的序级测量，或用普通最小二乘法估测（OLS）的基数测量。按照 Ferrer-i-Carbonell 和 Frijters（2004）的方法论研究，这两种测量方法产生的结果没有本质的不同，因为基数测量的结果更容易解读，所以我们对其进行报告。一家之主或在场的家庭主要成员被要求回答问题，确认被调查者的身份。

　　幸福函数中的解释变量是一组个人的、家庭的和社区社会经济特征。我们用基础变量、传统经济变量、比较变量、不安全变量和态度变量来区分它们。我们保留了四篇论文中的详述，但是为了简化，只在表中报告在文本中讨论到的变量。

　　幸福函数中的变量相互关联，但未必是假设的因果关系。它们或许反映出未观察到的变量对自变量和因变量的影响，或反映出逆因果关系。在一些情况下，对于为什么自变量与幸福感之间有因果影响，但却没有建立因果关系，我们认为或许是因为变量与主要的观点并不密切相关，或许是因为没有可靠的测量方法。如果对数据的诠释对我们的研究很重要，比如，对收入的研究，那么我们就需要通过测量试着去除自变量中的内在变化的影响。由于在横截面分析中很难找到有说服力的测量方法，我们在每个表中列出相关的统计检验方法，讨论注释中的测量方法在理论和情境中的可信度。

11.4　农村幸福感

　　我们借助于分析农村幸福感的决定因素的论文(Knight 等 2009)，首先研究农村幸福感。尽管农村居民收入相对较低，在经济改革中处于落后地位，但是农村地区并没有滋长对生活的不满情绪。样本中至少62%的家庭反映他们幸福或很幸福，只有9%的家庭反映不幸福或非常不幸福。如果对幸福感赋值：非常幸福4分，幸福3分，一般2分，不幸福1分以及非常不幸福是0分的话，那么农村幸福感的平均分值为2.67。然而，幸福值总是变化的，这种变化可以用调查中的变量很好地得以解释。

　　表11.2报告了农村家庭的幸福函数。第1列和第2列分别显示了基础的和完全的 OLS 函数，第3列和第4列显示了基础的和完全的工具变量函数(IV)，IV 函数测算收入水平的自然对数。很多相关系数显著，有可预测性，

显示了世界上很多对幸福感研究共同的规则。比如，年龄与幸福感之间是一个"U"形关系，女性、已婚、身体健康这些变量都能提高幸福感。传统的经济变量按照基础经济理论影响幸福感，但收入对数和净财富(积极影响)和工作时间（消极影响）的影响很弱。我们预测未观察到的特征，比如快乐性情，能提高收入和幸福感，所以在 OLS 函数中产生向上偏误。向下偏误暗示或许对收入的高期待提高了工资但降低了幸福感，或许由于计算误差导致的衰减偏误。即使那样，收入翻倍也仅仅将幸福值提高了 0.4 个点（第 3 列）。

尽管收入对于居民的幸福感并不重要，但 64%的家庭将他们不幸福的原因归于缺少收入。对于这种不同的结果，一种可能的解释是幸福感不仅与收入成正比，而且与期望成反比，后者受参照群体的收入控制。参照群体有可能由信息集及社会交流所决定。大多数农村居民将他们的参照群体限制在本村内: 68%的家庭与他们的邻居或同村人做比较。

被调查者对他们家庭在他们村收入分配中的位置的主观判断极易影响其幸福感（因为每个村子只有十户家庭作为样本，所以不可能说实际的位置）。我们区分了五个档次：主观判断他们的家庭收入远远高于村子平均收入，高于村子平均收入，与之等同，低于村子平均收入，远远低于平均收入，其中在虚拟变量分析中，舍去中间档次。相关系数是很大的：最高的收入类型系数比最低的大 1.05（第 2 列）。这似乎与社会学家比如 Runciman（1966）提出的相对剥夺的概念相关。于是，如果村子收入与家庭收入同时增长或下降的话，家庭收入的增长或下降的影响往往就被抵消了。期望似乎适应于生活社区的收入，所以产生"享乐跑步机"效应。

相反，县级的收入差距（按样本家庭的人均收入的基尼系数测量）能提高幸福感。Hirschman（1973）的"隧道效应"——类似于堵塞在隧道中的两排车——或许能提供给我们这样的解释：至少刚开始，一排车的移动会使人预测另一排车也将移动。于是，县级的收入差距或许是一种"示范效应"，预测未来的发展进步。

参照时间与参照收入一样也是相关的。被调查者认为他们现在的生活水平比 5 年前高的要比那些认为现在的生活水平不如以前的家庭感到更幸福。通过同静态的期望相比，其他条件相同的情况下，那些预测未来 5 年收入能够增长的被调查者现在有较高的幸福值；然而，那些预测未来 5 年收入下降的被调查者有较低的幸福值。这与认为现在的效用取决于现在的消费而不是

表 11.2 在中国农村幸福感的决定因素：OLS（普通最小二乘法）和 IV（工具变量）测算

	平均或比例	(1) OLS	(2) OLS	(3) IV	(4) IV
基础变量					
年龄	45.41	-0.011771**	-0.016635**	-0.021543**	-0.026927***
年龄的平方	2174.09	0.000179***	0.000231***	0.000233**	0.000311***
男性	0.74	-0.066897***	-0.053657**	0.002762	-0.090826
已婚	0.95	0.133205**	0.114782		
离异	0.00	-0.397782**	-0.709748***		
鳏居	0.02	-0.244595***	-0.17365		
身体健康	0.74	0.411764***	0.289433***	0.393000***	0.304549***
传统的经济变量					
人均家庭收入对数	7.68	0.160237***	0.070470***	0.968701***	0.507371
净财富（1000元）	37.68	0.001785***	0.000507*	-0.003990**	-0.001893
工作时间（100小时每年）	17.09	-0.003352***	-0.001504	-0.008953***	-0.003703
比较变量					
家庭收入远高于村庄平均水平	0.02		0.216251***		0.172576*
家庭收入高于村庄平均水平	0.19		0.110135***		0.103991**
家庭收入低于村庄平均水平	0.20		-0.270085***		-0.192513***
家庭收入远低于村庄平均水平	0.03		-0.843016***		-0.727418***
现在的生活比5年前好	0.61		0.181139**		0.163433***
现在的生活水平不如5年前好	0.05		-0.181702**		-0.182926***
预测未来5年收入有大增长	0.10		0.189245***		0.138659**
预测未来5年里收入有小增长	0.68		0.088255***		0.059321
预测未来5年里收入下降	0.04		-0.087432		-0.071144
县级人均收入的基尼系数	0.28		0.725110***		0.772551**

续表

	平均或比例	(1) OLS	(2) OLS	(3) IV	(4) IV
态度变量					
家族内和谐程度	2.82		0.037985**		0.037119
村庄的和谐程度	2.83		0.073600***		0.064207**
金钱的重要性	2.33		-0.032230**		-0.029007
家庭的重要性	3.90		0.046659		0.074325*
朋友的重要性	3.35		0.049534***		0.014856
不变的		0.786090***	0.879206***	-4.514834**	-1.818563
可决系数（R^2）		0.215	0.340	-0.141	0.227
样本数量		8872	7000	5198	4228
对第一阶段函数					
的排外限制的重要性					
父亲受教育的年数				*	
配偶受教育的年数				***	**
对排除的工具的 F 检验（p 值）				0.0000	0.0054
以确认认对所有工具的过分认同的					
Anderson-Rubin-wald,F 测试（p 值）		0.0004	0.3834	0.9788	0.9696
Sargan 检验/汉森 测试（p 值）					

注释：因变量：幸福值做如下基于基数数值的定性分析：非常幸福是 4；一般是 2；不幸福是 1；非常不幸福是 0。用基数数值定性分析（强度越大，值越大）自变量是：家族内和谐程度，村庄的和谐程度、金钱的重要性、家庭的重要性、朋友的重要性。宗教的重要性。在虚拟变量分析中含去的变量：女性；单身；现在的生活水平同 5 年前一样。***、**、*分别指示在 1%、5%和 10%时的受教育的显著水平。使用 Baum 等人（2003）Stata 的 ivreg 2、ado 程序，形成工具变量的回归结果。与婚姻状况有关的变量从工具变量中含去，因为配偶的受教育年数。（2）和（4）模型集中在村庄等级来研究稳定标准误差。净财富被定义为家庭金融资产、生产资产、耐用消费品及极少的债务。这个报告并没有讨论这两个表包含的所有的解释变量。

数据来源：Knight 等（2009）：表 6 和表 11。

预测的未来的消费的标准的假设不一致；这表明人们将他们未来的状态内化为他们现在的幸福。这样的话，就与一些心理研究的发现相一致（比如，Rabin 1998）。研究发现人们的期望往往基于他们现在的收入，相较于他们对未来期望的预测他们能更好地预测他们未来的收入。

我们区分了两种被调查者：一种是他们的比较者在村内，另一种是他们的比较者在村外。参照群体在村内的比较，相对收入不那么重要，对于那些参照群体在村外的被调查者来说，显示将来收入对现在幸福感影响的系数都较低（Knight 等人 2009：表9）。这表明有着更广阔视野的村民，如果他们的比较者有较高的收入，那么他们相对于现在收入的期望，会被提高。

我们在幸福函数中引入了一系列的态度变量，试图探究一些或许隐藏的影响因素。这些显著的系数表明其他条件相同的情况下，那些更多地从人际关系、较少地从物质和服务方面对生活感到满意的农村家庭更幸福，虽然逆因果关系也是可能的。

11.5 城市幸福感

我们用另一篇论文来讨论城市的幸福感（Knight 和 Gunatilaka 2010b）。表11.3 显示了城市居民家庭的幸福函数。同样有四列：基本的和完全的 OLS 以及 IV 方程。完全的 IV 方程式只包含有工作的的被调查者（全部的64%），原因在于这样我们能够包含一系列体现城市生活无保障的变量。

对于一些标准变量，我们得到了传统的结果。城市居民的收入对数的系数，与相对应的农村居民的系数相比，大约是其两倍（第 1 列和第 2 列）：从城市生活提高了收入的期望和需要来看，好像城市居民更加崇尚物质。当收入变量被测量，它的系数失去意义——测量或许没有必要。

我们假设认为城市居民也有相对剥夺感。我们发现两个证据暗示相对收入对居民的幸福感是很重要的。第一，每个城市的家庭按人均收入划分为四个等级。如果将最高等级的收入作为参照类型，那么其他等级上的系数就会呈现越来越大的负值，这种影响在数据上及实质上都是很重要的。由于城市人均平均收入这个变量并不仅仅反映家庭收入的变化，在城市间的变化非常大。第二，一省居民的城市人均平均收入对数的系数呈现负值（但仅仅在 OLS 方程式中显著）。不像农村，在城市研究中，周边繁荣对期望的影响可能会引

表 11.3　城市地区幸福的决定因素：OLS（普通最小二乘法）和 IV（工具变量）估算

	平均或比例	(1) OLS	(2) OLS	(3) IV	(4) IV
基础变量					
年龄	46.66	-0.047289***	-0.018598	-0.045127***	-0.016762
年龄的平方	2304.15	0.000505***	0.000233	0.000491***	0.000297**
男性	0.45	-0.078728***	-0.075042**	-0.090342*	-0.136904***
已婚	0.94	0.192927**	0.063989	0.173121	-0.015554
离异	0.02	-0.212924*	-0.390620*	-0.236712*	-0.459314***
丧居	0.03	-0.019126	-0.251903*	-0.046513	-0.430463***
身体健康	0.60	0.272303***	0.162378***	0.273752***	0.167731***
传统的经济变量					
人均家庭收入对数	8.83	0.322386***	0.180122***	0.250968	-0.430686
净财富（1000 元）	45.99	0.000209**	0.000189	0.000309	0.000609***
工作时间（100 小时每年）	15.29	-0.001066	-0.001214	-0.0111	-0.004428
比较变量					
中国收入分配的公平程度	0.77		0.073321**		0.063782**
城市收入分配的公平程度	0.82		0.100717***		0.117929***
城市第二等级生活水平	0.32		-0.235025***		-0.261292***
城市第三等级生活水平	0.56		-0.439412***		-0.610865***
城市最低等级生活水平	0.11		-0.925256***		-1.311817***
预测未来 5 年收入有大增长	0.02		0.280757***		0.289570***
预测未来 5 年收入有小增长	0.46		0.102234**		0.115980***
预测未来 5 年收入减少	0.19		-0.238048***		-0.214846***
省级城市人均收入	8.94		-0.166284**		0.348818

续表

不安全变量	平均或比例	(1) OLS	(2) OLS	(3) IV	(4) IV
失业	0.05	-0.291062***			-0.320859***
腐败是最严重的社会问题	0.21		-0.095000***		-0.105792***
失业或下岗是最严重的社会问题	0.32		-0.08876*		-0.157433***
社会两极分化是最严重的社会问题	0.06		-0.193750**		-0.186774***
道德缺失是最严重的社会问题	0.01		-0.384379		-0.321259***
企业盈利	0.09		0.029279		0.094054***
企业亏损	0.08		-0.080067*		-0.166492***
2002 年一段时间的解雇率	0.37		-0.134122**		-0.235986***
不变的		0.372521*	2.990434***	0.906496	3.554063***
R^2		0.117	0.242	0.115	0.138
样本数量		6495	4152	6495	4151
第一阶段方程式工具变量的重要性					
劳动力参与率				*	
父母共产党员身份				***	
父亲受教育时间				***	
母亲受教育时间				***	
对排除的工具的 F 检验（p 值）				0.0000	0.0000
对所有工具的过分认同的 Sargan 检验（p 值）				0.1274	0.6905
内生回归在主方程式中的联合重要性的 Anderson-Rubin 测验，F 测试（p 值）				0.2172	0.2269

注释：因变量：幸福值做如下基于基数值的定性分析：非常幸福是 4；幸福是 3；一般是 2；不幸福是 1；非常不幸福是 0。模型（2）和（4）仅限于有工作的被调查者。在虚拟变量分析中含去掉的变量：女性；单身；没有参与就业的劳动力；不健康；处于城市最高等级的生活水平；未来 5 年收入没有变化；环境恶化是最严重的社会问题；边际利润。2002 年的就业率。用基数值定性分析（强度越大，值感越大，中国收入分配的公平程度。城市收入分配的公平程度。（2）和（4）模型集中在省级来研究稳定标准误差。使用 ivreg 2. ado 程序，形成工具变量的回归结果。（2）和（4）这个报告并没有讨论这两个论点所有包含的所有解释变量。使用 Baum 等人（2003）Stata 的 ivreg 2. ado 程序，形成工具变量的回归结果。

数据来源：Knight 和 Gunatilaka（2010b）：表 7 和 A7。

起相对剥夺感。

在其他条件相同的情况下，那些认为国家及城市的收入分配公平的被调查者较幸福，尽管不清楚这种因果关系是如何发生的。对于农村居民，预测的未来收入对他们现在的幸福感很重要，可能是因为他们将未来的状态内化为现在的幸福，但他们也认为未来他们的期望将会与现在的期望一样。

在调查的前几年，国有企业有很高的裁员率，被裁掉的工人很难找到新工作。社会保障体系正处于由基于员工向基于保险的过渡阶段，也不可能依赖失业救济金，所以很多失业工人几乎没有收入。我们预测城市生活的这些新的不确定因素会降低幸福感。因此，我们探究这些不安全变量对城市居民幸福感的影响。

现在失业的经历以及过去被解雇的经历都有显著的负值系数，表示工人的工作单位现在处于亏损状态的虚拟变量也是如此:这就增加了被雇用者被裁掉的可能性。Emil Durkheim（1987）提出的社会反常状态也许与之相关。他们将其定义为反常，社会规则不起作用，人们不知道期待什么。经济的显著增长，市场的快速形成，制度支持的取消，以及意识形态的消亡或许造成了社会的反常状态。这项调查并没有包含很好的态度问题来确认反常状态。然而，被调查者被问到他们认为什么是最严重的社会问题。三个建议性的指向为腐败、社会两极分化及社会道德沦陷，在幸福函数中，它们的系数都呈现负值。

11.6 城乡比较

我们对中国城乡做一下比较（Knight 和 Gunatilaka 2010b）。我们在第10章谈到中国有着显著的城乡差别。在经济改革期间，城乡人均家庭收入的比率已经超过了 2.0:1，尽管经济改革和市场化在一定程度上整合了城乡部门，但实际上最近几年城乡人均家庭收入的比率仍上升了。2002 年的调查得到的比率为 3.1:1。因此我们预测在主观幸福感上相应地也存在着巨大差距。但是这项研究也显示当把幸福感转化为基数值时，城市的数值并不比农村的高。实际上，报告的城市平均幸福值（2.5）比农村的（2.7）要低。如何解释这个结果呢？

我们首先使用在两个子样本中相同的方程式中的那些变量对这些幸福

感的平均差别进行标准的"奥克萨卡分解"（Oaxaca decomposition）计算。当然收入方面的差别仅仅增加了我们的困惑。提高农村居民幸福感的是他们的高级的幸福感形成函数。遗憾的是，很多工作集中在研究截距时期的不同，至今还没有对其做出解释。有必要从城乡各自不同的函数方面做出解释。

在一些社会中，由于文化因素的影响，可能不愿表达自己幸福或不幸福，所以不同文化群体间的比较最终可能会误导研究。于是，城市居民比农村居民更愿意表达自己不幸福或许能解释我们的结果。我们不能否定这个假设，但有一个实证反对它。正如我们看到的，居住在城市的农村农民工家庭报告说他们不如城市家庭幸福。现在不愿承认自己不幸福的文化倾向在农民工家庭（农村社会的一部分）中并不明显。

基于表 11.2 和 11.3，我们更倾向于以下解释。一方面，虽然在中国社会农村居民相对贫穷，社会经济地位低，但在农村地区并没有滋长对生活的不满情绪。基本的原因是他们信息有限，参照群体局限在村内，他们预测未来收入会增长，他们更重视人际关系及社区关系。另一方面，尽管城市居民收入相对较高，预测未来收入会更高，他们相对较低的幸福感与近几年兴起的城市社会的本质相关。受参照群体影响的相对收入的高期望，似乎引起相对剥夺感的出现，导致城市居民不幸福。此外，与裁员、失业及其他社会弊病相联系的越来越大的保障缺失也使城市居民感到不幸福。

11.7　农民工幸福感

近几年中国农村向城市的迁移显著增加：2002 年迁移人口超过了 1.3 亿。很多农民工在城市短暂停留，但定居也日渐被允许。城市比农村收入高似乎是吸引人们迁移的强大动力。2002 年的中国居民收入项目调查有个独特的特征——有具有全国代表性的农民工子样本，也就是居住在城市地区的拥有农村户口的家庭。Knight 和 Gunatilaka（2010b）分析了他们的主观幸福感。很好地在城市定居下来的农民工的平均幸福值比农村居民要低。这好像与基于效用最大化的农村——城市迁移的经济理论不一致。我们主要看三种可能的解释：从这些农民工所经历的城市生活的艰辛方面，从自我选择方面，从改进的期望方面。

我们继续用 OLS（第 1、2 列）和 IV（第 3、4 列）来估算农民工的幸福

函数。对于一些基础变量，我们仍旧发现通常的结果。人均收入对数的系数
呈现显著的正值，这个值表明收入翻倍也只将幸福值提高了 0.13 个点（第 2
列）。虽然系数提高了，但收入水平不重要的推断并没有通过测算收入变量而
改变。[4] 系数往往随着居住时间的增长而上升，这表明或许有个自我选择的
过程，或许随着农民工越来越扎根城市，他们变得更加崇尚物质。虽然现在
的收入对幸福感来说不重要，但未来 5 年的收入预测强烈地影响现在的幸福
值。再次，这表明预测的未来的幸福感融入现在的幸福感，但也反映出在收
入变化的情况下，人们不擅长预测他们的期望如何变化，以及他们继续用现
在的期望来判断未来的幸福感。另一种解读是按照消费的"永久收入"理论，
预测的未来收入决定现在的消费，如果在幸福函数中用现在的消费代替现在
的收入，那么这个关系将不复存在了。然而，这种代替并没有明显地影响预
测收入的系数（Knight 和 Gunatilaka 2010a: 117）；此外，在其他两个子样本
中也发现相似的结果。

那些说自己不幸福或很不幸福的农民工，当被问及不幸福的原因时，超
过三分之二的农民工说他们的收入太低了。在目的地省份城市居民的人均收
入系数呈现很显著的负值，这证实了对相对剥夺感的主观判断的重要性。这
种影响对已经在城市待了中等长度时间（7.5 年）的农民工更大。（Knight 和
Gunatilaka 2010a: 表 2）这些农民工往往与那些刚迁来的农民工比较，越安
定，越会这样做。

但那些居住在城市里的农村户口居民很难享有与城市户口居民同样的
权利和待遇（Knight 和 Song 1999，2005）。当幸福函数包含这些弱势群体的
各种代表时，工作不满，感觉到对农民工的歧视，对工作无保障的测算，这
些变量的系数都呈现显著的负值。令人不满的居住条件，工作得不愉快及缺
乏安全保障都消减农民工的幸福感。

我们用幸福函数，其中包含农民工子样本和农村子样本中相同的决定因
素，来做一项分解分析，这样来探究农民工平均不如农民幸福的原因（见表
11.5）。目标是解释平均幸福值上农民工的差额 0.31，区分解释变量和它们的
系数的不同的平均值对这个差额的影响。特征的影响实际上是增加了平均幸
福值的不同:尤其是农民工有更高的平均收入。于是发现原因在于农村人们更
高级的幸福函数。这里对未来收入的预测是至关重要的。把静态收入作为参
照类型，农民工的系数都较低，这表明相对于他们现在的收入，农民工有着

表 11.4　农民工幸福感的决定因素：OLS（普通最小二乘法）和 IV（工具变量）估算

	平均或比例	(1) OLS	(2) OLS	(3) IV	(4) IV
基础变量					
男性	0.61	-0.268374**	-0.198893*	0.897308	0.871168
已婚	0.90	-0.05981	0.046933	1.270881	1.164349
男性已婚	0.55	0.34928***	0.243219**	-0.696701	-0.690339
身体健康	0.90	0.123086**	0.129427	0.076211	0.098606
在城市居住时间（年）	7.51	0.013580*	0.008731	0.019486*	0.016416
在城市居住时间的平方	84.38	-0.000547*	-0.000391	-0.000848**	-0.000768*
传统的经济变量					
人均家庭收入对数	8.55	0.208102***	0.186286***	0.634208***	0.635487***
净金融资产（1000元）	16.51	-0.000247	0.000349	-0.001622*	-0.001719*
工作时间（100小时每年）	31.94	0.000093	0.000581	0.001842	0.003424*
比较变量					
预测未来5年收入有大增长	0.07	0.298398***	0.245207**	0.272629**	0.212345*
预测未来5年收入有小增长	0.55	0.026176	0.005977	0.031948	0.013430
预测未来5年收入减少	0.10	-0.403299***	-0.383004***	-0.341623***	-0.324785***
现在居住城市的城市收入的人均平均记录	8.97	-0.120432	-0.134564	-0.326767**	-0.325644**
城市生活艰辛变量					
与家庭成员生活在一起	0.88	0.134726	0.147542*		
城市里亲戚和朋友的数量	7.19	0.003869*	0.002658	0.001810	0.001581
孩子仍在农村	0.32	-0.124977**	-0.127723**		
无供暖	0.65	-0.149865**	-0.138521**	-0.210346***	-0.213707***
对工作满意	1.98	0.073527*	0.066589**	-0.182631***	-0.196890***

续表

	平均或比例	(1) OLS	(2) OLS	(3) IV	(4) IV
歧视指数	5.35		-0.032196***		-0.029696***
两周内能另找到工作	0.11		-0.099676		-0.181578***
一个月内能另找到工作	0.23		-0.121339**		-0.221834***
两个月内能另找到工作	0.10		-0.147820*		-0.170080*
六个月内能另找到工作	0.13		-0.191704**		-0.200813**
超过六个月才能另找到工作	0.17		-0.214012***		-0.208395***
不变的		1.024808	1.536916	-1.349415	-0.720115
R^2		0.100	0.129	0.046	0.070
样本数量		1850	1715	1115	1100
第一阶段方程式工具变量的重要性					
母亲受教育时间				**	**
配偶受教育时间				***	***
迁移前每月的工资				***	***
对排除的工具的 F 检验（p 值）				0.0000	0.0000
对所有工具的过分认同的 Sargan 检验（p 值）				0.5207	0.6300
内生回归在主方程式中的联合重要性的 Anderson-Rubin 测试，F 测试（p 值）				0.0130	0.0283

注释：因变量：幸福值做如下基于基数值的定性分析：非常幸福是 4；幸福是 3；一般是 2；不幸福是 1；非常不幸福是 0。歧视指数做如下基于基数值的定性分析：非常不幸福是 0；非常不幸福是 1；一般是 2；幸福是 3；一般是 4；幸福是 5。模型（1）和（2）用于所有的样本。模型（3）和（4）只用于有工作的被调查者的子样本。模型（1）和（3）用于收入没有变化，模型（2）和（4）形成工具变量的回归结果。在虚拟变量分析中含去掉的变量：单身女性；不健康；未来 5 年收入没有变化。使用 Baum 等人（2003）Stata 的 ivreg2. ado 程序，模型集中在城市等级水平。对稳定的研究等级标准误差。*，**，*** 分别指示在 1%，5% 和 10% 时的显著水平。

数据来源：Knight 和 Gumatilaka（2010a）：表 2 和表 3。

更高的收入期望。这可以帮助我们预测收入期望是否依据相关的比较群体的收入。农村被调查者是农村社会的代表,所以他们的平均收入与他们可能的比较群体的收入接近。但农民工子样本并不是城市社会的代表:农民工往往处于城市收入分配较低的层面。如果将农民工与城市居民及其他农民工做比较,他们的收入期望相对于他们现在的收入会很高。

表 11.5 对农民工与农村居民在平均幸福值上的不同进行分解分析:
造成这种不同的百分比占有量

	使用农村幸福函数		使用农民工的幸福函数	
	由于特征	由于系数	由于特征	由于系数
人均收入的对数	−55.51	1.13	−55.39	1.01
健康	−26.39	114.99	−5.81	94.41
收入期望	14.71	32.98	11.34	36.36
年龄	13.97	−138.82	6.69	−131.54
教育	−2.55	22.61	−0.13	20.18
男性	−4.70	−23.87	0.74	−29.30
婚姻状态	2.49	−1.82	0.89	−0.22
种族	1.10	2.12	0.13	3.10
共产党员身份	5.01	1.38	0.40	5.99
失业	0.09	0.02	0.10	0.02
工作时间	16.65	−23.94	5.53	−12.81
净金融资产	−13.43	21.28	0.29	7.56
一致时期	0.00	140.48	0.00	140.48
总计(百分比)	−48.56	148.56	−35.23	135.23
总计(分值)	−0.1485	0.4544	−0.1078	0.4137

注释: 农村居民的平均幸福值为 2.6764,农民工的平均幸福值为 2.3703,差额为 0.3061。分解分析为其提供解释。特征及系数的百分比占有量一共达到 100%。综合变量在年龄上有年龄和年龄的平方变量,婚姻状态有已婚、单身、离异、寡居变量,收入期望有大增长、小增长和下降变量。

数据来源: Knight 和 Gunatilaka(2010a):表 5。

为分解城市居民与农民工在平均幸福值上的不同,又进行了一项等同的研究(见表 11.6)。农民工在幸福值上的差额为 0.11。在此,系数的不同并不能对其做出解释。平均特征上的两个不同点可解释所有的不同:城市居民较高的平均收入及在城市收入分配中处于优势地位。在城市收入分配中所处的位置对幸福有着强烈的影响,这对两个样本来说都是如此。相较于城市居民,农民工处于城市家庭最低生活水平的比率较高。如果相关的比较群体的收入影响期望的话，那么农民工在城市收入分配中所处的劣势就能解释为何相对于他们现在的收入，他们有着较高的期望。

在未观察到的特征基础上，或许有个选择。比如，这些没有从迁移中获得幸福的农民工也许他们就是不幸福的。我们的测验使用剩余幸福值代表内在的性情，将这个变量引入概率方程式，来预测农民工会报告说城市生活与农村生活相比会带来更多的幸福。这个系数呈现显著的正值，数值大，表明迁移后农民工获得这些未观察到的特征。但这种解释缺少实证支持（Knight和 Gunatilaka 2010a：121～122）。

表 11.6　对农民工与城市居民在平均幸福值上的不同进行分解分析：造成这种不同的百分比占有量

	使用农村幸福函数		使用农民工的幸福函数	
	由于特征	由于系数	由于特征	由于系数
人均收入对数	43.20	457.57	28.15	472.62
收入期望	−47.03	66.43	−39.92	59.32
城市第二等级生活水平	−16.81	9.40	−33.68	26.28
城市第三等级生活水平	−8.19	74.32	−11.71	77.84
城市最低等级生活水平	194.35	−26.79	175.93	−8.37
年龄	1.52	−562.72	32.85	−594.05
男性	11.53	−62.39	−4.08	−46.78
教育	−8.65	8.22	−11.54	11.11
婚姻状态	0.18	2.63	−1.96	4.77
种族	−2.12	3.19	−0.34	1.40
共产党员身份	15.69	1.00	7.63	9.06
失业	−6.68	−2.01	−0.68	−8.01
健康	−54.21	78.08	−28.01	51.89
工作时间	−1.08	22.20	10.50	10.62
净金融资产	1.69	3.85	−2.46	8.01
一致时期	0.00	−96.38	0.00	−96.38
总计（百分比）	123.41	−23.41	120.67	−20.67
总计（分值）	0.1372	−0.0260	0.1342	−0.0230

注释：城市居民的平均幸福值为 2.4845，农民工的平均幸福值为 2.3703，差额为 0.1143。分解分析为其提供解释。特征及系数的百分比占有量一共达到 100%。综合变量在年龄上有年龄和年龄的平方变量，婚姻状态有已婚、单身、离异、寡居变量，收入期望有大增长、小增长和下降变量。

数据来源：Knight 和 Gunatilaka（2010a）：表 4。

11.8 期望收入和幸福感

这章的论证主要集中在人们与收入相关的期望，然而证据只是间接的。我们应当理想地测量人们的期望，至少是收入期望。Knight 和 Gunatilaka（2009）分析的农村数据集中有"期望收入"的代表。

被调查者被问及"维持家庭一年的生活至少需要多少钱？"可以将其作为期望收入的代表问题。我们的策略是首先分析其决定因素，然后将收入期望作为另外的论证包括在幸福函数中，这个幸福函数在前面已经为农村样本估算过。

表 11.7 报告了所需收入的决定因素，家庭收入对数作为因变量。第一列显示的是 OLS 测算，第 2 列是 IV 测算，两者都测量了家庭收入对数。在所需收入的人口统计和生理方面的决定因素中，我们可以看到身体健康（降低所需收入），对村子诊所的满意度（降低所需收入），家庭规模和组成很重要，以及被调查者的年龄、性别和婚姻状态也许也很重要。方程式包含很多可能会影响收入期望的变量。尤其是家庭收入对数的系数呈显著的正值。系数在 OLS 中是 0.19，在 IV 中是 0.57，也就是说，实际收入翻倍使感知的最少收入分别增加 19% 和 57%。[5] 受教育的时间系数也呈显著的正值：被调查者的受教育时间越长，所需的收入越高。将静态生活水平作为基础类型，那些现在生活水平不如 5 年前的被调查者有极高的收入期望。相反，金融资产变量也许有负影响，即更多的财富好像提供了生活保障而没有提高收入期望。那些选择村外的参照群体的被调查者以及家庭收入低于村子平均收入的被调查者都有较高的收入期望。

表 11.7 农村收入需求的决定因素：OLS（普通最小二乘法）和 IV（工具变量）估算

	平均或比率	OLS (1)	IV (2)
全部家庭收入对数	8.97	0.189531***	0.568303***
期望变量			
净金融财产（'000 元）	5.52	-0.001471	-0.005687***
现在的生活水平比 5 年前好	0.60	-0.002653	-0.024994
现在的生活水平比如 5 年前	0.05	0.200728***	0.209451***
教育（年）	7.14	0.025571***	0.023523***
村外主要的参照群体	0.11	0.100161**	0.085029*

续表

	平均或比率	OLS （1）	IV （2）
家庭收入低于村子平均收入	0.20	0.053649*	0.125806***
家庭收入远低于村子平均收入	0.03	0.188881**	0.365798***
条件变量			
年龄	45.26	0.023823***	0.009860
年龄的平方	2159.52	-0.000281***	-0.000121
男性	0.75	-0.052313**	-0.013750
已婚	0.95	0.176272**	0.183060*
离异	0.00	0.225053	0.257623
寡居	0.02	0.13155	0.068548
身体健康	0.74	-0.080823***	-0.085976***
对诊所的满意度	2.34	-0.049787***	-0.058235***
65 岁以上男性老年人	0.10	0.174814***	0.165848***
65 岁以上女性老年人	0.11	0.116292***	0.099134**
18-64 岁的成年男性	1.48	0.128360***	0.083446***
18～64 岁的成年女性	1.39	0.142299***	0.101945***
11～17 岁的青年男性	0.36	0.107355***	0.067175***
11～17 岁的青年女性	0.31	0.105044***	0.079474***
11 岁下的男孩	0.27	0.024714	0.005915
11 岁下的女孩	0.22	0.034355	0.022870
不变的		5.410067***	2.491840*
可决系数（R^2）		0.14	
样本数量		6231	5356
对第一阶段函数的排外 　限制的重要性			
父亲受教育的年数			*
生产资产			***
对排除的工具的 F 检验（p 值）			0.0000
对所有工具的过分认同的 Sargan 检验（p 值）			0.7236
内生回归在主方程式中 　的联合重要性的 Anderson-Rubin 测验，F 测试（p 值）			0.0296

注释：因变量：需要的最少收入的对数（平均 8.455，标准偏差 0.731）。用基数值定性分析（强度越大，值越大）的自变量是：对诊所的满意度。在虚拟变量分析中舍去的变量：女性；已婚；不健康；现在的生活水平和 5 年前一样；村内主要的参照群体；家庭收入同村子平均收入等同。***, **, *分别指示在 1%、5%和 10%时的显著水平。使用 Baum 等人（2003）Stata 的 ivreg 2. ado 程序，形成工具变量的回归结果。模型集中在村庄等级来研究稳定标准误差。

数据来源：Knight 和 Gunatilaka（2009）；表 3 和表 4。这个报告并没有讨论这两个表包含的所有的解释变量。

表 11.8 期望增强对农村幸福的决定影响：OLS（普通最小二乘法）和 IV（工具变量）

	平均或比例	(1) OLS	(2) OLS	(3) IV	(4) IV
人均家庭收入对数（1000 元）	7.58	0.234759***	0.153428***	1.104873	0.307646
期望变量					
需要的人均最少收入对数	7.07	-0.081381***	-0.063265***	-0.346743	-0.094068
同意金钱重要	2.35		-0.036981***		-0.051366***
家庭收入远高于村庄平均水平	0.02		0.259189***		0.194926***
家庭收入高于村庄平均水平	0.18		0.082069***		0.054872*
家庭收入低于村庄平均水平	0.20		-0.321823***		-0.292942***
家庭收入远低于村庄平均水平	0.03		-0.802952***		-0.737081***
现在的生活水平比 5 年前好	0.60		0.201302***		0.179919***
现在的生活水平不如 5 年前好	0.05		-0.089702**		-0.07863
基础变量					
年龄	45.26	-0.009889	-0.015145**	-0.022530*	-0.019203***
年龄的平方	2159.52	0.000170***	0.000232***	0.000263**	0.000274***
男性	0.75	-0.083351***	-0.082530***	-0.028222	-0.066467***
已婚	0.95	0.148818***	0.139821**	0.133112	
离异	0.00	-0.423336***	-0.477544***	-0.483547**	
寡居	0.02	-0.299207***	-0.220053***	-0.228856**	
工作时间（100 小时每年）	17.07	-0.003072***	-0.002391**	-0.007579	-0.002877**
净财富（1000 元）	5.52	0.001576***	0.001384	-0.01088	-0.000811
身体健康	0.74	0.423018***	0.344800***	0.378415*	0.344245***
不变的	0.701449***	1.467268***	-3.143911	0.689295	
可决系数（R^2）	0.231	0.308			
样本数量	6617	6538	3896	5620	5620
对第一阶段方程式人均家庭收入的					
自然对数的排外限制的重要性					
父亲受教育的年数				*	**
配偶受教育的年数					***
65 岁以上男性老年人					***

续表

平均或比例	(1) OLS	(2) OLS	(3) IV	(4) IV
65 岁以上女性老年人				***
18~64 岁的成年男性				***
18~64 岁的成年女性				***
11~17 岁的青年男性				***
11~17 岁的青年女性				***
11 岁下的男孩				***
11 岁下的女孩				***
对排除的工具的 F 检验（p 值）			0.0000	0.0000
对第一阶段方程式所需最少收入的				
自然对数的排外限制的重要性			ns	ns
父亲受教育的年数			***	***
配偶受教育的年数				
65 岁以上男性老年人				***
65 岁以上女性老年人				***
18~64 岁的成年男性				***
18~64 岁的成年女性				***
11~17 岁的青年男性				***
11~17 岁的青年女性				***
11 岁下的男孩				***
11 岁下的女孩				
对排除的工具的 F 检验（p 值）			0.0000	0.0000
对所有工具的过分认同的 Sargan 检验（p 值）			0.0009	0.2213
内生回归在主方程式中的联合重要性的 Anderson-Rubin 测验、F 测试（p 值）				0.0011

*注释：因变量：幸福值做为基于基数值的定性分析：非常幸福是 4；幸福是 3；一般是 2；不幸福是 1；非常不幸福是 0。幸福的平均值是 2.63，标准偏差是 0.88，变化系数是 0.33。用基数值定性分析（强度越大，值越大）的自变量是同意金钱很重要。在虚拟变量分析中含去的变量是：女性；已婚；不健康；现在的生活水平和 5 年前一样；村内主要的参照群体；家庭收入同村子平均收入等同。***，**，*分别指示在 1%、5%和 10%的显著水平。（3）IV 计算中不包含婚姻状态变量，因为配偶的教育时用作为辅助变量。使用 Baum 等人（2003）Stata 的 ivreg 2. ado 程序，形成工具变量的回归结果。*

数据来源：Knight 和 Gunatilaka（2009）：表 5 和表 6。这个报告并没有讨论这两个表包含的所有解释变量。

在第二阶段，我们在函数中增加了收入期望变量来测算幸福感，将其转化成基数值。表 11.8 显示了 OLS 和 IV 测算，在第 1 列和第 3 列中，人均收入需要对数作为唯一的期望变量，第 2 列和第 4 列分别包含了全部的期望变量。人均收入对数和人均收入需要对数都被测量。当其他可能代表期望的变量以及最少收入需要变量被引入时，这些变量通常有显著的系数。然而，我们主要关注期望收入。正如预测的一样，在 OLS 测算中，人均家庭收入对数的系数呈显著的正值，平均值大约为 0.20；在 IV 测算中，测算不太准确，其系数较高，但不呈显著的正值。在 OLS 测算中，所需最少收入对数系数呈显著的负值，平均为-0.07；在 IV 测算中，这个系数的负值更大，但不显著。[6]尽管通过了传统的数据检测，但不可能找到一系列测量方法能充分地区别这两个收入变量的影响。但是，这些结果提供了直接的（虽然只是暗示性的）证据表明在其他情况相同的情况下，较高的收入期望会降低幸福感。此外，正负系数的对比表明人们正跑在"享乐跑步机"的局部区域上。

11.9 结 论

我们现在考虑基于横截面分析研究的结果是否能够回答和解释这章提出的时间序列问题：在中国经济增长的过程中，人们的幸福感提高了吗？

第一，在三个数据集——农村、城市及农民工——现在的收入对幸福感有着积极显著的影响。然而，在这些子集中现在收入的系数实质上不是很大。很明显，对于个人的主观幸福感，有其他更重要的决定因素。第二，经济增长一般会提高收入，这就更加削弱了个人收入水平的影响。在参照群体的收入及自己的收入都增长的情况下，相对收入的减少降低个人的幸福感。随着经济增长，努力工作以免落后于别人是很重要的。

第三，人们期待越高的收入，他们的主观幸福感越低。第四，收入期望受到参照群体和参照时间的影响。对农村居民来说，参照群体一般是他们同村的人；对城市居民来说，参照群体是他们一个城市的人；对于农民工来说，参照群体是生活在城市的其他人、城市居民，以及拥有农村户口的其他人。并不是"任何人"的收入，而是"你认识的人的收入"能产生相对剥夺感，这些人就成了某人的参照群体。第五，中国全国的人均家庭收入的基尼系数由 1988 年的 0.39 上升到 2002 年的 0.47（Gunatilaka 等，2008：19）。日益加大的收入差距有可能降低幸福感，但是当地参照群体的重要性、示范效应及相对剥夺效应使关系复杂化。

第六，收入期望受到参照时间收入的影响，主要是受到现在收入的影响。现在的收入，不管是绝对的还是相对的，主要决定着对收入的期望。然而，好像存在着"齿轮效应"：过去的收入也影响收入期望，所以在其他条件相同的情况下，过去收入下降的经历会降低幸福感。一般来说，这个分析强调了收入期望在人们对幸福感的主观判断中发挥的重要作用。第七，对未来收入的预测对现在的幸福感是很重要的。这表明认为经济前景相对不景气的观点将严重影响幸福感，甚至影响政治稳定。

运用实证研究结果框架，我们能够看到在中国伴随着经济增长所带来的经济和社会变化有可能影响中国整体的幸福感。收入增长由于导致期望上升，其本身的影响是有限的，这是绝对收入函数又是相对收入函数。在三个子样本中相对收入对主观幸福感的重要性，以及随时间日益加剧的收入差距，很好地解释了为什么幸福值没有随收入水平的上升而提高。经济改革和市场经济发展带来的城市地区新的不安全和不确定因素对不断增加的城市居民的主观幸福感有着消极的影响。尤其是迅速增长的农民工不仅不能享受城市公民的待遇，而且他们的参照群体不断扩大，包括更加富有的城市户口居民。迁移将农村居民的参照群体扩展到村外，也降低了农村幸福感。这些发现帮助解释了为什么中国近几年平均幸福值好像没有增长，反而下降了。

我们的分析提出并阐释了一些基本的规范和政策问题。在何种程度上，主观幸福感应当被引入社会福利函数，以及作为政策制定的一个标准？最终需要一个价值判断。在分析中观察到很强及可信的规律性。因此，在制定价值判断时，很难仅仅说它与人们对自己福利的主观判断无关而将其忽略。经济增长带来的收益与其所带来的经济社会变化导致的损失这两者间存在着艰难的政策权衡，这些还没有被充分地认识到。

三十多年来，中国的改革政策制定者们将经济的快速增长作为头等大事。然而，在过去的5年里，政策目标有所倾斜，旨在创建"和谐社会"，比如，更加关注缩小收入差距，提高社会保障。这个转变可视为对本章讨论问题的回应。领导者们也开始讨论一个新的政策目标：提高幸福感，而不仅仅是收入。我们的研究显示这个目标更难实现。

注释

1. 我们也参考了 Knight 和 Gunatilaka 2011 年所做的总结性论文中的内容。

2. 这个任务旨在发现与收入变量紧密相关的变量，但正由于如此，它们并不直接影响幸福感这个说法看似是合理的。选择的测量工具（父亲和配偶的受教育年数）不可能影响自己的幸福感（即使自己的受教育年数也仅在最基础的说明中有着显著的积极影响）。对排除的工具的 F 检测表明这些工具的影响并不弱（p 值为 0.000 和 0.0054），通过对所有工具的过分认同的 Sargan-Hansen 检测（如果一个工具是外生的，那么至少还有一个工具也是外生的）（p 值大于 0.96），对内生回归的联合重要性所做的 Anderson-Rubin-Wald 检测表明测量在第 3 列（p 值为 0.0004）是有必要的，但在第 4 列，当增加了更多的回归变量时（p 值为 0.3834），测量或许就没必要了。

3. 表的注释中列举的工具（父母或家庭特征的综合）不可能直接地影响幸福感；他们的影响不弱；它们通过了 Sargan 检测；然而 Anderson-Rubin 检测并未提供内生性方面的证据。

4. 对人均家庭收入的自然对数的测量工具（母亲受教育年数，配偶受教育年数，被调查者迁移前每月的工资）不可能影响现在的幸福感;这些测量工具通过了数据相关性和有效性检测，以及根据 Anderson-Rubin 的检测，测量是有必要的。

5. 对总体家庭收入的自然对数的测量工具（父亲受教育的年数和生产资产，也就是说，农村家庭机器和设备）自身不可能影响家庭对所需收入的感知，根据表中显示的检测结果，它们是相关的和有效的，以及测量是有必要的。

6. 在我们看来，测量工具（父亲和配偶的受教育年数及家庭构成的综合）不可能直接影响幸福感。它们与人均家庭实际收入和所需收入的自然对数紧密相关：对排除的测量工具的 F 检测都极其显著（p 值为 0.000）。它们通过了对所有工具的过分认同的 Sargan 检验，以及 Anderson-Rubin 的检测表明对它们的测量是必要的。

参考文献

Baum, C. F., M. E. Schaffer, and M. Stillman (2003), 'Instrumental variables and

GMM: estimation and testing', *Stata Journal*, 3, 1:1~31.

Blanchflower, David, and Andrew Oswald (2004), 'Well-being over time in Britain and the USA', *Journal of Public Economics*, 88, 7~8: 1359~1386.

Clark, Andrew, and Andrew Oswald (1998), 'Comparison-concave utility and following behaviour in social and economic settings', *Journal of Public Economics*, 71, 1: 133~155.

——Paul Frijters, and Michael Shields (2008), 'Relative income, happiness and utility: an explanation for the Easterlin paradox and other puzzles', *Journal of Economic Literature*, 46,1: 95~144.

Di Tella, Rafael, John Haisken-DeNew, and Robert MacCulloch (2007), 'Happiness, adapta-tion to income and to status in an individual panel', NBER Working Paper 13159.

——and Robert MacCulloch (2006), 'Some uses of happiness data in Economics', *Journal of Economic Perspectives*, 20, 1, Winter: 25~46.

——Robert MacCulloch, and Andrew Oswald (2003), 'The macroeconomics of happiness', *Review of Economics and Statistics*, 85, 4: 809~827.

Durkheim, Emile (1897 [1952]), *Suicide: A Study in Sociology*, trans. J. A. Spaulding and G. Simpson, London: Routledge and Kegan Paul.

Easterlin, Richard (1974), 'Does economic growth improve the human lot? Some empirical evidence', in P. David and M. Reder (eds.), *Nations and Households in Economic Growth: Essays in Honor of Moses Abramovitz*, New York and London: Academic Press: 98~125.

——(1995), ' Will raising the incomes of all increase the happiness of all?', *Journal of Economic Behaviour and Organization*, 27, 1: 35~48.

——(2001), 'Income and happiness: towards a uni fied theory', *Economic Journal*, 111, 473: 465~484.

——(2008), 'Lost in transition: life satisfaction on the road to capitalism', *Journal of Economic Behavior and Organization*, 71, 2: 130~145.

——and Onnicha Sawangfa (2010),'Happiness and economic growth: does the cross section evidence predict time trends? Evidence from developing countries', in Ed Diener, Daniel Kahneman, and John F. Helliwell (eds),

International Differences in Well-Being, Oxford: Oxford University Press: 166~246.

Ferrer-i-Carbonell, Ada, and Paul Frijters (2004), 'How important is methodology for esti-mates of the determinants of happiness?', *Economic Journal*, 114, 497: 640~659.

Frank, Robert Frank (1997), 'The frame of reference as a public good', *Economic Journal*, 107 (November): 1832~1847.

Frey, Bruno, and Alois Stutzer (2002), 'What can economists learn from happiness research?', *Journal of Economic Literature*, 40, 2: 402~435.

Graham, Carol, and Andrew Felton (2006), 'Inequality and happiness: insights from Latin America', *Journal of Economic Inequality*, 4,1:107~122.

Gustafsson, Bjorn, Li Shi, and Terry Sicular (eds.) (2008), *Inequality and Public Policy in China*, Cambridge: Cambridge University Press.

Hirschman, Albert (1973), 'The changing tolerance for income inequality in the course of economic development', *Quarterly Journal of Economics*, 87, 4: 544~566.

Kahneman, Daniel, and Alan Krueger (2006), 'Developments in the measurement of subjec-tive well-being', *Journal of Economic Perspectives*, 20, 1 (Winter): 3~24.

Kingdon, Geeta, and John Knight (2007), 'Community, comparisons and subjective well-being in a divided society', *Journal of Economic Behavior and Organization*, 64: 69~90.

Knight, John, and Ramani Gunatilaka (2009), 'Income, aspirations and the hedonic treadmill in a poor society', University of Oxford, Department of Economics Discussion Paper No. 468, December.

—— ——(2010a), 'Great expectations? The subjective well-being of rural–urban migrants', *World Development*, 38, 1 (January): 113~124.

—— ——(2010b), 'The rural–urban divide: income but not happiness?', *Journal of Develop-ment Studies*, 46, 3 (March): 506~534.

—— ——(2011), 'Does economic growth raise happiness in China?', *Oxford Development Studies*, 39, 1 (March): 1~24.

——and Lina Song (1999), *The Rural-Urban Divide: Economic Disparities and Interactions in China*, Oxford: Oxford University Press.

——　——(2005), *Towards a Labour Market in China*, Oxford: Oxford University Press.

——　——and Ramani Gunatilaka (2009), 'The determinants of subjective well-being in rural China', *China Economic Review*, 20, 4 (December): 635~649.

Krueger, Alan (2008), *'Comment', Brookings Papers on Economic Activity* 2008 (Spring): 95~100.

Luttmer, Erzo (2004), 'Neighbors as negatives: relative earnings and well-being', *Quarterly Journal of Economics,* 120, 3: 963~1002.

Rabin, Matthew (1998), 'Psychology and economics', *Journal of Economic Literature*, 36 (March): 11~46.

Ravallion, Martin, and Shaohua Chen (2007), 'China's (uneven) progress against poverty', *Journal of Development Economics*, 82, 1: 1~42.

Runciman, W. G. (1966), *Relative Deprivation and Social Justice*, Berkeley: University of Cali-fornia Press.

Senik, Claudia (2004), 'When information dominates comparison: learning from Russian subjective panel data', *Journal of Public Economics*, 88: 99~123.

Stevenson, Betsey, and Justin Wolfers (2008), 'Economic growth and subjective well-being: reassessing the Easterlin Paradox', *Brookings Papers on Economic Activity* 2008 (Spring): 1~87.

Stutzer, Alois (2004), 'The role of income aspirations in individual happiness', *Journal of Economic Behavior and Organization*, 54, 1: 84~109.

United Nations Development Programme (2010), *Human Development Report 2010*, New York, UNDP.

第四部分

结 语

约翰·奈特

12

中国经济发展的前景

本部分是全书的结论，包括两章，这两章的先后排列可能并不遵循逻辑顺序。本部分将先谈论中国经济发展的前景，再来回顾中国经济发展的历程。我们这样做的理由是：在第 12 章中，基于前面章节的分析，我们可以预测中国未来发展的前景，然后在第 13 章，当我们试图从不同的理解层次解释中国惊人的经济发展时，我们能够将我们的分析论述同前面所有章节的总结和结论结合起来。

12.1 引言

随着经济改革的深入，中国经济的规模和性质发生了翻天覆地的变化。1978 年中国的实际 GDP 仅为 2007 年的 7%。这意味着，中国经济的产值平均以每八年翻一番的速度增长着。同时，中国经济的结构也经历了巨大的变化。1978 年，70%的劳动力从事第一产业的生产，到 2007 年，这个比例下降到 40%。30 年前的中国消费者会惊讶于今天出现在商店中的商品种类和在城市和农村中可见的各类公共基础设施。所有的这些变化在 1978 年是无法想象和预测的，它们改变了中国社会，改变了中国人的社会态度，也改变了中国经济。我们不禁想问：接下来的 30 年又会给中国带来什么样的变化？

一旦谈及中国发展的前景，我们很可能将自己置身于危险的境地。经济学家无法充满信心地对经济进行长期的预测：因为有着太多的无法确定和衡量的事情。任何一个可能建立的预测模型都要假设在某些变量不变的情况下，一些特定的变量如何以特定的方式发生变化。另一方面，过去适用的数量经济关系很多时候会在未来以某种无法预测到的方式失效。经济受制于不可预知的冲击，一些冲击来自经济内部，一些来自外部；一些冲击本质上是属于经济层面的，一些则是属于社会或政治层面的；一些冲击基于当前事件，一些则基于未来发生的可能事件。因此，我们将着手分析那些更易于预测的决定中国未来发展的相关因素，并讨论一些可能存在的使中国发展脱离原有轨道的冲击。正是出于种种的不自信，我们才在预测中国发展前景的本章中采用这种分析方法。

在未来的几年中，中国惊人的经济发展能否持续下去？基于许多理由，我们预测的结果是：随着中国经济的成熟，中国经济发展的增长率会不可避免地从现有的高峰值降低。这是许多经济体都经历过的一个过程。如日本、韩国等的经济都曾经呈现过井喷式的快速增长，这种快速的经济增长在持续了 20 至 30 年后放缓，紧随其后的是缓慢增长期。除此之外，一些可能存在的冲击也会使中国偏离出这种快速增长的良性循环的轨道。这些冲击可能缘于金融、财政、外部冲击、宏观经济失衡等因素，甚至一些本质上属于政治或社会层面的因素，也能通过它们对经济信心的影响效应从而进一步影响经济增长率。而且很有可能一种形式的冲击会引发其他形式的冲击。经济衰退可能引发群众大规模的抗议，社会动荡亦会阻碍经济增长。我们会依次分析这些可能存在的冲击。

12.2 日趋成熟的经济

我们在第 7 章中看到，中国经济发展高增长率中的主要部分来源于结构性改变，这种改变包括：从农业转向工业，从国有部门转向私营部门，以及从为国内市场生产转向为出口生产。但随着经济的日趋成熟，经济增长率势必会降低，这是由于经济体进行进一步结构性改变的空间变小。中国经济体的很大一部分仍然处于生产边界内部，中国经济增长的一部分源于其产值不断向生产边界靠近。由于潜在产值和实际产值之间的差距不断缩小，这种经济增长的来源将变得不再那么重要。

中国经济增长的另外一个来源是大量且相对低廉的非熟练劳动力。我们在第 9 章看到,在未来数十年间中国可能将要面临非熟练劳动力稀缺的问题。这同样可能降低中国经济的发展速度。至于会在多大程度上削弱则取决于对于土地和劳动力市场的制度性回应，以及中国经济向更加熟练和技术密集型生产上转移的能力。这里一个重要的考虑因素是人力资源的数量和质量的增长率。从1999年开始，高等教育开始了大量扩招，这也许可以解读为对中国未来可预测到的向高价值链生产进军的准备。1998年至2008年期间，高等教育入学人数从340万人提升至2020万人（NBS 2009：795）。短期来看，这种扩招给劳动力市场带来巨大压力，市场无法消化，造成了一些问题，引发了年轻人的社会不满情绪；但从长远的角度考虑，这种做法对于持续快速的经济增长是十分必要的。

中国经济的进一步市场化也可能会降低其经济增长率。Huang（2009）指出，对产品市场深入和快速的改革在过去的时间里曾帮助中国经济快速增长，但对生产要素市场的改革没有跟上产品市场改革的步伐，这一不足很可能对中国未来经济的持续快速发展构成威胁。我们在第3章已经检验了，作为拉动经济增长的政策的一部分，每一类生产要素市场是如何未被开发、受到管制和被扭曲的，以及这些经济扭曲如何在总体上构成了约占GDP7%的生产补贴。我们认为，对这些经济扭曲最终的修正会降低经济增长率。

我们从第9章检验过的劳动力市场开始论述。只要从农村迁移到城市的农民工仍然涌入到那些不需要长时间培训的相对低技术的工作中去，那么这种临时的人口流动系统，无论多么不公平，在经济上依然是有效率的，而且能够促进经济增长。但农民工劳动力的即将短缺和可以预测到的农民工的城市化将很可能降低劳动力市场划分的程度，提高农民工的工资，并将他们纳入社会保障的人群中。我们认为，由此带来的更高的劳动力成本会减缓城市经济的增长。在第8章中我们论及资本市场会继续处在被扭曲的状态。中国拥有一个"受压制的金融体系"，利率、信贷配给被高度管制，政府对于信贷调配的影响举足轻重。但是，进一步的金融改革对经济增长带来的影响很难预测。改革可能会因利率的提高而降低投资额，但是会提高投资效益。城市中的土地归国家所有，而农村中的土地归地方集体所有。为了吸引投资，地方政府常常将土地价格调低以便出售或使用，将此作为工业发展的政府补贴。这可能会成为今后在土地市场中引进投资的动力，反过来很有可能增加（如果能保证更大的安全性）或减少（如果政府取消补贴）投资的意愿。

环境是生产中需要用到的要素，可以被视为一种稀缺资源。中国已经推行了一系列的环境法律法规，并设有正部级的国家环境保护总局。然而，由于政府以经济发展为中心，环境保护相关法律法规的执法力度较弱。中国有很多区域都存在环境破坏严重的情况。环境问题表现为两种形式：环境污染和资源枯竭。中国对于水资源和煤炭资源的过度使用同时导致了环境污染和资源枯竭。大气、水和土地污染是一个经济体快速增长的显而易见的标志。中国拥有世界上十大污染最严重的城市中的好几个，酸雨困扰着中国三分之一的领土，草地退化，不断被侵蚀和荒漠化。荒漠化以每年 3900 平方英里（1平方英里 ≈2.59 平方千米）的速度向东部移动（Woo 2009: 82～83）。1997 年世界银行的一项报告估算中国大气和水污染的成本相当于 GDP 的 8%（Naughton 2007: 493）。由于生产者一般不为他们对环境造成的破坏负责，因此他们的生产成本得到了降低，促进了短期的经济增长。随着日渐繁荣富足和互联网上信息的传播，公众对于环境破坏的关注在日益增强。可以预见的是，这些现实将会催生更加严格的环境政策，更加有效的实施手段，但是这样做的代价很高，长期看来可能会减少经济增长。

水资源短缺似乎是最直接的环境威胁。总用水量的三分之二用于灌溉。主要河流系统中的五分之一水资源是有毒的，因此不能被用于任何事情（Naughton 2007: 492）。按照目前的趋势，到 2030 年中国可能需要利用到所有可供使用的水资源。由于水资源分配不均，中国的城市大多数都有水资源短缺的问题，其中 110 个城市水资源严重短缺（Woo 2009: 82）。水位正在下降，造成一些城市的地表下沉。在 20 世纪 60 年代，黄河每年有 500 亿立方米的水流入大海，而现在仅剩 50 亿立方米。一个前所未有的庞大的调水工程正在耗费巨资建设中，三条"南水北调"通道会将相对湿润的南方的水资源运到相对干旱的北方。由于水资源的价格低，中国的一些生产者在使用其的过程中恣意挥霍。将水资源价格提高到其边际社会成本的政策将会增加企业的生产成本。环境的限制，或者说由于这些限制而增加的成本将可能限制中国未来的经济增长。

本书中的经济增长分析一部分是对 GDP 的分析，一部分则是对人均 GDP的分析。这种区分对未来的预测是很重要的。在改革阶段，由于劳动力人口对总人口的"支持比率"的提高，中国赢得了一个"人口红利"。产出增长与作为生产要素之一的劳动力增长相关，人均产出增长则与人口增长相关。支持比率的提高代表着人口红利对人均产出增长所做的贡献。Wang 和 Mason（2008）指出，在 1982 年到 2000 年期间，中国的支持比率年均增加 1.28%，反映了人口出生率的急剧下降。他们预测中国人口支持比率的年均增加值在

2000 年到 2013 年期间会下降到 0.28%，在 2013 年支持比率到达预测的峰值后，在 2013 年到 2050 年期间，支持比率会以年均减少 0.45% 的速度下降。在经济改革的头二十年里，人口红利是否真的将人均产出的增长提高到了年均增加 1.28% 那么多是值得商榷的，但是，在未来的几十年里它的作用将会是减慢人均产出的增长，以及提高生活水平。

12.3　宏观经济不平衡

鉴于 12.2 节中讨论的阻碍经济增长的机制是长期的问题，在 12.3 节里我们将讨论一下可能需要在短期（比如五年之内 [1]）内找到解决方案的问题。我们在许多章节里都讨论了中国经济的快速增长首先要归功于其以经济增长为导向的政治经济。这种政治经济生成了一个高信心，高期望，高投资，高增长的良性循环。在什么情况下这种良性循环会被破坏？也许是一个经济性或是政治性的冲击。这里我们就来考虑一下由中国宏观经济不平衡带来的可能的经济冲击。

中国经济至少在两个方面是惊人的：经济增长率和宏观经济不平衡。在前二十年的快速增长中，中国的经济彰显了两种形式的严重宏观经济不平衡：其一是支出不平衡，即非常高的投资和非常低的消费之间的不平衡，这种不平衡导致了资本的快速积累；其二是支出和生产之间的不平衡，这实际上是一种外部不平衡，即国际收支平衡表中经常账户的巨大顺差。这两种形式的不平衡是如何产生的？它们带来的影响是怎样的？这些不平衡能否一直维持下去，还是说它们会以某种方式威胁到快速的经济增长？这些是中国宏观经济中需要面对的最为重要的几个问题。

我们将首先描述中国宏观经济不平衡的本质以及它们之间的内在联系，然后更为详细地探索经常账户顺差是如何产生的。我们将检验如何处理外部顺差以及随之带来的相关问题，最终会导入对处理这些不平衡的相关政策的讨论。然后我们将考虑这些不平衡是否能够持续下去以及它们是否会威胁到持续快速的经济增长。最后，我们将会探讨一些分散但是与中国脆弱的银行系统相关的问题。

中国的宏观经济不平衡

消费、投资和净出口是 GDP 支出的三个组成部分。表 12.1 提供了在过去的 2004 年到 2009 年的五年内，中国和其他重要经济体在这些部分的相关数据。在其他经济体内，消费构成了 GDP 的三分之二或者更多，投资构成了 GDP 的三分之一或者更少。与此形成鲜明对比的是，中国的消费构成了 GDP 的 50%，而投资构成了 40%。中国的净出口率（约占 GDP 的 9%）仅低于俄罗斯。在支出构成中，中国很明显是国际局外人：中国的消费低于而投资则高于其他经济体，净出口数值大，且为正值。

表 12.1　所选经济体的 GDP 组成，占 GDP 的百分比，2004～2009 年

	消费	投资	净出口	储蓄
中国	50.3	41.2	8.6	49.7
巴西	80.5	16.9	2.6	19.5
德国	76.7	18.1	5.2	23.3
印度	68.6	31.5	-0.1	31.4
日本	75.9	22.7	1.4	24.1
韩国	68.6	29.0	2.4	31.4
俄罗斯	67.6	19.9	12.5	32.4
英国	86.2	16.6	-2.8	13.8
美国	86.6	18.3	-4.8	13.4

注释: GDP 各组成部分在这段时间内所占 GDP 的百分比是通过计算每一年所占百分比的平均值得出的。储蓄是通过 GDP 减去消费所占百分比得来的。从定义上看，投资减去储蓄的值等于净出口所占 GDP 的百分比，但两者符号相反。

数据来源: 世界银行，《世界发展指标》。

中国的宏观经济不平衡在 1999 年到 2008 年的十年内继续以惊人的速度发展着，特别是在 2004 年之后（图 12.1）。消费在 2000 年后呈单调递减，占 GDP 的比重从 2000 年的 62%降到 2009 年的 48%，降低了 14 个百分点。在 2002 到 2004 年间投资大幅上升，从占 GDP38%上升到 43%，从那之后投资所占的比重稳定在一个高值，并在 2009 年达到三十年来的最高值，占 GDP 的 48%。出口顺差从 1999 年到 2004 年维持了一个稳定的状态，占 GDP 的比重在 2%到 3%之间。由于消费份额不断下降，净出口所占份额迅速上升，从 2004 年占 GDP 比重不足 3%上升到 2007 年的 9.9%，达到了一个峰值，而

后因为全球经济衰退而下降。

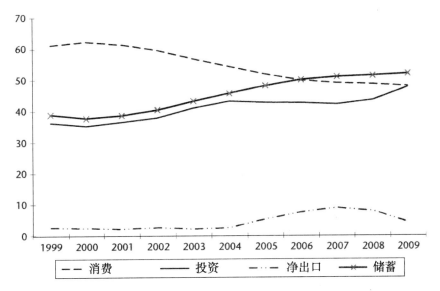

图 12.1　中国 GDP 的组成部分，占全体 GDP 的百分比，1999～2009 年，每年

注释: 消费指的是家庭消费加上政府消费，投资是总固定资本形成总额加上库存变化，净出口则是剩余。
从定义上说，储蓄等于 GDP 减去消费；投资减去储蓄则等于净出口的值，但两者符号相反。
数据来源: NBS（2010）。

国民收入的会计恒等式要求 $(X - M) + (I - S) + (G - R) = 0$，其中 X 是出口，M 是进口，I 是投资，S 是储蓄，G 是政府支出，R 是政府收入。由于 $(G-R) = (I_g - S_g)$，政府平衡可以由 $(I - S)$ 表述，因此，内部平衡 $(I - S)$，即净投资的数值，需要等于外部平衡 $(X - M)$，即净出口的数值，但二者的符号相反。也就是说，$(S - I) = (X - M)$，即净资本外流要等于外部平衡。从图 12.1 中我们可以清楚地看到，1999 年到 2009 年的十年里，中国的 $(I - S)$ 一直保持负值，在 2004 年后从规模上来说中国成为一个国际局外人。尽管中国经济体的投资率很高，但是储蓄率更高。

任何从实际出发的宏观经济模型都会将这些平衡设为许多变量的一个函数，其中一些是内生性的：我们需要一个复杂的联立方程模型。然而从实现我们目的的角度来说，我们只需要考虑一些关键变量在短期内会对外部不平衡产生的因果效应。要做到这一点，我们区分国民账户等式和在库存中不会发生任何非自主的变化的均衡条件。在一个非常简单的层面，给定一个固定的汇率，一次外生投资繁荣很有可能提高需求，即产出和价格的组合。由于储蓄不会像投资那样增加得那么多，因此投资热潮会增加(I − S)的值。增加的需求也会提高进口并降低(X − M)的值。出口和价格会相应调整以便保证，在均衡状态下，源于经纪代理人决议的支出和收入间的不平衡的值，等于源于同样原因的外部不平衡的值，但二者的符号相反。考虑外生出口热潮会带来的短期结果。它很容易导致(X − M)数值的增加。虽然它也很可能造成更高的产出和价格，但是随之增加的进口不大可能和出口增加得一样多。产出的增加很可能提高储蓄和降低(I − S)的值。产出和价格会相应调整以便保证，在均衡状态下，经纪代理人想要增加的净出口(X − M)的值等于其想要减少的净投资(I − S)的值。

将这个分析应用到中国的现实，在过去的十年中，(X − M)增加的值和(I − S)减少的值应该在出口和储蓄两个方面与中国经济的快速增长保持一致。现在看来，目的在于减少外部不平衡的中国投资繁荣，却被出口繁荣和比投资增长还要快的储蓄增长所抵消。我们接下来将探讨造成这种结果的原因。

有大量基于不同方法论的不同形式的证据表明：固定资本形成总额是中国经济增长的一个重要近似决定因素（Kuijs 和 Wang 2005; Shane 和 Gale 2004）。此外，在第 4、5、6 章中，基于系统 GMM 分析，我们评估了跨经济体和跨省经济增长衰退情况，并得到同样的结论。

投资在两个方面产生影响。其一是中国的投资额占 GDP 的比重非常高，见第 6 章图 6.1。作为 GDP 一部分的固定资本形成总额，1991 年占 GDP 超过 30%，2003 年则超过了 40%。投资率远远超过工业化国家，甚至超过处在经济增长全盛期的日本（在 1960~1985 年间这个数值为 32%）和韩国（在 1970~1995 年间这个数值为 30%）。其二是在跨区增长方程式中，投资的系数高。造成这种现象的原因，一部分是资本中体现的技术进步，以及物质资本、人力资本和非熟练劳动力（第 6 章）之间的互补性，另一部分则是投资使中国经济朝着更具活力的活动和部门进行结构性改变成为可能（第 7 章）。

中国高投资率的首要来源是企业。家庭投资在 2002 年后仅缓慢增长，到 2008 年也仅占 GDP 的 8.7%，其增长的原因可能是城市住宅投资的出现。政府投资（包括向企业的资本转移）甚至更低，2008 年占 GDP 的比例不足 5%。与之形成鲜明对比的是，企业投资占 GDP 的比例在 1992 年后一直稳定在 27%

以上，而且企业投资是大部分投资率年际波动的原因。正是企业投资率让中国成为国际经济的局外人（Kuijs 2005）。

中国高投资的深层原因我们在第 8 章已经探讨过。研究表明，虽然资本与劳动比有了惊人的增长，但是资本利润率一直维持在一个高值。企业利润率到 1998 年之前都呈现下降的趋势，但紧随其后便开始呈现上升的趋势，特别是在 2002 年之后。这种变化趋势在国有企业（SOEs）和私营企业中都有体现，虽然国有企业的利润更低且呈不均匀分布。

国有企业利润曲线的运动轨迹可以由越来越激烈的竞争来解释，面对着低下的效率和越来越无利可图的现实，国有企业被迫于 20 世纪 90 年代后期开始改革。改革带来的是包括允许减少剩余劳动力，保留利润，废弃或处理一些亏损企业等规定在内的更大的管理自主权和激励机制，这些改革措施提高了国有企业的利润。在改革的早期，国有企业的管理者面临的是软预算约束，而地方政府比起利润更关心增长。近年来，随着利润越来越成为关注的焦点，很高而且还在上升的利润率有助于维持高投资。

潜藏在背后的政治经济也有利于投资。政府官员依靠激励和赞助系统从经济增长中获利，政府官员可以预测到的行为确保了投资安全。"发展型国家"保证了一个企业家对于快速增长的期望被创造出来，然后这份期望值会因随后而来的经济增长得到维持（第 8 章）。

我们从表 12.1 中看到中国的储蓄率远高于表中所列的其他经济体，在图 12.1 中中国的储蓄率从 1999 年的一个高值 39% 增加到 2009 年的 53%，增加了 14 个百分点。在接下来的几年里储蓄实际上超过了消费：对于中国这样一个较贫穷的经济体，这是一个令人吃惊的统计数字。

我们在第 8 章里讨论了中国高储蓄率的原因。这里我们主要集中讨论近年来储蓄率增加的原因，需要区分家庭储蓄、政府储蓄和企业储蓄。图 12.2 显示了作为 GDP 一部分的储蓄在 1990 年到 2008 年内在这三个部分的分配情况。20 世纪 90 年代和 21 世纪的情况不同：三个部分的储蓄分配情况在 2000 年之前各自保持一个相对稳定的状态，而 2000 年以后三个部分开始增加。它们的总和储蓄率在 2000 年与 2008 年之间增加了 15 个百分点。

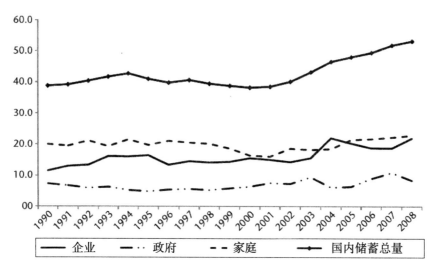

图 12.2　不同部门储蓄占 GDP 的百分比，1990～2008，每年

注释：GDP 是增加在对应资金流动表上的总值。

数据来源：1992～2008 年：NBS（多年份），资金流动表；1990～1991 年：Kuijs（2005）。

　　图 12.3 中显示了 1990 年到 2009 年间的作为家庭收入组成部分的家庭储蓄率（从定义上说等于 1-家庭消费率）的情况。城市家庭储蓄率呈现上升趋势，从 1990 年的 15%上升到 2009 年的 29%，增加了 14 个百分点。储蓄率的上升反映了信贷约束和对储蓄行为的鼓励，由于城市经济的市场化，"铁饭碗"不复存在，城市生活变得不再安全，同时，城市家庭收入不平等也在加剧，种种情况使得人们将储蓄用于商业机会、房屋购买、教育、养老和医疗保健。类似的，农村储蓄率同期从 15%上升到 23%，增加了 8 个百分点。所有的这些增长都发生在 20 世纪 90 年代：农村储蓄率实际上从 2000 年开始慢慢下降。之前储蓄率的增加可能反映了各种形式投资机会的增加和农村经济的货币化，以及农村男子之间愈发激烈的婚姻竞争。城市和农村家庭储蓄率之和在 2009 年达到了 27%：一个高到足够让中国家庭成为国际局外人的数字，在这样一个较为贫穷的国家，这样的数字更加令人吃惊。

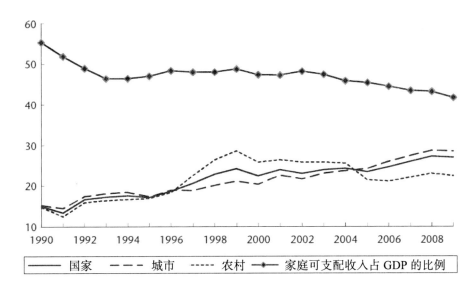

图 12.3　家庭储蓄率，以及家庭收入占 GDP 的比例，1990～2009，每年

注释: 城市家庭储蓄率=（1-人均消费支出）/人均可支配收入。农村家庭储蓄率=（1-人均消费支出）/人均净收入。

数据来源: NBS（多期，1991～2010 年），家庭调查表。

　　图 12.3 也显示了作为 GDP 组成部分的家庭收入从 1990 年的 55%下降到 2009 年的 42%。13 个百分点的下降发生在 1990 年和 1993 年之间，而后又在 2003 年和 2009 年之间再次发生。如果非家庭部门（企业加政府）对于将收入用于储蓄的偏好超过了家庭部门,那么收入的再分配会提高国民储蓄率。这个论据也有助于解释中国储蓄率的提高。

　　现在来看一下政府储蓄。图 12.4 显示了 1990 年到 2008 年间政府收入,政府支出和作为 GDP 组成部分的政府收支平衡（government balance）($R - G$),以及作为政府收入组成部分的政府储蓄($Sg = R - Cg$)的情况。政府收入一直维持在比政府支出高的状态,即政府收支平衡为正；2004 年之后政府收支平衡在真正意义上开始增加。政府储蓄率和政府收入的比值自始至终都超过 30%,在 2007 年更是高达 40%。政府储蓄率高是政策偏向于政府投资而非政府消费的结果。

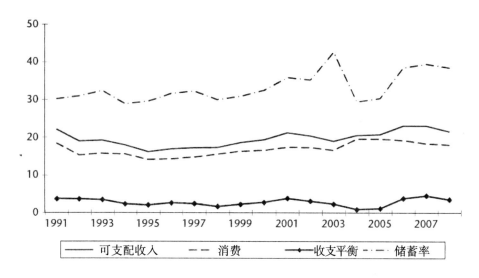

图 12.4 政府收入（可支配收入）、支出和收支平衡占 GDP 的比例，以及储蓄率占政府收入的比例，1990~2008 年，每年

注释：政府支出包括政府消费和政府投资。

数据来源：1992~2010 年：NBS，资金流动表；1990~1991 年：Kuijs（2005）。

　　储蓄的三大来源中，企业储蓄率之高和其增长幅度之大最为惊人。从图 12.5 中我们可以看到企业储蓄在 1993 年到 2008 年间发生的这一变化。从 2001 年到 2008 年作为 GDP 组成部分的利润份额处在一个高值和增长的状态。我们在第 8 章中探讨了增长的原因。作为 GDP 组成部分的企业储蓄同样在增加，其数值在 1996 年最低，2008 年最高。企业储蓄率和利润的比值一直维持一个高值，但在 60% 和 80% 之间浮动。

　　在非国有部门，企业储蓄和利润的比值一直很高的原因需要通过信贷市场的不完善来解释。"受压制的金融体系"将资金引导向国有部门和急需金融投资的私营企业：它们严重依赖于将利润再次投资利用的行为。在国有企业中，企业成长被定为一个重要的管理目标，债权人的利率被固定在一个较低的等级，而且很多年来政府不要求国有企业偿还利息，以此鼓励它们进行储蓄或对利润进行再投资；甚至在 2010 年用于偿还利息的部分也仅占利润总额的 10% 或更低。进入 21 世纪，留存收益在国有企业的投资基金中所占的比例为 60%，而在私营企业中这个比例不会低于 96%（第 8 章）。利润份额的

增加和对将留存收益用于在投资行为的鼓励是总储蓄占 GDP 增加的重要原
因。

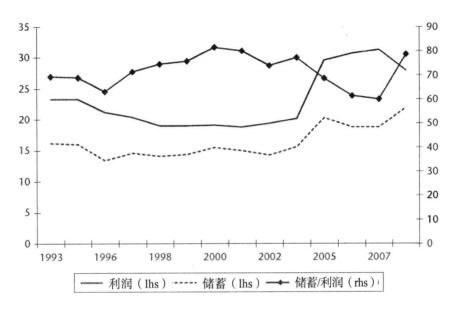

图 12.5 企业利润和储蓄占 GDP 的比例,以及储蓄率占利润的比例,

1993~2008 年,每年

注释: 企业利润是使用收益法计算的,而储蓄则是使用支出法计算的。利润/GDP 中的 GDP 是使用收益法
计算得出的数值,而储蓄/GDP 中的 GDP 则是使用支出法得出的数值。

数据来源: NBS(1992—2010 年)。

图 12.6 显示了家庭、政府和企业的净储蓄率(*S – I*)。在一个较小的规模
内,政府是一个始终如一的净储蓄者。在一个较大的规模内,家庭是始终如
一的净贷方,而企业则是始终如一的净借方。"受压制的金融体系"将家庭储
蓄聚集起来,支付较低的存款利率,国有银行将现金提供给国有企业,近年
来也提供给一些企业部门,其中绝大部分企业仍然是由国家控制的。

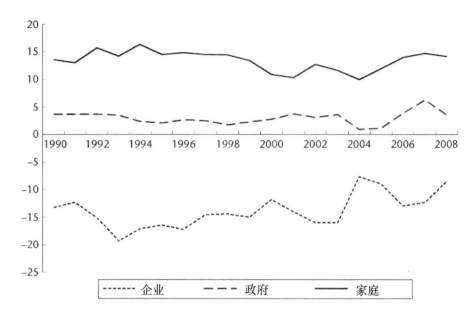

图 12.6　各部门中储蓄减去投资占 GDP 的比例，1990～2008 年，每年

注释：GDP 是增加在对应资金流动表上的总值。

数据来源：1992～2010 年：NBS（多年份），资金流动表；1990～1991 年：Kuijs（2005）。

中国的外部失衡

关于中国出口和经济增长之间关系的研究取得了可喜的成果。Yao（2006）发现出口对产出增长率有着显著的积极影响。在第 7 章中，通过用系统 GMM 估计建立的因果效应，我们发现出口份额和进口份额都提高了中国在 1978 年到 2006 年间的增长率；出口份额和进口份额的增长具有相同的效果。贸易水平和贸易扩张都对经济增长起着正面的作用。

中国对外贸易的顺差和它的贸易伙伴们的贸易逆差是世界关注的焦点。这种现象是如何产生的？图 12.7 显示了中国在 1990 年到 2009 年间的出口、进口和作为 GDP 组成部分的净出口额的年度数据。我们看到出口和进口都在稳步提升，净出口（这里定义为国际收支平衡表中经常账户的盈余）在 2001 年后呈现向上的趋势。2003 年后更是呈现爆炸式上升的趋势：从 2003 年的 460 亿美元上升到 2007 年的 3720 亿美元这一高值。那一年出口总计占 GDP

的 10.6%。与之形成对比的是，日本在其经济快速增长时期（1960～1985 年）的经常账户是 GDP 的 4.3%，而韩国（1976～1995 年）的相应数字可以忽略不计（-0.86%）。

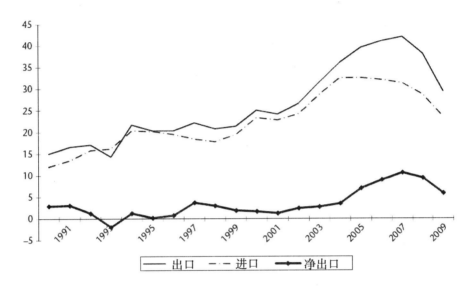

图 12.7　出口、进口、净出口占 GDP 的比例，1990～2009 年，每年

数据来源：NBS（多年份），收支平衡表。

　　国际收支平衡表中的经常账户由商品和服务贸易、来自国内和国外的收入以及经常转移三部分组成。经常账户顺差在 2004 年到 2008 年之间有一个大的增长，从 670 亿美元上升到 4260 亿美元（经常账户顺差在 2009 年下降，这是由世界范围内的经济衰退造成的）。其中 85% 左右的增加是由商品和服务贸易贡献的。

　　为什么商品贸易顺差增加了？表 12.8 中显示在 2001 年到 2004 年间，中国的出口和进口都在快速增加，而且贸易差额几乎没有什么变化。然而，接下来的 2004 年到 2007 年间出口的增加（年均 29%）超过了进口的增加（年均 22%），造成商品贸易差额增加了近十倍。除此之外，进口的增加也要部分归功于出口的增加，这是源于大部分中国的出口产业的特点：出口值中国内增加值所占的比例只有 50%（Koopman 等 2008）。

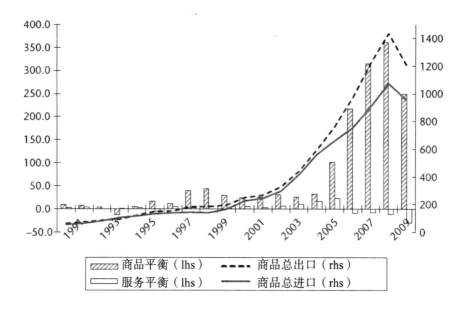

图 12.8 商品和服务贸易顺差，1990～2009，每年

数据来源：NBS（多年份），收支平衡表。

为什么商品出口在 2004 年之后增加了如此之多？中国在 2001 年年底加入了世贸组织，以使其国内经济向着全球市场靠近。加入世贸组织之后，按照所期待的那样，中国的关税降低，但对增加进口的后续影响不大。世贸组织协定解除了外国对中国直接投资的限制。同时还保证了最惠国待遇以及在 2005 年取消了对中国的纺织品和服装出口配额，这些规定大大提高了中国出口导向型产品投资环境的吸引力（Rumbaugh 和 Blancher 2004；Athukorala 2009）。截至 2008 年，外方独资企业占中国出口的 55%以上。也许加入世贸组织对经常账户的主要影响在经历了对国内改革日益增加的竞争动力后，加速了可贸易商品部门的生产率增长。

如果中国没有在出口产业方面享有这些潜在的比较优势和真正意义上的绝对优势，那么中国的出口顺差不会有如此惊人的增长。这些优势的基础是什么？2001 年后，制作业占据了商品出口增长的 90%以上。因此，考察一下制造业的主要种类是有益的。在 20 世纪 90 年代，传统的劳动密集型制造业（杂货制造商品（miscellaneous manufactured products）），如鞋类、服装、玩具和体育商品占了制造业出口的一半左右。虽然劳动密集型出口在 1999 年后的十年里依然有着令人无法忽视的增长（年均 15%），但向着看起来更为复杂的生产线转移的结构转型正在发生，特别是在机械和运输设备制造业：它们的制造业出口额十年间从 30%增加到 49%。

这些事实表明科学技术和资本正在发挥着越来越重要的作用。然而，Athukorala（2009）却认为中国只是机械和运输设备的装配中心，为跨越几个经济体的生产流程提供最为劳动密集型的操作：总机械进口中零部件进口的份额从 1992～1993 年的 33%增加到了 2004～2005 年的 63%；相对的，成品仍然占据着中国出口构成的支配地位。看起来中国在国际专业化分工中的工作是完成劳动密集型的最终组装工序。Sung（2007）发现中国出口的主要组成是外国附属公司生产的低附加值加工品：作为总出口额一部分的包括进口原料的出口在 2004 年提高到 44%，达到了一个峰值，之后稍有下降。由于近一半的中国制造业出口是加工产品，廉价的劳动力是维持中国贸易竞争力的重要因素。

表 12.2 显示的是 2002 年和 2007 年，中国及其贸易竞争者中制造业工人的时薪数据。一个中国工人的成本在 2007 年仅为 1 美元，约为美国工人时薪的 3%。甚至与其出口竞争者相比较，中国的劳动力成本依然十分低廉，只比斯里兰卡"好"一点。这样的劳动力优势来源于中国巨大的劳动力供应以及充足的农民工。

表 12.2　制造业中的时薪补偿成本/工资，美元，2002 年和 2007 年

	中国	巴西	墨西哥	菲律宾	东欧	印度	斯里兰卡	印度尼西亚	巴基斯坦
2002	0.6	2.6	2.5	0.7	3.6	0.5	0.5	0.9	1.5
2007	1.0	6.0	2.9	1.1	7.3	1.7*	0.6	1.8	—

注释：在印度、印度尼西亚以及巴基斯坦这些国家，时薪成本仅指工资，不包括雇主支付的社会福利，因此它们的数值是被低估的。

*印度 2007 年的数据实际上和 2006 年相关。

数据来源：美国劳工部（2009）；中国 NBS（2008）；以及国际劳动力组织（印度、印度尼西亚、巴基斯坦）。

先不去考虑中国企业部门的高资本收益率（而且这个数字仍在增长，见第 8 章的相关文献），有证据显示中国在 21 世纪的头几年里在某些行业存在产能过剩的现象。这些现象发生在国有企业掌控的重工业中。表 12.3 显示它

们的产能利用率为 75%或更低。以钢铁工业举例：2005 年中国的钢铁产出是
35000 万吨，但是它的过剩产能（12000 万吨）实际上超过了世界第二大钢铁
生产国日本的产出（11300 万吨），而且还有 7000 万吨的产能处于"建设中"。

表 12.3　不同工业部门中的过剩产能，百万吨，2005 年

	产出能力	产出	剩余能力	建设中	产能利用率（%）
钢铁	470	350	120	70	75
铝	10.3	7.0	3.3	——	68
铁合金	22.1	12.0	10.1	2.8	54
碳化钙（电石）	10.4	6.0	4.4	12.0	58
集装箱	4.5	2.4	2.1	1.3	53

注释：集装箱的产能是以二十英尺当量单位（TEU）测量的。

数据来源：《十三大行业产能过剩突出》，中国经济周刊，2006 年 5 月 19 日（中文）。

　　存在于许多行业的过剩产能与中国 2004 年后的净出口激增之间存在着
许多联系。首先，它提供给中国足够的产能以满足外部需求。根据 Anderson
（2007）的观点，贸易顺差的增加很大程度上源于重工业产品的贡献，这些产
品包括铝、机床、水泥、主要化学产品，以及钢材，这些产品同表 12.3 中所
列的行业一一对应。其次，闲置产能的存在意味着附加生成可能会驱使企业
降低它们的短期平均成本曲线，以使它们能够降低价格和增加相对需求。例
如，在 2006 年中国的钢铁出口激增，国际钢铁价格持续上涨，国内价格却比
2005 年低了 10%[2]。再次，净出口的增长和进口替代的相关性与它和出口的
相关性大致相同。重工业产能的未充分利用使得企业可以在出口产品中使用
更加便宜和可靠的国内资源来替代国外的中间产品。

　　不考虑汇率，我们期待中国在加入世贸组织、降低贸易的不确定性和限
制之后，能够更好地适应它在贸易中的比较优势。然而，人民币相对较低和
稳定的价值也刺激了出口。Makin（2007）认为，通过降低出口部门汇率的
不稳定性，中国的汇率管理是鼓励出口的。Goldstein 和 Lardy（2006）用"底
层平衡"方法来评估均衡汇率。通过这个方法得到的是真实有效（贸易加权）
的汇率，能够使"底层"的经常账户大致和净资本流动处在数值相等、符号
相反的均衡状态。他们将平均资本账户盈余视为 1999 年到 2002 年间（当时
没有人期待人民币升值）的 GDP 的一部分，而将正常净资本流动同样处理，
他们发现，要想在 2005 年回到平衡状态，人民币需要升值 20%～40%。Cline

和 Williamson (2008)提供了一份包含十八个研究的全面调查报告，报告中评估了中国在进入 21 世纪后的均衡汇率数值。在这份报告中，不同研究中使用的数据、方法论和结论差异很大。但是，通过简单地将评估得到的结果平均，我们发现要使实际有效汇率产生均衡，人民币需要升值19%。评估的结果暗示，随着时间的推移，人民币将会越来越贬值：基于 2000～2004 年间的数据的研究得到的平均升值数值是 17%，而基于 2005～2007 年间的数据的研究得到的结果是 26%。

进入 21 世纪后，外汇储备的快速增长表明中国政府已经开始干预，以维持人民币不升值的状态。2005 年中国人民银行（PBC）推行一项有关汇率制度的改革措施。然而，这次小幅度的人民币升值并没有缓解对人民币继续升值的期待。为了防止货币升值过快，中国人民银行一方面购入大量外国货币，另一方面通过公开市场操作和提高商业银行的法定准备金来分流大部分的储备金积累。中国人民银行于 2005 年开始要求商业银行持有美元储备，且分别在 2006 年和 2007 年提高法定准备金率 3 次和 8 次。对经常账户平衡持续不断的加强意味着人民币将会继续维持在不升值的状态。这加剧了资本市场的反应。这种货币的"单向赌博"不仅会吸引热钱流入，而且还能抑制私人资本外流。

图 12.9 显示了 1990 年到 2009 年间，人民币对美元和对贸易加权的一揽子货币的名义汇率和实际汇率，其中 2005=100。其中的增幅表明人民币的升值。人民币对美元的汇率更具政治敏感性，而人民币对贸易加权的一揽子货币的汇率才是竞争力变化最好的指标。从 2002 年到 2007 年间，名义和实际有效汇率都维持在一个相对低值。人民币在 2001 年达到 113 的峰值，然后在 2005 年跌回 100，在 2009 年又增加到 119。

我们现在来回顾一下中国外部失衡的原因。我们需要通过识别一个联立方程系统中的外部变化来解释。这些变化可以在 $(S-I)$ 或 $(X-M)$ 中产生。而 $(S-I)$ 方法是应用 Bernanke (2005) 的"储蓄过剩"理论的合适框架。Bernanke 认为，全球失衡加剧是由于包括中国在内的许多国家相对于投资的储蓄增加。

可能有两种力量在中国出口顺差的增长中起作用，这两种力量反过来又内生性地回应彼此。一方面，基于我们已经论述过的原因，存在 S 相对于 I 的外生增长。另一方面，同样基于我们已经论述过的原因，存在 X 相对于 M

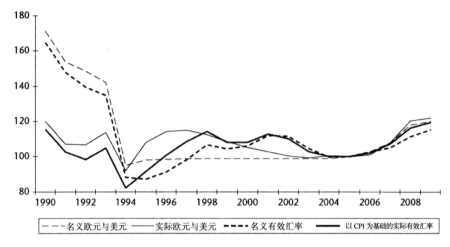

图 12.9　人民币汇率指数，2005=100，1990～2009 年

数据来源：名义有效汇率（NEER）和以 CPI 为基础的实际有效汇率（REER）指数来自 IMF，《国际金融统计》。

的外生增长。大家所熟悉的斯旺图（Swan diagram）可用于描述内外平衡的需求，Corden (2009) 将其应用于中国经济的分析，根据他的分析，我们假设初始均衡，出口顺差可以按照下面所述的来解读。出口顺差增加部分归因于竞争力的提高，竞争力的提高则是由于经济改革和新的出口机会（二者都与加入世贸组织相关），以及相当固定的汇率等因素。出口顺差增加的另一部分原因则是支出相对于产出的下降，包括储蓄的增加，以及盈利率的提高（盈利率的增加本身也和经济改革相关）。因此 $(X-M)$ 和 $(S-I)$ 的值都在外生性地提高，再加上它们之间内生性地相互作用，二者促成了中国经济的外部失衡。

对外顺差和外汇储备

我们接下来将讨论如何处理这些外部顺差，以及其可能带来的实际的和潜在的问题。我们将用四个话题来对这个问题进行论述，它们分别是：汇率政策、流动资金的过剩和分流、外国资产积累以及对国际贸易关系产生的影响。这个分析让我们能够提出下面这个问题：外部失衡是否会持续下去？

在 2005 年 7 月，中国政府将人民币升值 2.1%。政府宣称货币的对外价值会根据一揽子货币而制定，而不是与美元挂钩，这允许双边汇率在任何一天都能有±0.3%的上下浮动，而且和过去相比，汇率的决定将会更加以市场供应和需求作为基础。市场期望人民币能够进一步升值是自然的。但是，为了维持产出的增长和出口部门的就业，以及保护中国不成熟和脆弱的金融体系，中国人民银行通过干预市场来控制人民币升值的步伐。理论上来说，新的体制允许每月有6.6%的上升趋势，但是实际上，在2008年底人民币对美元是以每年平均5%的速度在升值的。

当然，汇率也并不是参考一揽子货币而制定的。Frankel 和 Wei（2007）对人民币相对于美元、欧元、日元以及其他应该属于一揽子货币的各国货币的价值变化进行了回归，发现在2005～2007年这段时间人民币仍然是和美元紧密联系的。我们从图12.10中能够看出在2005年7月和2008年7月这段时间里人民币对美元逐步升值，但是由于美元对其他主要货币迅速贬值，因此人民币对欧元贬值。我们也能看出在2008年7月以后人民币和美元挂钩，但对欧元波动。比起阻止出口顺差的继续增长，新的外汇政策带来了一些问题。

当人民币有望上浮的时候，私营部门不情愿地开始积累美元资产。因此如果要防止人民币大幅度上浮，中国人民银行就需要购入美元。这样外汇的快速积累伴随着国内货币的释放，而后者引发了国内货币供应的快速增长。2007年货币供应量（M1）的同比增长率是21%，是1998年以来的最高值。根据自2000年开始一份月度数据分析，Wang（2010）得出结论认为外汇储备的增加并没有被完全分流。

流动资产的快速增加产生了一系列的资产泡沫。房地产市场非常繁荣：2004年到2009年间中国35个主要城市的房屋价格增加到了原来的三倍。以北京为例：新建房屋的平均价格从2004年的每平方米4747元增加到2009年的13799元。股市也是空前繁荣：上海证券综合指数从2005年7月的998增长到2007年10月的6212。流动资金过剩的冲击从金融资产转移到实体经济。过剩的流动资金现在来源于由于资产价格上涨而下降的货币需求（Yu 2008）。

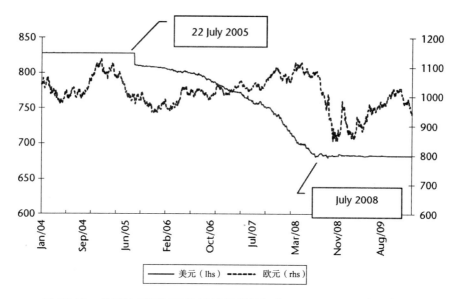

图 12.10　　美元/人民币以及欧元/人民币的汇率，2004～2010 年，每日

数据来源: www.finance.yahoo.com。

　　尽管实施对汽油和电力的价格控制，通货膨胀率从 2006 年开始增加。图 12.11 显示，2008 年 2 月 CPI 达到 8.7%的一个峰值。虽然中央银行在接下来的 13 个月里 5 次增加利率，但是实际利率（由名义利率减去当时的通货膨胀率得出）从 2007 年 3 月开始还是呈现负值。负的真实利率反过来刺激了投资，提高了通货膨胀率。

　　中国人民银行在维持物价稳定和防止资产泡沫的尝试中实施了一次大规模的分流操作以吸收过剩的流动资金。这些措施包括在三年之内出售从 1998 年开始积累的所有政府债券，以及在 2006～2007 年间 11 次提高银行现金存款准备金率。商业银行也被要求持有美元作为存款准备金。中央银行用指令来控制商业银行的信贷发放。中国人民银行同样希望发行中央银行票据。原因在于大规模地发行此类票据能够推高市场利率，当然这样做的风险在于会吸引资本流入，从而增加人民币升值的压力。唯一的解决办法是强制商业银行购买这些票据。在 2010 年间通货膨胀率增加而且实际利率呈负值。中国人民银行不得不将银行的法定准备金提高到 19%这样一个历史最高值。中国的汇率政策继续限制着货币和稳定政策的应用范围。

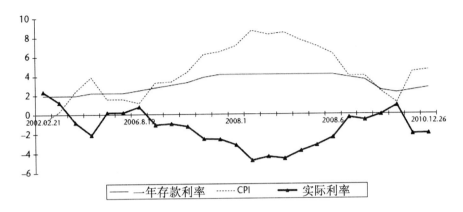

图 12.11 一年存款的名义利率、CPI 及实际利率（百分比表示），每年，2002～2010 年

数据来源: NBS（多年份）以及 PBC 数据。

依靠非自愿购买中央银行票据和其他信贷控制方法等手段进行的大规模的分流操作至少对商业银行造成了三个有害的影响（Yu 2008）。由于低收益资产占据了它们总资产的五分之一以上，商业银行的盈利率下降。维持利润边际的尝试导致商业银行增加了对愿意支付高额利率的高风险借款人的贷款。除此之外，强迫购买中央银行票据的政策危害了金融改革的进程。

我们从图 12.12 中可以看到，经常账户在 1990 年到 2009 年间一直维持在一个正值，在 2004 年后急剧增加。总外国直接投资（FDI）流入在此期间也保持一个正值，在邓小平"南方讲话"鼓励外国直接投资之后，1994 年此数值达到一个高峰，占 GDP 的 7%，之后在 2004 年到 2008 年间此数值维持在 3.5%左右；净外国直接投资额只比此数值略低。将经常账户和净外国直接投资结合起来则表示外国金融性资产增加率：在 2007 年时此数值达到一个峰值，占 GDP 的 14%以上。

中国外汇储备主要是以美元计价的美国政府债券形式持有，仅赚取较低的利率。假设一年期债券是投资组合中的主要资产。从 2005 年 7 月到 2008 年 12 月期间，一年期债券的平均年利润是 3.0%，而美元对人民币以年均 6.1% 的速度贬值。2004 年后中国人民银行大量增加对外汇储备的购入，足够将美国的利率维持在一个低值。一些人认为这种行为促成了美国的房地产泡沫，房地产泡沫引发了银行业危机，反过来导致了世界经济衰退。非常讽刺的是，

世界上最贫穷的国家之一（2008 年购买力平价的人均 GDP 为 5962 美元）和
世界上最富裕的国家之一（2008 年购买力平价的人均 GDP 为 46716 美元）
签订了前者贷款给后者的协议。该协议要求中国量入为出，并允许美国人不
敷出。这意味着中国将会有一个较低的时间偏好率，而美国则会一个相对较
高的时间偏好率：中国正在推迟消费，而美国正在提前消费。

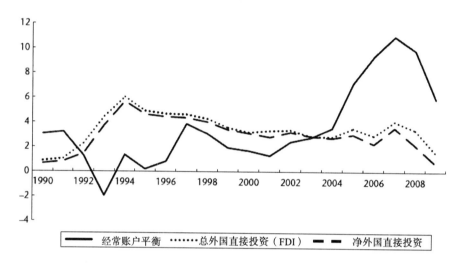

图 12.12　不同顺差占 GDP 的比例，1990～2009 年，每年

数据来源：NBS（多年份），收支平衡表。

　　先不论将美国政府债券持有到其有效期的安全问题，中国的储备投资组
合策略有着极大的风险。这种风险以外汇风险的形式表现出来：中国越发地
被困入这种风险之中。Leightner（2010）评估了中国外汇储备下降时汇率的
边际效应。评估结果暗示如果中国出售它所持有的美元数量的 1%，那么美
元将会贬值 0.44%。虽然边际效应的影响会根据中央银行采取的稳定的或者
投机的行为而有所变化，这种潜在的敏感关系会成为实质性销售和未来美元
储备增加的威胁。

　　外汇储备是否应该被用于利润率更高的资产（例如股票、产权、结构性
工具）投资中去？鉴于现在这部分的份额不足 1%，中国现在正在着眼于增
加以股票形式持有的外国资产的份额。几个发展中国家持有超过 10% 的份额。
然而，这需要复杂的专业知识和经验，中国最开始的失败（例如，百仕通的

惨败）让这个国家有些退缩。由于风险的存在，包括印度、巴西和俄罗斯在内的许多发展中国家都将此份额保持在低于 2%的状态。持有股票并不能降低外汇风险。

虽然主要经济体货币被允许浮动是当今的潮流，但这仅仅是一种现代实践，甚至对主要经济体来说也是如此，它不适合发展中国家，也不一定符合它们的利益。一些国家对中国"操纵货币"的指责仅仅是修辞上的说法。真正严肃的问题是中国总的来说是否从它的人民币不升值政策中获益，以及其他国家的利益是否受损。虽然发达经济体中的消费者们从来自中国的相对低价格的进口洪流中获益，但他们的一些同胞很有可能正在面临制造业的失业和将劳动力和资源转移到其他活动的结构性问题。随着中国出口顺差的不断增加，世界上的一些主要国家，特别是美国和欧盟，开始向中国施压以使其改变它的政策。

贸易争端爆发。2000 年 7 月到 2007 年 6 月期间，一共发生了 375 件针对中国出口产品的反倾销调查，相当于全部调查的 25%。一份 2009 年 5 月发表的世贸组织秘书处报告称中国出口的产品越来越被精心挑选，而且它们构成了大约相当于 2008 年后半年所有措施的一半。从 2006 年开始美国和欧盟对中国施加反倾销和反补贴进口限制的案例超过 100 起。其中大部分发生在 2009 年，这是可以理解的，因为当年主要的经济大国都处在严重衰退的状态，而且中国的货币与美元挂钩也得到了恢复。这些举措集中在中国鞋类、服装、钢铁、钨、轮胎和机械的出口上。2010 年美国对中国施加了进一步的政治压力，要求人民币升值，许多其他国家也扩展了它们的反倾销关税税则的条款。随着世界经济的复苏，中国的出口顺差开始再次增长，而且从现阶段中国的政策来看出口顺差也很有可能增长，可以预料到的是，施加于中国的政治压力和贸易限制也将会增加。

修正失衡的政策

正如对出口顺差的解释是双管齐下的一样，解决问题的政策也需要双管齐下。为了达到外部平衡而采取的外部和内部政策并不能被明确区分开来。基本上来说，如果$(X - M)$的一个高值下降，那么这意味着$(S - I)$的相应高值也会下降。然而，降低 X 或提高 M 的政策将会同时影响 S 和 I。当然也存在尝试降低 S 或提高 I 的政策选择。降低 S 或提高 I 的政策同样可以对 X 和 M

造成冲击。虽然我们意识到了这些相互关系的重要性，但我们还是要先分析纠正失衡的外部政策，然后再分析内部政策。

在过去，中国已经落实了一系列旨在鼓励出口的贸易政策。在加入世贸组织之后，政府撤销或减少了这些政策。包括针对出口行为的政府补贴金和退税等所有形式的出口补贴都因为与世贸组织的规则不符而被取消（Rumbaugh 和 Blancher 2004: 8）。同时，国有银行为一些出口导向型的国有企业提供优惠利率的政策也在 2007 年结束。

将加权平均关税率由1993年的38%降低到2001年的9%之后（Rumbaugh 和 Blancher 2004: 表8），中国政府似乎不愿意继续降低税率，这是由于一些进口替代行业（例如运输工具行业）还没有做好应对来自国外竞争的压力的准备。2007 年中国放松了一些产品的进口权，包括植物油、矾土和不锈钢；同时也降低了一些高科技和先进的工业产品的进口关税，增加了年度个人外汇购买限制。然而，由于这些改变在规模和范围上都比较小，因此它们对于进口的影响十分有限。

境内向外国直接投资提高了利润汇款，也降低了经常账户顺差，而境外向外国直接投资则增加了顺差。政府更加偏好外向外国直接投资：鼓励企业通过兼并、收购或对自然资源进行战略性投资等手段进行海外投资，这样做不仅是为了提高国外资产的平均回报率，也是为了获得高新科技、管理相关的专业知识以及战略储备。中国直接海外投资从 2006 年的 160 亿美元跃升到 2008 年的 540 亿美元。然而，鼓励内向外国直接投资的政策也被保留了下来。根据 2006 年推出的一项方案，证券公司和共同基金管理公司被允许进行海外组合投资。投资组合股票在 2006 年年底是 2290 亿美元，占中国外国资产的 14%（Wang 等 2007）；而在 2008 年这个数值变为 2520 亿美元，占中国外国资产总额的 9%。国内股票市场爆发的对人民币升值的期望，以及第一批海外投资表现不佳，使得这些政策哑火。

至今为止实行的影响中国外部顺差的政策都没有成功阻止它的快速增长。2008 年到 2009 年间，由于世界经济衰退的原因导致需求减少，中国的外部顺差有所下降。然而，外部顺差仅仅是暂时降低，可以预料到它会迅速反弹回来。那么人民币的快速升值能否恢复外部平衡呢？2005 年到 2008 年间的人民币升值并没有成功恢复平衡，这也许是因为其升值幅度较小。一些学者认为货币升值对经常账户的影响是有限的。例如 Shu 和 Yip（2006）通过对 1995 年到 2006 年间的数据研究发现相对价格的改变仅对出口和贸易平衡产生了轻微的影响，这归因于中国作为中间产品加工者的身份。

另外一个指标是从 2005 年年初到 2008 年年底（图 12.10）对美国和欧盟的出口行为，此出口行为是针对对美元和对欧元汇率改变的回应。从 2005 年 7 月到 2008 年 6 月，人民币对美元持续升值。与之形成对比的是，人民币对欧元从 2006 年 1 月到 2008 年 3 月持续贬值（但在其他时间人民币对欧元仍是升值的）。对美国出口增长在此期间有所下降；对欧元区域的出口增长在人民币贬值时有所增加，但在其他时间下降。此分析虽然将问题过于简单化，但也表明出口的趋势增长率对人民币的对外价值是敏感的：人民币升值对降低外部顺差有帮助。

Mckinnon 和 Schnabl（2009）认为人民币升值对降低外部顺差并不是有效的，这是因为降低当前顺差（$X-M$）的值会对国内的 S 和 I 产生间接影响。他们特别提到投资会因升值而降低，因为人民币升值会将中国变成一个更加昂贵的产地，当其他条件不变时，（$S-I$）的值会增加，因此将抵消（$X-M$）值的减少。虽然外国直接投资是不受任何约束的，但是它只占投资的很小一部分：从 2000 年到 2008 年，外国直接投资占固定资本形成总额的比例平均为 8%。除此之外，通过人民币升值的效应，也可能产生其他对中国要素收益分布的间接影响。人民币升值会重新分配收入，将收入从贸易部门企业内流入家庭中，这很有可能会降低储蓄率，从而在其他条件不变时，降低（$S-I$）的值，帮助恢复外部平衡。无论如何，政府都有能力提高政府消费支出或者鼓励私人消费支出以便中和（$S-I$）值的增加。

如果随着世界经济的复苏，中国出口增长过快，那么在不引起出口减少的情况下，人民币进行大幅升值是可行的。中国人民银行在汇率政策上面临一个两难的抉择：人民币的大幅升值可能会缓和对进一步升值的期待，但也会导致依赖出口的生产商的崩溃，而小幅升值可能不会威胁到出口商但是会造成资本的投机性流入，因此结果不是迫使人民币进一步升值就是冒着失去货币供应操作权的风险。幅度过大或过于迅速的升值的危险性和可能存在的滞后反应要求采取循序渐进的升值方式。而建立在对人民币进一步升值基础上的投机性短期资本流动的危险性和随之而来的过激行为又要求采取迅速的、单一的和实质性的升值方式。而这些很大程度上取决于短期资本控制的充分性。中国已经在维持对资本流动性的控制，而且基本上它拥有阻止短期资本流入的手段和方法。Wang（2010）通过使用 2000 年来的月度数据检验了这些措施的有效性。研究发现资本控制并不是完全有效的，而且近十年来随着经济的开放，其作用在不断减弱。例如，经常账户的可兑换性为非法资本流入提供了机会。

除非货币投机能够被充分抑制，否则这个还不算太坏的汇率政策可能会导致人民币显著的一次性升值，继而使人民币和贸易加权的一揽子货币挂钩。人民币升值会对降低外部顺差有着直接影响，而且也许会降低收入不平等，二者的挂钩也有助于降低交易风险。二者的结合会降低对货币单向押注的期望以及资金的投机性流动。这允许我们制定更加独立的货币政策和更加有效的稳定政策，而且不再被分流外汇流入和保持低利率的需求所束缚。对于挂钩的选择需要我们权衡中国贸易的风险和中国财富的风险：和美元挂钩有助于降低外汇储备风险。

中国政府至今为止都不愿意对人民币进行大幅升值，这是基于两个主要原因。第一个原因是考虑到中国快速的经济增长依赖于持续且更加快速的出口增长。一些人担心经济发展速度的降低以及没有得到出口替代部门就业增长补偿的出口部门的失业情况会威胁到社会稳定。然而参照 2004 年到 2007 年间惊人的出口增长，以及一旦世界经济复苏出口还将持续增长的情况，政府在这方面留有一些余地。此外，如果对外顺差继续增长，那么比起承受来自贸易伙伴的贸易限制，中国政府可能会倾向于让人民币升值。防止货币升值的第二个原因是中国持有的外汇储备的国内价值的降低。国民财富中的一些降低情况是不可避免的，但是在某种程度上可以通过远离美元的逐步调整投资组合的手段得到缓解。

2008 年到 2009 年的巨大货币扩张本意是为了抵御世界经济衰退带来的影响从而保护中国经济。它刺激了投资，特别是国有和政府控制的企业以及基础设施项目的投资。然而，庞大的规模和快速的扩张（货币供应量 M_1 在 2008 年 12 月到 2009 年 12 月期间增加了 32%）可能会使银行不良贷款比例上升。应对世界经济衰退的短期政策对重新平衡经济没有起到任何作用。

提高私人消费的主要政策工具很有可能是通过公共财政来实现的。政府可以通过增加政府消费和降低净储蓄额来影响内部平衡。农村和城市家庭的高储蓄率，以及提高城市储蓄率的原因在于安全感的缺乏。包括医疗保健、教育、福利和养老金在内的更多的公共供给和社会服务资金不仅能降低政府储蓄，也能降低家庭储蓄。我们在图12.5中看到政府有能力在不降低资本支出的条件下增加经常性支出。公共供给和医疗保健、教育、福利和养老金资金的改革是一个长期和复杂的过程。它需要处理和既得利益集团的关系以及小心谨慎地实验和规划，但是也存在使政策朝着这一方向前进的很好的例证。

重新平衡可能也需要金融部门改革。一个更加具有竞争力的金融市场可以放松对私营企业的贷款限制，以鼓励它们更多地将利润分配给股息和减少储蓄。与此相反的是，更加具有竞争力的金融市场（没有利率上限）也可能降低存款利率和贷款利率之间的利息差，以及鼓励家庭储蓄。要求国有企业支付股息会降低它们的储蓄，也很可能降低它们的投资。同样的在国有企业部门一直以来享有保护权的领域鼓励自由进入和产品市场竞争会降低利润附加费，同时也会重新分配收入，从利润转至工资。人民币的升值可能会在贸易部门产生同样的再分配效应。

失衡是否会持续下去？

迄今为止，中国政府还是没有成功降低飞涨的外部顺差，没有成功从一个现在无法证明是否合理的高度降低外汇储备，没有成功消除和中国贸易伙伴之间愈发紧张的关系，也没有成功让经济增长模式恢复平衡。这些失败也许意味着中国政府对这些目标缺乏关注。也许中国政府正在权衡现有政策与其他可能政策之间的收益和成本。然而，这也可能只是简单反映出2004年到2007年间经济体正在向着外部不平衡飞速前进的事实，而政策制定不可避免地存在滞后性，而随后的政策制定则优先用于应对2008年到2010年间的世界经济衰退。

宏观经济失衡表现在两个方面。其一是支出失衡，其二是外部失衡。在这两种情况中隐藏在背后的问题是消费的跨时期分布。现在相对于消费更多的投资会提高未来的消费。外部顺差包括外国资产的增加，使得资源用于未来消费成为可能。中国宏观经济失衡暗示了中国社会和政府有着较低的时间偏好率。那么如何来解释这些现象呢？

经济改革以来，中国政府将重心放在了推动经济增长上。领导者认为快速的增长是维持社会长治久安的最佳策略：中国成为一个发展型的国家。增长策略反映在政府对于加入世贸组织以接受全球化的决定上。连同估值偏低货币，这也许是出口顺差增加的部分原因。它改善了中国的出口前景，诱发了导致生产率增加的国内改革。中国选择将人民币的价值保持在一个低值以鼓励出口增长。这个政策是正确的，因为它看到了 GDP 中出口和进口份额的增长会提高增长率（第 7 章）。2004 年之后，中国政府允许人民币对美元升值，但其升值的速度远远不能遏制出口顺差的飞涨。造成出口顺差飞涨的另外一个原因是相对于投资的国内储蓄的大幅上升，这意味着相对于产能的支出下降。经济改革政策对于解释商业和家庭储蓄中的增长至关重要。

只要经济增长依然是中国政府的中心目标，为这些会创造宏观经济失衡的政策准备的舞台就会一直持续下去。但是这些宏观经济失衡能否持续下去？考虑一下惊人的高投资率。存在这样的危险：资本的快速积累会埋下自我毁灭的种子。竞争经济理论预测资本回报率会随着资本劳动比的提升而下降。虽然有证据显示中国某些行业有着严重的过剩产能，但也有证据显示整体工业的物质资本利润率在过去的十年内有所增加。这种增长有可能源于同物质资本一同增加的人力资本的快速增长，技术进步，以及由高投资率和经济改革政策带来的向着具有更高生产率的活动进行的结构性转移。2008 年到 2010 年期间信贷的快速膨胀存在产生更多过剩产能的危险。然而，当过剩产能出现在 21 世纪头十年的中期时，看起来似乎是快速膨胀的净出口吸收了它们；而且这也可能再次发生。至今还没有令人信服的证据表明以牺牲消费为代价维持目前的投资率会终结中国快速的经济增长。

出口顺差能否持续增长下去？虽然在 2008 年到 2009 年期间作为 GDP 的组成部分中国出口顺差的数值由于世界经济衰退而下降了 4%，但按照现有的政策看来随着世界经济从衰退中恢复过来，出口顺差可能会再次增长。这很有可能引起三个问题。

第一，由于中国人民银行是从净出口国购买外汇，出口顺差的增加会给中国人民银行在抑制流动性增加这一方面带来困难。无法抑制流动性增加会造成资产泡沫，反过来会危害金融系统，降低投资信心。中国应避免重蹈日本在 20 世纪 80 年代后期所经历的梦魇的覆辙。正如随后而来的金融危机对日本造成的危害一样，一次可能的金融危机也会打破中国现在高信心、高投资、高增长的良性循环。

第二，目前的政策暗示中国的外汇储备会继续增加，而外汇储备的回报率较低且可能在实际上呈负值。如果外汇储备的三分之二是以美国政府债务的形式持有的，那么中国相关政策的制定将会越发受其约束。根据美国财政部的报告，2009 年 6 月底中国持有 14730 亿美元的美国证券，其中 9150 亿美元为长期和短期国债，4540 亿美元为政府机构债务，其余为企业债券；同时中国的外汇储备为 21300 亿美元。外汇储备的数额现在已经足够巨大，2009 年底已经达到 24000 亿美元，这意味着中国人民银行对美元的任何实质性销售都能让美元贬值，特别是如果它能带来对进一步出售的期望。但这样做反过来也会降低中国剩余的以美元计价的外汇储备的价值。

第三，中国经常账户顺差表明它的贸易伙伴整体处在出口逆差的状态。例如在 2007 年，当中国的经常账户顺差占 GDP 的 11% 时，它对美国的贸易顺差占美国经常账户逆差的 22%。如果中国经常账户顺差维持这种状况，尤其是如果它开始增长的话，那么中国主要的贸易伙伴将会采取更加激烈的措施，通过施加额外的贸易限制来抑制从中国进口。如果中国自身不采取行动来纠正它的外部失衡，那么其他国家就会采取相应的行动。考虑到贸易制裁和政治反响所带来的风险，这些方法可能会给各方都带来危害，尤其是中国。

银行的脆弱性

无论脱离于中国的宏观经济失衡或与它密切关联，中国很有可能爆发银行业危机。银行系统的脆弱性植根于它们在指令经济和转轨经济中被要求扮演的角色。在中央计划经济下国有银行的作用仅仅是用来实施计划者的指令，而不需要应用商业准则。随后市场经济取代了中央计划经济，国有经济开始面临巨大的竞争，国有银行的作用则是用来保护那些境况不佳的国有企业和它们的员工。因此银行系统持续保证了"改革没有失败者"的情况。此外，一些生产效率低的活动也得到了资金的资助，资助这些企业的原因是为资助而资助，甚至更糟。Naughton（2007: 460）认为，中国建立了一个"严重不符合复杂市场经济要求"的银行系统。

不良贷款的数目急剧增加。一份评估称 1997 年国有银行不良贷款的价值占它们的总贷款数额的 53%（Matthews 等 2007: 5）。银行改革从 20 世纪 90 年代开始，此时政府意识到一些事情需要改变。政策制定者需要同时处理囤积问题和流动问题。为了降低不良贷款的存量，大量的资金需要注入到银行以充实银行资本。注入资金最重要的媒介是四大国有资产管理公司。这四大公司以票面价值购入 1996 年前的不良贷款，然后仅以回收部分购买成本的方式将其出售或拍卖。对四大银行资本的进一步注入是通过外汇储备的方式进

行的。因此，最终是中国政府和中国人民银行承担了资不抵债的银行体系这
一负担。

　　银行资本的重新注入大幅降低了它们的不良贷款。问题的规模由于不良
贷款相关信息的贫乏而很难被测定，当然这也可能是出于战略选择的目的。
但是，Matthews 等人（2007: 5）的研究分析显示不良贷款占据国有银行总贷
款的份额由 1997 年的 53%降到 2000 年的 32%，然后在 2006 年这个数字降
到了 9%。Naughton（2007: 462）提供了一份数据显示银行系统中的不良贷
款从 2002 年的 28%降到 2005 年的 9%。中国银行业监督管理委员会网站上
的数据显示商业银行不良贷款占据贷款总量的份额从 2007 年底的 6%降低到
2009 年底的 2%。中国财政和外汇储备解决了大部分不良贷款的囤积问题。
如果在未来有需要的话，它们很有可能再次被用来做同样的事情。

　　现在剩下的是流动问题。一方面，在中国加入世贸组织协定以及中国的
银行对大银行股份收购（在 2005 年到 2006 年晚些时候加入股市市场后才开
始收购）的影响下，中国的银行和国际银行开放竞争，为提高银行业的效率
提供了动力。另一方面，不良贷款囤积问题的解决产生了"道德危机"，使得
流动问题恶化。获救的经历使得银行没有了改革贷款政策的动力。加上政府
持续深入的参与经济以及对资助来源的需求，暗示着不良贷款的问题可能会
再次发生。

　　也许对银行系统最大的威胁来自于可能会发生的投机性资产泡沫破灭，
特别是房地产泡沫（Allen 等 2008: 559）。这样的崩溃会给银行系统带来许
多坏账。这与中国宏观经济失衡相联系，我们在这一节已经讨论过。鉴于资
本控制取得的成功有限，阻止短期资金投机性流入的需求迫使金融当局将利
率维持在一个低值（Allen 等 2008），这同样也是为了满足支持利润较低的国
有银行的要求（Ferri 和 Liu 2010）。甚至在 2006 年，四大银行的净利差也
只有 2.5%，它们的平均资产回报率则仅有 0.67%（Matthews 等 2007: 5）。中
国出口顺差为分流外汇流入制造了难题，而分流是为了遏制无法控制的货币
供应增长。资产泡沫出现的范围正在不断扩大，而扩大的原因是 2008 年和
2009 年为了回应全球经济危机而采取的大规模的货币扩张行动。许多草率决
定的由银行出资的公共基础设施项目很有可能会被证明是误入歧途。只要刺
激计划会使不良贷款增加，虽然可能会有滞后的情况，但它还是会削弱银行
系统，而且会使银行业危机成为可能。

12.4　政治冲击

同许多国家的领导人一样，中国的领导人对"社会稳定"十分看重（Shirk 2008: 6～7），一直奉行的政策都倾向于减少社会不满和对社会不满的情绪表达。应对社会不满最为重要的政策武器就是快速的经济增长。

社会不满的源头

中国共产党是否有能力充分地调整并适应以维持快速改变的和愈加复杂的社会中的政治稳定性？我们来考虑一些更为明显的社会不满的来源：经济不平等、失业和裁员、不安全以及腐败。

伴随着经济改革和经济增长，中国在许多方面都出现了不平等的情况（我们在第 10 章中讨论过），收入不平等的加剧表现在三个方面：家庭间收入的不平等、跨区域收入的不平等以及城乡间收入的不平等。目前仍不清楚这些形式的不平等产生了多大程度的社会不满。主观幸福感影响因素的评估（第 11 章讨论的问题）显示相对剥夺感是其中一个重要的影响因素：相对收入较低会降低幸福感。有证据显示"相对贫困"的现象正在增加。若将穷人定义为那些人均家庭收入不足人均国民平均收入一半的人群，那么穷人占人口的比例从 2002 年到 2007 年有所增加（Li 等 2012）。

关于主观幸福感的研究同样也体现了选择参照群体的重要性。农村居民可用于对比的生活圈子较小：他们在农村收入分布中所处的位置是最为重要的。城市居民和定居在城市里的农民工群体对他们在城市收入分布中所处的位置是敏感的。特别是城市中快速增长的农民工人群，他们一般处在城市收入分布的底层，有着最低的平均主观幸福感，这些情况构成了社会不满。

我们在第 10 章中分析过，家庭人均收入不平等的基尼系数在增加。此现象发生在包括农村、城市的全国范围内，而在全国范围内基尼系数的增加则是由于在中国城市和农村范围内平均人均收入的增加。虽然在经济改革三十年来不平等现象一直在加剧，但这并不意味着这一趋势是不可避免的。我们在第 9 章指出，阻止不平等现象继续增加的最重要的市场机制是即将到来的相对非熟练劳动力的稀缺。

无论是同国民收入分布比较，还是跨区域比较，还是和城市（如果此人是农村居民）或农村（如果此人是城市居民）收入水平比较都不重要。政府真正需要关注的，是如何消除农村范围内和城市范围内各自存在的收入不平等的原因，以消除社会不满。总之，不幸福感并不一定会转化为社会不满。但它取决于人们对于自己的不幸福感的解读，即这种不幸福感在多大程度上是人为造成的，以及政府是否有能力消除它们。

第 11 章提供的证据表明不安全感会降低主观幸福感。因此，不仅是实际失业本身（收入降低），对失业的预期也会降低城市居民的幸福感。国有企业从 20 世纪 90 年代中期开始实行并延续到 21 世纪头十年的紧缩计划造成了大量的失业和困难，我们在第 3 章和第 10 章有过相关论述。"铁饭碗"的不复存在，加上职业感全感和社会安全感的缺失，以及医疗保健和一些教育等公共服务收费增加，使得城市生活变得不再安全和令人满意。这有助于解释为什么农村居民的平均幸福指数要比城市居民的高，尽管城市居民的平均收入要比农村居民高得多。也许引起农村居民社会不安扩散的最普遍原因是农田被占且只能得到很少补偿的愤怒。

第 11 章分析得出的另外一个发现是当前对未来收入预期的幸福感很重要。在所有的三个子样本中，如果人们对他们未来的收入增加有预期，特别是当他们预期他们未来的收入会在五年内大幅上升的时候，其他条件不变，幸福指数就会增加。大多数的受访者都希望他们的未来收入能够增长。如果经济危机的出现导致他们对未来收入增长的预期下降，那么这很有可能对幸福等级造成严重的影响，同时也可能引发潜在的社会不满。

腐败是引发社会不满的一个潜在的重要原因。中国部分市场化的经济要求经济行为主体在经济活动的许多领域中都必须先得到政府的允许和批准。这样的系统可能滋生寻租和官僚以及官员腐败，特别是在地方层面，以及在这样一个意识形态方面相对开放的时代。

公民对腐败的感知度才能更好地体现出腐败对政权的威胁。如果公民对腐败存在广泛的认知，那表明这个国家此时从身居要职的官员到整个官僚体制最底层的官员中都有可能存在贪污腐败的情况。在中国，腐败问题没有被政府掩饰：2005 年，时任国家主席的胡锦涛将腐败形容为"猖獗的"(Shirk 2008: 32)，而且称对腐败的坚决惩罚和有效预防是巩固中国共产党执政地位的重要保障(Wedeman 2009a, 2009b)。2002 年，当中国家庭收入项目（CHIP）调查中城市子样本的受访者被问到什么才是最为严重的社会问题时，32%的人提到了失业和下岗，使之成为社会问题之首，而21%的受访者提到了腐败，同样21%的人提到了社会安全感的缺失，后两者并列第二位。

中央领导人有能力承担反对腐败以及保护受害者的责任。中央推出了一系列引人注目的反腐运动。按照Yao (2010: 333)的说法，2001年到2008年期间，104名副部或以上等级的高官（例如省长）落马，被依法起诉，其中40名官员被判处死刑或10年以上有期徒刑。虽然这些动作可能并不足以完全阻止腐败，但是它给予了人们对于政府在处理反腐这件事上的一些信心。

然而，根本的问题是，中国的某些制度编排容易滋生腐败：在中国大部分的管制经济中，官员对于允许或拒绝一些商业运作有着独断的权力。有一些东西恰好是后者想要得到或购买，而前者想要给出或出售的。

对社会不满的疏导

种种原因使得即使是经济持续的快速增长也未必能完全阻止社会不满情绪的产生。社会不满的产生很有可能成为引发政治冲击，进而成为导致经济快速增长终结的导火索。Shirk (2008: 53)注意到，在过去的十年里，"社会稳定"这个词语在《人民日报》中每年都要出现700~800次。这体现了领导者对此问题的重视。

如何解决经济抱怨？在第3章里我们讨论了20世纪90年代中期开始实行的国有企业内的紧缩计划，这个计划已经持续了一些年。本节接下来将谈谈如何理解政府在追求经济增长和财政健康的诉求下，是怎样应对工人的不满情绪的。国有企业的改革是政府在面对国有企业利润率降低，给国家财政收入和经济增长都带来威胁的情况下不得不实行的计划。作为改革的一部分，国家最高领导人下令私有化或关闭了许多小型的国有企业，强化了软预算约束，同时减少多余的工人。起初政府希望城市失业工人仍在工厂，但只是暂时下岗并待岗，而不是成为真正意义上的无业人员，但是随之而来的现实表明这种想法是不可能实现的。官方的统计数字很难解读，但累计总下岗人员很有可能十分可观（Knight和Song 2005: 118）。此项政策对社会稳定构成了严重的威胁。

失业保险系统处在不断的变化之中，从企业负担变为城市负担：不能依靠失业保险来保护下岗工人。社会不满来源于实际裁员和潜在的裁员威胁，两者都是由前面介绍过的下岗政策导致的。合格的"多余"工人，即那些以前享有终身雇用权利的工人，将会在未来一些年中通过得到来自政府或企业（如果企业没有倒闭或破产）的补助金来维持生计。有太多的证据表明，许多困难是由公共支持的不足和再就业的不易（参考 Appleton 等 2002）造成的。

2002 年，新的领导集体试图将政策从单一的对经济发展的关心调整到对构建"和谐社会"的重视上来。实际上，这是努力解决引发社会不满的一些社会问题。构建和谐社会的目标中包括加强法律体系的建设，缩小各区域范围内和城乡之间的家庭收入不平等，更加重视农村发展，加强社会保障体系建设，以及关注环境破坏等等。新的政策在 2006 年成为中国共产党的官方主张。

一些政策举措的施行是为了实现构建和谐社会的发展目标。例如，2005 年农业税被废除，2007 年全国范围内农村基础教育免除学费，作为 2008～2009 年期间财政刺激计划的一部分，农村基础设施投资有所增加，2008 年，对农村购买家用电器的家庭给予补贴，在一些省内扩展社会保障条款，在农村地区实行城市最低收入补贴体系（低保），农村社会从以上种种的政策中受益。

有证据显示建设"社会主义新农村"的政策产生了可观的影响(Michelson 2011)。2002 年和 2010 年进行的一项跨 6 省市约 30 个村庄的小型问卷调查让我们能够对比改革前后村民对一些问题的看法和观点。2010 年的问卷调查显示三分之二的受访者认为每一个行政层的政府都很关心村民的民生问题，地方公共品的供给是导致这种看法很重要的因素之一。大部分人表示村民和干部之间的关系变好了，超过五分之四的人说政府对公共品的投资增加了。不尊敬政府的村民比例在 8 年间从 21% 降到了 8%。这意味着农村不满的潜在来源已经被面向农村的政策转移所削弱。

2007 年的财产法原则上给了所有者更多的财产安全感，2008 年的劳动合同法给了工人更多的权力和职业安全感。毋庸置疑，许多其他影响力较小的政策也受到了对发展目标重新定向的影响。但是，经济增长的目标看起来也并未被冲淡，快速增长仍在持续，且存在潜在的失衡可能。构建和谐社会的目标不得不和当地政府官员的激励机制做斗争，而后者继续鼓励地方经济增长。

对经济增长目标的强调曾使国家优先考虑公共投资项目，而非公共消费项目。12.3 节中我们讨论过的极端的宏观经济失衡表明政府在过去一段时期内忽视了用于扩大公共服务供给的财政资源（特别是在农村里），这些公共服务包括医疗、教育和社会保障等。政策重点的重新定位也要求重新修正地方官员面临的激励结构。

中国对于发生在2007～2008年的世界金融危机和发生在2008～2010年的世界经济衰退的应对措施，有助于我们理解中国政府是如何处理经济衰退问题从而保持社会稳定的。世界经济衰退对中国的出口造成了严重的影响：以美元计价的出口值从2008年第三季度到2009年的第一季度下降超过40%，之后才开始逐渐恢复[3]。出口部门，主要是劳动密集型加工制造业的劳动力大量失业，产生了一波社会不满情绪。中国政府对此采取了迅速有力的回应以抵御出口冲击可能会导致的经济衰退从而保护中国的经济；中国政府则通过采取复苏的货币和财政政策来实现它的目的(Xu 2010)。

中国人民银行几次降低法定存款准备金、银行存款利率和其他利率。结果使得货币供应量(M_2)在2008年增加了18%，在2009年增加了28%；银行贷款在2009年则增长了33%。中央政府还施行了一个巨大的财政扩张计划，其中60%将会用于2009年，剩余40%将用于2010年。其中绝大部分（80%）是用于基础设施的支出上，部分原因是因为这样做会产生立竿见影的效果。地方政府因此计划起更大的基础设施方案，资金则主要来源于银行为了实现此方案而设立的公司的贷款。公共部门中支出超过收入的平衡正在迅速增长。

经济刺激计划很快就产生了效果。2008年，中国GDP的年平均增长为10%，而在2009年第一季度这个数字降到了6%，但随后开始恢复增长，在2009年第四季度达到9%。2009年的固定资产投资比2008年高出31%。大量的银行借贷造成了投机性的资产泡沫和投机性的资本流入。例如，上海房地产价格在2009年增加了42%，上证综合指数也在四个月内增加了75% (Xu 2010: 134)，尽管在2010年发生了一些逆转。总体来说，迅速制定出的应对出口下滑的政策避免了创业信心崩溃的危险，但是问题也迅速转变为通胀预期。

Kong等人(2010)通过对农村家庭进行固定样本调查，对比了2008年和2009年上半年的就业情况。他们发现至少有1500万农民工（超过农民工总量的10%）在此期间回到了农村地区。他们同样也评估了，通过需求的乘数效应，3800万农民工失去了他们在农村的非农就业机会。农村农业不得不吸收这5300万失业的农民工（占农村劳动力的10.5%）。农业因此变得像一个海绵，通过不充分就业的形式，吸收失业人群，因而造成了新的贫困人口。Kong 等人 (2010) 认为农村收入降低的原因是农业家庭平均收入明显低于那些家中有非农业就业人群和农民工就业人群的家庭收入。农民工回归农村农业后，被各自分散，也不再具有组织性。然而，政府想要给这些失业的农民工提供新的就业机会。随着宏观经济刺激计划开始进行和扩展，他们中的许多人又在城市里得到了工作，其中大多数是基础设施建设项目或自主创业活动，而不再从事出口行业。一份官方的评估报告指出城市中农民工的总人数在 2009 年大幅增长（人力资源和社会保障部 2009、2010）。由于政府的积极干预，农民工的就业人口已经超过了当年年底复原的人口。

12.5 结论

几个有关中国未来经济增长的预测显示着长期经济增长率将会逐渐下降，这也符合其他国家的历史经验。例如，Hofman 和 Kuijs (2008)用增长会计法和其他假设预测中国未来 GDP 年增长率将会从 2005～2015 年间的 8.3%降到 2015～2025 年间的 6.7%，然后再降到 2025～2035 年间的 5.6%。下降的原因部分是就业的下降，部分是劳动生产率增长变缓，反过来则共享一个上升的资本产出比和全要素生产率增长减速。在我们看来，这些预测只不过是建立在其他经济体经验基础上的有根据的猜测罢了。我们必须意识到一些复杂的情况很可能会发生。例如，为惊人的经济增长提供保障的非熟练劳动力的充足供应将会在十年内枯竭，生产要素市场的逐步改革将会减缓经济增长，环境破坏和迫近的水资源短缺将很有可能提高持续快速增长的成本。尽管如此，我们还是一致认为随着中国经济的日臻成熟，中国的长期经济增长率会下降，并且在 20 年后中国的年经济增长率很难超过 6%。

我们没有进行生产增长预测的一个原因是中国经济的快速增长依赖于一个由高信心、高期望和高增长组成的良性循环，高信心会带来高期望，有助于高增长的实现，而高增长又会增强高信心，这样循环往复。潜藏在这个良性循环背后的是中国的政治经济。

未来有很多潜在的危险因素可能会破坏中国经济发展的良性循环。这些因素我们之前已经有过讨论，包括：中国宏观经济失衡恢复的可能性，银行业危机爆发的可能性等。这些因素可能仅仅是潜在的危险，也可能永远不会出现，它们出现的概率无法预测，但是我们却不得不意识并承认它们的存在。

注释：

1. 本部分参考了 Knight 和 Wang（2011）一书中的内容。
2. 摘自 2007 年 2 月 16 日，国家发展与改革委员会价格监测中心《2006 年钢材价格分析及 2007 年预测》的报告（中文）。
3. 国际货币基金组织，国际金融统计数字，2010 年 4 月。

参考文献

Allen, Franklin, Jun Qian, and Meijun Qian (2008), 'China's financial system: past, present and future', in Loren Brandt and Thomas Rawski (eds.), *China's Great Economic Transformation*, Cambridge and New York: Cambridge University Press.

Anderson, Jonathan (2007), 'Is China export-led?', UBS Investment Research, September, <http://www.allroadsleadtochina.com/reports/prc_270907.pdf>.

Appleton, Simon, John Knight, Lina Song, and Qingjie Xia (2002), 'Labor retrenchment in China: determinants and consequences', *China Economic Review*, 13: 252~275.

Athukorala, Premachandra (2009), 'The rise of China and East Asian export performance: is the crowding out fear warranted?', *The World Economy*, 32: 234~266.

Bernanke, Ben S. (2005), 'The global saving glut and the US current account deficit', Lecture, Washington, DC: Federal Reserve Board.

Cline, William R., and John Williamson (2008), 'Estimates of the equilibrium exchange rate of the renminbi: is there a consensus, and if not, why not?', in M. Goldstein and N. R. Lardy(eds.), *Debating China's Exchange Rate Policy*, Washington, DC: Peterson Institute for Inter national Economics: 131~154.

Collier, Paul (2007), The Bottom Billion, Oxford: Oxford University Press.

Corden, W. Max (2009),'China's exchange rate policy, its current account surplus and the global imbalances', *The Economic Journal*, 119, 541: F430~141.

Department Of Labor, United States (2009), 'International comparisons of hourly.

compensation costs in manufacturing, 2007 '.

Ferri, Giovanni, and Li-gang Liu (2010), 'Honor thy creditors beforan thy shareholders: are the profits of Chinese state-owned enterprises real?', *Asian Economic Papers* ,9,3:50~69.

Frankel, Jeffrey A., and Shang-jin Wei (2007), 'Assessing China' s exchange rate regime', *Economic Policy*, 22: 575~627.

Goldstein, Morris, and Lardy, Nicholas (2006),'China's exchange rate policy dilemma', *American Economic Review* ,96, 2: 422~426.

Hofman, Bert, and Louis Kuijs (2008), 'Rebalancing China's growth', in M. Goldstein and N.R. Lardy (eds.), *Debating China's Exchange Rate Policy*, Washington, DC: Peterson Institute for International Economics: 109~122.

Huang, Yiping (2009), 'China's great ascendancy and structural risks: consequences of asymmetric market liberalization', Peking University, China Center for Economic Research, Working Paper No. E2009003, June.

Kim, Kwong Ok (2009), 'Reflections on China' power', in Keun Lee, Joon-han Kim, and Wing Thye Woo (eds.), *Power and the Sustainability of the Chinese State*, London: Routledge: 11~30.

Knight, John, and Lina Song (2005), Towards a Labour Market in China, Oxford: Oxford University Press.

——and Wei Wang (2011), 'China's macroeconomic imbalances: causes and consequences', *The World Economy* , 34, 9: 1476~1506.

Kong, Sherry Tao, Xin Meng, and Dandan Zhang (2010), 'The global financial crisis and rural-urban migration', paper presented at the Beijing Forum, November.

Koopman, Robert, Zhi Wang, and Shang-jin Wei (2008), 'How much of Chinese exports is really made in China? Assessing domestic value added when processing trade is pervasive', NBER Working Paper No. 14109, June.

Kuijs, Louis (2005), 'Investment and Saving in China', World Bank Policy Research Working Paper No. 3633.

——and Tao Wang (2005), 'China's pattern of growth: moving to sustainability and reducing inequality', World Bank Policy Research Working Paper No.

3767.

Leightner, Jonathan E. (2010), 'How China's holdings of foreign reserves affect the value of the US dollar in Europe and Asia', *China and the World Economy*, 18, 3: 24~39.

Li Shi, Luo Chuliang, and Terry Sicular (2012), 'Overview: income inequality and poverty in China, 2002~2007', in Li Shi, Hiroshi Sato, and Terry Sicular (eds.), *Rising Inequality in China: Challenges to a Harmonious Society*, New York: Cambridge University Press, forthcoming.

Luo, Renfu, Linxiu Zhang, Jikun Huang, and Scott Rozelle (2007), 'Elections, fiscal reform and public goods provision in rural China', *Journal of Comparative Economics*, 35: 583~611.

Mcgregor, Richard (2010), *The Party: The Secret World of China's Communist Rulers*, London: Allen Lane.

Mckinnon, Ronald, and Gunther Schnabl (2009), 'The case for stabilizing China's exchange rate: setting the stage for fiscal expansion', *China and the World Economy*, 17, 1: 1~32.

Makin, Tony J. (2007), 'Does China's huge external surplus imply an undervalued renminbi?', *China and the World Economy*, 15, 3: 89~102.

Matthews, Kent, Jianguong Guo, and Nina Zhang (2007), 'Non-performing loans and productivity in Chinese banks: 1997～2006', Cardiff Economics Working Paper E2007/30, November.

Michelson, Ethan (2011), 'Public goods and state-society relations: an impact study of China's rural stimulus', Indiana University Center for Chinese Politics and Business, Working Paper No. 4, February.

Ministry Of Human Resources and Social Security (2009), 'Series of reports on China's employment strategies against the global financial crisis', unpublished manuscript (in Chinese).

——(2010), 'An investigation of employment demand of enterprises in spring 2010 and employment status of rural migrants in 2009', unpublished manuscript (in Chinese).

Naughton, Barry (2007), *The Chinese Economy: Transitions and Growth*,

Cambridge: The MIT Press.

——(2008), 'A political economy of China's economic reform', in Loren Brandt and Thomas Rawski (eds.), China's Great Economic Transformation, Cambridge and New York: Cambridge University Press: 91~135.

National Bureau Of Statistics Of China (NBS) (various years), *China Statistical Yearbook*, Beijing: China Statistics Press.

Pei, Minxin (2006), *China's Trapped Transition: The Limits of Developmental Autocracy,* Cambridge, Mass.: Harvard University Press.

Rumbaugh, Thomas, and Nicolas Blancher (2004), 'China: International trade and WTO accession', IMF Working Paper WP/04/36.

Shane, Mathew, and Fred Gale (2004), 'China: A study of dynamic growth', electronic Outlook Report from the Economic Research Service.

Shirk, Susan L. (2008), *China: Fragile Superpower: How China's Internal Politics Could Derail its Peaceful Rise*, Oxford and New York: Oxford University Press.

Shu, Chang, and Raymond Yip (2006), 'Impact of exchange rate movement on the mainland economy', Hong Kong Monetary Authority, China Economic Issues 3/06.

Sung, Yun-wing (2007), 'Made in China: from world sweatshop to a global manufacturing centre?', *Asian Economic Papers* ,6,3: 43~72.

Wang, Feng, and Andrew Mason (2008), 'The demographic factor in China's transition', in Loren Brandt and Thomas Rawski (eds.), *China's Great Economic Transformation*, Cambridge and New York: Cambridge University Press: 136~166.

Wang, Yajie, Hui Xiaofeng, and Abdol Soofi (2007), 'Estimating renminbi equilibrium exchange rate', *Journal of Policy Modelling*, 29, 3: 417~429.

Wang, Yongzhong (2010),' Effectiveness of capital controls and sterilization in China', *China and the World Economy*, 18, 3: 106~124.

Wedeman, Andrew (2009a), 'Enemies of the state: mass incidents and subversion in China, paper presented at the APSA 2009 Meeting, Toronto.

——(2009b), ' Corruption in China: crisis or constant?' , background paper for

China Balance Sheet Project, Washington DC: Peterson Institute for International Economics.

Woo, Wing Thye (2009), 'Assessing China's capability to manage the high-probability risks to economic growth: fiscal, governance and ecological problems', in Keun Lee, Joon-han Kim, and Wing Thye Woo (eds.), *Power and the Sustainability of the Chinese State*, London: Routledge: 75~99.

Xu, Mingqi (2010), 'The role of macroeconomic policy in China's high economic growth amidst the global financial crisis', *Seoul Journal of Economics*, 23,1: 123~144.

Yao, Shujie (2006), 'On economic growth, FDI and exports in China', Applied Economics , 38, 3: 339~351.

Yao, Yang (2010), 'A Chinese way to democratization?', *China: An International Journal* ,8, 2 (September): 330~345.

Yu, Yongding (2008), 'The new challenges of inflation and external imbalances facing China', *Asian Economic Papers* , 2, 7 (June): 34~50.

Zheng, Nongnian (2009), 'Can the Communist Party sustain its rule in China?', in Keun Lee, Joon-han Kim, and Wing Thye Woo (eds.), *Power and the Sustainability of the Chinese State*, London: Routledge: 186~210.

13

中国经济发展的回顾

13.1 引言

我们首先将会对本书论述的观点进行总结，在 13.2 节中我们会分析中国经济快速增长的原因，在 13.3 节中我们会分析这些增长带来的影响。然后我们会转向更一般的结论，这些更为一般的结论来自我们方法论上的、实质上的以及政策导向的观点。13.4 节我们将讨论在对经济增长进行研究的过程中出现的经验和教训，13.5 节我们将讨论中国应该吸取的经验和教训，然后在 13.6 节中我们将讨论其他发展中国家应该吸取的经验和教训。

13.2 中国经济增长的原因

第 4 章中我们将中国放在了跨经济体研究的视角下，而在有关中国经济增长的文献研究中很少有人进行这方面的定量分析。这在一定程度上反映了用于跨经济体研究的有限的数据量，我们使用了一个要素投入产出相关的新古典框架模型来进行分析。从传统的索洛模型开始着手分析，我们首先通过人力资本这个参数扩大了有关的基础方程，然后衡量了从农业部门向更加具有生产效率的非农业部门进行的资源转移。因变量是每个工人产出的增长。我们发现扩大了的索洛模型的扩展版本为中国经济增长的成功提供了一个很好的解释。中国工人的年度人均产出增长率（7.2%）将会下降至其预测的增长率（6.3%），这个数值的置信区间为 95%。原因不明的部分可能指的是那些从没有被结构性变化影响的经济改革和市场化中产生的效能。

该模型被证明是一种用来理解中国和其他经济体之间存在的巨大而持久的增长速度差异的有价值的方法。中国相对良好的经济表现可能归因于几个因素。首先，比起其他主要的经济体，中国积累物质资本更为迅速。开始时中国处在人均产量较低的时期，从而远离它的长期均衡，中国得益于条件趋同。我们的模型预测的缓慢的趋同率表明：尽管资本收益减少，但在中国过渡到长期平衡（新古典增长理论预测）的过程中，资本积累对于驱动经济增长所起的作用可能持续数十年。

与资本积累相关的是中国更加快速的结构性改变所做出的贡献，即劳动力从生产率低下的农业部门向高效率的非农业部门转移。相比于其他发展中国家，更为缓慢的人口增长速度有助于解释中国快速增长的人均产量。中国的人力资本的水平导致了中国和其他发展中国家的增长区别，但却没有引起人力资本的增长，因为中国的教育扩张与之匹配。

除了跨经济体分析，我们还进行了一项跨省分析。所有省份都服从于中央政府的相关政策，这些政策包括对外贸易、计划生育、宏观经济管理、金融政策等。然而，一些省份的改革和市场化比其他省份更早和更进一步，而且在对外贸易的开放程度、人口的自然增加幅度、经济活动的水平、投资产出比等方面存在差异。我们的方法是，用这些省份解释变量之间的差异来解释生长速率之间的省份差异，以此进一步解释为什么中国作为一个整体发展的同时，其他所有的省份都在快速地发展。

因变量是实际人均 GDP 的增长率。我们采用了非正式的增长回归方法，所以允许引进许多解释变量。我们在第 5 章的任务是评估一个基本方程。我们必须解决的问题是模型的不确定性，即在稳健预测量的基础上构建实证模型的问题。第一阶段模型选择的结果确定了条件趋同的作用，物质和人力资本的形成，人口的增长速度，开放的程度，以及制度变化等在决定中国各省份经济增长率的作用。在第二个阶段我们使用了面板数据系统 GMM 技术评估了基准模型。

通过评估基准模型而发现的三个主要结论构成了我们论述的基础。各省之间存在条件趋同的情况，物质和人力资本的积累都会促进经济增长。尽管存在持续的绝对差异，但条件趋同仍然发生了：富裕的省份变得更加（相对）富裕。这些发现符合新古典增长理论关于转型动态的假说。考虑到中国经济改革伊始就可能出现的中国经济的极端不平衡，这种转型运动是可以预料到的。我们得到的关于条件趋同的证据表明，每个省都在朝着一个相对平衡稳定的状态趋同。当然也可能有其他的解释，例如，趋同性反映的是从中央政府向贫困省份或少数民族地区的财政转移的情况。物质和人力资本增长带来的影响和我们论述的不均衡增长和条件趋同情况相一致。然而，也存在另一种对这两种类型投资带来的积极效应的解释，即资本积累是与技术进步密切相关的。

我们在第6章和第7章中对基准模型进行了扩展以分析特定变量的作用。第6章考察的是要素投入，特别是物质和人力资本积累。我们对这两种形式的投资的影响进行更为详细的分析调查是为了进一步深入了解是什么机制在起作用。

当我们区分不同类型的物质资本时，我们会发现最大的贡献是由分类为"对创新的投资"的支出做出的，而不是"对资本结构的投资"的支出；"在其他固定资产中的投资"，如不动产，则没有做出任何贡献。由于大多数时候是与技术进步密切相关的，物质投资似乎对经济增长做出了最大的贡献。由于外国公司可以作为知识和技术的一个来源，因此我们认为一个单位的外国直接投资将会比一个单位的国内投资对经济增长产生更大的影响。在我们解决了一个规范的问题后，我们得到的证据支持这一假设。

不同类型所有权的公司享有不同的激励机制，适用着不同的政府政策，同时有着不同的机会。通过所有权打破物质投资，我们发现，国有企业投资份额的增加将会减少投资对经济增长的贡献份额，而集体企业投资份额的增加对其的影响微不足道，但私营企业投资份额的增加会提高投资对经济增长的贡献。因此，在改革的进程中减少对私营部门的限制和约束，对实现经济增长有着重要的作用，而持续偏向于国有企业的不合理的金融体系则将阻碍经济的增长。

我们的结论说明区分不同级别的教育对经济增长影响的重要性。这些影响的差异取决于经济生产函数及其变化，以及先前被放在小学和中学教育而后来变为高等教育的政策重点。虽然小学入学对经济增长没有什么影响，但无论是中学入学率还是高等教育入学率都对经济增长有着积极的作用，且后者比前者大。事实上，与总人口相关的高等教育入学率与经济增长率之间的关系是高度敏感的。这种情况可能与直到20世纪90年代中国仍一直对高等教育重视程度不足有关：1998年高等教育入学率在相关的年龄群中仍只有

5%。

想要回答为什么中国增长如此之迅速这个问题，我们首先有必要假定建立在对各省差异评估基础上的一个变量的增长影响作为这一变量影响整个经济的一个参考。正是在这个基础上，我们进行了各种反事实的经济实验。我们发现显著减少资本投入会导致中国经济增长率的显著下降，这表明物质和人力资本形成在解释中国显著经济增长中的重要作用。然而，这又引出了另一个问题：为什么资本积累如此迅速？

在教育和劳动力市场的改革中，政府通过增加（最初可以忽略不计的）教育上的工资溢价，促成了对于教育的私人需求的快速增长，而政府则是通过增加供给予以回应。而在物质投资中存在的对于储蓄和投资两方面的强大的激励机制（在第 8 章中我们有过相关分析）将在下面讨论。

要素投入和它们的增长可以视为产出及其增长的直接决定因素。然而在这些技术关系的背后，是其他的、间接的影响。这些在第 7 章中有过探讨。依旧是从基准模型开始分析，我们检验了三个保障中国经济增长成功的决定性因素：不断增加的开放度、所有权的变化和部门的变化。每一种效应都表示着效率的提高，让中国经济朝着其生产边界移动。

经济本身的结构层次，而不是结构变化，影响着贸易和所有权而非部门组合的经济增长。拥有一个大的贸易部门或者大的私有部门将会增加一个省份的增长率。然而，结构性改变才是更重要的。在经济改革的历程中，中国整体上经历了三次剧烈的结构性变化，并且每一次结构改变都有助于解释中国经济的高增长率。

在经济改革的初期，中国的经济是封闭的，其工业结构是按照苏联模式建立的，没有体现出中国工业的比较优势。随后中国 GDP 中贸易份额的增加产生了积极的影响，出口和进口都对经济增长做出了贡献，对经济增长的贡献每年超过 3%。这些有说服力的结果与增长受益于开放政策带来的资源再分配方式的改进，以及技术和竞争。

无论我们是否使用投资、产出或就业作为标准，我们都发现私人所有制份额的增加对于经济增长的影响都是积极的，而国家所有制对其的影响是消极的。如果私有化以及随之而来的生产效率的提高没有发生，那么中国的经济增长率将会每年降低 0.7 个百分点。

令人惊讶的部门改变也对中国的经济增长做出了重要贡献。如果在非农业部门就业的劳动人口份额不增加，那么中国经济增长率将会每年降低一个百分点。这些证据同得益于行业劳动力分配的改善以及外部效应（特别是对于工业部门）的效率的提高是一致的。

当我们评估一个同时包括开放度、私有化和行业变化的方程时，我们发现结构性变化对经济增长产生的全效应每年都超过 4%。这个数字体现了结构变化对中国的经济增长率所做出的粗略量级估算的贡献。那里不仅存在经济增长，也同时存在经济转型，而正是经济转型为大部分的增长率做出了贡献。中国给出了一个生动的例证，表明了在促进发展中国家经济增长的过程中，结构性演化、新的激励机制及制度体系的重要性。

中国的经验表明，即使制度体系并不合适，快速的经济增长也是可能的。当制度性障碍对于经济增长的影响越来越明显的时候，政府有能力解决这些障碍。制度改革放松了对于经济增长的各种约束，帮助释放了以前未开发的市场力量。虽然我们的增长回归方法能够捕捉到程度越来越高的开放性和私有化进程，但是其他制度性变化是不明显的。我们需要替代的方法来捕捉其他进程。

增长回归强调了资本积累对于中国快速经济增长的重要性。这引发了更深的、潜在的问题。即中国的投资为什么那么多？是什么导致这种投资需求？中国是如何提供资源和资金产生这么高的投资利率的？第 8 章试图回答这些问题，我们的分析也是建立在关于中国投资的许多文献研究之上。随着我们分析的不断深入，我们似乎能够给出一个合理的论述。

我们有证据表明，总体的资本回报比率最初就处在一个高值，而且仍然维持在一个相当高的值上。此外，20 世纪 90 年代后期，随着工业改革的推进，工业资本回报率大幅上涨。尽管资本积累的速率很高，盈利率仍足以吸引高投资。这得益于快速的全要素生产率（TFP）增长和现成的可以同日益增长的资本储备相结合的剩余劳动力供给。

企业家对于经济快速增长的期望是导致高投资至关重要的原因。中国成为一个"发展型国家"：中国的各级政府都在提供激励机制以实现经济增长，官员如果促进了投资将会得到奖励，商人可以充满信心地做出投资决定，因为政策以追求经济的快速增长作为目标。中国的经济进入了一个有着持续的反馈效果的良性循环。高投资率意味着快速的增长，而快速的增长反过来产生高预期，继而继续引起高投资。事实上，投资主要集中在生产率相对高的部门，并且大部分体现了技术的进步，高投资率反过来也加速了全要素生产率的增长（TFP）。

如果没有一个与高投资率相匹配的国家储蓄率，那么在面对随之而来的宏观经济失衡时，投资热潮将会消退。我们能够为在企业、家庭和政府中存在的高储蓄率提供合理的解释。效率低下和受压制的金融体系很可能发挥了一些作用：比如当一些资金拮据的企业和家庭看到有利可图的机会时，它们很有可能增加储蓄以便投资。

资金供应可能会成为投资总额的约束，但事实证明并非如此。国有企业享有随时提供的低利率银行贷款，而非国有企业则需要依靠它们的私人储蓄或者非正规的高利率贷款。尽管国有企业部门的盈利率低，但其管理人员却热衷于投资，他们如此做的一部分原因是他们的目标是追求更多的增长，而非更高的利润，另一部分原因则是，直到20世纪90年代末期，他们仍享受软预算政策，因此不需要规避风险。

非国有部门拥有高投资的情况也是可能的，部分原因是已经企业化的前国有企业通常受到政府控制，另一部分原因是私营公司更具效率，这使得它们能够实现更高的利润率，从而比国有或国有控制的企业保有更多的留存利润。

中国的相对于消费的高投资和超过投资的高剩余储蓄量，即经常账户盈余（第12章中讨论过），都意味着中国社会和政府有着较低的时间偏好率。这反过来可以推动经济快速增长：快速增长的消费驱散了政治不满，而得到保障的政治稳定又鼓励中国共产党以长远的观点看问题。这是积极反馈的另一个例子，它让中国能够保持在一个经济快速增长的良性循环中。

我们在第3章论述过，潜在的政治经济是中国经济增长成功的保障。从改革的一开始，经济权力从中央到地方政府的分权化，给了地方政府激励措施以使它们通过拥有、鼓励当地经济活动或对其征税等方式提高财政收入。政府可以出于自己的目的提高和保持"预算外收入"。这在20世纪80年代促进农村工业化时是非常重要的举措。一般来讲，财政激励机制刺激着从省级向下的每一个级别的地方政府去追求地方经济发展。1994年的财政改革多少改变了激励机制的一些结构，但是其主旨并未改变。

在早期的改革进程中，领导开始了干部制度向专业化方向的改革，同时开始实行相关的激励机制，奖励那些完成国家发展目标的干部官员。这也包括仕途中的业绩评估。多年来，中国共产党和政府官员以及国有企业的管理者以实现中国共产党的目标为己任，将实现经济增长作为工作中心。中国的官员不仅不会阻碍经济改革，甚至经常愿意并且能够帮助推动经济改革。

鉴于最高领导层以经济增长作为目标，仍然存在的一个大的问题就是如何在中国这样一个幅员辽阔的国家贯彻推行这一政策目标。领导层求助于适当的激励机制来解决这一问题。将对地方政府施行的财政激励和对官员施行的事业激励结合起来，是建立一个发展型国家强有力而且重要的手段。

13.3　中国经济增长的影响

中国经济的增长给这个国家的劳动力市场带来了明显的影响。在经济改革伊始，中国就是劳动力过剩经济体的一个极端例子。丰富的相对非熟练劳动力帮助实现了物质资本的积累，而物质资本积累对经济增长又起着至关重要的作用。额外资本与成本相对低廉的额外劳动力的相互结合推迟了资本收益下降的到来。

我们认为，著名的刘易斯模型为解释经济发展的成果是如何得到扩散提供了很好的框架。在竞争激烈的市场经济下，只有当经济从发展过程的第一阶段，也就是劳动力剩余的古典阶段，进入到第二阶段，也就是劳动力稀缺的新古典阶段，实际收入才会开始得到提高（通常情况下）。在达到这一点之前经济增长带来的效益是以剩余劳动力得到吸收的方式，而不是以真正收入的提高这一形式慢慢积累起来的。达到这一点之后，劳动力的稀缺就可能成为减少劳动力收入不平等现象的强大力量。

经济增长是否推动了中国经济进入刘易斯模型的第二阶段呢？在第9章中，我们拿出证据证明了在农村地区存在剩余劳动力的同时，城市地区农民工的工资在上涨。我们对于这个难题的解释是劳动力市场存在分割现象。一方面，农民工工资在近几年确实有所增加，他们的工资对城市劳动力市场条件和农村供给价格都是敏感的。工资增加的原因大多可以解释为农村家庭收入的不断上升，而其中大部分相对于迁移过程来说是外生性的。另一方面，制度约束让农民工在城市地区难以生存，而这些阻碍使得农民工不会把他们的家庭一同迁移到城市里来。加上农村土地的不可让与性，使得许多农村工人不愿意离开村庄，至少在很长一段时间内不愿离开。在像中国这样一个幅员辽阔、监管严格的国家，一个真正意义上的刘易斯拐点可能并不存在。我们设想存在一个转折阶段，这个结论不仅是从农村部门的异构性中得出的，也是从中国的要素市场机构中总结出来的。

我们花费了大力气对未来发展趋势进行了预测，结果表明在未来的十年内农村到城市的农民工数量将会快速增长，而留在农村地区的农民工人数量将会迅速减少。在这个十年即将结束前，这种情况很有可能引发市场和政府的内生反应。在劳动力市场中，非熟练劳动力的由市场决定的工资预计将会迅速增加。政府的反应可能涉及退休政策、计划生育政策、城市化政策。可以预测到的是，劳动力市场趋势是会鼓励农村农民工在城市永久定居，同时，目前对"农村移民"存有歧视的户籍制度将被削弱。非熟练劳动力报酬的快速增加也要求经济发展政策向着更加技能密集型和技术密集型的活动改变。可以想象的是，持续增长的中国经济会给中国的经济和社会带来深远的影响。

第 10 章讨论的是随着中国经济增长，不平等现象愈加严重的情况。收入和财富的不平等从一个非常低的水平迅速增加，结合中国的现实，这并不足为奇，当年处在中央计划控制下的中国经济随着市场化的改革，经济激励机制被建立，平均主义已经不再是经济政策的核心。然而，收入不平等的情况越来越严重：基尼系数在 1988 年时为 0.35，而到 2007 年这个数字已经上升到 0.48。2007 年的一项研究发现中国的收入不平等情况在亚洲的经济体中几乎最为严重。

一个较为贫穷的国家，在其早期的经济增长过程中，是有可能引起不平等现象的，这也有原因能够解释。但是，中国经济改革和经济增长并行的特殊现实让人们很难区分二者给不平等现象带来了什么样的影响。只要在效率与公平之间还存在权衡，那么政府更倾向于在一定程度上牺牲公平以实现更快速的增长。然而，也有一些实例告诉我们，经济改革和经济增长并不是不可避免地会引起不平等现象。而中国的经济改革和经济增长确实加剧了不平等现象，这可能是由于政策中存在城市倾向，以及寻租和腐败等问题引起的，后者反映出中国政治体系中缺乏问责机制。中国的经济转型中有着不可避免的紧张局势。这些紧张局势来自于经济增长利益分布的不均匀，以及这些利益分配不均所带来的压力。各种形式的不平等都是社会不满情绪的潜在来源，这些不平等包括不断加剧的区域间的不平衡，农村和城市的差异，工资水平的不平衡，一个富有的企业家阶层的出现，公众对腐败收益的看法，国有企业改革带来的不公平效应，城市失业率的上升，以及社会保护的削弱。

在 20 世纪 80 年代后期，我们（指作者）之中的一人加入了现在仍在进行的中国家庭收入项目(CHIP)中，该项目用于调查收入不平等情况，当时该项目几乎没有得到官方的注意。而现在在政府圈子里对于我们的中国同事关于该项目的研究有着很多的需求。21 世纪头十年的中期引入的"和谐社会"政策旨在减少一些不平等现象，特别是对于农村贫困人口的救助。然而，新的商业利益集团正在形成，它们在政策制定方面的影响力有可能会继续增长。这股势力很有可能会与违背它们意愿的政策抗衡，从而削弱了为了应对加剧的不平等现象而制定的相关政策的执行。减少收入不平等最强大的市场力量可能是中国即将面对的相对非熟练劳动力的稀缺情况，我们在第 9 章有过论述。

在第 11 章中我们探讨了一个问题：经济的增长能否提高人们的幸福感？这是我们第一次涉及这个问题的分析研究。从可用的调查报告中提供的相关数据表明，在过去的十年里，中国人的平均幸福得分有所下降。而在一些发达经济体中，虽然实际收入趋于上升，但是人们的幸福得分却一直维持在一个相当稳定的数值。传统上我们可以用期望值来解释这种情况。随着收入的增加，人们的期望值也在增加，而增加的期望值则会中和增加的收入对于人们幸福感的影响。然而中国的实际情况仍然令人惊讶：首先则是因为我们期望的是相比较于富裕的社会，在贫穷的社会里，人们的幸福感更多地取决于基本需求的实现情况；其次则是因为尽管人们的生活水平有了飞速的提高，但是人们的幸福指数却在下降。

我们使用自己的数据支持了我们的一个解释，在数据中我们对三类家庭样本进行了区分。农村居民的平均幸福得分最高，而具有讽刺意味的是，他们却是最贫穷的人。我们用他们的有限的"信息集合"和范围狭窄的"参照群体"，他们对未来乐观的态度，以及他们并不"物质"的生活态度来解释为什么他们有着最高的幸福得分。城市居民的幸福得分较低，尽管他们拥有更高的收入。我们的数据表明这是由于城市人担心他们的相对收入在城市和情感上"相对不足"，加上城市改革导致他们的生活越来越不安全，因此他们的幸福得分低于农村居民。而居住在城市里的农民工平均幸福得分最低，这是由于他们的"参照群体"已经由农村转移到城市，而且在新环境中，他们是最贫困的人群，并且受到来自城市居民的歧视。

　　因此，我们似乎可以分析得出人们主观幸福指数下降的一些原因，它们包括：不断上升的期望值，相对剥夺感的存在，参照群体的改变，以及不安全感的增加。日益扩大的收入不平等可能会降低人们的幸福指数，虽然在一个人的参照群体里的不平等才是最重要的。所有三个样本中的人们都能从对未来收入增加的期望中产生幸福感。这个结论警告我们，如果经济冲击的发生导致人们产生经济增长会减缓的预期，那么中国人的幸福指数可能会下降，进而威胁到中国的政治稳定。

13.4　增长研究过程中应该吸取的经验教训

　　相对于传统的经济学家，本书独有的方法论特点是它采用了一个更宽泛的方法来理解经济增长的原因及其影响。只要研究方法之间存在特异性和普遍性的张力，我们就会转向普遍性。一个单一的特定研究问题的答案，无论它多么完美，也不能为中国经济惊人的快速增长提供一个完整的解释。我们需要提出许多互相联系的问题。我们的研究方法是为分析经济增长的原因和过程的国家研究，同时提供经济理论和经济实证的解释，这和 Rodrik (2003) 推荐的"分析性叙事"研究类似。

　　本书中关于经济增长的大部分论述都是建立在理论模型的基础上。研究的第二条线索涉及有关经济增长可量化因素的经验估计。第三条线考察的则是制度体系、相关政策和经济增长之间的联系。我们认为这三种研究方法必须结合起来才能理解为什么中国经济增长得如此之快。但是我们得出的结论却是三种方法中最不严谨的那个却可能最富成果。最终是由于制度改革，以及随之建立的激励机制使得中国经济有了如此惊人的快速增长。我们在本书中对于这三种研究方法的强调比重不同于现在一些有关经济增长的研究生教科书(例如 Acemoglu 2009; Aghion 和 Howitt 2009)，后者被经济增长理论占据了大部分篇幅。

　　下面我们来说一下从我们对这些方法使用中得到的方法论层面上的经验和教训，我们从增长理论开始。我们将新古典增长理论放在了一个跨经济体的研究背景之下，这一应用在被人力资本和结构性改变扩大后是相当成功的。在跨经济体和跨省分析中有证据表明资本积累和条件趋同对于经济增长都非常重要。这表明中国（以及其他发展中经济体）的经济增长是失衡的而非均衡的。事实上,"创新投资"比起其他形式的物质投资对经济增长的影响更大,而这一点表明技术进步部分地由工厂和机械体现出来,但这个现实也使得区分投资和技术进步变得困难。结构化改变在经济增长中起着重要的作用,这一点使得在应用增长模型解释发展中国家的经济增长时,我们不能忽视制度和政策改变的 TFP 增强效果,例如更加开放和私有化,或者将资源重新分配到生产率更高的活动中去。投资和从技术进步或资源重置中得到提高的效率之间的良性交互表明,内生增长理论为分析资本积累的影响提供了一个有用的理论框架。

这三个用来量化分析经济增长的主要方法都值得探讨:新古典增长方程、非正式增长回归和增长会计实验(growth-accounting exercises)。方法的选择取决于实际的情境,而且可能随研究问题的提出、数据的可用性以及个人对理论的倾向性而改变。出于不同的考虑,我们采用了前两种分析方法,而不是第三种。非正式增长回归面临的问题是模型的不确定性。而我们的解决方案是采用两个最近开发的模型选择方法:"贝叶斯模型平均"和"一般到特殊"的方法。系统 GMM 评估被证明在所有情况下都是确定因果关系的最佳方法。当我们把时间划分成五年的子期时,这个方法就能很好地被使用。

在增长回归的分析中,很难将制度及其改变这些变量引入。制度和经济增长之间的关系可能是很复杂的,它涉及在两个方向运行的滞后性和因果性。因此将制度用四个参数表示可能有助于我们的分析,当然这种方法不一定是精确的,这四个参数是:它们的演变、功能、原因及结果。

一个潜在重要但却没有研究的课题是"底层政治经济",中国底层的政治经济建立了一个发展型的国家,所谓发展型国家,即一个国家将实现其经济的快速增长视为最优先的目标。Johnson (1982) 将日本建立发展型国家这一行为解释为应对一系列危机的国家政策。而韩国之所以成为发展型国家,则很有可能源于其外部的威胁,韩国的威胁来自朝鲜。这些国家采取这种政策的目的是其他发展型经济体所没有的,那就是:政治生存需要经济力量来维系。而中国之所以采取建立发展型国家的政策,是由于处在统治阶层的政党想要巩固它的政治地位。对这些国家进行比较研究是很有价值的。

13.5 中国应该吸取的经验教训

我们的研究给中国的主要经验教训是在快速经济增长的同时需要降低相关的社会成本。21世纪头十年的中期引入的"和谐社会"政策可以视为是中国政府开始降低社会成本的尝试。但是中国政府还可以做得更多。这包括制定相关的政策来减少中国家庭、地区以及城乡之间较高的甚至有可能持续增长的收入不平等，还有制定相关的政策来避免和挽救环境恶化。中国政府也需要进行政治体制改革，以改变现在很容易产生寻租和腐败行为的政治体制现状，尤其是在地方层面。管理体制中缺乏问责机制的现实给维持社会稳定和延续快速的经济增长带来了风险。

也许这样的一揽子改革会涉及与经济增长目标之间的抗衡，但这样做仍然是合理且必要的。改革的理由可以在两个社会福利函数中找到，第一个社会福利函数反映出对于维持社会和政治稳定的关注，第二个社会福利函数反映出对于人们的经济福利和社会的平等概念的关注。

从我们的预测中可以很明显地看到，如果经济持续快速增长，那么中国将很快进入"刘易斯拐点阶段"（如果中国还没有正式进入）。这会影响到未来的规划。随着相对非熟练劳动力价格成本的上涨，中国在贸易中的比较优势将会使"价值链"向着更加技术密集型和技术密集型的产品移动。教育系统也应该随时准备面对改变。政府已在高等教育系统中进行了大刀阔斧的改革尝试。例如在1999年，中国政府就进行了一次重大的政策转变：1998年，全国共有340万名学生进入高校就读；而在2008年，这个数字变成了2020万，在十年间增长了几乎六倍。剩下的教育弱点在于农村教育的数量和质量问题，我们曾引用关于"贫困陷阱"的例子来说明这一点。然而这些孩子中的大多数将成长为城市工人，其中许多人还将会加入需求熟练技能的工作。我们预计，农村向城市的移民数量将会有大幅度的增加，这意味着无论是从经济上考虑还是从政治上考虑，政府都必须制定或改变相关的政策以允许农村移民在城市定居，以及改变对于农民工存在歧视的户口制度。

对于中国主观幸福感的分析是本书的创新之处。对于主观幸福感的分析研究是具有很广阔的学术前景的，因为幸福得分是既可以预测也可以理解的。幸福函数揭示了人们对于自身享有的福利的认知，虽然从其中推断出的问题仍是一个值得争论的话题。此项分析最引人注目的结论是：虽然中国的经济增长很快，但中国人的平均幸福得分却没有增加，甚至可能在下降。这应该成为一个值得政府关注的问题。对中国人主观幸福感的研究还很新，也只是刚刚开始。人们的幸福感值得进一步的监测和调查。

在第 12 章我们考察了最近几年中国经常账户顺差的增加情况。增加的原因一部分是为了提高工业效率而进行的企业改革的影响，一部分是压低人民币价值的政策的影响。由于世界经济正在从经济衰退的低谷中走出来，中国经常账户顺差很可能再次增加。我们认为，采取措施纠正这种外部失衡符合中国自己的利益。因为这种不平衡很可能威胁到中国的中期经济增长。

持续的出口顺差容易产生三个问题。首先，由于是从净出口国购买外汇，中央银行将难以遏制资金流动性的上升。而在这方面的失败很可能会导致资产泡沫的产生，进而危及金融系统和投资者的信心。金融体系的崩溃可能会打破一直以来维持中国经济增长速度的良性循环。其次，当前的政策意味着中国的外汇储备将继续增长，而它们的回报率可能较低，而且按照实价计算甚至可能是负值。中国的外汇政策将会使中国陷入一个困境：任何大量出售美元储备的行为都有可能会降低中国剩余的以美元计价的资产价值。最后，持续的经常账户顺差将有可能产生贸易限制的威胁。中国的贸易伙伴将很有可能采取行动抑制中国的出口行为。鉴于贸易报复的风险和政治反响，这种极端的方式可能对各方都不利，当然也包括中国。

13.6　其他发展中经济体应该吸取的经验教训

在这一节我们要讨论两个问题：中国经济的快速增长是如何影响到其他发展中国家的发展前景的，以及中国的增长政策给其他发展中经济体带来了什么样的经验和教训。

从广义上讲，中国的经济增长和开放政策给贸易提供了更多的机会。近年来，中国倾向于主导用于出口的劳动密集型加工制造业。拥有与中国类似的比较优势的经济体则面临着来自中国的激烈竞争。这种情况将会一直持续下去，直到中国经济增长的成功、技术的进步以及劳动力成本的不断上升将中国的比较优势转变为熟练密集型和技术密集型的产品。然而，这些在原始产品（包括能源、矿物和用于制造业的原材料等）等方面拥有比较优势的经济体也从中国经济的增长中受益，这些经济体也包括许多非洲国家。中国以及其他快速发展的经济体（如印度）对于这些产品需求的增加扩大了这些产品的市场，提高了它们的市场价格。中国通过贸易活动对世界经济的影响范围越来越大，速度越来越快，这要求它的贸易伙伴能够在抱有对中国经济持续快速增长的预期的情况下对未来的贸易活动进行提前计划。

中国经济增长政策的成功应该为其他发展中经济体提供了重要的政策上的经验，乍一看这似乎是很明显的事情。然而，我们却很犹豫是否应该将从中国经验中总结出来的特定结论推广应用到其他经济体的经济政策中去。处在经济改革阶段的中国经验中的许多特点同发展中经济体拥有的一般特点不同。一方面，中国庞大的人口规模使它从人口较少的众多发展中经济体中脱离出来：中国能够在生产和管理中实现规模经济，而且高层官员的平均能力可以非常高。另一方面，中国有着与其丰富的土地和自然资源相联系的丰富的劳动力资源，这种原始的要素优势使得中国同其他拥有丰富土地和／或自然资源的发展中经济体区别开来。

另一个明显的区别是，在开始经济改革时，中国所处的经济现实是严重的资源分配不当和极低效率的资源使用。经济在生产边界内部且离生产边界很远的地方运作。因此，简单地进行市场化以及随之提高的经济效率就能够让中国的经济实现快速增长。

关于中国特殊性的另外一个例子是伴随着 20 世纪 80 年代农村经济改革而来的引人注目的农村工业化进程。农村工业化的产生源于一些特定的原因：对轻工业消费品的需求没有被满足；乡镇企业生产面对的是有着社会效率（低劳动力成本、高资本成本）的要素价格（否则工业部门就会被扭曲）；以及因为私营企业仍然在很大程度上无法被接受，所以地方政府建立了一个强大的财政激励机制用于鼓励发展乡镇所有或农村所有的企业。因此，中国的农村工业化不太可能成为一种发展模式被其他发展中国家效仿，除非这些国家面临着类似的畸形发展情况。最接近的情况可能是一个要素市场被工业化发展而扭曲（例如，因为高工资），但这种扭曲也仅限于城市经济。

中国的人口增长率要低于其他发展中的国家或地区，我们在第 4 章有过相关论述，这个事实为中国人均工人产出的快速增长做出了贡献。而政策上的经验教训依旧是不清楚的。中国政府通过施行严格的和强制性的计划生育政策显著降低了人口增长的速度。在经济改革伊始，中国有着大量的剩余劳动力，政府希望通过这项政策来实现人民生活水平的快速提高。而许多其他国家并未采用这种限制生育的政策，而是制定了相关政策，旨在通过自愿的行为降低出生率。但是，中国的政策的较好成效可能会使这些国家希望采取一些方法加强这些政策执行力度，比如增加生育控制补贴，或者提供额外的普遍或具体的女性教育。

中国惊人的高投资率和高储蓄率能否为其他发展中经济体提供最为重要的政策上的经验和教训呢？快速的资本积累显然是中国经济增长的核心，而且更快的资本积累，如果能够实现的话，将会加速其他地方的增长。当然，我们对于这些现象出现的预期也仅限于中国。储蓄率高的原因有以下几点：日益增加的经济不安全性和较低的家庭抚养比率；受信贷约束而提高的家庭和企业储蓄；国民收入中利润所占据的高份额；以及反映出较低的时间偏好率的高政府储蓄率。投资率高的原因在于尽管资本积累的速度很快，但利润率仍在不断增加，而相关的改革政策和企业效率的增加也有助于提高投资率。此外，中国背后的底层政治经济塑造了一个发展型经济体的形象，并且产生了对快速的经济增长和具有高盈利率的投资能够自我实现的期望。这些情况的组合鲜见于其他发展中经济体。

中国区别于其他经济体最重要的特色就是其领导者设定的目标。改革的领导人将经济增长定位为他们的政策重点，以保持社会和政治的稳定性。在追求这一目标的过程中，中国的领导阶层创建了一个激励机制，这个机制是建立在各级政府部门的职业激励和财政激励二者的基础上，通过运用这个激励机制，地方和国家的经济增长能够得到促进。

创建一个发展型经济体的政策并不是中国独创的，但它并不是常见的政策手段。例如，我们可以说韩国的政府设定了一个一心一意追求经济增长的目标，然后取得了经济的快速增长，但这种说法是有争议的(Amsden 1989; Wade 1990)。相比之下，许多发展中经济体的政府，无论是民主的还是独裁的，如果它们没有明确用语言表明不将追求经济增长设定为政策重点，那么它们都会从实际行动上表明它们对于经济增长的追求。精英群体的寻租行为将人们的注意力从经济增长的目标中转移过来。在中国不同级别的政府部门中都能够观察得到的"援助之手"已经在某些其他地方变成了"掠夺之手"(Frye 和 Schleifer 1997)。

在一个规范的平面，很容易将中国的增长政策推荐给其他经济体，而不去考虑这些经济体的自身实际条件是否能够很好地应用这些政策。然而在一个积极的平面里，关键的问题是政府是否将追求经济的增长设定为政策的重点。领导阶层通过国家决策结构建立起经济增长的激励机制是十分必要的。这些是建立发展型经济体的先决条件。

中国政府对经济增长目标压倒性的优先追求也产生了一些副作用，包括不断扩大的收入不平等，社会安全感的缺失，以及环境退化。

那些认为中国的经济增长为其他发展中经济体提供了一个可以效仿的"中国模式"的人应该注意到这个中国模式中存在的缺陷。

帮助建立了发展型经济体和驱动经济增长的政治体系本身也存在缺陷。虽然这些缺陷并没有阻碍中国经济的增长，但是它们也构成了一个难以解决的问题。其他经济体在建立发展型经济体的过程中能否效仿中国的例子，而且在效仿的同时避免产生那些中国在建立发展型经济体过程中出现的不利情况？中国的经验给其他经济体提供的最为重要的经验和教训蕴含在对这个问题的回答之中。

参考文献

Acemoglu, Daron (2009), *Introduction to Modern Economic Growth*, Princeton: Princeton University Press.

Aghion, Philippe, and Peter Howitt (2009), *The Economics of Growth*, Cambridge: The MIT Press.

Amsden, Alice (1989), *Asia's Next Giant: South Korea and Late Industrialization*, New York and Oxford: Oxford University Press.

Frye, Timothy, and Andrei Schleifer (1997), 'The invisible hand and the grabbing hand', *American Economic Review*, 87, 2: 354～348.

Johnson, Chalmers (1982), *MITI and the Japanese Miracle: The Growth of Industrial Policy*, 1925—1975, Stanford, Calif.: Stanford University Press.

Rodrik, Dani (2003), 'Introduction: what do we learn from country narratives?', in Dani Rodrik (ed.), *In Search of Prosperity: Analytic Narratives on Economic Growth*, Princeton: Princeton University Press.

Wade, Robert (1990), *Governing the Market: Economic Theory and the Role of Government in East Asian Industrialization*, Princeton: Princeton University Press.

南开大学出版社网址：http://www.nkup.com.cn

投稿电话及邮箱：　022-23504636　　QQ：1760493289
　　　　　　　　　　　　　　　　　　　QQ：2046170045(对外合作)
邮购部：　　　　022-23507092
发行部：　　　　022-23508339　　Fax：022-23508542

南开教育云：http://www.nkcloud.org

App：南开书店 app

　　南开教育云由南开大学出版社、国家数字出版基地、天津市多
媒体教育技术研究会共同开发，主要包括数字出版、数字书店、数
字图书馆、数字课堂及数字虚拟校园等内容平台。数字书店提供图
书、电子音像产品的在线销售；虚拟校园提供 360 校园实景；数字
课堂提供网络多媒体课程及课件、远程双向互动教室和网络会议系
统。在线购书可免费使用学习平台，视频教室等扩展功能。